La perversión del anonimato

Álex Grijelmo

La perversión del anonimato

El nombre propio y el peligro de sus máscaras

taurus

Papel certificado por el Forest Stewardship Council®

MIXTO
Papel | Apoyando la silvicultura responsable
FSC® C117695

Penguin Random House Grupo Editorial

Primera edición: octubre de 2024

Travessera de Gràcia, 47-49. 08021 Barcelona

Printed in Spain – Impreso en España

ISBN: 978-84-306-2701-1
Depósito legal: B-12.689-2024

Compuesto en Arca Edinet, S. L.
Impreso en Rotoprint by Domingo, S. L.
Castellar del Vallès (Barcelona)

TA 2 7 0 1 1

A Pepa Fernández

ÍNDICE

CAPÍTULO IV

CAPÍTULO V

CAPÍTULO VI

INTRODUCCIÓN

El anonimato es imprescindible en unas ocasiones, y deplorable en otras. Por tanto, el debate sobre su amparo o proscripción no se puede resolver de un plumazo, sino que requiere detenimiento en la exposición, sosiego en el análisis y comedimiento en el juicio.

En el proceso para acercarse a este problema, han de tenerse en cuenta los casos en que el anonimato debe protegerse como si fuera uno más de los derechos de la persona, pero también se habrán de considerar aquellos supuestos en que el anonimato se usa precisamente para atacar... los derechos de la persona. Especialmente, los derechos de quienes sufren en su intimidad, su honor, su imagen o su economía; es decir, los de quienes son estafados o engañados por autores desconocidos; los de quienes padecen infamia, injuria, calumnia o acoso gracias a la ocultación que practican sus criminales perpetradores. Las acciones anónimas han provocado suicidios, depresiones, injusticia, hechos que difícilmente habrían ocurrido sin esa ocultación.

¿Sería posible regular el anonimato de modo que se protegiese su función positiva y se censurase en todo aquello que supone impunidad en un Estado democrático de derecho? No es fácil. Pero a la hora de proponérselo conviene empezar por una visión omnicomprensiva del asunto.

Esta obra razona y argumenta sobre ello, partiendo de la importancia del nombre propio en la historia y en la cultura, pasando por el relato sobre quienes se vieron obligados a esconderlo; para llegar finalmente a los atentados propiciados por su ocultación perversa.

CAPÍTULO I

1. ELOGIO DEL NOMBRE PROPIO

La firma más antigua que se conoce se debió a un acto de responsabilidad.

Un contable sumerio estampó su nombre junto a los datos de las cantidades de grano que entraban en un almacén, para asumir con esa identificación personal todo aquello que registraba. El contable se llamó Kushim.

Comenzaba así hace más de 5.000 años la interminable serie histórica de los nombres propios; y la inició alguien que respaldaba mediante la escritura del suyo la veracidad y comprobación de unos números; y que de tal forma puso la primera piedra de una creación cultural que derivaría, siglos y siglos después, en todos nuestros nombres y apellidos, pero también en el ejercicio de los registradores de la propiedad, los notarios o escribanos, los funcionaros, los auditores, los relatores, los censores de cuentas o los inspectores fiscales; un invento que permitiría elaborar censos y catastros, listas de admitidos o rechazados, candidaturas electorales, árboles genealógicos, lugares en la historia. La identificación de cada individuo es el pilar sobre el que se apoya la actual organización del mundo.

A partir de aquel hecho primigenio, la humanidad ha construido toda una cultura en torno al nombre, símbolo y requisito de una evolución compleja y firme, la esencia de la civilidad. Un fenómeno que se ha dado en todas las agrupaciones humanas, sin excepción; próximas o lejanas, cultivadas o salvajes.

El nombre propio forma parte de la conciencia individual, canaliza la percepción que cada persona tiene de sí misma y la imagen que aprecian en ella los demás; y nos inserta en el funcionamiento de las sociedades.

Para las civilizaciones primitivas, la denominación de una persona representaba una manifestación de su espíritu. En el antiguo Israel se llegó a creer que los niños carecían de alma hasta que recibían un nombre hebreo.[1] Porque hasta ese momento mostraban la condición de nadies, de innombrados y por tanto de inexistentes.

Las palabras que nos designan constituyen, pues, un cajón donde se depositan uno tras otro, día a día, los actos de cada cual. Todos ellos aparecen ante la vista de los demás al abrirlo.

La cultura cristiana, como también otras, solemniza el acto de nombrar a un ser humano por vez primera, y ha establecido a su alrededor la liturgia del bautizo. En la Grecia clásica se celebraba la anfidromia (de *anfi-*, 'alrededor'; y *dromia*, 'carrera'), ceremonia en la que se corría en torno a una hoguera y en la cual se cumplía con el ritual de otorgar nombre a una criatura tras ponerla bajo la protección de los dioses invocados y convocados; y todavía hoy llevamos en nuestros documentos de identidad la evocación y la advocación de los mitos: Sofía, Elena, Atenea, Alejandro, Dionisio, Selena..., a quienes *llamamos* así en nuestro auxilio; en el doble valor del verbo: los denominamos y los emplazamos.

Por eso el anonimato, en sus facetas perversas, constituye una afrenta a toda la cultura del nombre propio que se fue desarrollando desde la Antigüedad, y que evolucionó poco a poco hacia una regulación legal y administrativa como garantía de las sociedades, salvaguardia de derechos, exigencia de deberes y signo de la evolución.

Pero todo empieza para nosotros con aquella persona llamada Kushim, un sumerio que vivió entre los ríos Éufrates y Tigris, más cerca del Éufrates que del Tigris, en la antigua Mesopotamia, actual sur de Irak, durante la segunda mitad del cuarto milenio antes de Cristo. El nombre propio más antiguo al que hemos llegado en nuestro viaje hacia atrás en el tiempo.

1 Moralejo Laso, Abelardo (1933), *Los nombres propios personales con referencia a los españoles principalmente*, Universidad de Santiago. Citado por César Hernández Alonso en *Sintaxis española* (1979), Valladolid, edición del autor, pág. 378.

Kushim puso su firma en una tabla de arcilla para certificar con su antropónimo que en el almacén de grano que administraba, sito en Uruk, habían entrado 29.086 medidas de cebada en 37 meses, lo cual equivale a unos 100.000 litros de ahora.[2]

Uruk reunía unos 50.000 habitantes, y constituía entonces la mayor aglomeración humana del mundo. Por sus calles polvorientas florecían el comercio y los transportes de mercancías, los productos del campo se movían para su transformación, se preservaban del deterioro y se contabilizaban. Los almacenes de grano compraban la producción agrícola, y alguien debía ocuparse de abonar al proveedor el precio convenido y luego anotar los volúmenes guardados para su posterior uso y distribución. A las puertas de ese edificio donde trabajaba Kushim, levantado a base de ladrillo cocido, se veía el trajín del comercio resplandeciente y el ir y venir de los carruajes cargados, a los que se agarrarían los chiquillos juguetones de buena familia que se dirigían a las escuelas sumerias, pioneras en nuestra civilización y que se desarrollaron precisamente a partir de la invención de la escritura. Ahora bien, los muchachos no podían perder el tiempo porque sus mayores ya sabían medirlo con exactitud y anotar el movimiento de los astros. Fueron ellos los que dividieron el año en 12 meses.

El puntilloso Kushim era considerado sin duda persona respetable y educada, condiciones ambas que le podemos suponer porque sabía contar grandes sumas y escribirlas. Tenía a su cargo un gran depósito de bienes, y debía aplicarse en la delicada labor de dar fe de las cantidades que se guardarían en él. Esas cuentas había de avalarlas con su palabra y, sobre todo, mediante su firma. Con ella ponía en juego su propio crédito y su personal prestigio como contable.

Así pues, la rudimentaria rúbrica de Kushim respaldaba la contabilidad de las transacciones y la fiabilidad de los datos: lo certificaba él. Con su firma se hacía responsable tanto de lo consignado

2 Nissen, Hans J.; Damerow, Peter; Englund, Robert, *Archaic Bookkeeping. Earle Writing and Techniques of Economic Administration in the Ancient Near Est* (1993), The University of Chicago Press, pág. 33 y siguientes. Véase también Noah Kramer, Samuel, *La historia empieza en Sumer* (2010), Madrid, Alianza.

como de cualquier error que se descubriese, una negligencia por la que podría incluso ser castigado. Aún faltaban más de mil años para que ese mismo pueblo concibiera los 262 artículos del código de Hammurabi, pero ya se aplicaban las leyes de la costumbre, eso que los romanos nos harían llamar "el derecho consuetudinario".

Mediante un sencillo acto contable, Kushim se convertía así en el primer verificador que los siglos venideros reconocerían como tal. Con su firma se hacía acreedor de todo el mérito del trabajo y del prestigio de su posición. Pero también asumía la culpa de una eventual aritmética fallida. Y en efecto. Como todo ser humano, incurrió en errores, según se ha descubierto más de 5.000 años después de que los cometiera; ciertas cifras le bailaron, no cuadraba la anotación de algún total con las sumas parciales: 15 tazones de grano de diferencia, poca cosa. Hay quien ha querido ver en esos leves fallos matemáticos un fraude en la administración de la cebada, que tal vez Kushim desvió para su propio consumo. ¿El primer firmante fue también el primer corrupto? Nosotros seremos más benevolentes: un error lo tiene cualquiera.

Entonces como ahora, con el nombre viajaban el reconocimiento, la responsabilidad, la culpa. Porque, según ha escrito el filósofo surcoreano Byung-Chul Han, ya en nuestro siglo, "la confianza puede definirse como una fe en el nombre". No en el hombre, sino en el nombre como espejo de aquel.[3]

Antes de que los seres humanos inventaran la representación de las cifras y de los productos, ya fuera por escrito o mediante sistemas de cuerdas con nudos, la contabilidad se manejaba de memoria. Después, la escritura constituyó un avance descomunal para el control de las propiedades y de las reservas de alimentos. Esa necesidad de apuntar los bienes acumulados fue lo que estimuló la aparición de los primeros ideogramas sumerios, destinados a representar las palabras que se habían empezado a usar unos 100.000 años atrás y que antes solamente vivían en el aire. El tremendo avance que supuso la escritura no lo activaron ni los cuentos tradicionales ni los refranes que ya usaban aquellas gentes y que siguieron en la memoria durante muchos siglos, sino la necesidad imperiosa de anotar las propiedades y dar fe de su volumen.

[3] Byung-Chul Han (2014), "Sin respeto", *En el enjambre*, Barcelona, Herder.

Esa escritura, siquiera fuese rudimentaria aún, originó la burocracia, la Administración, la contabilidad, el control de los bienes y de la riqueza, tanto pública como privada. Escribir significaba, además, dejar algo registrado para el futuro.

Corrían buenos tiempos en la época de Kushim. Florecía el comercio; los artesanos daban salida a sus cueros, las maderas talladas, sus cestos; los albañiles arreglaban desperfectos en las calles; las panaderías agotaban las hornadas, los mercaderes llevaban de acá para allá los productos de Uruk. Se construían casas, se producía más y mejor, aumentaba el consumo. Subía la recaudación de impuestos. El exceso en la producción de cebada y otros cereales obligaba a guardar el grano en previsión de las cosechas flacas o de los días de penuria.

Además, estaba aumentando notablemente el número de habitantes en la ciudad y hacían falta precauciones ante eventuales desastres. Entre ellas, las reservas de grano.

Para sus anotaciones, Kushim utilizó la escritura pictográfica cuneiforme que su pueblo ya dominaba algunos siglos antes de que nacieran los jeroglíficos egipcios. En ella, un tipo de signos representaba las cifras; y otro, las ideas. Disponían de trazos determinados para lo que ellos consideraban números redondos: 1, 10, 60, 600, 3.600 y 36.000 (enseguida explicaremos por qué 60 o 3.600 les parecían redondos en esa serie), y de dibujos fijos para lo que ahora llamamos palabras. El sistema gráfico se asemejaba a nuestro contemporáneo lenguaje gestual destinado a personas sordas, en el cual las formas creadas por las manos transmiten ideas que se descodifican con facilidad una vez que se ha comprendido el código.[4]

Aquella escritura no se basaba, pues, en letras ni en números, sino en símbolos y dibujos que los expertos de nuestra época han desentrañado con el tiempo, no sin dificultades. Algunos trazos se podían asociar directamente con figuras humanas o de animales, o de objetos, y deducir así su sentido. Pero ¿cómo se han podido descodificar los

[4] Por ejemplo, en el actual lenguaje para sordos el nombre propio "Burgos" se manifiesta con la acción de elevar los antebrazos y las manos en posición horizontal, con las palmas hacia abajo y los dedos unidos en racimo, a fin de representar las agujas de su catedral, elemento que se asocia con esa ciudad.

antropónimos? No ofrecía dificultad deducir la palabra *perro* a partir del dibujo de un perro, pero ¿cómo se dibuja un nombre propio, previo a los caracteres que nos permiten pronunciarlo?

En el sistema sumerio de escritura, el sonido de los nombres de persona partía de una cierta complejidad de ideas y signos que permitía reproducirlo fonéticamente, pese a carecer de las letras que ahora pueblan este libro y nuestra cultura.

Los animales, los seres humanos y otros elementos de la naturaleza se reflejaban en Sumeria mediante representaciones muy esquemáticas, que se correspondían a su vez con palabras orales o sonidos: voces preexistentes a la escritura. Más adelante, las sílabas iniciales de esos vocablos representados con dibujos de personas, objetos o animales se empezaron a usar tan sólo con su valor fonético; sin vinculación semántica, sin relación con el concepto que reflejaban. Así (y llevando el ejemplo anacrónicamente a nuestro idioma con fines meramente divulgativos), las representaciones gráficas de *caballo* y de *león* servían para formar fonéticamente el nombre Cale (Ca-le). Pues bien, de ese mismo modo nació el antropónimo Kushim, a partir de *ku* (un sumerograma que significaba 'arma') y de šim (equivalente de 'perfume').[5]

Eso sirvió no solamente para construir de forma gráfica los nombres propios, sino también para *escribir* más palabras.

En efecto, el primer signo que conforma en la tablilla sumeria la firma Ku-shim (el dibujo de un rectángulo alargado con una especie de punta) evoca la simplificación de una espada, el arma por antonomasia entonces. El segundo, por su parte, parece un frasco de perfume (un recipiente que sería de barro cocido), o tal vez un barril.[6] Pero no se han de traducir esos signos como 'arma perfumada' al combinar las dos palabras base, lo cual no tendría mucho sentido. Nos hallamos ante iniciales de palabras-símbolo

[5] En los libros especializados se reproducen en mayúsculas las sílabas que representan sonidos, no ideas; y en minúsculas las que se refieren a ideogramas o palabras. Por tanto, en un texto académico se debería escribir KU y SIM; pero aquí las hemos llevado a las minúsculas por una cuestión de ortotipografía general, al tratarse de una obra de divulgación dirigida a un público muy amplio.

[6] Borger, Rykle, Mesopotamisches Zeichenlexikon *(Alter Orient Und Altes Testament)*, 2010, Ugarit-Verlag, Münster n.ºs 808 (KU) y 362 (SIM). Está digitalizado y se encuentra en internet.

que se convirtieron luego en palabras-sílaba: *ku* y *šim* forman Kushim. Un simple y decisivo nombre propio.

El ingenio de los sumerios, probado en inventos como las ruedas de los carros, el disco de alfarería o las poleas de las presas para el agua, o las primeras norias, se manifestaba aquí con toda su intensidad. Vista la historia que ahora sabemos sobre lo que ocurrió hace miles de años, debemos reconocer que solamente a los sabios de sumeria se les podía ocurrir un avance de tal calibre.

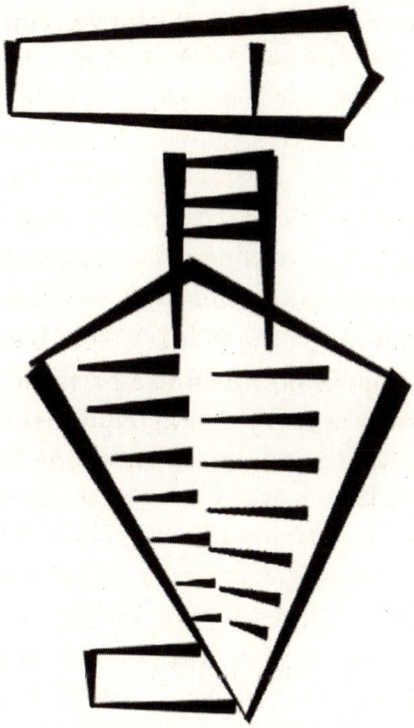

El sumerograma que se leía "Kushim".

La inteligencia humana no creó para los nombres unos logogramas (dibujos de *palabras* o de conceptos), sino unos silabogramas (dibujos que representaban sonidos o secuencias fónicas). La deducción de los equivalentes fonéticos para los trazos que en sí mismos no ofrecen pistas sobre su descodificación oral se ha alcanzado gracias a que los investigadores hallaron documentos bilingües de aquellos siglos, y hasta trilingües, lo cual ha permitido relacionar o vincular los remotos símbolos supervivientes del sumerio con los sonidos que más tarde se reflejarían con letras en el acadio.

En una de esas columnas de equivalencias, el dibujo vertical que acompañaba a los apuntes de cebada —el que evoca un arma de piedra— se corresponde en las tablas bilingües o trilingües con el valor de *ku*; y el segundo —el que parece un frasco—, con el de *šim*; normalmente transliterado en las lenguas occidentales como "shim".[7]

De ese modo se pudo llegar a reconstruir el nombre propio más antiguo de los conocidos por la humanidad.

En el pequeño bloque de arcilla utilizado por el atento contable, se ven en primer lugar unos signos que señalan dos cantidades totales (las cifras 29.086 y 37); en la parte central inferior apreciamos una hoja de cebada, y a su izquierda se identifica un inmueble, tumbado para facilitar su escritura en el renglón, que representa la fábrica cervecera (con su chimenea y todo). Después se observa otra gavilla, pero ahora dentro de un envase. (Cebada y en botella: ¿cerveza?). Y finalmente, los símbolos *ku* y šim, escritos en la parte inferior izquierda.

Así se formaban los nombres propios. Pero el sumerio, una lengua no indoeuropea rodeada de lenguas indoeuropeas, creaba también palabras por yuxtaposición de otras. Por ejemplo, con *dub* ('escritor') y *sar* ('tablillas') se formaba *dubsar*: 'escriba'. La combinación *lu-gal* ('gran-hombre') significaba 'rey'.[8] Nacía de ese modo la escritura silábico-ideográfica, que progresaría luego siglo a siglo en sus códigos de representación.

La identificación de conceptos y palabras se lograba además mediante una suerte de metáfora: el dibujo de un zorro se asoció con la astucia; la lechuza, con la sabiduría; la lágrima en un ojo, con la tristeza; una cabeza y un pan, con el verbo comer; y una oreja, con el acto de oír o de escuchar.[9]

7 *Pennsylvania Sumerian Dictionary* (1995), W. Sjberg (ed.), Universidad de Pensilvania.

8 Mosterín, Jesús (2002), *Teoría de la escritura*, Barcelona, Icaria, pág. 43.

9 *El alfabeto. La historia de la escritura.* Documental. Min. 19.17. Dirigido por Jeremy Bennett. Emitido en España por La 2 el 26 de febrero de 2021.

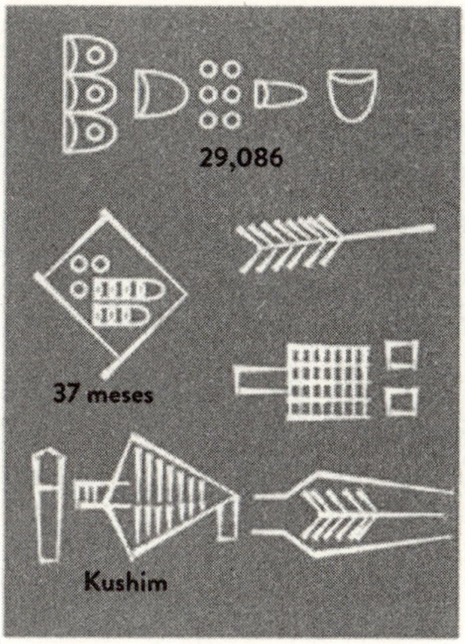

Miles de años después, los emoticonos básicos de nuestros teléfonos móviles o celulares no han logrado un gran avance respecto a la escritura sumeria.

Con los siglos, este idioma acabó desplazado por el acadio (que disponía de 600 signos); y por el arameo (que con el tiempo construiría un alfabeto de 22 letras), antecedente a su vez del babilonio. Ahora el árabe ocupa ese territorio.[10]

El sumerio tuvo vigencia en un amplio periodo como lengua culta usada por los escribas, y, aunque llegó a convivir con el avance acadio, terminaría desapareciendo; igual que ocurriría con las lenguas de la península Ibérica que se hablaban antes de la invasión de los legionarios de Roma: solamente sobrevivió el euskera, el único idioma prerromano peninsular que está en uso hoy en día, puesto que el País Vasco no fue romanizado. Sus lenguas hermanas del resto de la Península (o al menos vecinas) se perdieron.

Sin embargo, ya nunca desaparecería Kushim.

Quien oyera en aquella época ese nombre, pues, no pensaría ni en la espada ni en el perfume *(ku* y *šim)*, sino en alguien que se llamaba así, Kushim. La palabra se había independizado de su origen para convertirse en un fonograma.

[10] Eva Tobalina, en su conferencia sobre los sumerios titulada *Donde todo empezó.* Se halla en YouTube.

Por tanto, un mismo símbolo podía equivaler a un sonido, a un objeto o a una idea. Trabajo arduo para los descifradores de nuestra era, tarea sencilla para quienes estaban familiarizados con aquella escritura. Poca gente, por otro lado: los poderosos, los registradores, la Administración en general. La inmensa mayoría de los habitantes de Uruk eran analfabetos.

A su vez, el reflejo de las cantidades almacenadas por Kushim se basaba en representaciones de círculos grandes o pequeños o en dibujos con forma de cuenco o tazón y con un punto dentro, y representaban como hemos dicho el 1, el 10, el 60, el 600, el 3.600 y el 36.000. De la combinación entre todos, cada uno con su significado numérico, sale la cifra de 29.086 medidas de cereal en 37 meses que anotó el contable.

¿Cómo se produjo esa evolución desde los ideogramas a los alfabetos con los que ya escribimos hoy en día nuestros nombres mediante letras? Por pura lógica. Las continuas representaciones de animales, plantas y humanos aconsejaron simplificar los símbolos que los contables de la época habían de trazar continuamente, primero en tablillas arcillosas y más tarde en papiros más manejables (mediante el uso de la tinta, otro ingenioso invento), manufacturados a partir de los tallos de la planta así llamada, de la familia de las ciperáceas: papiro. Como les parecía una pesadez diseñar a cada rato un buey, un caballo o una espiga que representase la cebada…, poco a poco hicieron esos dibujos más esquemáticos, más próximos a lo que acabarían siendo las letras.

Por ejemplo (y en un proceso que no ocurrió de un día para otro, sino que duró siglos), el esquema de representación de un buey (pronunciado *álef* en el lenguaje del Oriente Próximo, *eleph* en el hebreo bíblico, *alef* o *aleph* en la primera letra del abecedario hebreo) terminaría simplificándose en un trazo muy parecido a lo que ahora es la letra *a* minúscula en distintos alfabetos, entre ellos el latino, el griego y el árabe, a partir de la reducción al máximo de una cabeza de res con dos cuernos, que fue perdiendo rasgos hasta llegar a la letra *a* que usted acaba de ver. Ahí está, pues, el origen.

Finalmente, las letras, en su evolución desde los dibujos, no solamente simbolizaban al animal o al objeto que habían de representar, sino también el sonido inicial con el que se pronunciaba su nombre en la voz de aquellas personas primitivas. (Primitivas, pero no tanto: ¡ya podían escribir!).

Los sonidos de los grafemas sumerios se han podido reconstruir del mismo modo que se ha llegado hasta el indoeuropeo: por su reflejo en otros idiomas emparentados que sí constarían más tarde de una escritura fonética. El mejor camino se basó en examinar cómo evolucionaba un determinado signo sumerio hasta convertirse en letra en otras lenguas derivadas. El principal auxilio en esta tarea lo prestó el acadio, a lo cual contribuyeron los hallazgos de escritos bilingües en los que aparecía ese idioma.

Todo ese proceloso desarrollo hacia atrás del conocimiento histórico de las lenguas nos ha permitido llegar hasta Kushim, a sus datos, a su escritura y a su pronunciación.

A partir de esa suerte de hecho fundacional del nombre propio, ya fuera el de Kushim o el de cualquier persona anterior o posterior cuyo rastro se perdió porque no alcanzó a figurar en ningún documento conocido; desde que alguien dibujó su firma bajo unos datos, los seres humanos se podían presentar ante sus contemporáneos y ante los sucesores como individuos reconocibles. En ese instante se iniciaba el camino para referirse a alguien con expresiones de elogio o de censura, aceptarlo en la comunidad, en la tribu, en el poblado; o, por el contrario, repudiarlo. Con el nombre propio se desarrollarán también el ego y la humillación, la honra y la deshonra.

La palabra Kushim, que aparecerá en 18 tablillas distintas, se convirtió de ese modo en el más antiguo registro de que alguien asumía sus actos por el procedimiento de relacionarlos con su personalidad. En la arcilla se estampaba su *firma*,[11] ahí estaba él para respaldar con su propia persona que las medidas de cebada amontonadas se correspondían con las anotaciones de su puño y letra (lo de *letra* es un decir actual; Kushim no llegaría a conocerlas).

La industria de la cerveza bien puede enorgullecerse, pues, de haber contribuido a este hito histórico gracias al administrador de la cebada.

11 "Firmar", significaba en latín (*firmare*) 'dar firmeza', 'volver firme'. Y *firmus* ('firme') equivalía a 'sólido', 'estable', 'resistente'.

Al escribir aquí que todo eso ocurrió "hace más de 5.000 años", estamos diciendo que sucedió hacia el siglo XXXIII (¡el 33!) antes de Cristo, lo cual sirve mucho mejor para formarse una perspectiva sobre la distancia de aquel contable y la de nosotros respecto del nacimiento del Mesías: Kushim se encontraba todavía más lejos del bíblico advenimiento que quienes habitamos la Tierra en el siglo XXI; él por delante y nosotros por detrás.

La escritura cuneiforme (o 'en forma de cuña', del latín *cuneus*, por la terminación de los palillos empleados para grabarla en la arcilla, material muy abundante en la zona) había nacido antes de que terminara el cuarto milenio antes del Mesías. Después, de generación en generación, las escuelas de escribas fueron transmitiendo la técnica que hasta los niños podían aprender sin esfuerzo. Kushim solamente necesitaba un palillo, un junco o una pluma de ave cortados en su punta oblicuamente con forma de cuña y un pequeño mazacote de la arcilla abundante en la zona, formar una bola con ella; aplanarla después, pero con un cierto grosor, para marcar los signos con el puntero sin que se rompiese; alisar la superficie con un poco de agua; golpear sus curvas izquierda y diestra con la mano plana para formar un cuadrado, o más bien una forma oval, como el circuito de las 500 Millas de Indianápolis; trazar unos renglones horizontales y verticales, en forma de rejilla, con el lateral del palito…, y escribir a continuación sobre ese soporte mediante incisiones más largas o más cortas, en función de cómo inclinase el ligerísimo instrumento, para distinguir unos signos de otros. Después dejaría secar esa tablilla, que viajó en el tiempo durante más de 5.000 años para llegar a nosotros.

El más reciente testimonio de esta técnica de registrar ideas data del año 7 antes de Jesucristo. Siglos después caería en desuso porque la desplazó el sistema semítico de escritura que da lugar al árabe, al arameo y al hebreo, entre otras lenguas.[12]

Con Kushim y otros como él surgía así una verdadera red administrativa que garantizaba por escrito los derechos de los sumerios en todo lo relacionado con sus propiedades, heredades, suministros…

12 Moorhouse, Alfred Charles (2020), *Historia del Alfabeto*, Ciudad de México, Fondo de Cultura Económica, págs. 47 y 79.

Ninguna transacción se consideraba válida si no se anotaba en una tablilla.[13]

Las gentes que caminaban por las abarrotadas calles de Uruk y que miraban con curiosidad a los comerciantes en sus estaribeles podían sentirse seguras porque las defendía una muralla de más de 9,5 kilómetros de perímetro y tres metros y medio de ancho, jalonada por 800 torres semicirculares, con dos puertas de acceso, una al sur y otra al norte; pero sobre todo vivían tranquilas porque sus pertenencias y sus intercambios se garantizaban por escrito.

Parece evidente que, del mismo modo que Kushim plasmó su firma y con ella su palabra de honor sobre las cantidades que custodiaba en el almacén, habría de surgir entonces la necesidad de escribir los nombres de quienes entregaban la mercancía o pudieran resultar beneficiarios en otros repositorios. Los comerciantes estarían muy interesados en eso, pero también los dueños de casas o de terrenos. La necesaria constatación sobre la propiedad de los bienes impulsó la escritura.

Aquel rudimentario sistema de signos le permitió a Kushim llevar su nombre del sonido al documento. Desde lo volátil a lo imperecedero. Algo que no había estado al alcance de quienes dibujaron los bisontes en la cueva de Altamira hace unos 20.000 años: ignoramos sus nombres. Ellos (o ellas, desconocemos también su sexo) no firmaron sus pinturas rupestres. De haber podido hacerlo, la historia de la primera rúbrica habría quedado vinculada a un acto artístico y, por tanto, se habría relacionado con la vanidad y con el orgullo de la autoría. Sin embargo, la historia ha querido referirla a un apunte registral y a la asunción de una responsabilidad; al acto de dar fe y de poner en juego la propia imagen y la honorabilidad individual, vinculadas a unos datos.

Aún pasarían muchos siglos hasta que se firmase una obra literaria. Ese hito corrió a cargo de una mujer, la acadia Enheduanna de Akhad (o Acad), y ocurrió hace 4.300 años, casi un milenio después de que Kushim dejara su impronta y 1.500 años antes de que alguien llamado Homero desplegase sus relatos épicos, en el siglo VIII antes de Cristo.

[13] Thomas, Hugh (1982), *Una historia del mundo*, Barcelona, Grijalbo, pág. 64.

Enheduanna vivía en un ambiente culto, como los pocos privilegiados que ocupaban puestos de relieve. Residía en un palacio, conforme a su condición de princesa, hija de Sargón el Grande; vestía ropas elegantes y adoraba, en los dos sentidos de la palabra, a su diosa Inanna. Seguramente tuvo un carácter firme, que la animó a luchar contra alguien que intentaba arrebatarle su posición en el templo: Lugalanne. En eso contó con la ayuda de su diosa, a quien le respondería con poética gratitud a través de algunos de los 42 himnos y poemas que elaboró y que se pudieron descifrar en 37 tablillas donde se aprecia su firma, halladas en Ur y en Nippur. Esta rúbrica la trazó seguramente para respaldar con ella y con el prestigio de su estirpe los escritos que dejaba impresos sobre la arcilla, y para que sus coetáneos recibieran testimonio de su fe y de los beneficios que le reportaba.

La personalidad de esa mujer se descubrió en 1926, durante los trabajos de excavación acometidos por el arqueólogo británico sir Leonard Woolley en lo que fue la ciudad de Ur (Sumeria). Una de las piezas recuperadas, un bajorrelieve, mostraba el perfil de la autora y una inscripción con sus datos: sacerdotisa en el templo de Inanna e hija de Sargón, el fundador del imperio asentado en lo que hoy es Irak.[14]

El nombre "Enheduanna" agrupa los elementos sumerios *en* ('sacerdote'), *hedu* ('adorno') y *ann* ('cielo'), lo que permite reconstruir el sentido intencionado de "Sacerdotisa ornamento del cielo".

Kushim y Enheduanna se sitúan así en el origen de dos misiones cruciales que ha venido desempeñando la firma (es decir, el nombre propio de un ser humano): por un lado, avalar algún hecho, dar fe de él; y, por otro, proclamar la autoría de una obra con la esperanza de que los demás la reconozcan por su valía y de que redunde en la buena fama de quien la haya redactado.

Los sumerios desempeñaron el papel fundacional de ambas facetas: tanto la autoría literaria, incluidos los poemas que se ele-

[14] Este valiosísimo testimonio se custodia actualmente en la Universidad de Pensilvania, mientras que la tablilla de Kushim, de propiedad privada, se subastó en 2020 en Londres y fue adjudicada por 200.000 euros a un coleccionista estadounidense.

vaban a los dioses y con ellos la impronta personal de su artífice, como la certificación de un origen o de un acto.[15]

Aquel pueblo de la Antigüedad desarrolló por tanto la mayor tecnología que podía encontrarse en esos tiempos, la escritura; y con ella consagró los nombres propios como actos de responsabilidad y de asunción de lo escrito por una persona.

Los primeros símbolos sumerios (todavía no alfabéticos) representaron ovejas, bueyes… y necesitaban algún tipo de numerales. Quienes sabían usar el pincel en cuña y las tablillas arcillosas para trazar ideas llegaron a manejar unos 1.500 dibujos distintos,[16] muchísimos con un sentido abstracto. Una parte de ellos todavía no se ha conseguido descifrar.

Los integrantes más capacitados y formados de aquella sociedad podían contar con los dedos (de 10 en 10) y también con las falanges (de 12 en 12): tres falanges por cada uno de los cuatro dedos largos; excluido por tanto el pulgar, que se accionaba hacia el interior de la palma hasta tocar cada una de ellas. Esas 12 falanges de una mano multiplicadas por los 5 dedos de la otra suman… ¡60! Un número redondo entonces. Cada docena de falanges se representaba levantando sucesivamente cada uno de los dedos de la otra mano.

Convivían así el sistema decimal y el sexagesimal, lo cual nos ha dejado rastros que perviven con vitalidad en nuestros días: contamos los huevos por docenas y el día por dos veces 12 horas (que a su vez son dos veces 6, igual que los meses); la hora consta de 60 minutos; y el minuto, de 60 segundos. Pero luego cada segundo se divide en décimas, centésimas o milésimas, mientras que los círculos constaban entonces, y aún constan ahora, de 360 grados. Todas esas cifras son para nosotros tan redondas como la circunferencia de un reloj (de 60 minutos). Y lo eran para los sumerios.

Con estas rudimentarias herramientas de la inteligencia, aquel pueblo establecido en Mesopotamia desarrolló una cultura crucial para la humanidad, porque trazó una línea imaginaria entre dos

15 Algunas tablillas sumerias ofrecían consejos sabios y con cierto humor que seguirían vigentes hoy: "Tú puedes tener un amo. Tú puedes tener rey. Pero a quien debes temer es al recaudador"; "Todo el mundo siente simpatía por el hombre bien vestido". "Todavía no ha cazado la zorra y ya le ha hecho el collar". Véase Noah Kramer (2010).

16 Thomas (1982), pág. 64.

grandes épocas: la prehistoria y la historia. La prehistoria carecía de nombres propios y murió con los sumerios. La historia nació con ellos, con Kushim y con su firma; y con los datos numéricos que respaldó. Con el primer nombre conocido. Con la reproducción de signos equivalentes a vocablos. A partir de ahí conocemos nombres de reyes y gobernantes, de caudillos y de rebeldes, de faraones y de dioses. La prehistoria, en cambio, fue puro silencio.

El gran desarrollo tecnológico de nuestra especie creció, pues, a partir de la palabra escrita. De su mano, con la consiguiente fijación de los antropónimos, nacieron también las voces o los símbolos que se fusionarían con cada persona para toda su vida.

Kushim y su nombre propio se hallan por tanto en el origen de la civilidad, de la organización y de los derechos y propiedades de los seres humanos, que fueron desarrollando con los siglos una compleja genética de los nombres y los apellidos.

En sentido opuesto, la progresiva supresión y ocultación del nombre propio en nuestros días es a menudo consecuencia de la barbarie y del abuso, y significa recorrer la historia al revés. Desandarla. Unas veces, la barbarie y el abuso del dictador que obliga a la ocultación de quien se oponga a él; y en las demás ocasiones, el abuso y la barbarie de quien se esconde de su propia identidad para causar el mal.

La ciudad de Uruk merece salir de ese cierto olvido actual que nos hurta la importancia de aquella civilización que alumbraría siglos después el *Poema de Gilgamesh*, la primera obra épica conocida, la primera obra literaria. Fue escrita en acadio, también sobre tablillas, doce en total, y se basó en cinco poemas sumerios previos, del siglo XXI antes de Cristo. Las arcillas se conservan, incompletas, en el Museo Británico tras su hallazgo en 1853 en Nínive, la actual Mosul (Irak). A Gilgamesh se le presenta en el texto como el rey de Uruk, hacia el año 2650 antes del Mesías, y el mito debió de perdurar unos mil años en la tradición oral, hasta que se llevó a la lengua escrita en el siglo XII antes de Cristo por alguien llamado Sîn-leqi-unninni.

El relato del poema desarrolla el frustrado empeño de Gilgamesh por lograr la inmortalidad. Pero en cierto modo la encontró, gracias a que su nombre sigue vivo entre nosotros.

2. LA CULTURA DEL NOMBRE

No podemos siquiera imaginar cómo nos habríamos organizado los seres humanos sin nuestros nombres propios, sin la cultura del nombre.

Tan importante ha sido en las sociedades, que el eco de la palabra originaria del indoeuropeo empleada para esa idea se aprecia con extraordinaria nitidez en multitud de lenguas que la han heredado y modificado: *náma* en sánscrito, *naam* en hindi, *namo* en gótico, *name* en inglés y en alemán, *nom* en francés y en catalán, *nome* en gallego, italiano y portugués, *nomen* en latín, *nazwa* en polaco, *nazva* en ucranio (con caracteres cirílicos), *ónoma* en griego (en su propio alfabeto también), *navn* en noruego, *namn* en sueco, *nimi* en finés…

Los sabios estudiosos del desaparecido indoeuropeo (la *lengua abuela* que alumbró a su vez al latín, nuestra *lengua madre*) la han reconstruido hacia el pasado con arreglo a las leyes de derivación de los idiomas que nacieron de aquel. El indoeuropeo carecía de escritura, pero con esas técnicas de análisis se ha llegado a deducir el término comúnmente originario *nō-men*, del que derivan los citados vocablos en uso hoy en día.[17]

Y a partir de la idea del "nombre" y de sus rastros etimológicos usamos, ya dentro de nuestro propio idioma, "nombrar" o "denominar", y "onomástica", "onomatopeya", "acrónimo", "antropónimo", "homonimia", "toponimia", "exonimia", "paranomasia", "epónimo", "antonomasia", "nómina", "nomenclatura", "nomenclátor", "ignominia", "seudónimo", "nominal", "nominativo", "pronombre"… y también, obviamente, la palabra en la que se va a centrar este libro: "anonimato".

El hecho de identificarnos mediante un nombre se ha producido gracias a una larguísima construcción cultural, que se fue perfeccionando en su desarrollo hasta conformar el sistema actual.

Toda persona reúne en torno a su nombre unos datos inconfundibles. Las administraciones modernas han conseguido dis-

[17] Roberts, Edward A.; Pastor, Bárbara (1996), *Diccionario etimológico indoeuropeo de la lengua española*, Madrid, Alianza Diccionarios, pág. 116.

tinguir a cada uno de sus ciudadanos de forma indubitable: el nombre y los apellidos, la fecha de nacimiento, el número del documento de identidad o el del pasaporte, la huella dactilar, la fotografía, además del lugar donde el individuo nació y los datos de su filiación (la madre y el padre). Dentro de poco se añadirá tal vez el iris de los ojos.

El origen de los nombres que hoy tenemos los hispanos y otros pueblos, entre ellos los de lenguas romances (las derivadas del latín), se halla en el antiguo Imperio romano. En la Roma republicana del periodo clásico, el modelo habitual de un nombre de varón estaba formado por tres elementos, los llamados *tria nomina*: el *praenomen*, el *nomen* y el *cognomen*.

El *praenomen* o prenombre equivale al nombre de pila de hoy. La lista de opciones no contenía entonces tantas posibilidades como las que ahora manejamos,[18] principalmente por la gran cantidad de lenguas que nos sirven como cantera onomástica en nuestros días; pero con ella se apañaban bien los romanos.

El *nomen*, por su parte, reflejaba ya el patronímico; es decir, el apellido (del presente verbal latino *appellito*, 'llamar habitualmente'): la *denominación de familia*, el nombre del padre. Ahí constaba ya la importancia del linaje, tan decisivo en la cultura de nuestra especie.

Y finalmente, el *cognomen* o sobrenombre expresaba alguna cualidad específica de esa persona, ya fuera por su aspecto físico o por su procedencia: lo que ahora consideraríamos apodos y motes; pero entonces consolidados y oficiales.

Este tercer término se le solía añadir a la persona una vez adulta, pues hacía referencia lo mismo a una gran nariz (en tal caso el agraciado era conocido como Naso, por ejemplo) como a su tartamudez (lo cual podía dar paso a un mote como Balbus, sustantivo latino del que nos viene "balbucear"). Pese a que pueda extrañarnos ahora, no se lo tomaban a mal.

El poeta Ovidio se llamaba precisamente Publius Ovidius Naso. Este *cognomen*, Naso, significa literalmente 'narigudo' o 'narizotas'. El tercer elemento se convertiría en muchos casos, con el tiempo,

18 Filali, Shayma; Villalba, Israel; Amorrortu, Peru (2022), *La vida secreta de las palabras*, Madrid, La Esfera de los Libros, pág. 341.

en hereditario, sin que guardara ya relación con la causa originaria, salvo que la nariz grande se heredara también.

La herencia, la familia, el origen siempre han desempeñado un papel en la antroponimia. Hasta tal punto que los *cognomen* o motes acabaron convirtiéndose con el tiempo en verdaderos nombres o apellidos que han llegado incluso hasta nuestros días, como sucede con el del emperador César (Gaius Iulius Caesar: Gayo Julio César), apelativo irónico que se formó seguramente a partir de *caesaries* (melena) para referir con sorna su temprana calvicie; y que acabó sirviendo también para nombrar a sus sucesores en el poder, hecho del que derivarán mucho más tarde los términos *káiser* (alemán) y *zar* (ruso). Otro tanto sucedió con nuestro admirado Marco Tulio Cicerón (de *cicer*, 'garbanzo'), sobrenombre tal vez heredado de algún antecesor que fue asimilado con esa papilonácea, ya fuera por el aspecto de su cara o por el exiguo tamaño de su cuerpo. Así le ocurriría tantos siglos después al futbolista mexicano Chicharito Hernández, de nombre Javier. Su apodo procede del término "chícharo" (guisante), adjudicado a su padre por no ser de una estatura muy alta. O por tener unos ojos verdes, según la versión más amable.

Por otro lado, de aquel *praenomen* sale el *prénom* de los franceses, destinado a referir el nombre propio de una persona ("nombre de pila" decimos hoy, en referencia al bautismo cristiano); y en esa lógica, su *nom* (después del *prénom*) equivale a nuestro *apellido*, mientras que en italiano y catalán al nombre de familia se le denomina respectivamente *cognome* y *cognom*. El origen latino (*cognomen*) es en ambos muy transparente.[19]

Entre los sobrenombres abundaron los relativos al oficio de la persona, a sus rasgos individuales o físicos, o a su procedencia; y se fueron heredando también aunque los descendientes ya no mostraran rastro alguno del rasgo inicial. (Bueno, Chicharito tampoco era muy alto).

Lo mismo ha sucedido entre nosotros con apellidos relativos a ocupaciones, lugares de origen, rasgos o cualidades, como Herrero,

[19] *Ibíd.*

Panadero, Rubio, Calvo, Zapatero, Valencia, Gandía, Burgos, Riaza... (y en otros idiomas, como Schuster y Baker...: 'zapatero' en alemán y 'panadero' en inglés).[20]

Esas referencias geográficas se daban también en la antigua Grecia; y así por ejemplo se citaba el origen en denominaciones como las de Arquímedes de Siracusa o Tales de Mileto.

En ocasiones, a los tres elementos latinos se añadía un cuarto término. Se denominaba *agnomen* (literalmente, 'nombre añadido'), basado generalmente en la profesión o en alguna hazaña. Así le ocurrió al famoso general Escipión, llamado extensamente Publius Cornelius Scipio Africanus; es decir, Publio Cornelio Escipión el Africano (por sus batallas ganadas en África).

El sistema oficial romano sirvió durante siglos para la identificación indubitada de personas; para elaborar los importantísimos censos y catastros de entonces que distinguieran, por ejemplo, entre ciudadanos libres, esclavos y libertos (esta última palabra se refería a los esclavos que habían obtenido la libertad), y para determinar sus diferentes derechos. Las autoridades conminaban a los romanos a cumplir con esa obligación y a reflejar en el censo los nombres de cada miembro de la familia y sus bienes. Los habitantes de la antigua Roma debían desfilar por las oficinas de la Administración de entonces y entregar o actualizar sus datos, además de jurar que eran ciertos.

Pero la humanidad no siempre evoluciona a mejor. Aquel sistema ideado para nombrar a cada individuo se fue evaporando tras la caída del Imperio (siglo v), que acarreó el desmoronamiento de la Administración romana.

Mucho más tarde, durante el siglo x (nada que ver con Twitter), se desarrollaría la costumbre de que quienes se trasladaban de un sitio a otro fueran denominados en este segundo lugar por el de origen, que acompañaba al primer nombre;[21] pero como unos se

[20] Me vienen de inmediato a la cabeza el expresidente castellano Demetrio Madrid, con apellido toponímico, y el exguardameta argentino Germán "Mono" Burgos, antropónimo en el que además se inserta precisamente un término heredero de la tradición del *cognomen* latino: Mono.

[21] Simón Parra, María (2008), *El nombre de persona en la documentación castellana medieval*, tesis doctoral, Madrid, Universidad de Alcalá de Henares, pág. 395.

movían y otros no, los hijos de un mismo padre podían exhibir distintos apellidos. La buena disciplina censal romana no se empezaría a recuperar en Europa hasta el siglo XII, cuando la explosión demográfica de las metrópolis provocó la consiguiente necesidad de identificar mejor a los súbditos. Ahora bien, España aún vivía en el caos onomástico en el siglo XV.

De cualquier forma, el nombre propio se iba impregnando poco a poco de los actos de la persona, que, se llamara como se llamase, los llevaba asociados como si fueran un aroma permanente. De ese modo, antes y ahora el significado de un antropónimo no representa sólo la imagen física de alguien, como individuo-objeto, sino también su comportamiento y sus actos. Más que un significado, es una descripción diacrónica reelaborada en la mente humana cada vez que se menciona el nombre de alguien a quien conocemos.

La importancia del nombre propio y de todo cuanto evoca adquirió tal grado que su influencia y su reputación, entonces contenida en la palabra *honor*, se hicieron extensivas a las familias. La pretérita responsabilidad solitaria de Kushim, que carecía de apellidos, se ampliaría siglos después a los seres más próximos en la descendencia de cada cual.

Por tanto, el nombre de las personas tal como ahora lo conocemos renace en Europa durante la Edad Media; pero halla su origen remoto en aquella costumbre romana que nos brindó la muestra de un paso fundamental: el nombre ya no corresponde solamente a un individuo: también se hace notar una marca de estirpe. Con ello, los seres humanos llegan a codificar y representar como real una herencia abstracta.

Eso refleja ya el orgullo de un *linaje*, la *línea* que une a los antepasados con los descendientes, y se vuelve trascendental defenderlo, lo que constituye un acto de responsabilidad hacia la progenie y de esta para con sus mayores. No hay que ensuciar el rastro familiar, se debe honrar a los ancestros. El honor se residencia así en el apellido y en la estela que deja.

De hecho, durante la Alta Edad Media en algunos países únicamente llevaban apellidos las familias nobles. Las demás no albergaban ningún honor que custodiar.

El nombre de las personas se relacionó también con el ansia de la eternidad, en busca de la perduración. Cervantes contará siglos después en el *Quijote* (1615), pero reflejando hechos históricos, que un pastor "puso fuego y abrasó el templo famoso de Diana [en Éfeso], contado por una de las siete maravillas del mundo, sólo por que quedase vivo su nombre en la memoria de los siglos venideros". Y "aunque se mandó que nadie le nombrase, ni hiciese por palabra o por escrito mención de su nombre, por que no consiguiese el fin de su deseo, todavía se supo que se llamaba Eróstrato".[22]

La amenaza de la pena de muerte a quien pronunciara ese nombre no impidió que llegara hasta nosotros. Ni siquiera la mismísima diosa Diana (llamada Ártemis por los griegos, lo que nosotros tradujimos como Artemisa) pudo conseguir que se impusiera la orden, aun habiendo volcado todos sus poderes en el empeño. Diana era diosa de la caza, y según la leyenda se hallaba ausente del templo en el momento del incendio (quizás estuviera cazando).

En recuerdo de aquel desastre ocurrido el 21 de julio del año 356 antes de Cristo, en que el fuego arrasó los pilares de madera y los ricos telares del templo que ardieron sin remedio, la psicología denominaría "complejo de Eróstrato" al que padecen quienes desean hacerse famosos a cualquier precio, lacra que hoy sufrimos en nuestros canales de la televisión generalista.

El *Diccionario* de las academias incorporaría en 1984 el vocablo "erostratismo" para definir la "manía de cometer actos delictivos a fin de conseguir renombre". Quizá ya vendría bien añadirle una actualización acorde con nuestros tiempos, para extender el erostratismo a la pública exposición de la ignorancia y la mala educación a cambio de la fama, por ejemplo en espacios televisivos como *Gran Hermano*.

Mark David Chapman es el nombre de otro famoso erostratista: admitió haber matado a John Lennon, a quien disparó el 8 de diciembre de 1980, cuando el asesino tenía 25 años. "Yo estaba muy muy muy concentrado en buscar la gloria personal. Fui muy egoísta", reconoció en 2020. Se expresaba así ante el juez a quien

[22] Cervantes, Miguel de, *Don Quijote de La Mancha*, Segunda parte, capítulo VIII, edición de Francisco Rico (2005), Junta de Comunidades de Castilla-La Mancha, pág. 604. El incendio del templo de Diana/Artemisa fue recogido a su vez en la obra de Valerio Máximo, contemporáneo de Jesucristo, titulada *Hechos y dichos memorables*.

pedía la libertad provisional, 40 años después del crimen. Le fue denegada, pero su nombre ya siempre estará vinculado a la biografía del gran *beatle*.

Chapman, Eróstrato y también otros descerebrados de todas las épocas suelen conseguir lo que pretenden, porque sus coetáneos y sus posteriores nos mostramos incapaces de castigar con el anonimato a quien buscó la popularidad mediante malas artes o mala educación, incluso mediante acciones criminales, de modo que acabamos respondiendo a la acción destructiva con el premio que deseaban.

En los siglos VIII y IX, los españoles usaban solamente el nombre de pila, sin más. En el último tercio del siglo IX, los nobles firman ya con su primer nombre seguido del que correspondía a su padre en genitivo latino y de la palabra *filius* ('hijo de'). Por ejemplo, "Vermudus Ordonnii filius", "Ranimirus Ferdinandi filius"... Es decir, Bermudo, hijo de Ordoño; Ramiro, hijo de Fernando (toda la documentación de aquella época se reflejaba en latín).[23,24] Por ejemplo, ya en el siglo IX García Íñiguez, rey de Pamplona, fue conocido así por ser hijo de un rey llamado Íñigo (y apellidado Arista, probablemente del euskera Aritza, 'el roble'). Esta formación con el sufijo -*z* (Fernández, Muñoz, Íñiguez...) no llegaría al pueblo llano hasta un siglo después. Únicamente los nobles presumían de alcurnia.

La división social se apreciaba también en esto: durante la Reconquista española, las clases populares usaban nombres latinos (Mario, Juliano, Marcela, Faustina...), mientras que los poderosos preferían los de procedencia germánica (Nuño, Alfonso, Bermudo, Elvira, Hermenegilda...), cultura de prestigio entonces gracias a los godos.

El nombre va constituyéndose siglo tras siglo y, pese a excepciones como la del desnortado Eróstrato, representa una aspiración al orgullo; y por ende puede acarrear su envés: la deshonra. El orgullo se busca, se aspira a lograr una vida y unos actos que prestigien a la

23 Salazar y Acha, Jaime de (1991), *Génesis y evolución histórica del apellido en España*, Madrid, Real Academia Matritense de Heráldica y Genealogía, págs. 17 a 29.

24 Lapesa, Rafael (1997), *Historia de la lengua española*, Madrid, Gredos, pág. 45. Ese mismo sufijo lo incorporó el euskera con valor posesivo o modal.

familia, por humilde que sea. Se incurre en el oprobio al transgredir las leyes o las costumbres.

Así, en el siglo XI se extiende ya la obligación de que quienes aparezcan en documentos administrativos —sean miembros del populacho o de la nobleza— acompañen el patronímico a su nombre de pila. Durante un tiempo correspondió, en efecto, al del padre (como señala su etimología); pero luego los patronímicos primitivos (Martínez, hijo de Martín; González, hijo de Gonzalo; Suárez, hijo de Suero...) se fueron heredando en casi toda la Península por los sucesivos descendientes, generación tras generación, sin evocación alguna ya del nombre propio del padre inmediato, sino del ancestro; convertido en apellido de familia. Lo mismo que había ocurrido con Naso o con Cicerón. Así de fuerte se manifestó la importancia del linaje.

Esas derivaciones patronímicas, sin embargo, no sucedieron con todos los nombres: de Rodrigo sale Rodríguez; pero de Alonso no sale Alónsez. Caprichos de la historia. Y, como hemos señalado, surgen también apellidos relacionados con oficios, lugares o rasgos, lo que forma una rica variedad de posibilidades.

De la sostenida costumbre en el uso de los patronímicos nos da fiel idea el hecho de que entre los 10 apellidos españoles más extendidos hoy en día figuren 8 terminados en *-z* (los otros dos son García y Martín).

Encontramos asimismo en diversas lenguas esos apellidos de final coincidente, merced al mecanismo morfológico que indica un origen o una pertenencia ahora ya lejanos: En portugués se refleja con *-s*: Gonzales, Martines, Rodrigues; y reconocemos afijos similares en Djokovic, Mijatovic, Stankovic (lenguas eslavas occidentales), Johnson, Robertson, Donaldson (inglés y lenguas germánicas), Pedersen, Hansen, Nielsen (danés), Papadópulos, Alexandrópulos, Teodópulos (en griego) —o *-poulos* con transliteración letra a letra y no fonética—, Dimítrovich, Abrámovich o Nikoláievich (en ruso), Malikián, Yerevanián o Petrosián (genitivos patronímicos en armenio), Petrescu, Popescu, Ceausescu (en rumano), Mehmetoğlu, Acemoğlu, Türkoğlu (en azerbaiyano o turco), Mamardashvili, Gocholeishvili, Davitashvili (georgiano; donde el sufijo *-shvili* significa 'descendiente'), McPerson, McDonald, McCartney (patronímicos irlandeses)... Y muchos ejemplos más.

Por eso un envanecido turco de hace siglos podría presumir: "Nosotros somos de los Chalanoglu de toda la vida". Dicho en turco, claro.

Los antiguos griegos también usaban una derivación patronímica, mediante el sufijo *-ida*. Pélida es 'hijo de Peleo'; y Crónida, 'hijo de Cronos'. En Islandia tenemos los patronímicos de mujer terminados en *-dóttir* (Jakobsdóttir, Bjarkardóttir, Hafsteindóttir, Alfredsdóttir), mientras que los de varón terminan en *-son*: Gunadson, Sigthórsson...[25]

De ese modo, apellidos como Petersen, Peterson, Pérez y Petrosián (entre otros) dicen lo mismo: descendientes de alguien llamado Pedro (Peter, Pedor, Pero, Petro...).

Esto sucede también en otras sociedades muy alejadas de las que acabamos de mencionar, como la etíope y la eritrea, donde al nombre del padre se puede sumar el del abuelo; o en las árabes (*bin*, *ben*, *ibn*: 'hijo de', 'hija de'), con fórmulas que equivalen a nuestros "del" o "de" (De Pedro, De Diego, Del Bosque), igual que sucede con los centroeuropeos *von*, *van*, etcétera.

A su vez, los elementos *Abu* ('padre de') y *Um* ('madre de') se pueden usar en esas zonas árabes a partir del momento en que nace el primer hijo. "Abu Ahmed" es 'Padre de Ahmed' y "Um Alí", 'madre de Alí'. Formaciones parecidas se dan en el coreano y el suajili (lengua bantú del África oriental).

La relación de sufijos y piezas morfológicas aportada en las líneas precedentes no es exhaustiva, solamente pretendemos reflejar con esos ejemplos variados la extensión de este mecanismo en muy distintas lenguas, para apreciar que la importancia de la herencia familiar reflejada en el apellido se halla presente en todas las culturas; y que idiomas muy distantes entre sí desarrollaron mecanismos morfológicos de similares efectos para responder a esa necesidad, aunque en algunos de ellos la eficacia referencial al nombre propio originario se fuera desvaneciendo con el tiempo.

Ese fenómeno transcurre en paralelo con las sucesivas normas establecidas para inscribir a las personas en los registros. Durante el siglo XIII se empieza a fijar en Francia[26] la relación familiar de

25 Filali *et al.* ofrecen explicaciones más amplias sobre estos asuntos, págs. 339-356.
26 *Ibíd.*, pág. 343.

todos los ciudadanos a través de los apellidos. En la segunda mitad de esa centuria (todavía en la Baja Edad Media) se extiende ya en España el nombre de linaje, que engloba a toda la familia y no solamente a una generación y a su descendiente inmediata. Pero ese apellido puede tomarse tanto de un antepasado lejano como de un solar, un lugar, un señorío, un mayorazgo... La realidad aún se hallaba lejos de nuestro sistema actual.

También en el siglo XIII se establece en España el concepto del mayorazgo: esta figura jurídica hace que el primogénito reciba las tierras del padre y que deba conservarlas; y tiene como propósito de fondo perpetuar que los bienes, indivisibles e invendibles, queden dentro de la familia. Eso provoca una segunda forma de mantener los apellidos, porque en ocasiones se hacen coincidir con el nombre del solar o de su fundador, lo que atañe también a los cónyuges de las herederas que accedieron a la propiedad al no existir un hermano varón. Ello quebrará muchas ramas en los árboles genealógicos.

Se llegaron a dar casos de dobles herencias en las que una misma persona podía disponer de nombres y apellidos distintos a la vez, y usarlos simultánea o alternativamente (cada uno en función de un mayorazgo), sin que se viese traba legal o social alguna al respecto.[27] Tales circunstancias favorecieron después que en las grandes familias se fortaleciese la costumbre de usar apellidos dobles, que todavía perduran en muchos casos aunque las riquezas de otra época se hayan evaporado de heredero en heredero: Salazar-Briones, Martínez-Alonso, Pérez-Francés...

El mayorazgo se regulará con mayor precisión en 1505 mediante las leyes de Toro, de los Reyes Católicos, encaminadas a evitar las disputas familiares por las herencias; y desaparecerá finalmente mucho tiempo después, ya en el siglo XIX. Pero la figura jurídica se halló tan tipificada y estudiada que Sebastián de Covarrubias señala en su diccionario de 1611, tras haber definido la palabra: "A mí no me toca más de lo dicho en esta materia. Autores muy graves, ansi antiguos como modernos, escriben volúmenes enteros della. Podranlos ver". Eso da idea de la existencia de numerosos

[27] Fernández Domingo, Jesús Ignacio (2017), *El nombre de las personas*, Madrid, Reus, pág. 147.

compendios contemporáneos al respecto, a los que el lexicógrafo remitía para eludir el penoso trabajo de reproducirlos.

Entre los siglos XIV y XVI, se usa ya en España un apellido junto con el nombre de pila como un todo, pero a menudo sin relación con el del progenitor varón. Cuatro hermanos de un mismo padre y una sola madre podían lucir apellidos distintos, cada uno en honor de algún antepasado diferente. Hasta el siglo XVII no se establecerá la forma actual.[28]

Sin embargo, no se permitía valerse de ese desorden para engañar o pretender ser lo que uno no era, o esconder la identidad. La todavía rudimentaria Administración vigilaba con el propósito de evitar las trampas, los seudónimos y la ocultación de la autoría de un delito. No siempre con éxito.[29]

De aquellos lodos viene la expresión "dice llamarse", usada entonces con profusión en documentos públicos, y ahora casi en desuso por las facilidades para tal comprobación.

La concreción de las normas se alcanzaría más tarde. En 1501 (principios del XVI) ya se había obligado a heredar el apellido del padre. Tomó tal decisión el poderoso cardenal Cisneros, pero eso no se aceptó con facilidad y aún transcurrieron varios siglos sin que la ley se asentase en la costumbre.

Según lo establecido, dos hermanos llevarían obligatoriamente igual apellido, aunque hubieran nacido en ciudades distintas. (Antes podían llamarse Antonio de Sevilla y María de Málaga, por ejemplo).

Se refleja ese proceso en el caso de Hans von Köln, el fabuloso arquitecto y escultor alemán que se afincó en Burgos en el siglo XV para trabajar en su catedral, y cuyo nombre se castellanizó como "Juan de Colonia". Su hijo fue llamado Simón de Colonia; y su nieto, Francisco de Colonia, aunque tuvieran la condición natal de burgaleses (ambos fueron alumbrados y murieron en la ciudad castellana, donde continuaron los trabajos de su antecesor alemán).

Todo ello empieza a mostrarnos la enorme preocupación que se iba extendiendo en aquellas personas por la limpieza de sangre y la

28 Salazar y Acha (1991).

29 Fernández Domingo (2017), págs. 170 y ss.

herencia de una noble historia familiar: el culto al nombre y a la tarea que lo construye, que lo muestra, que lo hace respetable.

Con todo y con eso, siempre hubo quien hacía de su capa un sayo. Elio Antonio *de Lebrija*, el destacadísimo gramático nacido en el siglo xv, se debería haber llamado Antonio Martínez de Cala, pero él mismo acomodó el nombre a sus gustos, sin saber que en siglos venideros ese Lebrija de su lugar natal (provincia de Sevilla) se transformaría en nuestro Nebrija de hoy por influencia de la versión del nombre en latín (Nebrissensis), que también usó. Sin embargo, sus hijos ya llevarían el *de Lebrija* paterno, aunque ellos hubieran nacido en Salamanca.

Obsesionado como estaba por el latín como gran lengua de cultura, Nebrija se había dotado de los tres elementos que exigía en otro tiempo la Administración romana: el *praenomen* Aelius; el *nomen* Antonius; el *cognomen* Nebrissensis y el *agnomen* Grammaticus. El *praenomen* lo falseó: se aplicó uno que lo entroncaba con los Aelii ilustres de su tierra (Elio Trajano, Elio Adriano); "de quienes me puedo considerar paisano", escribió. Y el *agnomen* no fue fruto de una decisión popular, también se lo adjudicó él solito. En este caso, con todo merecimiento. Gramático fue, sin duda. Pero de todas las palabras que conforman "Elio Antonio de Nebrija, el Gramático", la única original era "Antonio".

Aún se tardaría mucho —pese a las referidas órdenes de Cisneros, contemporáneo y amigo de Nebrija— en abandonar totalmente aquellas caóticas referencias al origen que ya cumplía en el siglo xi Rodrigo Díaz *de Vivar* (de Vivar del Cid, en la denominación actual). Cervantes (1547-1616) explica en su novela que don Quijote *de La Mancha*, al elegir ese nombre geográfico, "declaraba muy al vivo su linaje y patria[30] y la honraba con tomar el sobrenombre de ella".

Todavía en nuestros tiempos siguieron haciendo gala de tal costumbre algunos toreros, acá y allá: Morenito de Maracay, Jesulín de Ubrique, Morante de La Puebla…

También narra Cervantes el encuentro de don Quijote con una mujer por cuyo nombre se interesa el protagonista de la novela. Ella le contesta que se llama "la Molinera", porque es hija "de un

[30] *Ibíd.*

honrado molinero de Antequera". De nuevo, el oficio como nombre propio. El caballero, para mostrarle su aprecio, le rogó que se pusiese *don* y que se dijese "doña Molinera".

Por cierto, aún desconocemos a ciencia cierta, más allá de diversas conjeturas, a qué se debe que Cervantes se dotara de un segundo apellido, Saavedra, que no guarda ninguna relación con su familia ni con su origen: su madre se llamaba Leonor de Cortinas; y su padre, Rodrigo de Cervantes, según la partida de nacimiento hallada en 1752 en Alcalá de Henares. Sí se cree que lo hizo después de su cautiverio en Argel y antes de cumplir 40 años. ¿Tuvo que ver ese Saavedra con las argucias que se dieron entre los siglos XVI y XVIII para apropiarse de apellidos ajenos que sonaban muy nobles? Quizá. Algunas personas se arrogaban así una lejana estirpe considerada superior a la suya, lo que las llevaba a recuperar un segundo apellido del abuelo o de la abuela, o asumir el obtenido por matrimonio; o a inventarse uno con intención de ocultar una ascendencia morisca o judía, o un presente de judeoconverso. A veces la elección se basaba simplemente en uno que les sonaba mejor, o en una sustitución, adición o cambio de orden.

Eso condujo a que en aquellos siglos se produjera en España una auténtica oleada de usurpación de apellidos nobles por campesinos ricos o personas en ascenso social.[31]

Pedro Calderón de la Barca compuso a ese respecto en el siglo XVII un poema crítico sobre tal costumbre de su época. Dice así:[32]

Si a un padre un hijo querido
a la guerra se le va,
para el camino le da
un Don y un buen apellido.

[31] Describe con detalle esta situación Enrique Soria Mesa, en *Tomando nombres ajenos. La usurpación de apellidos como estrategia de ascenso social en el seno de la élite granadina durante la época moderna,* Universidad de Córdoba, 2009.

[32] Lo encuentro en Salazar y Acha (1991), pág. 33. Y en Fernández Domingo (1997), pág. 170.

El que Ponce se ha llamado
se añade luego León;
el que Guevara, Ladrón;
y Mendoza el que es Hurtado.
Yo conocí un tal por cual
que a cierto conde servía,
y Sotillo se decía;
creció un poco su caudal
salió de mísero y roto,
hizo una ausencia de un mes,
conocile yo después
y ya se llamaba Soto.
Vino a fortuna mejor,
eran sus nombres de gonces.[33]
Llegó a ser rico y entonces
se llamó Sotomayor.

Esas ironías nos revelan cómo los seres humanos han utilizado desde antiguo en sus antropónimos el adorno de las plumas ajenas para medrar a su sombra; y demuestran el orgullo vinculado a un linaje, así fuera falso. La manipulación de los nombres viene de lejos.

Podemos imaginar a un exitoso comerciante de entonces dárselas de noble con ese simple procedimiento, al estudiante aventajado presumir de vetusto cristianismo por lo enraizado de su apellido, al funcionario protegerse de su debilidad en el cargo mediante la amenaza de un poderoso personaje con él emparentado. Además a todos les salía gratis.

Toda esta realidad de tiempos pasados se reflejó obviamente en la literatura. Un protagonista de Honoré de Balzac, el poeta Lucien (en *Illusions perdues*, 'ilusiones perdidas'), decide apellidarse Rubembré, con el patronímico materno, y no Chardon como le correspondía, precisamente para enlazar con una dinastía noble. Pretende que eso le ayude a abrirse paso en París, pero con tal argucia

[33] Quería decir que ceden y cambian con facilidad. Gonce (o gozne) significa 'bisagra', 'articulación'. "Ser uno de gozne": doblegarse fácilmente (*Diccionario* de Sebastián de Covarrubias, siglo XVII).

contraerá una enorme vulnerabilidad. Ahí se halla el punto débil donde pueden atacarlo sus rivales: no es quien dice ser.

Por tanto, la alteración interesada de los apellidos nos lleva todavía al siglo XIX, tan cerca de nosotros, tan lejos de Kushim.

A partir de ahí ya todo se fue ordenando más cabalmente; y los apellidos españoles (también los americanos en español) empezaron a estructurarse igual que en nuestros días.

Obviamente, las distintas culturas de la humanidad se han dotado de variados criterios para organizar la manera de identificarse uno mismo con algunos vocablos, pero casi todas coinciden en que los antropónimos identifiquen tanto a la persona como a su familia, ya sea de manera binomial (un nombre y un apellido) o trinomial (dos apellidos, según sucede en España). En el mundo sajón (aunque no exclusivamente), la esposa pierde su apellido y toma el del marido, un rastro patriarcal vinculado al reconocimiento público de la paternidad —porque *mater certa est*— que debería encaminarse hacia la extinción; y al que se une la circunstancia de que la descendencia pierda el rastro materno al mostrarse solamente un apellido: el del varón. En Portugal, el apellido de la madre suele figurar en primer lugar por tradición (si bien cada cual puede alterar ese orden), pero se transmite el paterno a los herederos.

En España se usa el segundo patronímico desde el siglo XVIII. Y además las esposas mantienen el suyo propio como primero. Incluso aquellos que en otro tiempo se originaron en un sobrenombre fueron adaptados al género femenino cuando pasaban a una mujer. Así, alguien apellidado Moreno podía traspasar a su hija el apellido Morena,[34] conforme acabamos de ver en el pasaje del Quijote y "doña Molinera" (hija del molinero).

En la Edad Media, la obsesión por mantener a salvo el honor familiar ante los convecinos, lo mismo en ámbitos reducidos como en los amplios, acarreaba incluso que se pusiese la vida en juego, además de enfrentamientos entre clanes y estigmas congénitos. Cada cual iba asumiendo la fama o el desdoro de su nombre. Durante muchos años una mala acción civil o religiosa de alguien contaminaba a los parientes porque cada uno de ellos asumía una vinculación moral entre sí, aunque no se les considerase estrictamente

[34] Salazar y Acha (1991), pág. 31.

culpables del hecho. Incluso hoy quedan huellas de esto en determinados ámbitos y países.

Gracias a todo ello se escribió el drama de Romeo y Julieta.

No defenderemos aquí las barbaridades que se han cometido por causa de la honra familiar. Sí debemos reseñar las ventajas que los seres humanos han obtenido por formar parte de una dinastía prestigiosa, ya fuera de guerreros, caballeros, banqueros, de cantantes o de futbolistas; y por supuesto el plus de confianza, justo o no, que ha supuesto siempre pertenecer a una buena familia. Aún funciona, por arbitrario que nos parezca. Todo ello, a partir de unos apellidos, esa tarjeta de visita que nos presenta ante la sociedad, la referencia y la memoria de todos nuestros actos.

Del mismo modo que el patronímico se ha esgrimido como timbre de gloria, de pureza, de nobleza, de honradez, también ha servido para la deshonra; hasta el punto de provocar que muchas personas deseen renunciar a él. Podemos entender la incomodidad de alguien apellidado Hitler, por ejemplo. O de quien queda identificado a la fuerza con un progenitor que lo ha maltratado.

Esa renuncia no siempre fue posible, pero hoy en día muchas legislaciones lo admiten. En España se ha abierto camino, aun con dificultades. Lo mostró la necesidad de llegar hasta el Tribunal Supremo, en 2002, para resolver la pretensión de una mujer de que se le retirara el apellido paterno.[35]

La peticionaria alegaba que su padre se había desentendido de ella, y se basaba en el artículo 58 de la Ley del Registro Civil al concurrir "circunstancias excepcionales", en particular el abandono por su progenitor cuando ella tenía 5 años, lo cual le supuso una vivencia emocional negativa en relación con su primer apellido. La solicitud inicial quedó rechazada por el Ministerio de Justicia (responsable de gestionar la fe pública), y también por el juzgado de primera instancia... y por el de segunda. Ambas decisiones se basaron en que las circunstancias alegadas no reunían suficiente entidad. Pero finalmente el Supremo dio la razón a la demandante, con el apoyo de la Fiscalía, por considerar que el abandono del padre a aquella hija, con incumplimiento de todas las obligaciones

[35] STS 795/2002, de 21 de noviembre.

derivadas de la paternidad, la ruptura total de las relaciones entre ellos y la ausencia de conocimiento y contacto con la ascendencia paterna le causaron a la mujer un grave daño psicológico, motivo por el cual desarrolló un enorme rechazo hacia la utilización del apellido de su progenitor, lo que se acreditó a través de informes periciales. También quedó demostrado que ella usaba el apellido materno en la vida cotidiana.

Todo eso, dictaminó el Supremo, "constituye causa excepcional para permitir el cambio de apellidos, suprimiendo el apellido paterno".

Nos estamos refiriendo en todo este desarrollo al apellido, claro está, como acompañante del "nombre de pila", llamado así por adjudicarse este desde la Antigüedad cristiana en el momento del bautizo, y tradicionalmente extraído del santoral y de las variadísimas advocaciones de la Virgen; costumbre religiosa que en su día se impuso en la Administración de España y que hoy, afortunadamente, es voluntaria: no hace falta poner a las criaturas nombres de santos o vírgenes.

Durante la infancia, se recibirán con frecuencia acortamientos, abreviaciones o apelativos familiares, que acompañarán a la persona quizá durante toda su vida: Pepa, Pepe, Javi, Jose, Toño, Chema, Chus, Paco, Pili, Catty, Charo, Curro, Álex, Pancho, Lola, Mila, Perico… Los llamamos hipocorísticos, palabra de origen griego (*hypokoristikós*) que significa en aquella lengua 'acariciador' (apelativos cariñosos, pues). La mayoría son transparentes, pues conocemos el nombre oficial con el que se corresponden en el documento de identidad.

A ellos se unen los motes, apodos y sobrenombres que alguna persona asume para sí (de otra manera se trataría seguramente de un insulto), como Chato, Gordo, Flaco, Sordo, Izquierdo… y que años atrás, como indicábamos, se convertían en apellido a partir del *cognomen* latino.

Vamos viendo, pues, cómo el nombre propio forma parte de toda una construcción cultural, labrada lentamente durante la historia de las civilizaciones; siempre relacionado con una responsabilidad (la fama, el honor, la familia) y como una manera de presentarse cara a cara ante los demás, ya fuera para dar fe sobre el género de grano que entraba en un almacén o para transmitir unos bienes a los herederos o para prestigiar el apellido recibido de los padres. Y también, como en el uso de diminutivos y apelativos cariñosos, para relacionarse en los entornos más personales.

La creación de los registros civiles (el español, en 1871) da lugar a los censos exhaustivos de la población moderna, de gran utilidad fiscal y administrativa; y en ellos son fundamentales los apellidos y los linajes. Antes de eso, los apuntes de nacimientos, bodas y defunciones correspondían a la Iglesia, gracias a la capilaridad de sus parroquias. Pero semejante tarea habría de asumirla el Estado, como defendían los liberales; que ganaron la batalla política al respecto.

Finalmente, la Ley del Registro Civil de 1870 establecería (artículo 48) que todos los españoles serán inscritos con su nombre, con los apellidos de los padres y con los correspondientes a los abuelos maternos y paternos.[36]

En ese mismo año, el nuevo Código Penal tipifica el delito de uso de nombre supuesto, y por fin la Ley del Registro Civil de 8 de junio de 1957 recogerá oficialmente la necesidad de incluir el segundo apellido, una rareza a los ojos de otros países occidentales. Como nueva muestra de que las costumbres en este terreno son superiores a las leyes, la norma obligaba a situar la conjunción "y" entre los dos apellidos, "hecho que nunca se ha aplicado con rigor", según detalla el especialista Jaime Salazar y Acha y que cualquiera puede comprobar todavía hoy.[37] Con estas medidas se echaba abajo una tradición multisecular de libertad individual y se obligaba a los españoles del momento "a optar por un apellido que sería a partir de entonces el de sus descendientes para siempre".

Además, si un recién nacido abandonado no tuviese quien se lo impusiera, esa responsabilidad debería asumirla el funcionario encargado (artículo 50 de la Ley del Registro Civil). Está claro que sin apellido no se quedaba, lo cual era favorecido por el hecho de que se adjudicase gratis.

[36] Salazar y Acha (1991), pág. 40.
[37] *Ibíd.*, pág. 41.

El largo camino en la regulación administrativa del nombre propio ha llegado a nuestros días, pues, como una convención histórica, labrada con dificultad pero firme desde que Kushim suscribió aquellas anotaciones contables.

El nombre se vincula en todas las épocas con la personalidad, hasta hacerse indisoluble de ella, y cualquier alteración requiere hoy en día de un procedimiento administrativo que exige el cumplimiento de unas condiciones estrictas y que debe dejar un rastro transparente. Porque cambiar de nombre sin respetar el procedimiento legal equivaldría a cambiar de personalidad jurídica. Y a ocultar la vida anterior.

El nombre propio constituye, pues, un rasgo de la entidad jurídica y social de cada individuo, a quien acompañará en todas sus actividades, por anecdóticas que resulten. Los nombres que nos definen en la actualidad han heredado toda esa cultura de la denominación personal, del prestigio familiar, del honor, evolucionada durante los siglos para alcanzar la precisión con que se ejecuta hoy en día; aunque no esté exenta de coincidencias y malentendidos que se pueden resolver con facilidad.

Enarbolar el nombre propio significa además que quien lo lleva sobre sí busca un reconocimiento individual en la sociedad, a ser posible con un aura de prestigio. Toda su actividad se reflejará en esas palabras que lo designan.

A "Gabriel García Márquez" se asocian las categorías de escritor, periodista, colombiano, premio nobel..., además de todos los actos de su vida conocidos. Lo mismo sucede con cada uno de nosotros, obviamente con muy distinto grado de celebridad. Los antropónimos se impregnan en su significado de todo el recorrido que los interlocutores conozcan acerca de ese individuo.

Imaginemos un mundo sin nombres propios, en el que todas las personas fueran estrictamente anónimas. Sería imposible considerarlas entonces como sujetos de derechos y de obligaciones individuales; careceríamos de referencias sobre su comportamiento, su honorabilidad, su preparación para cualquier oficio; y tampoco podrían ser condenadas por sus malas acciones, ni dar testimonio público de las buenas. Ni cabría ninguna posibilidad de conocer y contar la historia de la humanidad, ni que un autor defendiera la coherencia de su obra, ni que nadie recibiera o legara herencias patrimoniales o intelectuales.

Ese mundo distópico se manifiesta sin embargo en nuestros días con frecuencia, como describiremos más adelante.

¿Cuál es el significado del nombre propio? No nos referimos a su etimología, porque no importan aquí la semántica o el origen de palabras como Victoria, o Luz, o Amparo. Importa a quiénes representan, qué imagen se forma en nuestra mente al escuchar sus nombres.

Los nombres propios no tienen valor significativo, sino denotativo. Cuando decimos "viene Rosa", la palabra "rosa" no significa ahí "flor del rosal", del mismo modo que Kushim no significaba "arma perfumada", sino que adquiere su sentido en función de un contexto que nos permite saber, o no, de qué persona se trata.

Palabras como "mesa", o "ventana", o "tenedor" nos ofrecen representaciones muy similares entre sí en cualquier circunstancia. Pero nombres como Fernando, o Emilio, o Jaime, o Carlos, o Antonio, o Ana, o María, o Lola, o Javier, o Joaquín, o Izaskun, Brais, Mercé, Joana, Xoan, Brahim... proyectarán en nuestra percepción unos rasgos muy diferentes en función de a quiénes se refieran en ese momento, rasgos opuestos incluso para personas con el mismo nombre. "Fernando" pudo significar para mí decenios atrás solamente "compañero"; y más tarde, "vecino" y a la vez "compañero"; y tiempo después, "compañero", "vecino" y "amigo"; y años adelante, "excompañero", "exvecino", "amigo"..., y luego todo eso y también "notario".

Por tanto, cada cual a lo largo de su vida va forjando el significado de su nombre y sus apellidos, sobre los cuales ejercerá como dueño de un derecho inalienable (salvo usurpación o suplantación; trataremos también sobre eso). Las constantes en el comportamiento y los rasgos comunes de sus actos principales conformarán su imagen ante los demás, la imagen que se representará en la mente cada vez que oigan su nombre.

De ese modo, la palabra *yo* no significa siempre lo mismo que Álex Grijelmo, ni lo mismo que "el autor de este libro", ni *tú* significa siempre lo mismo que María José, suponiendo que tú seas María José, porque cada enunciado pronominal remite a significados distintos, a personas diferentes en cada situación.[38]

En los últimos decenios se ha llegado a configurar el nombre como marca. Es decir, como una suerte de firma comercial a la que se asocian una serie de características y que produce y absorbe un prestigio o un desdoro que se corresponden con el talento y los actos de quien la lleva. Incluso se llega a hablar, por ejemplo, de que un libro "lleva la marca Millás", al reunir una serie de rasgos inherentes al escritor Juan José Millás. Lo mismo que una gran jugada puede llevar "la marca Mbappé" incluso si no la ha ejecutado Kylian Mbappé.

El nombre propio como firma que se desenvuelve en el mercado (generalmente el mercado profesional) incorpora factores positivos de la persona como producto, y arriesga los negativos. Nada nuevo desde la Antigüedad, salvo la consciencia de que el nombre propio supone además un valor comercial, y no solamente la honra que antaño movía los actos humanos.

De hecho, en las sociedades modernas se piensa a menudo en el anonimato como equivalente de insignificancia; "Es una persona anónima", decimos: no es nadie. El anonimato impide la mala fama, pero también imposibilita el prestigio y el reconocimiento, dificulta la cercanía y la compasión.

1.400 muertos por Hamás el 7 de octubre de 2023 en Israel, más de 30.000 muertos en Gaza por las armas de Israel en los meses siguientes… Y de repente, 7 víctimas, solamente 7, únicamente 7 asesinados con nombre y apellidos conmueven al mundo occidental, 7 cooperantes de la entidad humanitaria World Central Kitchen, del cocinero estadounidense de origen español José Andrés, aniquilados por militares del ejército israelí el 2 de abril de 2024 cuando llevaban comida para su reparto entre los hambrientos gazatíes: 7 nombres propios surgen de entre miles de cadáveres anónimos: el palestino Saifeddin Issamn Ayad Abutaha, la australiana Lalzawmi (Zomi) Frankcom, el polaco Damian Soból,

[38] Fonteneau, Françoise (1999), *L'ethique du silence. Wittgenstein et Lacan*, París, Seuil, pág. 36. "*C'est l'usage du mot dans la pratique qui donne sa signification*": El uso de la palabra en la práctica es lo que le da su significado.

el estadounidense y canadiense Jacob Flickinger, y los británicos John Chapman, James (Jim) Henderson y James Kirby. La única relación de nombres concretos en esa barbarie elevó a estas personas por encima de la fosa común en que sumimos entre todos a las demás víctimas inocentes.

El nombre propio ejerce así como cara y ojos entre una multitud, aunque ni siquiera veamos ya la cara y los ojos de la persona envuelta en un sudario y tendida en el suelo. Solamente oímos su enunciación, y con ella reconstruimos su identidad para imaginar una vida individual y única.

Los nombres de animales

El poder y las ventajas que implica disponer de un nombre propio se los hemos transferido incluso a los animales, a los que con ese acto conseguimos *personalizar*.

En las sociedades neolíticas los seres humanos vivían entre ovejas, vacas, caballos o cerdos, a los que denominaban como grupo, pero no como *entes* con *entidad* individual y propia. Cuadras, corrales, establos o piaras acogían a multitud de seres vivos auténticamente anónimos.

El perro es el animal doméstico más antiguo, y esa relación empezó hace 15.000 años, antes de la revolución agrícola (y luego ganadera).[39] Los perros recibirían el encargo de proteger a los corderos, carneros y ovejas que nuestra especie ya cuidaba hace 10.000 años para que le sirvieran como alimento y abrigo. Los canes se fueron mostrando capaces de obedecer, de atender las órdenes de la voz humana y de comunicarse con sus amos. Cómo no iban a adquirir, tarde o temprano, la personalidad que otorga un nombre propio. Eso sí, por el momento sin apellido.

El perro acude cuando es llamado (por su nombre). Eso induce a imaginar que posee algún tipo de conciencia sobre su individualidad.

Ignoramos cuál fue el primer animal de carne y hueso al que se distinguió de los demás con una palabra. En las fábulas de Esopo aparecían animales como protagonistas de la acción (el zorro, la

39 Harari, Yuval Noah (2016), *Sapiens*, Barcelona, Debate, pág. 62.

liebre, el lobo), y en las medievales aparecen algunos con nombre, y antes en las fábulas indias. Vemos animales como actores en el relato *Ysengrimus*, texto escrito en latín durante el siglo XII y atribuido a un poeta llamado Nivardus. Sus relatos los protagoniza un lobo cuyo nombre da título al libro, en el que aparecen animales concretos como antecedentes lejanísimos del pato Donald, de Mickey Mouse o de la mula *Francis*. Entre ellos, el zorro *Reynard*, precedente a su vez del *Roman de Renart*, en francés (siglo XII). Con el nombre, esos animales adquieren su singularidad literaria, y también su memoria ante los tiempos futuros.

Los 27 poemas del *Roman* cuentan las aventuras de un zorro del siglo XII. El león que lo acompaña se llama Noble; el oso, Brun (Pardo); el gallo, Chantecler (Cantoclaro); el toro, Bruyant (Ruidoso); el caracol, Tardif (Tardón). Sus nombres, igual que pasaba con humanos como Naso, se dirigían a señalar determinadas cualidades específicas.[40]

Por su parte, el asno *Burnellus* recorre el mundo viviendo aventuras y buscando conseguir una cola más grande. Nació de la imaginación del monje Nigellus de Longo Campo (conocido igualmente como Nigel de Canterbury) en su poema *Speculum stultorum* (espejo de tontos), también en el XII, y fue muy popular durante siglos.[41]

El caballo del Cid (en el famoso *Cantar*, de la misma época que los textos anteriores) se llama *Babieca*, y antes el de Alejandro Magno (siglo II a. C.) fue conocido por *Bucéfalo*. Don Quijote da en la flor de nombrar al suyo *Rocinante*; "porque —según se decía a sí mismo— no era razón que caballo de caballero tan famoso, y tan bueno él por sí, estuviese sin nombre conocido". El término *Rocinante* le parece "alto, sonoro y significativo de lo que había sido cuando fue rocín, antes de lo que ahora era, que era antes y primero de todos los rocines del mundo".

Don Quijote, después de otorgar con cierta presteza un nombre a su cabalgadura, quiso darse nombre a sí mismo como caballero, "y en este pensamiento duró otros ocho días". Con el resultado ya conocido.

40 Pastoureau, Michel (2019), *Animales célebres: del Caballo de Troya a la oveja Dolly*, Madrid, Periférica.

41 Rodríguez Adrados, Francisco (2005), *De Esopo al Lazarillo*, Universidad de Huelva, págs. 428, 429 y 483.

El nombre en los animales, reales o imaginarios, les otorga una cercanía con el ser humano, que así los percibe como parte de sus sociedades. Ello discurrió parejo a la socialización del animal doméstico como parte de la familia.[42]

La ficción ha creado a personajes-perro (podríamos decir *perronajes*) como *Milú*, *Lassie*, *Rintintín*, *Beethoven*... incluso al delfín *Flipper*. Y la realidad ha conseguido que los niños de Barcelona de hace unos decenios pudieran llevar en sus corazones al gorila albino *Copito de Nieve*; y los madrileños de unos años después al panda *Chu-lin*. Precisamente porque podían nombrarlos. Gracias a eso los observaban como individuos concretos, con su personalidad específica. Como famosos incluso.

Nombre tuvieron, y se guardan frescos en la memoria colectiva, el toro que mató a Manolete en 1947, *Islero*, y la perrita que fue puesta en órbita por la Unión Soviética en 1957, *Laika*, el primer ser vivo en viajar al espacio exterior... y el primero que falleció en él; aunque esto último apenas se suela mencionar.

El nombre propio siempre es un título. Se hace más difícil maltratar a un animal que tiene nombre. La familia que cría un pavo y le pone *Rodolfo* verá más complicado matarlo y comérselo en Nochebuena.

Los nombres de empresas

Nombres usamos también para las empresas (incluso las denominamos "personas jurídicas") y para sus productos. El proceso vivido históricamente con los seres humanos se trasladó a esas firmas. Y no parece casualidad que nos refiramos a ellas precisamente con este sustantivo, "firmas".

Seguramente al principio los nombres de pescaderías, fruterías, tahonas, casas de comidas... se formarían a partir de topónimos y apellidos relativos a sus propietarios, o al lugar donde se enclavaban: Mesón de la Plaza, Taberna de la Cuesta. Aún tardarían en llegar nombres como Pegaso, Volkswagen... o Twitter (ahora X). Algo

[42] Arriaga Jordán, Carlos; Castellán Ortega, Octavio; Velázquez Beltrán, León (2003), *Investigación en animales de trabajo para el desarrollo rural*, Universidad Autónoma del Estado de México.

más de tiempo necesitaron lo que llamamos, curiosamente, "sociedades anónimas" (anónimas..., aunque tengan nombre).[43]

Las empresas se empiezan a desarrollar como tales en los siglos XVII y XVIII, pero algunas marcas de hoy ya existían hace más de 1.000 años. En el 578 funcionaba en Japón una constructora llamada Kongo Gumi, que aún sobrevive (si bien fue absorbida en 2006 por una compañía mayor). Se dedicaba a construir templos budistas por encargo del rey o del príncipe de turno; y muchos años más tarde, en el siglo XVI, acometería también el castillo de Osaka. La denominación procede, como era de esperar, del apellido de la familia propietaria, la familia Kongo, originaria de Corea. (En Japón no disponían de medios suficientes para asumir esos imponentes trabajos, y se los encargaban a los coreanos).

El sudafricano Elon Musk, genialoide dueño de la firma que se llamó Twitter y que él compró en 2022 por 44.000 millones de dólares, decidió en julio de 2023 acometer algo que ningún experto le habría recomendado y que ningún especialista le elogió: sustituir el nombre inglés Twitter (que se asocia con la idea de "trinar") por una letra X que, aislada, carece de referentes salvo en el cine porno y en las matemáticas. Musk le disparó al simpático pajarito azul para tacharlo —como baja en combate— con una blanca X sobre fondo negro. Rompía así la riqueza intangible asociada al nombre anterior, y tiraba a la basura toda la trayectoria que se vinculaba con la marca original. Pero se daba el capricho de desahogar su obsesión con tal signo del alfabeto, que ha llevado a otras marcas suyas: SpaceX, X.com o Model X.

Paul Krugman, estadounidense, premio nobel de Economía, escribió el 30 de julio de 2021 en *El País* que al cambiar de nombre un producto o una empresa "se corre el riesgo de perder la fidelidad de los clientes, así que solo suele hacerse cuando existe un problema real con el nombre actual [...]. A falta de razones de peso", añadía, "las empresas sensatas mantienen las marcas comerciales que sus clientes siguen comprando".

Sí tenía sentido, en cambio, renunciar al nombre del "Parque Biológico de Madrid". Creado en 2001 mediante inversión priva-

43 Se llaman así porque su marca oculta la identidad de los accionistas, a veces muy numerosos; sin que eso signifique que estos no se hallen registrados.

da, no acababa de llevar público suficiente a sus 14 hectáreas con extraordinarias instalaciones en las que se podía disfrutar de los animales (bien cuidados y alimentados), además de participar en actividades educativas sobre la naturaleza y vivir una agradable jornada en familia. Pero su desastre económico inicial se convirtió en éxito masivo a partir de que la empresa contratara en 2002 a un especialista en dar nombre a los negocios, Fernando Beltrán. Él propuso "Faunia", y a partir del cambio llegaron los usuarios a mares. Claro, a un lugar llamado Faunia van las familias con los niños; a un Parque Biológico sólo se acercan los estudiantes de Ciencias que desean mejorar nota. Uno vislumbra que en Faunia encontrará animales exóticos, y pingüinos, y serpientes peligrosas, que paseará entre los recintos de los osos y los leones y podrá saludarlos. Con la idea de un Parque Biológico tal vez sólo se imaginen probetas y tubos de ensayo con los que se pueden ver algunas amebas mediante un microscopio.

Tan importante es el nombre. No solamente como marca de las personas, a la que asociaremos sus virtudes y sus defectos, sino también para los entes abstractos como empresas, federaciones, entidades... y hasta países.

Prodigio de la civilización

El nombre propio representa, pues, en todas sus facetas, uno de los mayores prodigios de la imaginación humana. Hemos dado nombre a los ríos, las cordilleras, los valles, las ciudades, las calles, los países, las empresas, sus productos, los animales, las personas, las estrellas, los planetas, los satélites, los días de la semana, los meses, los periodos históricos, los programas de radio y televisión, los periódicos.

Todo lo que nos importa tiene un nombre.

Un altísimo porcentaje de las palabras que debemos retener en la memoria son nombres propios.

Con su aparición se iniciaron las civilizaciones y el derecho: a partir de que se considerase a los individuos como seres específicos, diferentes de los otros, entresacados de una colectividad, reconocibles en sus hechos concretos, seres que con sus actos reiterados conformaban una personalidad ante los demás, rasgos resumidos en esa denominación inseparable de su fisonomía, la memoria de un recuerdo asociado con la palabra que los designaba. Porque todo eso conduce inexorablemente a asumir una responsabilidad. Cualquier acción del individuo que tiene nombre se asigna ya a su casilla, a su debe y a su haber. Con el nombre empezaron los currículos. Pero también los antecedentes penales.

El nombre nos trasciende. Nosotros morimos, pero el nombre continúa. Rodrigo Díaz de Vivar no existe ya sino en su nombre, igual que Aristóteles, Platón, Tirso de Molina o Cervantes. (¡Igual que *Copito de Nieve*!). El autor del *Quijote* forma parte de nuestra cultura y de nuestra historia gracias a su nombre y a todo lo que a ese antropónimo se atribuye. No queda de él ningún retrato auténtico de su fisonomía,[44] pero el nombre y los apellidos de don Miguel, en cambio, han traspasado los siglos con todos los hechos que a ellos se asocian. Los personajes de novela, de teatro, de cine ni siquiera necesitan responder a una realidad: basta con pronunciar la palabra que los designa —Calisto, Melibea, Celestina, Lazarillo, Frankenstein, Supermán…— para que tomen cuerpo ante nosotros.

3. LA PERVERSIÓN DEL NOMBRE

Frente a toda esa larguísima tradición que ha contribuido a dignificar a los seres humanos, a residenciar sus derechos en un nombre y hasta a individualizar a los animales para hacerlos más próximos a nosotros, se produce una perversión cultural cuando el antropónimo que ha constituido el significado de una persona se anula o se reemplaza arteramente por otro, y se rompe con ello la cadena de la identidad.

No faltan casos de personas que han alterado su nombre para esconderse, como el constructor madrileño José Luis Pinto Fontán, quien a finales de los años noventa pasó a llamarse legalmente José

[44] El retrato de Cervantes atribuido a los pinceles de Juan de Jáuregui (1583-1641) y que se exhibe en el salón de actos de la Real Academia Española es una obra elaborada en realidad en el siglo XIX, no consta que refleje el verdadero rostro del escritor y, sospechosamente, no se conoció hasta 1911 (siglo XX). En cambio, sí tenemos un retrato fidedigno de Nebrija (siglo XVI).

Luis Gómez Pinto tras haber dejado una urbanización empantanada (Nuevo Versalles; en Fuenlabrada, Madrid), con los pisos ya adquiridos por 500 familias. Pinto Fontán desapareció durante unos años y regresó a la vida empresarial llamándose ya Gómez Pinto. Pero fue descubierto por la sección local de *El País*.[45]

El *Diccionario* considera "perversión" (orillaremos aquí el significado moral o religioso de la palabra) el acto de perturbar el orden o el estado de las cosas. En ese sentido la manipulación o la ocultación del nombre propio alteran una de las estructuras que las civilizaciones han establecido en su camino hacia el progreso.

Se pervierte, por tanto, el nombre cuando lo dotamos de un valor distinto al que la construcción humana le ha dado, cuando la palabra deja de corresponderse con la persona, con el animal, con la idea o con el objeto, cuando ya no designa una verdad sino que la oculta. También cuando los nombres propios son escondidos en la actividad pública para evadir la responsabilidad en un Estado democrático; cuando se envían anónimos amenazantes, cuando se denuncia a alguien de manera irresponsable mediante la ocultación de la firma.

La manipulación del propio nombre guarda relación muy a menudo con la mentira; empezando por la mentira que implica hacerse pasar por otro o actuar con las manos a la luz y con el rostro en la oscuridad.

Esa ocultación ha adquirido dimensiones descomunales en la sociedad actual —especialmente en internet y en las redes sociales—, alentada con el argumento de que el anonimato favorece la libertad de expresión, aunque con él florezcan también las malas artes, el embuste, el insulto, el delito sin autor y el daño psicológico a todo tipo de víctimas inocentes, especialmente los jóvenes.

Marcas blancas

Se incurre en una perversión del nombre cuando este se cambia ilegítimamente por otro o cuando se esconde para que no se vin-

[45] Véanse las informaciones publicadas entonces en ese periódico, por ejemplo la firmada por José Antonio Hernández el 15 de abril de 1998 (Suplemento *Madrid*, página 5).

cule con una mala acción; y también cuando se difumina con ánimo de engaño, como sucede en el fenómeno de la *marca blanca*, la normalización neoliberal de la simulación.

Infinidad de empresas de distribución de alimentos (hipermercados, centros comerciales) ofrecen productos bajo su nombre que sin embargo no han fabricado ellas. O mediante marcas específicas que también sirven para el despiste y que ni siquiera coinciden con la denominación de la cadena de establecimientos (Hacendado en Mercadona, Aliada en El Corte Inglés, Bonté en Dia...), pese a haberlas promovido. Una misma firma puede ofrecer aceite, conservas, bebidas, aperitivos, bollería, embutidos, leche... Lo que implica contar con muy distintos proveedores que confluyen ante el consumidor con un solo nombre propio que paradójicamente es a la vez un nombre común (común a todos ellos).

En 2023, esta suplantación legal llegaba en España al 44% de las ventas del sector de gran consumo, según reconoció sin problema en octubre de 2023 Javier Campo, presidente de la asociación de fabricantes y distribuidores (AECOC), durante un congreso de empresas del ramo que se reunió en Zaragoza. Con esa práctica, el consumidor paga más barato y el fabricante produce más barato, porque no imputa al precio del producto publicidad alguna. El hipermercado vendedor coloca mejor en los estantes sus propias marcas, frente a las de otros competidores con apellido real. Una operación redonda a gusto de todos los participantes, incluida al parecer la desdeñable circunstancia de que las pequeñas tiendas no puedan competir con esa línea de negocio.

Pero, ay, falla la identidad. Falla la transparencia. Falla la veracidad ante el consumidor, que desconoce con frecuencia de dónde le viene lo que va a comerse. Porque un hipermercado puede incluso cambiar el proveedor oculto y mantener el mismo nombre del producto, lo cual constituye toda una suplantación opaca. Casi ninguna gran empresa de distribución facilita ni a los consumidores ni a los periodistas los datos de procedencia de sus *marcas blancas* (que ya ni siquiera se ofrecen en envases de ese color). A menudo solamente se llega a ellos aplicando cierta capacidad investigativa a partir de datos que figuran en los paquetes. Tanto los vendedores como los fabricantes viven bien con ese seudonimato.

Un cliente puede haber decidido no comprar artículos de determinada firma porque —pongamos por caso— no le satisfacen su política medioambiental o su deslocalización (pues se trasladó a un país con beneficios fiscales o donde se explota a los trabajadores); o porque no le gustó determinado alimento avalado por ella. Sin embargo, puede estar comprando esos productos indeseados sin saberlo. El 70% de los fabricantes de alimentación suministran sus artículos a *marcas blancas*; pero no permiten que se sepa, porque puede ocurrir que un mismo bote de tomate frito se venda en un mismo hipermercado con otro precio y distinta etiqueta.

La consultora española Kantar difundió un informe en abril de 2024 donde revela que la presencia de los productos de marca blanca en los hipermercados aumentó un 13% en los últimos cinco años, mientras que el género aportado por los fabricantes tradicionales bajó un 23%. Eso significa que uno de cada cuatro productos de marca real que se podían tomar de los estantes ya no está allí.[46]

Dentro de ese porcentaje, unos distribuidores han tomado medidas más drásticas que otros: Dia y Mercadona redujeron el surtido de marca del fabricante más de un 40%; Eroski, más del 30%; y Carrefour y Alcampo, cerca de un 20%. En Mercadona, algunas líneas de producto sólo ofrecen marca blanca. Algunos fabricantes han denunciado que los hipermercados favorecen en precio a los productos *blancos* (15% de margen comercial) y perjudican a los de marca (35%). Competencia desleal a todas luces, pero nadie se queja si bajan los precios, aun bajando la calidad y aunque se reduzca la oferta y la capacidad de elección.

Ignacio Larracoechea, presidente de la patronal Promarca (que agrupa a los fabricantes perjudicados), denunció que no se les deja competir. “Sacamos productos innovadores, pero no encuentran espacio en el lineal porque los líderes del mercado se niegan”.

Es un asunto de nombres: de seudónimos comerciales.

[46] Tomo parte de estos datos de *El País Negocios*, 29 de octubre de 2023. Reportaje firmado por Carmen Sánchez Silva. “Los fabricantes anónimos llenan la cesta de la compra”. Su texto indica: “Ninguna de las seis [cadenas de distribución] que lideran el *ranking* de Kantar [empresa que elabora estudios de mercado] ha querido compartir [comunicar] sus primeros suministradores de marcas propias [marcas blancas] para este artículo. Y la mayoría de la veintena de industriales contactados también ha rechazado participar en él”.

Autores fantasma

La figura del llamado *negro* literario ofrece también una muestra de la perversión del nombre, puesto que alguien trabaja para otro en la oscuridad, y su autoría se silencia generalmente a cambio de una remuneración.

La palabra *negro* usada en este caso se ha tomado en ocasiones por racista. No lo creo así, pero puedo entender la buena voluntad del argumento. Sí fueron racistas quienes discriminaron o esclavizaron a los negros en tiempos pasados (como lo serán también quienes lo hagan hoy), y este uso de la palabra no hace sino transferir a los autores literarios ocultos la idea de aquella explotación, la imagen de los negros como exprimidos y apestados. Esto no significa que ahora se defienda tal barbaridad simplemente por escribir o decir el vocablo. Si en lugar de *negros* se llamara a esos escritores *esclavos*, tampoco implicaría eso estar de acuerdo con la esclavitud. Del mismo modo que no hay racismo en la locución *marca blanca*.

Ya de antiguo se usaba en castellano el dicho "no somos negros" para reprochar a alguien que tratara a otros con superioridad o con malas palabras como se hacía con los siervos, "porque regularmente lo son los negros". Las ediciones del *Diccionario* lo recogen así desde 1817 hasta 2014, año en que se retira esa expresión. Por su parte, la nueva acepción de *negro* como escritor en la sombra entra en el lexicón académico con el suplemento de 1970: "El que hace trabajos literarios que firma otro. El que trabaja anónimamente para lucimiento y provecho de otro". Pero se usó antes en francés, en el siglo XVIII (un *nègre littéraire*). Y se sigue empleando en aquella lengua. De hecho, la ministra francesa de Cultura Françoise Nyssen propuso en 2018 reemplazar esa palabra por la locución *prête-plume* (algo así como 'pluma prestada' o también 'pluma dispuesta'), en consonancia con lo que venía defendiendo el Consejo Representativo de las Asociaciones Negras de Francia (CRAN).

Curiosamente, *nègre* es en francés un españolismo que se diferencia de *noir*. Según el *Dictionnaire historique de la langue française* de Alain Rey, su sentido figurado se data en el siglo XVIII (en 1757) como "persona que redacta o escribe íntegramente obras firmadas por otro (el negro de alguien)".

El vocablo *nègre* en francés tal vez equivaldría al español *negrata*, si entendemos que este último comunica una connotación negativa; a diferencia de *noir* (simplemente "negro").

En inglés, los autores ocultos son llamados *ghost writers* ('escritores fantasma'), lo que ahorra problemas..., salvo que el lector que se lo encuentre no sepa traducirlo. Es conocido que la película de Roman Polanski titulada *The Ghost Writer* no se distribuyó en España como *El negro* o *El negro literario*, sino con la alternativa *El escritor*.

Este trabajo clandestino viene de antiguo, y se ejercía mucho antes de que la palabra "negro" tomara tal sentido. Por ejemplo, Pedro Estala escribió en el siglo XVIII un catecismo que firmaría el escolapio mallorquín Juan Picornell, quien además no le pagó, según revela la correspondencia entre el autor oculto y un colega de esas labores clandestinas, Juan Pablo Forner. Este a su vez escribió la *Instrucción metódica sobre los muerés* (tejidos de seda), que se publicó en 1790 bajo la firma de Joaquín Manuel Fos, quien, eso sí, le facilitó documentación para ello. El impostado firmante disponía de conocimientos técnicos sobre la fabricación de sedas, pero carecía de habilidad para la escritura.[47] En estos y otros sucedidos similares se extiende Joaquín Álvarez Barrientos en su trabajo sobre los autores ocultos en el siglo XVIII.

No obstante, en épocas pasadas el trabajo del escritor por encargo no se veía tan mal como ahora. En nuestros tiempos se considera un fraude y por eso las editoriales, los autores reales y los beneficiarios lo ocultan por contrato. Cuando se descubre alguna fechoría de ese calibre, se desata el escándalo. Ahora bien, sin que les suceda nada a los implicados.

Adquirió gran fama en España lo que acaeció con la novela *Sabor a hiel*, publicada en 2000 por la conocida periodista Ana Rosa Quintana. Su texto reproducía frases textuales de novelas escritas por Danielle Steel, Ángeles Mastretta, Colleen McCullough y Antonio Gala. De las 240 páginas que ocupaba el relato, al menos un 12% incluían textos de autoría ajena a la firmante. Bueno, autoría ajena al verdadero autor. En realidad todo el texto era ajeno a la firmante.

[47] Álvarez Barrientos, Joaquín (2014), "Ser *negro* en la República Literaria española del siglo XVIII, en Le Guellec, Maud (ed.), *El autor oculto en la literatura española: Siglos XIV a XVIII*, Casa de Velázquez.

Tras unas primeras explicaciones que se referían a un error informático al manejar la documentación, la periodista terminó admitiendo que había contado con la "colaboración" de una persona de su entorno que figuraba en la página final de agradecimientos. No hacía falta gran sagacidad para descubrir en ella al periodista David Rojo, excuñado suyo. Sobre todo, porque en esa hoja escribe la autora lo siguiente (suponemos que esto sí salió de su puño): "A David Rojo, por las incontables horas que hemos trabajado en esta novela, por su meticulosa investigación y por todas las locuras que hemos quitado a la versión final del libro".

Tras conocer los hechos, la editorial Planeta retiró la obra de las librerías, cuando ya había vendido 100.000 ejemplares. La novela aún se puede comprar por internet, a precios que oscilan entre 1 y 6 euros. Y Quintana ha seguido disfrutando desde entonces de una enorme audiencia en sus programas televisivos.

Algunos grandes autores, entre ellos Paul Auster, han confesado que habían trabajado como *negros* antes de triunfar con su firma real, si bien se desconoce quiénes firmaron luego sus escritos.

Reseñaremos finalmente, en esta breve muestra de perversiones del nombre, al *negro blanqueado*: un escritor que elabora el libro en nombre de otro, quien lo firma pero haciendo constar la verdadera autoría. Así sucedió por ejemplo con *Manual de resistencia* (2019) y *Tierra firme* (2023), las únicas dos obras firmadas por el presidente Pedro Sánchez (si descontamos su tesis doctoral, no distribuida en librerías) y que elaboró la escritora Irene Lozano. Algo que en ningún momento se mantuvo como secreto. Tanto ella como el autor de *Open*, firmado en 2014 por el tenista André Agassi pero redactado John Joseph Moehringer, que había recibido el Premio Pulitzer de periodismo en 2000, llevaron a la letra las conversaciones con sus inspiradores. Este autor en la sombra escribió asimismo las memorias del príncipe Enrique de Inglaterra en 2024.

Una cierta perversión del nombre se verifica también en la autoría de los discursos políticos. A diferencia de lo que ocurre con las obras literarias, este trabajo se respeta y se valora; y el público suele entender que jefes de Estado, ministros y hasta concejales dispongan de jefes de prensa o directores de comunicación que se ocupan de esa tarea, sobre todo porque sus textos rara vez alcanzan un rango literario.

Algunos de los autores verdaderos de discursos políticos son conocidos no solamente en sus ámbitos profesionales, sino también por el gran público a través de los medios de comunicación, como sucedió con Fernando Ónega, creador de la famosa epanáfora[48] "Puedo prometer y prometo" que usó el presidente Adolfo Suárez en su discurso electoral del 13 de junio de 1977.

El guionista Jon Favreau redactó textos que leería en público Barack Obama; el abogado Ted Sorensen y el filósofo Arthur Schlesinger los redactaron para John Kennedy. La autoría de la famosa frase "lean mis labios: no más impuestos" no nació del cacumen de George W. Bush (el padre), sino de la agudeza del periodista Charlie Fern. Eso sí, el incumplimiento de esta promesa solamente le es imputable a Bush.

Los ejemplos son innumerables y por ello nos ahorramos el trabajo de enumerarlos.

Ahora bien, algunos representantes políticos con formación literaria, periodística o filológica escriben sus propios discursos. Suele notarse por la manera de leerlos, sin duda con mayor sinceridad y capacidad comunicativa.

Hemos aportado todos estos ejemplos para visualizar cómo aceptamos sin rechistar ciertas perversiones del nombre propio habituales en nuestra época y que conducen a algún tipo de simulación: la marca blanca, el negro literario, el autor de discursos (en este caso, sin expresión de color alguno, salvo el político). Cabe añadir los guiones que son leídos por presentadores de programas televisivos o de radio como si fueran de su autoría, ya se encuadren en la información o el entretenimiento.

Y no olvidaremos fraudes musicales como los que afectaron a los conjuntos Milli Vanilli y Boney M. Los dos integrantes del primero jamás entonaron una nota y simulaban cantar lo que otros habían grabado, lo cual no impidió que ganaran en 1990 un Premio Grammy (se les retiró al descubrirse el pastel); y lo mismo pasaba con varios miembros del segundo. Ambos grupos fueron maneja-

[48] La epanáfora es una figura retórica basada en repetir a propósito los primeros elementos de una oración en sucesivos párrafos o frases, brillante maniobra de aquel discurso pero aborrecible en otros posteriores, de diferentes autores, que fueron escritos sin el menor talento.

dos por los oscuros hilos del productor alemán Frank Farian. Para más inri, uno de los éxitos de Milli Vanilli ("Girl, You Know it's True", 'chica, sabes que es verdad') era un canto a la sinceridad.

Iremos desarrollando otras perversiones del uso y de la ocultación del nombre en capítulos sucesivos y con atención a todos los matices; porque el anonimato y el seudonimato, como cualquier otra herramienta, se pueden aplicar a muy distintos fines. Ni todos perversos ni todos ventajosos: renunciar al nombre propio puede considerarse heroico en ciertos casos, pero también la mayor cobardía en otros.

Y deslindar ambos terrenos es el principal propósito de esta obra.

CAPÍTULO II

1. LA IMPORTANCIA DE LA IDENTIDAD

Las autoridades de muchos países condenan a algunos de sus ciudadanos injustamente a la cárcel, los privan de libertades civiles, los destierran, los torturan, los matan. Pero incluso las dictaduras más crueles reconocen y aplican el derecho general a tener un nombre.

Si se desenvolviera en nuestro entorno cotidiano una persona que careciese de nombre y apellidos, idearíamos entre todos alguna forma de referirnos a ella. Quizá la llamáramos *Sinnombre García*, o *Anónima González*. Pero nos estallaría la cabeza antes de concebir que careciera de al menos una palabra que la identificara.

El artículo 24.2 del Pacto Internacional de los Derechos Civiles y Políticos, adoptado por la ONU en 1966, señala que "todo niño será inscrito inmediatamente después de su nacimiento y deberá tener un nombre". La Convención sobre los Derechos del Niño, de 1989, también de las Naciones Unidas, establece a su vez en el artículo 7 que "el niño será inscrito inmediatamente después de su nacimiento y tendrá derecho desde que nace a un nombre". Dos declaraciones de intenciones que los países transponen sin problema a sus normativas.

En las sociedades actuales, por atrasadas o liberticidas que fueren, resulta casi imposible concebir la existencia de una persona sin nombre; y también la de un nombre de persona como entidad administrativa que no se corresponda con un ser humano. Si eso ocurre o ha sucedido alguna vez, se tratará sin duda de una anomalía que el sistema corregirá en cuanto sea informado al respecto.

Los Estados registran esa marca individual de cada uno, y los seres humanos asumen el derecho a dotarse de una identidad, que se imprime con un nombre pero también con un origen, una cultura, una pertenencia (a un país, a una ciudad, a una familia, a una fecha de nacimiento, a un grupo, a una profesión…), incluso con la renuncia a cualquiera de esos rasgos.

La decisión tomada en 2023 por el Gobierno dictatorial de Daniel Ortega en Nicaragua de desposeer de su nacionalidad a algunos de sus ciudadanos críticos, entre ellos los escritores Gioconda Belli y Sergio Ramírez, fue dirigida a atentar contra lo más profundo de su ser. Por decreto, quedaban desarraigados de su propio origen, desprovistos de pasaporte (y, por tanto, desprovistos del nombre como salvoconducto de viaje), declarados sin tierra, inhábiles para desplazarse legalmente por el mundo, todo lo cual los desalojaba de uno de sus principales derechos como personas: el documento que fija su identidad. Pero ni siquiera todo eso podía anularles sus apellidos, que seguimos usando para referirnos a ellos pese a tan tremenda medida.[1]

El nombre es la persona, y también la denominación de sus actos y de su trayectoria. El nombre nos individualiza ante los demás, nos dota de alma civil, garantiza nuestra continuidad en el tiempo pese a los cambios de aspecto, de peso, de edad, de talla, incluso de nacionalidad. Y asegura también la perduración de nuestra memoria después de la muerte. El nombre nos hace uno, y sus eventuales alteraciones o sustituciones nos dividen en dos, o en tres tal vez, o en cuatro, lo cual deriva en mentira, porque las personas seguimos siendo un mismo ente para toda la vida, por más que las circunstancias nos hagan cambiar.

Alguien que altera su nombre oficial para un caso concreto o para una nueva vida rompe con la representación de su propio *yo*, pero eso no significa que pueda vivir dos *yoes* consecutivos. Activa una apariencia, un engaño (malintencionado o no), y sin embargo no

1 Se dio la circunstancia de que ambos escritores —no así sus compañeros— tenían derecho a la nacionalidad española él, desde enero de 2019, y a la ciudadanía italiana ella, como descendiente de una familia originaria de ese país europeo. El Gobierno de Pedro Sánchez otorgó además en 2023 la nacionalidad española a todos estos represaliados nicaragüenses, cerca de un centenar, en distintos decretos. Y a Belli, en enero de 2024.

podrá incurrir en la negación de sus actos pasados mediante la ficción de que corresponden a otro..., porque ese otro sigue siendo él.

2. LA IDENTIDAD EN LA LITERATURA Y LA ESCENA

Tan valioso hemos considerado siempre el nombre propio que la literatura y la escena lo han presentado verosímilmente como un rasgo crucial de la vida de un personaje y se han servido de los conflictos que provoca su alteración. Millones de espectadores han empatizado en esas creaciones con los protagonistas acuciados por un problema de identidad, y han sufrido con sus angustias porque comprendían en lo más profundo de su ser el conflicto que vivían.

Eso habrá sucedido por ejemplo en las obras cinematográficas *Le retour de Martin Guerre* (Daniel Vigne, 1981) y *Sommersby* (Jon Amiel, 1993). La segunda, estadounidense, es una versión de la primera, francesa. Ambas narran la historia de sendos soldados —cada uno de los cuales da título con su nombre a su respectivo largometraje— que regresan a su pueblo y a su hogar tras terminar una guerra.

La obra francesa sitúa al protagonista en el siglo XVI; la norteamericana, en la guerra de Secesión, del siglo XIX. Y las dos películas parten de la novela de la autora norteamericana Janet Lexis (1899-1988) titulada *El juicio de Sören Qvist* (1947) y basada en un hecho real: un soldado llega a un pueblo haciéndose pasar por un combatiente francés del siglo XVI que había desaparecido en la contienda y con quien el recién llegado guardaba un extraordinario parecido físico. Ambos habían coincidido en una celda como prisioneros durante años y sabían el uno toda la vida del otro. El suplantador se integra en su falso pueblo con la falsa esposa que lo esperaba (no a él, sino al auténtico), y transcurridos unos años le sobreviene al suplantador la acusación de haber perpetrado un crimen que en realidad había cometido su compañero suplantado. Terrible sorpresa.

En la versión de la película *Sommersby*, el combatiente que se fue y al que se había dado ya por muerto mostraba un carácter violento y rudo. El que vuelve vivo, sin embargo, se ofrece amable y encantador, y ya no incurre en actitudes racistas. ¿Se trataba de la misma persona? La esposa sospecha que no, pero el parecido físico es enorme, ha pasado ya mucho tiempo y ella necesita engañarse a sí misma para darle de nuevo un padre a su hijo. Desea que no se trate de un suplantador, sino de su verdadero marido, que ha cambiado asombrosamente su carácter. Termina enamorándose de él.

Entre los múltiples elementos argumentales que se desgranan en la película nos quedamos con uno, que viene a cuento para el propósito de este libro: el protagonista (Richard Gere) debe elegir en un momento dado entre sus dos posibles personalidades jurídicas: la de Jack Sommersby, el marido que regresa, o la de Horace Townsed, el suplantador.

Fuera quien fuese, en aquella segunda etapa de su vida hizo el bien en la comunidad, entregó parte de sus tierras a los negros y devolvió la alegría a su esposa (Jodie Foster), con quien concibió un segundo hijo. Pero la identificación como Jack Sommersby, aquel desagradable hombre racista que regresó de la guerra transformado, lo obligaría a someterse a un juicio por el homicidio que, según se descubre, había cometido el marido auténtico. Con la otra personalidad legal, la de Horace Towsend, la verdadera, el protagonista se libraría de la horca.

Por tanto, le quedaba la opción de revelar el engaño que había urdido y así salvar la vida. En esa alternativa sería juzgado solamente como suplantador y también por alguna estafa pendiente, pero todos los actos jurídicos y vitales de la segunda etapa quedarían sin efecto, entre ellos la entrega de tierras a sus convecinos, que habrían trabajado ya en plantaciones de propiedad ajena; y se mancillaría el honor de la esposa (que pasaría a ser viuda, y además una mujer amancebada luego con un extraño), cuyos dos hijos no tendrían ya el mismo padre, de modo que el segundo niño sería tomado por bastardo, sin derecho a su apellido; algo terrible en aquella época, máxime para la esposa, mancillada de por vida como madre de lo que entonces se llamaba un "hijo ilegítimo". El apellido del padre ponía en juego, pues, una vez más, el apellido del hijo.

Por el contrario, en la opción de asumir en ese trance la personalidad usurpada, toda la segunda parte de la vida del soldado Sommersby mantendría su eficacia legal (la esposa, las tierras, los hijos, sus generosos actos), pero sería condenado a muerte.

Por tanto, el filme retrata en toda su crudeza cómo los actos de una persona van vinculados a su nombre.

Aquí se detiene el resumen, para no destripar el desenlace de la película.

Ese argumento se parece bastante —quizá demasiado— al del episodio segundo de la novena temporada de *Los Simpson*, emitido por vez primera en 1997, en el que Seymour Skinner celebra su vigésimo aniversario como director de la escuela de Springfield. De repente aparece alguien que dice ser el auténtico Skinner y acusa al otro de usurpador. Este lo admite y confiesa ser Armin Tamzarian, que se puso el nombre falso porque pensó que el verdadero Skinner había muerto durante la guerra de Vietnam, siendo ambos compañeros de batalla, y no quería que la familia del fallecido se llevara el disgusto. Pero, transcurrido un tiempo en el que el Skinner real vuelve a su puesto, el pueblo prefiere al falso director, que se había ido del lugar tras ser descubierto; expulsa al auténtico y hace que vuelva el impostor, quien recupera también su cargo para que todo siga como si nada hubiera sucedido.

Otra obra cinematográfica sobre la identidad lleva por título *Anastasia*, y fue estrenada en 1956 bajo la dirección de Anatole Litvak. Se basó en un texto de Arthur Laurents, y con el papel de protagonista a cargo nada menos que de Ingrid Bergman. A partir de esa versión surgirían otras, entre ellas una película de animación y un musical, apoyado este en la cinta previa y que se representó desde 2017 en medio mundo (en Madrid, durante dos temporadas hasta que la pandemia de la covid cerró temporalmente el teatro Coliseum en 2020).

La obra inicial parte también de hechos reales, reconfigurados como ficción. Se origina en la historia de Anastasia, la hija menor del zar Nicolás II, cuya familia, los Románov, fue asesinada en el verano de 1918 por los bolcheviques durante la Revolución rusa. La leyenda cuenta que la niña de 17 años sobrevivió al fusilamiento de su familia y que, tras perder la memoria por el trauma, salió de Rusia y vagó por Europa. Eso provocó que aparecieran por el continente distintas Anastasias que se reclamaban la heredera de los zares. Una de ellas, Anna Anderson, guardaba un tremendo parecido con la pequeña duquesa, y durante parte de su vida se alentó la conjetura.

Unos avispados y refinados estafadores de origen ruso y residentes en París la educaron con la intención de sacarle partido, y la adiestraron para ofrecer espontáneamente pruebas de sus genuinos rasgos naturales. Por ejemplo, la dotaron de cierto autoritarismo supuestamente congénito como miembro de una casa real; indicios que habrían de ser descifrados por muchos incautos como evidencias irrefutables.

La muchacha renunciaría así a su identidad verdadera para buscarse otra, más rentable sin duda, tal vez creyéndose ella misma su propia mentira. ¿Pero era en realidad Anastasia? La historia nos confirma que no (las pruebas de ADN lo certifican). Con todo, ella se vio abocada a decidir más tarde si continuaría ejerciendo la representación de su nombre falso o, por el contrario, aceptaría el que había tenido antes de ser hallada por los timadores. Como tantas veces, el amor decidió al respecto.[2]

En la ópera *Turandot*, de Giacommo Puccini (1858-1924), la parte final de la trama —desarrollada en el libreto de Giuseppe Adami y Renato Simoni sobre un texto de Carlo Gozzi— se centra también en la identidad del tenor protagonista. El príncipe desconocido que pretende a la princesa y que ha superado la prueba de los enigmas para llegar a ella (no haberlo conseguido le habría costado la vida, como a muchos de quienes lo habían intentado antes) oculta su nombre. Averiguarlo constituye un empeño de tal envergadura que la princesa Turandot emplea para ello la tortura y el asesinato de quienes saben cómo se llama el desconocido y le son fieles. No puede aceptar a alguien sin nombre. Tampoco anticiparemos el final, aunque se vea venir. O más adecuadamente para el caso, aunque esté cantado.

El náufrago Robinson Crusoe (Daniel Defoe, 1719) rescata de las manos de una tribu indígena, en la isla adonde ha llegado, a un nativo que iba a ser asesinado por sus salvajes captores. Acaba trabando una curiosa relación con él (sin conocer su lengua, y viceversa); y no le queda más remedio que denominarlo de alguna forma: "Viernes", por el día en que se conocieron. ¿Cómo iba a ser posible, si no, otorgarle una personalidad individual, aceptarlo como interlocutor, trabar luego una amistad?

2 El guion no respeta los hechos históricos.

Tuvo suerte el nativo con el día de la semana. La casualidad podía haberle cargado para toda la vida con un nombre como Lunes, por ejemplo, sin duda más ingrato que Viernes.

Un relato de Jorge Luis Borges titulado *El impostor inverosímil Tom Castro*[3] narra la historia de un personaje nacido en Londres en 1834 con el nombre de Arthur Orton, quien en distintas etapas se había hecho llamar Tom Castro y que dedicó su modestísima vida a agradar a los demás. La miseria económica lo llevó a embarcarse y llegar a América en busca de mejor fortuna. Estando él en Chile, en 1854, naufragó en aguas del Atlántico el vapor Marmaid, procedente de Río de Janeiro y con destino Liverpool. En el suceso desapareció Roger Charles Tichborne, militar inglés de buena familia que llevaba 14 años lejos de su tierra. Su desconsolada madre, lady Tichborne (usaba el apellido del marido, siguiendo la patriarcal costumbre anglosajona), publicó avisos en la prensa chilena en busca de su hijo, cuya muerte se negaba a aceptar. Y a Arthur Orton, o Tom Castro, no se le ocurrió otra cosa que subir a un barco y presentarse en la casa de la mujer diciendo que era su mismísimo hijo. La desesperación de Tichborne por recuperarlo hizo que creyese a pies juntillas al impostor, al que acogió en su hogar aunque no guardara mucho parecido con quien se había ido de la casa. Quiso creer que esos 14 años de ausencia antes del naufragio lo habrían cambiado. A la muerte de la madre en 1870, los demás familiares, que no se habían dejado engañar pero respetaron la ilusión de la mujer mientras vivió, arremetieron contra el suplantador, quien terminó en la cárcel con una condena de 14 años de trabajos forzados. Su simpatía y buen comportamiento, siempre dispuesto a agradar a quienes lo rodeaban, rebajaron la pena en cuatro años. Tras salir libre, recorrió el país para pronunciar conferencias en las que unas veces se declaraba inocente y otras culpable, siempre a disposición de lo que él interpretara que iba a preferir el público. En ocasiones, incluso, empezaba defendiéndose y acababa confesando.

También *Los Miserables*, de Victor Hugo, que se desarrolla en Francia durante la primera quincena del siglo XIX, nos brinda una vida de doble identidad, la de Jean Valjean, condenado a prisión

[3] Borges, Jorge Luis (2005), *Obras completas I*, Barcelona, RBA, págs. 301-305.

por robar una hogaza con la sana intención de paliar el hambre de sus sobrinos. Tras ser excarcelado 19 años después (los intentos de fuga agrandaron la pena inicial de cinco años), le da cobijo un samaritano obispo, a quien también roba. Es detenido de nuevo, pero el religioso sigue ayudándole con el anhelo de que se reinserte en la honradez. Cuando obtiene de nuevo la libertad, Valjean le roba una moneda a un niño. Llegar a ese punto de la degradación le hace ver en qué persona se ha convertido. A partir de ahí, resuelve cambiar no sólo de actitud sino también de nombre, con la idea de que la nueva identidad le libre de los antecedentes penales que lastran su rehabilitación. Ahora se llamará Jean Madelaine.

Con el tiempo, alcanzará el éxito como empresario en Montreuil-sur-Mer y obtendrá incluso la alcaldía. Tras muchas vicisitudes que permiten ver la bondad de Madelaine, la policía detiene a un indigente a quien confunde con el antiguo ratero Valjean. Ahí se planteará de nuevo el conflicto de identidad del personaje, el debate moral que se abre con la posibilidad de librar a otro ciudadano de los delitos que no ha cometido, la responsabilidad que contrajo con su propio apellido, el punto crucial donde el alcalde deberá decidir quién es realmente. La trama aún continúa con muchos otros avatares que conciernen a las personalidades real y ficticia del protagonista, pero con esas breves líneas queda esbozado el embrollo.

La realidad, la vida misma, ha dejado en la historia muchísimos episodios relacionados con el nombre propio y con la suplantación; pero la literatura y las demás artes los han fijado con verosimilitud incluso si son irreales; y nos han enseñado con ellos el valor de la identidad y los riesgos que implica falsearla.

Gracias a esos y a otros relatos llenos de talento y basados en los juegos de la identidad —como *El conde de Montecristo*, de Alejandro Dumas; o incluso la tremenda humorada *La venganza de don Mendo*, de Pedro Muñoz Seca— nos hemos visto en la piel de quien ocupaba el lugar de otro tras renunciar a su propio nombre. Hemos sufrido junto a ellos la vulneración y perversión de la identidad, a la vez que debatíamos en nuestro interior sobre si tenían legítimo derecho a hacerlo.

El destilado literario y artístico de las suplantaciones nos aboca al conflicto que implican para la conciencia de cualquier ser humano, y al enfrentamiento entre el deseo de ser otro y la identidad verdadera, al impulso de esconderse para obtener unos beneficios que se convierten en ilegítimos porque se originan en el engaño. Las suplantaciones de hoy, eso sí, son más sencillas: basta con ponerse otro nombre en una red social.

3. EL NOMBRE COMO DERECHO Y COMO DEBER

Casi todos los derechos llevan aparejado un deber. Tenemos derecho a formar una familia, pero eso nos obligará a cuidar de ella y educar a los hijos. El derecho a la libre información comporta la responsabilidad de usar palabras veraces y alejarnos de la ofensa ilegítima. El derecho al trabajo implica cumplir con un horario y desarrollar nuestra labor con eficiencia. También ejercemos el derecho a llevar un nombre, algo tan básico que ni siquiera se fija con claridad en muchas Constituciones (en la española ni se menciona). Las garantías de los Estados encaminadas a preservar la identidad de cada uno de sus ciudadanos también conllevan la asunción de responsabilidades y deberes.

La identidad vincula a la persona con sus derechos, con sus cuentas bancarias, sus propiedades, su familia, su pasaporte, sus orígenes…, elementos todos ellos que constituyen la base para actuar en sociedad.

La ética y la responsabilidad jurídica de la gestión pública deben luchar, pues, contra la situación de las personas indocumentadas, porque sin ese punto de partida nada es posible legalmente para ellas. Un indocumentado no dispone de capacidad de obrar jurídicamente, ni siquiera de moverse, y, por tanto, en teoría tampoco debería considerársele responsable de lo que hiciese, en correspondencia con su situación de inexistente. Además, quedará sometido a la voluntad de otros, a la explotación, al tráfico de personas, a la extorsión.

Pero desde el momento en que adquiera los papeles necesarios vinculados a su nombre, y con él a su persona legal, asumirá un compromiso con la sociedad, que lo premiará o censurará por sus actos a tenor de cómo ejerza sus libertades.

El artículo 15 de la Declaración Universal de los Derechos Humanos (1948) rechaza firmemente la apatridia. "Toda persona tiene derecho a una nacionalidad. A nadie se privará arbitrariamente de su nacionalidad ni del derecho a cambiar de nacionalidad". Nicaragua lo incumplió, como hemos señalado más arriba; pero esa terrible acción contaba con precedentes que sugieren soluciones.

La guerra civil rusa (1917-1922) condujo a la creación de la Unión Soviética y provocó la huida de miles de ciudadanos asustados, invadidos por el horror pero no paralizados por el miedo: porque decidieron no quedarse quietos. Familias enteras desplazadas de su origen tomaron trenes atiborrados de personas hacinadas que debían permanecer de pie en los vagones, que pasaron frío y hambre, perdieron por el camino parte de su ropa y de sus recuerdos, que se quedaron sin dinero, caminaron también cientos de kilómetros y probablemente lloraron. Quizá su única alegría en mucho tiempo se la proporcionó el *pasaporte Nansen*.

Este documento fue promovido por el diplomático noruego Fridtjof Nansen (1861-1930) —nombrado en 1921 alto comisionado de la Liga de Naciones para los refugiados— a fin de otorgar reconocimiento internacional, identidad y facilidad de movimientos a todos los refugiados políticos de esa época, entre ellos quienes huyeron con motivo de la contienda rusa.

Ese documento se les proporcionó a medio millón de fugitivos apátridas y estuvo vigente hasta 1942, cuando la ONU consideró que ya había cumplido su función. Nansen obtuvo el Premio Nobel de la Paz en 1922 por esta iniciativa.

Ahora miles y miles de desplazados viajan también huyendo de sus países, y muchos corren tremendos riesgos cuando se embarcan en pateras titubeantes para llegar todos ellos a algún país que han imaginado próspero y dispuesto a acogerlos. La situación actual de millones de personas desprovistas de papeles válidos invita a recordar aquella decisión de las Naciones Unidas, porque unos documentos como los promovidos por Nansen facilitarían la vida a emigrados, exiliados, refugiados que han sufrido trato injusto en sus países y han perdido incluso su personalidad jurídica y administrativa.

Son pasaportes que certifican la condición de persona y que reconocen la existencia de un *yo* en cada una de ellas. Que otorgan un nombre oficial a quienes carecen de él pese a haberlo recibido al nacer.

En efecto, los padres gozan en todo el mundo de la arbitrariedad de dar nombre y apellido a sus hijos, en muchos casos con ciertos límites. Algunos países, por ejemplo, vetan lenguas ajenas a la oficial (eso sucedió en España durante el franquismo) o los que no formen parte de una tradición (en Islandia). Pero nada de eso impide el ejercicio del derecho a nominar, en la acepción tradicional de este verbo.

Asimismo, las leyes españolas permiten que el interesado, ya adulto, cambie su nombre, y que modifique el orden de sus apellidos. Pero en todo caso impone ciertas limitaciones,[4] como no consignar más de dos nombres simples o uno compuesto y evitar los que atenten contra la dignidad de la persona y los que hagan confusa la identificación, así como no repetir el nombre de pila de un hermano, salvo que hubiera fallecido. También precisa la ley que "no se otorgará relevancia a la correspondencia del nombre con el sexo o la identidad sexual de la persona", por lo que la libertad de nombrarse goza de un ámbito muy amplio. Por tanto, estas alteraciones incluyen hoy en día la posibilidad de pasar de un nombre de pila masculino a uno femenino, y viceversa. Ahora bien, de ese tránsito quedará suficiente constancia, en cualquiera de los supuestos, para que no se rompa la continuidad de la huella legal y administrativa del ciudadano.

Partiendo de que nadie puede carecer de una identificación individual que lo distinga de los demás, surge la pregunta de si el uso del nombre es una obligación o un derecho; o también si es una obligación y un derecho.

En principio, los Estados obligan a que todos sus ciudadanos sean identificados. Pero en la otra cara de la moneda, nadie duda del derecho de la persona a disfrutar de su identificación legal. Y esta no se establece solamente para el momento del registro, ese día en que el padre o la madre rellenan un formulario donde figurarán los datos de su bebé, sino para toda la vida. Cualquier modificación al respecto, al menos en España, habrá de quedar justificada por un uso social extendido y constante, regulado por ley.

En definitiva, el nombre implica un derecho que acarrea un deber. El segundo no puede existir sin el primero. Ninguna obli-

4 Artículo 51 de la Ley del Registro Civil.

gación civil o fiscal se debe demandar a quien haya sido privado de su identidad. Del mismo modo, en las sociedades democráticas ningún derecho debería reclamar el que la ocultase frente a sus obligaciones.

4. LA PERVERSIÓN DE LA IDENTIDAD

La identidad de las personas se inserta, pues, en la historia y la tradición de las civilizaciones y de las lenguas, forma parte de los rudimentos legales del ciudadano, determina su capacidad de obrar y de registrar bienes. El nombre logra que los seres humanos pasen de la carne al papel, de la existencia física a la presencia jurídica, y se puede acomodar a cada cual en función de sus necesidades.

La identidad también nos pone límites, pues todos nuestros actos se situarán en esa carpeta abierta por las palabras que nos designan. Sigmund Freud escribió en 1908: "Nuestra cultura descansa totalmente en la coerción de los instintos".[5] Y tal coerción de los impulsos la aceptamos a cambio de un mayor bienestar general.

Se pervierte la identidad de otro cuando se le priva de ella, y también cuando se le suplanta. Y se pervierte la propia identidad cuando el nombre propio se esconde o se altera para evadir responsabilidades y permitir que los instintos venzan a la educación, al respeto y a la convivencia.

Del mismo modo, atentar contra el nombre de alguien —mediante ridiculizaciones, con suplantaciones o con falsedades, también con injurias y calumnias que lo ensucian ante los demás— contraviene ese derecho a la representación veraz de nuestro *yo*, un concepto labrado durante siglos. Significa lo mismo que atentar contra la persona. Tan imbricados se hallan esta y aquel. Porque el nombre representa la identidad moral: una personalidad nombrada y con ello premiable o condenable.

[5] Freud, Sigmund (2022), *Obras completas*, tomo XIII, *Psicología de la vida erótica*, traducción del alemán de Luis López-Ballesteros y de Torres, México, Itzaccíhuatl, pág. 39.

Además, el *yo* que el nombre construye implica el reconocimiento del *tú* y de los otros pronombres, pues los demás también disponen de apellidos con los que ser reconocidos y reconocerse.

Así, el anonimato injustificado, voluntario y libre pervierte toda la historia de la humanidad, contraviene la costosa construcción de las identidades individuales y de esta herencia cultural, y destruye en muchos casos la imputabilidad de los actos delictivos.

Ahora bien, todo juicio sobre la ocultación de la identidad ha de venir precedido de un análisis exhaustivo acerca de los motivos que la animan.

Los actores de la Grecia clásica actuaban con máscaras, fabricadas a base de corcho, o de rizadas hojas de acanto, o de arcilla, y dotadas de una cabellera que para mayor realismo se armaba con pelo natural. Cada uno representaba en el teatro su *prosopon*, palabra que derivará en nuestro vocablo "persona" tras pasar, quizá, por el etrusco *persu* y por el *persona* del latín, idioma en el que aún significaba 'máscara de actor'. (Y *personatus* equivalía a 'enmascarado', 'engañoso'). En la completud de la idea latina de la máscara en su identificación con un personaje tal vez influyó la asociación de ideas con el verbo *per-sono*: 'resonar'; pues las carátulas estaban concebidas para aumentar la fuerza de la voz.[6]

Así se representaron las más excelsas creaciones del teatro clásico, por cuyos escenarios desfilaron los disfraces de Electra, Orestes, Heracles o Antígona.

La pantalla facial permitía a los actores griegos esconder el rostro, declamar sin pudor y más fielmente los textos indecentes que los autores ponían en boca de sus personajes y hacerse pasar por mujeres cuando la obra lo requería, pues ellas tenían vedado subir a escena y quedaban reducidas al mero papel de espectadoras. Los intérpretes conseguían así el anonimato, pero con una causa justa en aras de la libertad de expresión: no ser reprobados socialmente por quienes eran incapaces de distinguir entre lo representado y su representante.

6 Bergua Cavero, Jorge (2005), *Helenismos del español*, Madrid, Gredos, pág. 93, nota 59.

Las máscaras de los actores griegos, el maquillaje de los payasos, la ropa de época de un protagonista. Ocultaciones de la persona-actor al servicio de la escena.

Sin embargo, sabemos que el fin no justifica los medios. Es esta una frase crucial en la ética humana y que compartimos en su sentido de que no se puede torturar a un terrorista ni siquiera si pretendemos que confiese dónde ha colocado una bomba (entre otras razones, porque tal vez no la colocó él y es verdad que lo desconoce). Pero incluso un aserto tan condenable en términos absolutos encuentra límites si se aplica a situaciones concretas. Por tanto, deberíamos alterar ese dicho mediante la adición de un adverbio, para pronunciar este otro: "El fin no justifica *siempre* los medios". En teoría, no se debe romper con un hacha la cerradura de una casa ajena. Ahora bien, sí lo haríamos si se tratase de entrar en ella para salvar a alguien de las llamas. En tales circunstancias, el fin benéfico justifica la violencia empleada. Ahí el fin justifica los medios. Pero eso no se puede extrapolar a todas las ocasiones.

Con estos condicionamientos y todos sus matices analizaremos hasta qué punto el anonimato se puede considerar válido en unas ocasiones y no en otras, en función del fin que se persiga y los derechos que defienda o, por el contrario, pisotee; y abordaremos la legitimidad, limitada o no, de quienes esconden su nombre para no responder de sus actos.

CAPÍTULO III

1. CRIPTÓNIMOS, ALÓNIMOS, HETERÓNIMOS Y SEUDÓNIMOS

No hay personas anónimas, en el sentido estricto del término, porque todos tenemos un nombre. Hay hechos anónimos: sin autoría conocida. Novelas anónimas, pinturas anónimas, esculturas, edificios, incluso hechos y heroicidades sin artífice cierto. Ahora bien, en esta obra entenderemos el anonimato como la rotura del vínculo entre un hecho y su autor. El hecho anónimo es aquel cuyo autor se desconoce; y el autor anónimo, aquel que se desvincula de sus hechos.

Bajo el paraguas de lo que aquí consideraremos "anonimato" se cobijan los seudónimos, los criptónimos, los heterónimos y los alónimos cuando impiden llegar al autor verdadero porque se ha quebrado el nexo con su obra o con sus palabras.

En cualquiera de los cuatro supuestos (enseguida los definiremos, junto con el anonimato mismo) se puede lograr por distintos caminos el desconocimiento de los demás sobre la persona autora. Por tanto, en esas condiciones habrán de juzgarse y regularse del mismo modo que el anónimo. A quien recibe una amenaza de autor desconocido lo mismo le da que se firme con unas iniciales que no puede identificar (criptónimo), con un nombre impostado (seudónimo, heterónimo), con el de un personaje o autor célebre (alónimo) o que, simplemente, carezca de rúbrica (anónimo). En ninguna de esas circunstancias podrá emprender de inmediato acciones legales contra nadie.

Pasamos a analizarlo.

El término *criptónimo* no figura ni ha figurado nunca en el *Diccionario* de las academias, aunque sí en otros del siglo XIX y XX.

No obstante, lo encontrará el lector en el *Diccionario del Español Actual*, de Manuel Seco, Olimpia Andrés y Gabino Ramos,[1] con esta definición: "Denominación bajo la cual se disimula el nombre verdadero de una persona". Un paraguas muy amplio.

Siglos atrás, el lexicón del jesuita Esteban Terreros y Pando (1786) lo recogía como equivalente de aquella persona "que oculta de algún modo su nombre en los escritos", con un perímetro muy grande también. Dentro de ese amplio significado de *criptónimo* englobaba, como hipónimos,[2] el *anónimo* ("los que no ponen nombre alguno"); el *pseudónimo*, escrito con *ps* ("los que lo ponen finjido", con jota); los *alónimos o impostores* ("los que dan a sus libros el nombre de algún autor célebre") y los *criptónimos* ("que usan el anagrama de su nombre" y son "los verdaderos criptónimos y los que han dado nombre a los otros"). Por tanto, para Terreros y Pando, *criptónimo* era además un automerónimo: un significado que se contiene a sí mismo con una extensión más reducida, como pasa con la palabra *día*, que abarca el día y la noche. Así, el criptónimo es la ocultación de un nombre y, más en concreto, su anagrama opaco.

El gramático y lexicógrafo Ramón Joaquín Domínguez sigue en su diccionario de 1853 las líneas de Terreros en lo referente a *anónimo* y *pseudónimo*, pero suprime "alónimos o impostores" para poner en su lugar "plagiarios" (es decir, quienes "se atribuyen producciones de otros"); y mantiene los *criptónimos* propiamente dichos para quienes trasponen las letras de su nombre a modo de anagrama.

El léxico editado por la imprenta madrileña Gaspar y Roig en ese mismo año 1853 también respeta los criterios de Domínguez en cuanto a *anónimo*, *pseudónimo* (escrito también con la grafía *ps* etimológica), *plajiario* (con jota) y *criptónimo*, pero añade *apócrifo* para quien "atribuye a otro producciones que no hizo". (El significado de esta palabra es hoy "falso" o "de dudosa autenticidad").

Por su parte, el repertorio de Elías Zerolo, Miguel de Toro y Emiliano Isaza (1895) simplifica la entrada *criptónimo* para indicar

1 Seco, Manuel; Andrés, Olimpia; Ramos, Gabino (1999), *Diccionario del español actual*, Madrid, Aguilar.

2 *Gato*, *pantera* o *jirafa* son hipónimos de *animal*. El hipónimo es un significado que se inserta en otro más amplio, llamado *hiperónimo*. *Ave* es un hiperónimo de *gorrión*, *golondrina* o *corneja*.

solamente: "Autor que oculta o disfraza su nombre". Lo mismo hace en 1917, ya en el siglo XX, la obra del académico José Alemany y Bolufer, pero con una sorprendente duplicación para aquella época: "Dícese del autor o autora que disfraza u oculta su verdadero nombre".

Así pues, en el pasado se produjeron ciertas vacilaciones sobre el significado de *criptónimo*. Por ello conviene precisar qué definiciones concretas seguiremos para el uso de todos esos términos en este trabajo. Son las siguientes:

> *Seudónimo* (del griego *pseudṓnymos*, 'nombre falso'): "Dicho de un autor: Que esconde con un nombre ficticio el suyo verdadero". "Nombre utilizado por un artista o escritor en sus actividades, en vez del suyo propio". Son seudónimos opacos los que ocultan al autor real, y transparentes los que en la misma época del autor se identifican claramente con él.
>
> *Alónimo* (del griego *alo*, 'otro'; y *ṓnymos*, 'nombre'): "Firma de una obra con el nombre de un autor célebre, ajeno a su verdadero artífice". No figura en el *Diccionario* académico. Son alónimos opacos los que esconden la autoría verdadera, y transparentes los demás.
>
> *Criptónimo* (del griego *kryptós*, oculto; y *ṓnymos*, nombre): "Iniciales o anagrama de un nombre propio. En el caso de los anagramas, se denominan también *nombres anagramáticos*". No aparece en el *Diccionario* de las academias. Pueden ser opacos o transparentes.
>
> *Heterónimo* (del griego *heterṓnymos*, 'diferente nombre'): "Identidad literaria o artística ficticia creada por un autor, que atribuye al nombre falso una biografía específica y un estilo particular". Los heterónimos opacos o transparentes equivalen en la práctica a los seudónimos de una u otra índole.
>
> *Anónimo* (del latín *anonymus*, y este del griego *anṓnymos*, 'sin nombre'): "Que no lleva el nombre de su autor". "De nombre desconocido o que se oculta". Todos los anónimos son opacos, pues no informan sobre el autor real.

Analizaremos a continuación en este capítulo las características del seudónimo, el alónimo, el criptónimo y el heterónimo, que a menudo constituyen simplemente diversas formas del anonimato, puesto que con ellos se puede ocultar la verdadera personalidad de alguien. Y, finalmente, el anonimato mismo.

El anonimato implica siempre el desconocimiento absoluto de una autoría, ya sea accidental —como pasa con ciertas obras antiguas— o voluntario; mientras que en los demás conceptos reseñados cabe la posibilidad de que se den muy opuestas circunstancias, de modo que podemos hallarnos ante nombres distintos al real pero transparentes; o, por el contrario, ante nombres opacos.

Criptónimos. Opacos o transparentes

Los contables del Partido Popular español que anotaban las entregas de dinero negro hasta 2013 se vieron ante un problema irresoluble. No podían desenvolverse tan a las claras como Kushim. Ellos debían dejar constancia en algún documento de las donaciones oscuras que algunos empresarios entregaban a la organización, presidida entonces por Mariano Rajoy, con la esperanza de recibir contratas públicas o con la seguridad de haberlas recibido; porque tal volumen de información y datos no se puede fiar a la memoria humana. También habrían de apuntar el destino que iban a dar a ese dinero una vez ingresado: sobresueldos ilegales a sus dirigentes, financiación de las campañas electorales al margen de los límites de gasto que marca la ley o pago de la reforma de la sede central en la calle de Génova, en Madrid. Pero toda contabilidad B implica riesgos: alguien podría hacerla pública en algún momento, o ser descubierta por la policía. Por tanto, no escribirían los nombres concretos de donantes y receptores, sino iniciales y referencias misteriosas. Auténticos criptónimos.

Pese a su etimología de “nombre oculto”, los criptónimos se usan a veces sin ánimo de ocultación para resumir nombres compuestos. Así ocurre en Universidad CJC (Camilo José Cela), o en AMLO (Andrés Manuel López Obrador, presidente mexicano), o en JFK (el presidente de EE UU John Fitzgerald Kennedy y el aeropuerto del mismo nombre)...; procedimientos nemotécnicos similares a los de cierto lenguaje en las redes sociales: TKM (te quiero mucho), DPM (de puta madre) o, más coloquialmente aún, ATPC (a tomar por culo). Por tanto, se trata de un efecto idéntico al de las siglas o iniciales de instituciones, empresas o partidos; no se pretende ninguna oscuridad porque se trata de abreviamientos fáciles de descodificar por el contexto o tan vinculados a su desarrollo en palabras que la duda ni siquiera existe.

Tampoco ofrecen mayor problema los criptónimos cuando sirven en archivos y bibliotecas para destacarlos como referencias en el lomo de los libros a fin de encontrar con facilidad en qué estante se colocó la obra buscada: AMM como equivalente de Antonio Muñoz Molina.

No sucede igual cuando se refleja, por ejemplo, una lista de beneficiarios de dinero ilegal y se escriben las iniciales de los nombres con objeto de dificultar su identificación por la policía si esos papeles cayeran en sus manos. Así ocurrió con los llamados *papeles secretos de Bárcenas* (la contabilidad B del tesorero del Partido Popular español, publicada por José Manuel Romero en *El País* en febrero de 2013), donde figuraban criptónimos como R. N. o L. del R., que la policía atribuiría después al anterior tesorero Rosendo Naseiro y al constructor donante de dinero negro Luis del Rivero.

Al analizarlos, se descubre la ingenuidad o la chapucería de quien pretendía dificultar las eventuales pesquisas que desencadenaría aquella corrupción: hasta escribió en esa serie de pretendidos criptónimos "M. Rajoy". Apunte tan diáfano no arredró sin embargo a los partidarios del entonces presidente del Gobierno en su empeño de oponer que podía tratarse de alguien llamado Manolo. O Melitón, ya que estamos.

Como se ve, pues, los criptónimos dan a menudo más pistas que desvíos.

Los autores de la contabilidad fraudulenta del PP necesitaban recursos nemotécnicos para saber tiempo después a quién correspondía cada una de esas aportaciones económicas, a fin de devolver los favores mediante contratas; y a quiénes se entregarían luego complementos salariales no declarados a Hacienda y extraídos de esas donaciones. No podían especificarlos pero tampoco olvidarse de ellos. He ahí el dilema. El supuesto intento de dificultar el camino a los investigadores obtuvo escaso éxito.

En otros enredos sí se habrá conseguido el objetivo de ocultar una identidad, pero a menudo conducen a dobles o triples interpretaciones.

La presencia habitual de criptónimos en los documentos confidenciales llevó en 1995 al diario *El Mundo* a entender como tal una anotación que figuraba en un papel relativo a las acciones ilegales —atentados, secuestros— que se iban a desarrollar contra miembros de la organización terrorista ETA, elaborado o supervisado por el general Emilio Alonso Manglano, jefe de los servicios de espionaje. La abreviatura "Pte." situada junto a una de esas actuaciones fue interpretada como "presidente", lo que ese diario entendió una constatación de que el entonces jefe del Gobierno, Felipe González, estaba al tanto de lo que se iba a acometer (y cometer). Sin embargo, la abreviatura significaba "pendiente", según declaró el militar en el juicio. La sentencia del caso no se inclinó por ninguna de las dos opciones.

También se logra generalmente el propósito ocultador cuando los periódicos ofrecen las iniciales de algún acusado cuyo derecho al honor y a la presunción de inocencia desean preservar, de modo que el deletreo pueda encajar con cientos de miles de posibilidades; salvo que el detenido se llame Wenceslao Wamba Wanderley, claro: esas letras iniciales reducirían mucho el abanico.

Por su parte, las formaciones anagramáticas pueden ofrecer más dificultades en la deducción, como sucedería si no supiéramos que el apellido literario de Margherite Yourcenar se forma con las letras de su apellido real: Crayencour (en el anagrama, sin repetición de la ce).

En definitiva, los criptónimos transparentes (AMLO, JFK, CJC...) no ofrecen problemas de descodificación y son por tanto legítimos. Esto sí, el grado de ocultamiento y de perversidad se eleva cuando quien comete un delito intenta dificultar con esta maniobra el rastro propio y el de sus compinches; pretensión que se revela inútil si el ámbito de los sospechosos se halla muy reducido.

Y, finalmente, aumenta la opacidad del criptónimo cuando el contexto aplicable a las iniciales es tan amplio que las vuelve anónimas, lo que se puede considerar éticamente recomendable si el objetivo consiste en no dañar con una noticia o comentario de difusión pública a quien luego pudiera resultar inocente.

Alónimos. Opacos o transparentes

Igual criterio aplicaremos para dividir los alónimos, con los cuales se atribuyen a un autor famoso los textos que son de otro. Por ejemplo, el escritor español Luis Calvo firmó sus artículos en los años setenta del siglo xx con el alónimo "El Brocense"; pero eso no llevaba a engaño por una falsa atribución, ya que el autor realmente llamado así había vivido en el siglo xv, y por tanto nadie podía creer que se hubiera levantado de su tumba para escribir columnas en la *Hoja del lunes* de Madrid. No las pagaban tan bien.

Lo mismo se puede aplicar a Manuel Vázquez Montalbán, escritor español que firmó como "Sixto Cámara" en los años setenta y ochenta del siglo xx en la revista *Triunfo*. El tal Sixto, conocido periodista de izquierdas del siglo anterior, había fallecido en 1859, y todo se reducía a un guiño para iniciados.

Digamos que en ambas situaciones el engaño del alónimo se quedaba en un *efecto parcial*: los lectores con ciertos conocimientos podían deducir que se les ofrecía un nombre falso, y los lectores sin esa cultura creerían que se trataba de un nombre verdadero. Pero eso no les permitía ni a unos ni a otros conocer el auténtico. De ahí el efecto siempre fragmentario.

En cambio, sí se dio una doble intención de engaño cuando Fred R. Barnard se inventó en 1921 el lema comercial "Una mirada vale más que mil palabras" (después se cambió "mirada" por "imagen"), con el que anunciaba en la prensa especializada del sector su propia agencia publicitaria. Se lo atribuyó a "un filósofo japonés", primero, y después a "un proverbio chino", antes de que se extendiera la especie de que su autor era el mismísimo Confucio, en cuya época (siglo v antes de Cristo, anterior incluso a Aristóteles) difícilmente se podía imaginar una idea así. Barnard reconocería más tarde que hizo esa atribución a un antiguo asiático "para que la gente se lo tomara en serio".

Por tanto, el verdadero autor se ocultaba como tal y le adjudicaba el invento a un filósofo de Oriente para así reforzar su efecto.

Ocurre algo parecido cuando se atribuye falsamente a George Steiner la frase, discutible desde el punto de vista lingüístico, "lo que no se nombra no existe" (pues eso implica desconocer la elipsis, la presuposición, la insinuación, el sobrentendido, la ironía..., opciones retóricas donde sí se dice lo que no se dice).

También se dieron manipulaciones dobles por vía del alónimo opaco a principios del siglo XXI cuando circuló por internet un testamento literario atribuido falsamente a Gabriel García Márquez, texto muy similar al que años atrás se había difundido, en papel, con la supuesta autoría de Jorge Luis Borges.

García Márquez, que todavía gozaba de buena salud, tuvo que desmentir su autoría y aclarar que, no obstante, casi se muere al saber que se le atribuía un texto tan cursi. Ese escrito apócrifo empezaba así: "Si por un instante Dios se olvidara de que soy una marioneta de trapo y me regalara un trozo de vida, posiblemente no diría todo lo que pienso, pero en definitiva pensaría todo lo que digo. Daría valor a las cosas, no por lo que valen, sino por lo que significan". Todavía se puede encontrar en internet atribuido a él, y mucha gente sigue tomándolo por auténtico.

Asimismo, se han difundido por las redes sociales y de mensajería falsos poemas de Neruda, acompañados de melifluos montajes audiovisuales. Quienes los reenviaron tras tomarlos por buenos delataban así que no habían leído con atención al poeta chileno, cuya obra se halla tan alejada de esos bodrios.

Se han registrado muchos otros hechos similares de alónimos opacos o engañosos, pero nos quedamos con los aquí expuestos (El Brocense, Sixto Cámara, Confucio, García Márquez, Borges y Neruda) como muestra de esta práctica.

El engaño, según indicábamos, se reduce a la mitad cuando los destinatarios conocen el anacronismo que hace imposible la autoría ofrecida (El Brocense, Sixto Cámara); pero en los demás supuestos el alónimo constituye una trampa para inocentes.

Esta figura de ocultación se usa generalmente como un toque coqueto de complicidad con el lector, un acto inofensivo que se perderá quien no disponga de las claves necesarias.

En cualquier caso, tanto los alónimos transparentes en la suplantación como los que la hacen difícil de percibir se engloban en el concepto de anonimato, pues impiden conocer la verdadera identidad de quien escribe, salvo que esta se haga pública por otras vías.

Heterónimos. Opacos o transparentes

Los heterónimos suelen formar parte igualmente de un divertimento, un juego que el escritor o compositor establece con su público.

Así lo hizo el intérprete español Ricardo Cantalapiedra, autor de canciones protesta que amaba también los boleros y decidió diversificar su talento en los dos ámbitos. Le parecía mal presentarse con un mismo nombre, por el choque de identidades que se produciría ante el público y ante sí mismo. Así que el creador de divertidas letras satíricas y contestatarias en los años setenta (*Canciones contra la guerra*, *Qué bello es mi país*, *En casa de la Maruja*, *Perpiñán, jardín de flores*) inventó en los noventa su heterónimo Rocky Bolero, para rendir tributo con él a Los Panchos, Antonio Machín o Lucho Gatica. Ese desdoblamiento musical se pareció mucho al que, en la misma época de la movida madrileña, desarrolló el cantautor catalán Jaume Sisa con su heterónimo bolerista llamado Ricardo Solfa.

Fueron mundialmente famosos los desdoblamientos del gran escritor portugués Fernando Pessoa (1888-1935), que vivió una existencia humilde, que no tuvo ningún interés por ser conocido y que alcanzó la verdadera fama internacional después de su muerte. Las identidades ajenas a la suya construidas por él (las de Ricardo Reis, Alberto Caeiro y Álvaro de Campos, entre otras) constituyeron un juego creativo de personalidades en curiosa coincidencia con la palabra Pessoa: 'persona' en portugués; pero no tanto un engaño. Lo mismo se puede pensar del Juan de Mairena de Antonio Machado o del Benjamin Black del irlandés John Banville, quien firma con este heterónimo cuando publica una novela negra, también como parte de un divertimento con sus lectores. Igual que el estadounidense Gore Vidal se convertía en Edgar Box para sus textos de misterio con el detective Peter Sergeant como protagonista.

Aunque Banville nunca ocultó la persona que se hallaba detrás de su heterónimo Benjamin Black, sí llegó a declarar a *El Mundo* el 4 de octubre de 2016, en broma, que se había arrepentido de tanta transparencia: "En este momento, me doy cuenta de que quizás haya sido un error haber desvelado mi identidad desde el principio. Tendría que haberme callado y, a lo mejor, ahora las novelas de Benjamin Black tendrían tanto éxito como las de Elena Ferrante [un seudónimo opaco hasta hoy]. ¿Quién sabe?".[3]

Banville creó de ese modo dos identidades de novelista que se correspondían con sendos estilos narrativos y dos géneros distintos. Sin ánimo de engaño, porque se conoce públicamente. Tampoco le fue mal: él obtuvo el Premio Princesa de Asturias de las Letras, y Elena Ferrante no.

El seudónimo de esta autora italiana (usamos el femenino de su propio nombre falso, sin que eso implique conocimiento alguno acerca de su sexo) constituye un enigma, al menos a la hora de escribir estas líneas; y se supone debido a la timidez. Se han aventurado algunas hipótesis al respecto, pero sin certeza.

También acudieron a heterónimos Jorge Luis Borges y Adolfo Bioy Casares para las obras creadas en mutua colaboración a mediados del siglo xx. Ambos explicaron que cuando escribían juntos se convertían en un tercer autor, al que imaginaban con dos nombres distintos y ficticios: Honorio Bustos Domecq y B. Suárez Lynch, construidos con los respectivos terceros apellidos de los dos escritores (Bustos y Suárez, de Borges; Domecq y Lynch, de Bioy). El estilo de los dos *terceros autores* difería mucho del que exhibía cada uno cuando firmaba con su nombre.

Con esos heterónimos publicaron textos en varias revistas, entre ellas *Destiempo* y *Sur*; y media docena de libros, como *Seis problemas para don Isidro Parodi* o *Dos fantasías memorables* (firmados ambos por Honorio Bustos Domecq).

La argentina María del Carmen Marengo[4] ha escrito que Bustos Domecq es la parodia de autores que estética o ideológicamente se encuentran en las antípodas de Borges y Bioy. Agrega que tanto la obra de Bustos como la de Suárez Lynch se componen de textos fuertemente anclados en lo coyuntural, por lo que, quizá, la crítica posterior no reparó lo suficiente en ellos: "Desde el estilo hasta las preocupaciones, todo parece responder evidentemente a

3 Información firmada por Luis Alemany.

4 Marengo, María del Carmen (2002), *La obra de Bustos Domecq y B. Suárez Lynch: problematización estética y campo cultural*, tesis doctoral presentada ante la Facultad de Filosofía de la Universidad de Maryland.

cuestiones que no son las que permanecen culturalmente vivas. Los textos de Bustos Domecq y de Suárez Lynch parecen haber quedado presos del anacronismo".

Los heterónimos de Cantalapiedra, Sisa, Pessoa, Banville, Vidal o Borges y Bioy, y los de otros muchos como ellos, resultan, por tanto, transparentes; porque fueron conocidos en su tiempo y se usaron como juegos con las personalidades literarias, sin que mediara intención malévola ni ocultación alguna.

Por el contrario, el heterónimo opaco se convierte automáticamente en un seudónimo opaco, porque funciona con sus mismas prestaciones. Y el seudónimo opaco se convierte a su vez en un anónimo.

Seudónimos

Elegir un seudónimo para firmar una obra artística representa un supremo acto de libertad. ¡El poder de darse nombre a sí mismo! Mucha gente pasa por la vida sin haberlo conseguido.

En España y otros países se ha consagrado como un derecho para los autores. Así lo recoge la Ley de Propiedad Intelectual, cuyo artículo 14 atribuye al creador la posibilidad de determinar si la divulgación de su obra "ha de hacerse con su nombre, bajo seudónimo o signo o anónimamente". Hasta 2023 no hacía falta explicitar en el registro correspondiente la identidad verdadera del artífice. El mero hecho de documentar un texto y atribuirlo a una fecha ya servía para evitar el plagio, o al menos para demostrarlo cuando se produjera. Pero no valía por sí misma para que el verdadero autor se beneficiase de esa anotación y defendiera con ella sus derechos. Dicho de otra manera: quien registraba así un texto o una creación artística ni comía ni dejaba comer. Pero estaba en su derecho.

Sin embargo, la reforma de 2023 (611/2023, de 11 de julio) eliminó esa posibilidad del seudónimo bajo anonimato (o seudonimato opaco, tal como lo venimos designando aquí). Por ello ahora deben aportarse en el registro el nombre completo y otros datos identificativos del verdadero titular del derecho, aunque estos queden ocultos al conocimiento general.

Ahora bien, siempre habrá de garantizarse la integridad de la obra tal como fue concebida. El hecho de que en apariencia no le pertenezca a nadie no autoriza a los demás a alterarla. En la creación anónima actual no existe autor, pero sí unos derechos del autor, paradójicamente. Por eso el escritor o el artista que desee callar su nombre auténtico debe disponer de mecanismos legales que impidan al editor o a los mismos lectores copiar y después modificar su producto. Esos mecanismos han de regularse de modo que a la vez se mantenga la reserva sobre la identidad del creador.

En España, solamente determinadas personas y en circunstancias concretas podrán conocer la verdadera autoría de una obra registrada con seudónimo opaco: aquellos que acrediten un interés legítimo y directo. Por ejemplo, una víctima de plagio o los herederos de una autora fallecida. Eso permite mantener escondido ante el público el nombre real del artífice.

Además, el original depositado en el registro sólo podrán examinarlo sus autores o los titulares de los derechos (por ejemplo, si los han comprado), así como (y eso es nuevo también) quienes demuestren fines de investigación de las creaciones que hayan pasado a dominio público y ya no pertenezcan, por tanto, a los herederos, lo que en España sucede a los 70 años de la muerte de un autor.

No siempre las leyes se mostraron tan indulgentes hacia el seudonimato. En el siglo XVIII, por ejemplo, se obligaba a escribir en el principio de cada libro los nombres del impresor y del autor, el lugar donde se editaba la obra y la fecha, "sin suponer nombres ni hacer otros fraudes".[5]

Ello no impidió las trampas, aun a riesgo de los duros castigos de la época. Algunos autores ocultos (ya hemos dicho que aún no se los conocía como *negros*) se ganaron un buen dinero saltándose las normas.

Como indicábamos, el seudonimato otorga al ser humano el dominio de algo que se le había dado en su nacimiento y que por tanto gestionan otros, generalmente sus padres: el nombre. El nombre es un acto recibido, que sólo en determinadas circunstancias puede alterarse; el seudónimo, en cambio, nace de la libre voluntad.

Esto sí, el anónimo y el seudónimo se hallan muy unidos —y se convierten en la misma cosa— cuando el segundo se cons-

[5] Álvarez Barrientos (2014), pág. 95.

truye con la intención de producir el primero. Es decir, cuando ante los demás no se ofrece vinculación alguna entre el nombre público y la personalidad oculta. Eso significa que se activa el disfraz, que se le pone la máscara al nombre verdadero y que, si no se retira nunca del rostro, nos hallaremos ante un *seudonimato opaco*, que se volverá *seudonimato transparente* si quien lo asume aparta el antifaz y revela la relación entre su nombre falso y su nombre verdadero.

En gran parte de las ocasiones, en efecto, el seudónimo en un texto o en una red social activa los mismos efectos que produce un anónimo: en ambos casos se desconoce la autoría verdadera, y por tanto se eluden las responsabilidades de su uso malvado y los beneficios personales de sus logros prestigiosos.

Nos adentraremos ahora en los textos suscritos con seudónimo, tanto en los *transparentes* como en los *opacos*.

Los *seudónimos transparentes* responden a la libre voluntad de los autores. Y entre los *seudónimos opacos*, una buena parte se debe a las circunstancias sociales o políticas que vive quien decide esconder su verdadero nombre. A estos últimos los consideraremos *seudónimos opacos por necesidad* cuando se dan situaciones en que la sociedad o las leyes dificultan la libre expresión literaria y la libre circulación de los productos intelectuales o artísticos. La historia nos ha proporcionado tristísimos episodios de esta injusticia.

Seudónimos transparentes

Los seudónimos que conducen claramente a una autoría concreta que se corresponde con un nombre conocido no ofrecen problemas para la vida pública ni para la seguridad y el honor de las personas.

Se sabe bien ahora —y asimismo en su época— que Clarín, el autor de *La Regenta*, utilizó ese apodo desde el 2 de mayo de 1875 para firmar sus artículos en el semanario humorístico y satírico madrileño *El Solfeo*.[6] Esta publicación exhibía términos identificativos relacionados con la música: un fragmento de partitura

6 https://hemerotecadigital.bne.es/hd/pdf?oid=0004041157

junto a la cabecera (en el que se lee la aclaración de que las notas de ese pentagrama han de interpretarse con ritmo *andante*), el lema "Bromazo periódico para músicos y danzantes" y diversos epígrafes en sus columnas, como *Sinfonía* o *Preludio*. Se entiende en ese contexto el nombre inventado Clarín, que el autor combinaría con Zoilito, y que acompañaría a otros seudónimos musicales del semanario, como Compasillo o Clarinete. Digamos que eran nombres acordes entre sí.

Sin embargo, cuando aparece *La Regenta* todos saben que el autor llamado Leopoldo García Alas Urueña, un tipo barbado y entre rubio y pelirrojo, de ojos azules y miopes —con 3 y 8 dioptrías, según se ha sabido por sus lentes— y que firmaba como Leopoldo Alas, era el mismo que suscribía otros textos como Clarín, aficionado a la gastronomía y adorador de los gatos. De hecho, uno de los libros de Leopoldo Alas se había titulado *Solos de Clarín* (1881), y en él recopilaba bajo su nombre real las colaboraciones de crítica literaria publicadas en distintas revistas.

Tanto Leopoldo Alas como Clarín fueron, pues, dos nombres aplicados a una misma persona. Así se comprueba en el periódico ovetense *Tambor y gaita* del 12 de julio de 1885, que publica una descalificante crítica sin firma sobre *La Regenta*, obra esta, dice el artículo, "del reputado crítico Clarín" (aunque él la había firmado como Leopoldo Alas).[7] Ese vituperio anónimo invita, por cierto, a que lean la novela aquellos que padezcan "el más tenaz insomnio", a fin de que se lo curen "con un par de capítulos, que es la más alta dosis". Lo cual nos enseña que conviene relativizar los comentarios anónimos y que además no hay que desanimarse por una crítica negativa.

No obstante, *La Regenta* encontró críticos más temibles, como el obispo de Oviedo, Ramón Martínez Vigil, quien denunció el libro en una carta pastoral por su erotismo y sus retratos de personajes de la ciudad (Vetusta en el texto), y recriminaba al catedrático de Derecho y escritor que la hubiera repartido entre sus alumnos. El prelado recibió la réplica del propio autor, en carta fechada el 11 de mayo de 1885 y suscrita por Leopoldo Alas.[8] Nada que ocultar,

[7] En las ediciones más actuales aparece firmada por Leopoldo Alas, Clarín.

[8] Martínez Cachero, José María (1995), "Introducción a la edición de 'La Regenta'", en *La Regenta*, de Leopoldo Alas, Clarín, Oviedo, Nobel.

pues. En ella utiliza una divertida sorna, por ejemplo cuando alega que su novela sí le parece moral porque "es sátira de malas costumbres". Además, dice, atribuye a sus personajes "unos vicios que aquí nadie tiene". También le afea al obispo su gramática confusa y le desmiente ese reparto de libros, rectificación que habían avalado poco antes sus alumnos firmando un escrito al respecto.

El obispo le contestó después con un brevísimo texto donde le felicita por no haber distribuido el libro entre sus estudiantes. Asumir el error ¿para qué?

Tampoco ofrece problema un seudónimo como el de Azorín, nombre de uno de sus primeros personajes, ni los que han venido aplicando actores o actrices, pintores, escultores que emplean denominaciones artísticas, porque en todos esos ejemplos se conoce qué persona se halla tras ellos.

La primera edición de *La voluntad* (1902) tiene como autor a José Martínez Ruiz, según muestra su portada. Pero a partir de 1904, las obras de este autor pasan a estar firmadas por Azorín.

Javier Cercas ha escrito que ambos nombres alojan dos personalidades diferentes: "El primero, que existió como tal hasta principios de siglo [el XX], fue un joven furioso, rebelde, vitalista, libertario, urbano y obsesionado con el futuro universal; en cambio, el segundo fue un escritor maduro, conservador, escéptico, irónico, estetizante y obsesionado con el pasado español y el paisaje castellano" [...]. "Martínez Ruiz publicó algunos libros prescindibles; Azorín, casi ninguno".[9]

Y en la misma época de Pessoa, pero en España, Mariano José de Larra (1809-1837) manejó el seudónimo Fígaro, entre otros, sin que nadie pudiera pensar que había cobrado vida de repente el protagonista de *El barbero de Sevilla* o de *Las bodas de Fígaro*, obras de Pierre-Augustin de Beaumarchais (finales del XVIII) que serían adaptadas a la ópera; y sin que constituyera un secreto que tras ese nombre falso se hallaba el famoso periodista y escritor.

Ni siquiera alcanzaba ese juego de Larra la categoría de alónimo, pues no utilizaba la firma de otro ser vivo (o muerto), sino el nombre de un personaje imaginario bien identificado.

9 Cercas, Javier, "Azorín, revolucionario", *El País Semanal*, 10 de diciembre de 2023.

Por ejemplo, en 1835, todavía en vida de Larra, la imprenta de Repullés, en Madrid, edita con el nombre real del escritor la recopilación de los artículos que había suscrito en la prensa como Fígaro. Entre ellos, el publicado en *La Revista Española* el 15 de enero de 1833 (número 21) con el título *Mi nombre y mis propósitos*, donde explica su elección:

> Quedábame aún que elegir un nombre muy desconocido que no fuese el mío, por el cual supiese todo el mundo que era yo el que estos artículos escribía; porque esto de decir 'yo soy fulano' tiene el inconveniente de ser claro, entenderlo todo el mundo y tener visos de pedante; y aunque uno lo sea, bueno es, y muy bueno, no parecerlo. Díjome el amigo que debía de llamarme 'Fígaro', nombre a la par sonoro y significativo de mis mañas, porque aunque ni soy barbero, ni de Sevilla, soy, como si lo fuera, charlatán, enredador y curioso, además, si los hay: sea esto dicho con permiso y sin perjuicio de la curiosidad del señor Parlante, que es otra curiosidad. Me llamo, pues, Fígaro; suelo hallarme en todas partes, tirando siempre de la manta y sacando a la luz del día defectillos leves de ignorantes y maliciosos.

Se trata de un fenómeno, el del seudónimo o el del nombre artístico, muy extendido en todas las épocas, como muestran los autores Henri-Marie Beyle (Stendhal), Samuel Langhorne Clemens (Mark Twain), Félix Rubén García Sarmiento (Rubén Darío), Karen Blixen (Isak Dinesen), Agatha Marie Clarisa Miller (Agatha Christie); Charles Lutwidge Dodgson (Lewis Carroll), Gabriel Téllez (Tirso de Molina), Melitón Fernández (Leandro Fernández de Moratín), Almafuerte (el poeta argentino Pedro Bonifacio Palacios), Neftalí Ricardo Reyes (Pablo Neruda), Lucila Godoy Alcayaga (Gabriela Mistral)... O el arquitecto Charles-Édouard Jeanerett, quien decidió en 1920 convertir su nombre en una marca para denominarse Le Corbusier; o el actor Cantinflas (Mario Moreno), sin olvidar, ya en un terreno distinto, a los grandes viñetistas españoles Antonio Fraguas (Forges), El Roto (Andrés Rábago) o José María Pérez (Peridis), ni al colombiano Vladimir Flórez (Vladdo), entre otros; ni a actrices o cantantes como Marisol (Pepa Flores),

Massiel (María Ángeles Santamaría) o Ana Belén (Pilar Cuesta).[10]

George Orwell (Eric Arthur Blair), que vivió entre 1903 y 1950, se inventó su seudónimo en 1933, cuando publicó el primer libro, *Sin blanca en París y Londres*. Convirtió en apellido el nombre que le pidió prestado a un río. Mediante ese ardid pretendía romper con el linaje de su familia, que albergaba nobles pretensiones. Orwell prefería desvincular a sus padres de lo que él escribiera y evitarles algún tipo de represalia social.

Este Eric Arthur Blair, nacido en la India (concretamente en Bengala), periodista y escritor, era hijo de Richard Blair, funcionario británico en la entonces colonia; y que él rompiera con ese apellido protegía a su padre y a su madre de cualquier conflicto o mancha provocados por los textos del hijo, que serían claramente críticos con el poder y escritos por una persona que demostraría su compromiso izquierdista alistándose en las tropas de la República española durante la Guerra Civil, sin que ello chocase con su actitud firmemente anticomunista. Esta ocultación no se debía, por tanto, a un temor personal, sino simplemente a salvaguardar la buena fama de sus padres; por lo cual se le podría englobar también durante esa etapa en el apartado que abordaremos a continuación: seudónimos por necesidad. Cuando esa maniobra de distracción ya no le hacía falta, Eric Arthur Blair no tuvo ningún problema en que el seudónimo Orwell se identificara con la persona real. Por tanto, el seudónimo pasó de opaco a transparente.

También le movió una cierta picardía el elegir el nombre falso, ya de paso: en la letra O no había muchos autores (al menos entonces),

[10] La académica Aurora Egido refleja por su parte en *El árbitro de las lenguas* (págs. 245 y 255) los seudónimos de Blas Antonio de Nasarre (1689-1751): Amadeo de Amadeis, El Amuso, El Amigo de Amuso y El Enemigo de Amuso. (Cátedra, Madrid, 2021). Todos ellos dan la impresión de responder a juegos divertidos, más que a un intento de ocultación con fines extraños. Santiago Muñoz Machado, director de la Real Academia Española, recoge en *Los itinerarios de la libertad de la palabra* (RAE, 2013), que el diario *El Censor*, de finales del XVIII, publicaba escritos de personajes relevantes de la vida pública y literaria española, como Jovellanos, Meléndez Valdés o Samaniego, pero sin sus firmas: "La disposición de estos a publicar estaba incentivada por la mayor simplicidad del género y la posibilidad de manifestar anónimamente y con claridad sus opiniones".

lo cual le otorgaría un cierto protagonismo en los estantes de las librerías que siguieran el orden alfabético.

Seudónimos opacos por necesidad

Los seudónimos precedentes nacieron como fruto de la libertad de sus creadores. Pero otros muestran un origen vergonzoso; no para quienes los usaron, sino para la retrógrada sociedad que los propició. Esos nombres falsos no fueron motivados por el capricho de un autor, por un inocente juego de identidades o por proteger a terceros, sino por auténtica necesidad personal.

El seudónimo se convirtió así en salvoconducto para algunas brillantísimas autoras que decidieron ocultar su nombre real y protegerse con uno masculino porque en su época no se concebía que una mujer escribiera para el público sino poemas románticos y novelas rosa. Si la sacerdotisa Enheduanna hubiera podido observar el futuro, habría pensado que la cultura sumeria construida 3.000 años antes de Cristo la había tratado mejor a ella que a esas escritoras a las que sin duda habría admirado.

La falsificación del sexo se justificaba plenamente, y no cabe relacionarla con ninguna perversión del seudonimato. Si acaso, la perversión se hallaba en la sociedad donde les tocó vivir.

En efecto, la elección de un seudónimo puede venir motivada por una situación opresiva, totalitaria, machista... En algunos casos, quienes se dotaron de esa identidad falsa buscaban la opacidad de su persona real, pero actuaban legítimamente para que de ese modo pudieran conocerse sus creaciones.

La novelista Cecilia Böhl de Faber (1796-1877), nacida en Suiza de padre alemán y madre española, residió en Cádiz y en Sevilla, y decidió firmar como Fernán Caballero, topónimo de un pueblo de Ciudad Real que había visto por azar en un periódico a causa de un asesinato acaecido allí. Pretendía con ello evitar el rechazo que producía entre el público lector el nombre de una mujer que no escribiera la típica *literatura femenina*, más presente en la poesía y que se identificaba con relatos románticos y sentimentaloides, corriente alejada del realismo naturalista que ella practicaba.

La profesora Marieta Cantos, comisaria de la exposición que sobre esta autora se organizó en Cádiz en 2022, explicaba entonces que para Cecilia Böhl era una ventaja que tomaran a Fernán Caballero por hombre, porque estaba convencida de que así juzgarían la calidad de su trabajo y no su figura. Y añadía: "Ella era muy consciente de que tanto la opinión pública como los escritores coetáneos encontrarían cualquier argumento para minusvalorar su obra, simplemente por haber sido creada por una mujer que se atrevía a escribir para el público y a poner en el mercado sus novelas".[11]

Sin embargo, el secreto de la escritora duró poco. Cuando publicó su primera obra, *La Gaviota* (1849), sí se desconocía su verdadera identidad. El crítico Eugenio de Ochoa escribe entonces elogiosamente sobre la novela en *El Heraldo* de Madrid en 1849 y en 1850. Este colaborador ignoraba quién se escondía detrás de esa firma, pero atisba en su estilo la influencia de las escuelas alemana y andaluza.[12] Dio en el clavo.

La Gaviota narra en el ambiente costumbrista de un pueblo de Cádiz el enamoramiento del joven médico alemán Fritz Stein y de la hija de un pescador, Mariselda (apodada Gaviota), conocida por la belleza de su voz al cantar. El doctor, que tiene conocimientos musicales, la ayuda a mejorar su técnica, y finalmente la mujer acepta una oferta para cantar de forma profesional. Ella abandona el pueblo donde ambos residían y también a su marido. En busca del éxito se marcha a Sevilla, donde se enamora de un torero que morirá en la plaza. Stein fallece también, por la fiebre amarilla. Mariselda volverá a sus orígenes, ya sola, y se casará con el barbero como decisión a la desesperada. En fin, la protagonista no queda como la mejor persona del relato, pese a habérsele otorgado el papel principal.

Podemos imaginarnos la silenciosa satisfacción de Cecilia Böhl viendo triunfar su obra, pero también su refrenado impulso de abordar a un lector a quien casualmente hubiera visto con *La Gaviota* en las manos y susurrarle "eso lo he escrito yo". Tal vez recorría secretamente los puestos libreros y observaba sobre las mesas aquellas portadas que recogían sus títulos pero no su apellido, y

11 *Diario de Cádiz*, 3 de junio de 2022.

12 Randolph, Allen Donald (1996), *Eugenio Ochoa y el romanticismo español*, Berkeley y Los Ángeles, University California Press.

comprobaba que unos cuantos varones, uno tras otro, y de tanto en tanto alguna mujer, hojeaban el libro y finalmente lo adquirían.

Esa clandestinidad duró unos seis años. La verdadera identidad de Cecilia Böhl siguió oculta hasta que llegó la infidencia cometida por José Joaquín de Mora, editor, traductor y agente de la escritora, según escribió ella misma en una carta de su correspondencia privada en la que mostraba su disgusto. Quizá se le cruzaran en ese trance la amargura por el secreto revelado y una cierta satisfacción ante la oportunidad de que su nombre abriera un camino para otras mujeres.

La carta, enviada a sus editores de la *Revista de Ciencias. Literatura y Arte*, firmada como Fernán y datada en Chiclana (Cádiz) el 14 de junio de 1855, decía: "Es mi sambenito voluntario, que yo ocultaba cuidadosamente, y que Mora, él solo que lo sabía, sacó a luz, no pudiendo resistir a los ruegos de la culta, discreta, amable y simpática condesa de Velle. [Distinguida mecenas de la época, amiga de Cecilia Böhl]. Nunca se lo perdonaré, pues desprestigió a Fernán, porque no soy yo sola a quien choca soberanamente la pluma en manos femeninas. Además no hay pantalón que no se crea, en materia de escribir, superior a todas las enaguas, inclusas las de mad. Stäel". (Se refiere a madame Stäel, de soltera Anne-Louise Germaine Necker, prestigiosa escritora francesa de origen suizo también y muy admirada por Cecilia Böhl).

La última frase de la carta dice: "Cuenten ustedes con la consideración, amistad y simpatía de su colaborador [en masculino]. Fernán".[13]

Cuando se reveló su identidad auténtica, la crítica le reprochó cobardía al ocultarse, pero sus compañeros escritores la defendieron por su valía como autora, al margen de su sexo. Se había cumplido, aunque fuera temporalmente, el propósito que alumbró el seudo-

[13] Véase al respecto el trabajo académico de Inés Alemany de la Banda titulado *Entre el canon y la disidencia. La construcción sociocultural de la mujer de letras en España entre 1854 y 1868*, Universidad Autónoma de Madrid, 2020. Y también el texto de Alberto López Argüello, *Epistolario de Fernán Caballero: una colección de cartas inéditas de la novelista*, Barcelona, Sucesores de Juan Gil Editores, 1922. Encontrables en internet. En la misma carta en que retrata al deslenguado Mora, Böhl lanza un alegato contra las fiestas españolas en las que se maltrata a los animales (toros y ánades), lo cual define bien sus ideas y la defensa que hacía de ellas.

nimato por necesidad: que se evaluase la obra al margen de quién sostuviera la pluma.

La indiscreción de Mora, en efecto, violaba la decisión de la escritora de ofrecer una personalidad falsa en aquella sociedad machista, pero a la vez sirvió para demostrar que una autora podía parangonarse con los renombrados creadores de la época. Así lo admitían algunos de los mejores escritores contemporáneos, entre ellos el mismísimo Benito Pérez Galdós.

Por su parte, la salmantina Matilde Cherner Hernández (1833-1880), contemporánea de Cecilia Böhl aunque más joven, alternó para la firma su verdadera identidad y el seudónimo Rafael Luna (tomado de su segundo nombre de pila, Rafaela, y del segundo apellido de su padre, Juan Cherner Luna). Ella también se vio afectada por el asfixiante mundo masculino que relegaba a las escritoras a elaborar novelas rosa y poemas líricos. Por ello, quizá prefirió presentarse como un varón a fin de evitar el halo de escritura fútil y amena que se asociaba a la pluma femenina, según ha recogido la profesora Pura Fernández.[14] "Pero también", matiza esta investigadora, "puede que intentara procurarse una autoridad moral masculina".

Persona culta, que sabía latín y hablaba francés, su novela *María Magdalena* (1880) constituye un alegato contra la esclavitud de la prostitución, y en él desarrolla un precursor enfoque feminista, presumiblemente más eficaz en aquel tiempo al firmarlo un varón. La novedad de su relato se basaba en que, por primera vez, alguien osaba otorgar a una prostituta el papel protagonista.

La narración se empezó a publicar por entregas en la revista *La Ilustración*, pero desató el escándalo y sólo se conocieron unos capítulos; se paralizó su edición. Finalmente, sí alcanzó a imprimirse en libro, dos años antes de la temprana muerte de su creadora, pero tal vez en autoedición, puesto que la última página indica que la obra se halla a la venta en casa del "autor". Transcurrirían 140 años hasta que se recompusiera para el gran público la firma real de esa novela suscrita en principio con el seudónimo Rafael Luna: en 2022 fue impresa y distribuida por la editorial Espinas, con prólogo de Mabel Lozano, actriz y cineasta.

[14] Fernández, Pura, *Mujer pública, vida privada. Del arte eunuco a la novela lupanaria* (2008), Madrid, Támesis, pág. 255.

No obstante, durante su corta vida (falleció a los 47 años de un aneurisma cerebral) no fue un secreto la vinculación entre nombre real y seudónimo. Pero, obviamente, esta información se redujo a los círculos de enterados, porque en aquellos tiempos el gran público lector no tenía a su alcance acceder con facilidad a ese tipo de detalles.

Matilde Cherner sí suscribió con su nombre la colaboración *Las mujeres pintadas por sí mismas*, que se insertó en 1875 en la revista madrileña *La ilustración de la mujer*, publicación que mostraba un incipiente feminismo. El obituario en su honor incluido en *La Correspondencia de España* el 17 de agosto de 1880 señalaba: "La elegante y conocida escritora Matilde Chermá [*sic*], que con el seudónimo de Rafael Luna escribía en los periódicos literarios de la Corte, ha muerto. Su entierro, al cual asistieron gran número de literatos, se ha verificado en la tarde de ayer".[15]

Por su parte, *La Época* comenzaba así la reseña necrológica en esa misma fecha: "Una noticia triste nos trae un periódico de la mañana, la de la muerte de nuestra querida amiga y asidua colaboradora Matilde Cherner, conocida en la república de las letras con el pseudónimo de Rafael Luna".

Las condiciones para las escritoras no habrían de cambiar mucho unos decenios más tarde. La primera gran autora de la literatura catalana, Caterina Albert (1869-1966), firmó sus narraciones, —81 en total, la mayor parte en la lengua autóctona—, con el seudónimo Víctor Català. Entre ellas, la novela capital del modernismo, titulada *Solitud* (1905), que en vida de su artífice sería editada también en México y traducida al francés (y luego al inglés, y al castellano, y llevada al cine). El seudónimo lo tomó del personaje de un relato que no llegó a terminar, *Càlzer d'amargor.*

Su vocación poética le sobrevino de niña, cuando escribía versos en castellano aprovechando la tranquilidad de la casona donde residía su acomodada familia terrateniente; hasta que a los 14 años de edad su inspiración pasó al catalán.

[15] Rodríguez Sánchez, María de los Ángeles, *Matilde Cherner: una voz femenina y crítica ante la prostitución en la España de 1880*. Actas del XIII Congreso de la Asociación Internacional de Hispanistas. Madrid 6-11 de julio de 1998.

La todavía joven escritora caligrafió un poema que tituló *Lo llibre nou* ('el libro nuevo'), lo puso en limpio, lo firmó con su nombre real. Y lo unió en un sobre a otro escrito, el monólogo *La infanticida*, donde retrataba de forma cruda el asesinato de un niño por su madre y algunos aspectos oscuros de la condición humana. Se acercó al puesto de correos y lo envió a los Juegos Florales de Olot de 1898. Pasaron unas fechas que se le hicieron largas, ilusionada con el resultado que soñaba pero inquieta por la inevitable intriga ante la resolución del concurso. Llegó el día. El jurado eligió el monólogo para premiarlo, y al conocerse más tarde la autoría femenina del texto galardonado, muy atrevido para entonces, se desató un escándalo. ¡Cómo era posible que una mujer escribiera así! A partir de ahí decidió firmar con nombre de varón.

Los juegos florales recibieron un gran impulso en Cataluña durante la etapa de la Renaixença, o renacimiento catalán (siglo XIX), cuando se reaviva su cultura autóctona. Promovían justas poéticas en las cuales se declamaban las obras presentadas, y servían por tanto como escaparate para jóvenes autores que podían ocultar sus nombres en los textos enviados. Eso haría ya Caterina Albert más tarde. Con el seudónimo opaco Víctor Català se presentó a los Juegos Florales de Barcelona de 1903, donde obtuvo la Copa del Consistorio. Pero declinó acudir a la entrega del premio para mantener oculta su identidad.

La obra del escándalo presentada en Olot en 1898 y escrita por una mujer no llegaría a la imprenta hasta 1967, en la recopilación *Teatre inèdit*, ya con una sociedad catalana más abierta. Eso no impidió que sus creaciones *El cant dels mesos* ("El canto de los meses", de 1901, una recopilación de versos) y *4 monòlegs en vers* ("4 monólogos en verso", de 1902) fueran en su día muy bien recibidas por la crítica, que las tomó como el trabajo de un varón.

Por ejemplo, el gran poeta Joan Maragall había publicado en el *Diario de Barcelona* una reseña favorable del primer libro de Caterina Albert, *El cant dels mesos*. En ella conjeturaba que detrás del nombre de Víctor Català —para él desconocido antes— se escondía en realidad un poeta con experiencia "que ha aguardado sabiamente a la inspiración de su madurez para mostrarse". Sin embargo, Caterina Albert tenía entonces sólo 30 años.

Esa y otras críticas posteriores de Maragall, alguna no tan favorable, la invitan a iniciar un intercambio de correspondencia con él: 24 cartas de la escritora, 22 del poeta, entre 1902 y 1911.

Cartearse con distintas personas de cierta autoridad literaria constituyó para Caterina Albert una de sus más gratas aficiones. Y ya la segunda epístola dirigida a Maragall la firma con su nombre auténtico. Pero luego, a petición del poeta, regresa al seudónimo. Sólo volvió a plasmar su nombre real en la decimonovena misiva (1906), novedad debida a que poco antes se habían conocido personalmente.

Català tenía la firme voluntad, expresada en algunas cartas, de que no se conociese públicamente su verdadero nombre. Ella sí lo había confesado en comunicaciones privadas, pero no deseaba que pasase al público. Fracasó. "Si nadie hubiera sabido quién era V. Català", le escribe a Maragall en 1903, "este habría hecho más y mejor lo que hará ahora".

Cuando su verdadero nombre trasciende a pesar de su voluntad, toma una nueva impostura: se hace pasar por una mujer intuitiva y pueblerina, de condición humilde, términos opuestos a su personalidad real de familia rica y culta.[16] Y a menudo dirá: "Sólo soy una aficionada". Siempre quitándose importancia.

Cuando en 1902 reconoce ante Joan Maragall que Víctor Català era en realidad Caterina Albert, y firma la carta con su nombre real, quizá la confesión le incomoda al poeta: no era normal en la época esa correspondencia de un escritor con una escritora. Maragall le agradece en su respuesta la confidencia, pero le hace ver que preferiría continuar tratándola como Víctor Català, porque, acota el escritor, ese seudónimo ya forma parte de sus afectos.

La novelista le contesta con reflexiones acerca de la independencia entre la obra y su creador. Con esa misma argumentación se expresará en otros escritos, en los cuales se queja de que los prejuicios de la autoría femenina vayan en detrimento de la valoración que se pueda hacer de las producciones a cargo de mujeres.

[16] Bartrina, Francesca (2012), *Caterina Albert / Víctor Català. La voluptuositat de l'escriptura*, Capsa de Pandora. Véase también Casacuberta, Margarida, *Víctor Català, l'escriptora enmascadada.*

También lamentará que se haya conocido su identidad, en vulneración de su deseo.

Realmente, mantener muchos años el secreto de autoría se antojaba tarea imposible incluso aunque no existieran entonces los actuales medios de búsqueda informática. Porque siempre habría de encargarse alguien personalmente de recoger el original de la escritora, entregarlo a la editorial, firmar un contrato y también los recibos por las ventas, tal vez ingresar el dinero personalmente en un banco... Quizás incluso hacía falta más de una persona interpuesta. Demasiada gente para guardar un secreto.

Ahora bien, cuando su seudónimo se tornó transparente ella lo aceptó sin más aspavientos, pero siguió firmando como Víctor Català.

Igual que en las experiencias de sus colegas antes citadas, el propósito ya estaba logrado: que el impacto inicial que pudieran causar sus textos no se viese influido por su autoría femenina de modo que se considerasen menores o ni siquiera se tuviesen en cuenta.

En 1923, la escritora ingresó con su nombre en la Real Academia de Buenas Letras, de Barcelona. También fue entrevistada como Caterina Albert por Tomàs Garcés para la *Revista de Catalunya* (1 de agosto de 1926), así como por el periodista y escritor Baltasar Porcel para la publicación *Serra d'Or* en 1965, cuando la autora es ya una anciana de 96 años (morirá al año siguiente). Este último texto periodístico se acompaña de 14 fotografías de la novelista y poeta (además de la imagen de portada), quien aparece vestida con una camisa blanca de hilo y respondiendo desde la cama, medio incorporada sobre la almohada.

En la conversación de 1923 con Garcés, poeta y crítico literario, Caterina Albert revela el proceso que la llevó al seudónimo:

La señora de un matrimonio que había acudido a la casona rural para ver a su familia se acercó a la joven y le preguntó qué estaba haciendo. La incipiente escritora pergeñaba en ese momento *Els cants del mesos*, y se lo leyó a la visitante, quien mostró su agrado. Después se los pidió, y ella aceptó entregárselos. "Y al cabo de un mes, la señora me escribió: 'Tengo impreso su libro, no me haga tirar el dinero. Dígame qué nombre de autor quiere que ponga, si tiene inconveniente en dar el suyo'. ¡Y tal, si tenía inconveniente! Nunca en la vida habría firmado nada con nombre de mujer. Yo, entonces, trabajaba en una novela, que no he terminado todavía, cuyo protagonista se llamaba Víctor Català. Me refugié en ese nombre. He aquí el origen de mi seudónimo".

La autora catalana continuaba en la entrevista, publicada en esa lengua: "Me proponía no descubrir nunca mi personalidad. En Olot [el relatado episodio de 1898] tuve que romper la consigna, sin embargo. Envié un monólogo a un certamen que se celebró en esa ciudad, y fue premiado. Hubo unas discusiones fantásticas, por lo visto, sobre quién era el autor. Parece que se trataba de un atrevido monólogo. Yo no me daba cuenta. Cuando supieron que el autor era una mujer, el escándalo fue mayor. No encontraban correcto que yo contara la historia de un infanticidio. Y, sin embargo, ¿es que puede tener límites la obra del artista? No creo que unas normas morales puedan frenarla. Creo elemental abogar por la independencia del arte. Gracias a esta independencia he podido ser fiel a mi vocación, que todo el mundo hubiera querido intervenir. No reconozco otra norma que la del buen gusto, ni otra inmoralidad que la de la inutilidad. La obra mal hecha es, por eso mismo, también, la obra inmoral".

Por tanto, "la marca Víctor Català", en palabras de Francesca Bartrina, especialista en su obra, "hace visible la represión social de la autoría femenina y, al mismo tiempo, permite que la autoría femenina se exprese travestida".[17]

Las vicisitudes de Cecilia Böhl, Matilde Cherner y Caterina Albert muestran puntos divergentes respecto de George Sand (Amantine Aurore Dupin, 1804-1876), aun estando todas ellas envueltas por el patriarcado circundante. Böhl y Dupin fueron comparadas en vida, incluso, por algunos críticos literarios, pero la autora francesa, solamente ocho años más joven que la española, aún llegó más lejos en la creación de su personaje: se vestía como un varón.

George Sand utilizó ese disfraz nominal y físico por comodidad, no tanto como una necesidad de hacerse oír; aunque se interpretara después como una provocación. Pero en este caso todos sabían que detrás de ese nombre se hallaba una mujer, a diferencia de lo que había pretendido Fernán Caballero.

[17] Bartrina (2012).

La autora francesa le transmitirá a Gustave Flaubert en una carta de su interesantísima correspondencia mutua datada el 15 de enero de 1867: "Algo para los expertos en anatomía: no hay más que un sexo. Un hombre y una mujer son hasta tal punto lo mismo que es incomprensible el montón de distinciones y razonamientos sutiles de los que se nutren las sociedades sobre este particular. He observado la infancia y el desarrollo de mi hijo y de mi hija. Mi hijo era yo, es decir, mucho más mujer que mi hija, que era un hombre inacabado".[18]

Nos hallamos así ante seudónimos perfectamente legítimos, sobre todo en el contexto de aquella época. El nombre falso no pretendía esconder al verdadero para la comisión de afrentas o delitos, para la difamación cobarde o para el abuso en las afirmaciones, sino abrirse paso en un mundo literario radicalmente masculino.

No obstante, la comunión entre el seudónimo y el nombre real de todas ellas se acabó conociendo suficientemente; y como mujeres terminaron siendo valoradas en vida. De hecho, Böhl de Faber firmó en alguna ocasión con otro seudónimo, distinto, cuando la identidad de Fernán Caballero ya era de dominio general, muy a su pesar: publicó en la revista *La España* el relato "Callar en vida y perdonar en muerte" con la firma de León de Lara (obra que regresó a la autoría de Fernán Caballero cuando se editó en libro).[19]

Otras autoras españolas usaron puntualmente un nombre masculino, alternándolo con el propio. Rosario de Acuña firmó su obra *Amor a la patria*, de 1877, con el seudónimo Remigio Andrés Delafón. Y la periodista almeriense Carmen de Burgos, Colombine (principios del XIX), se sirvió de los seudónimos Gabriel Luna y Marianela, entre otros, además de su nombre

[18] *Gustave Flaubert y George Sand. Correspondencia.* Traducción de Albert Julibert (2010), Barcelona, Marbot, pág. 45.

[19] Comellas, Mercedes (2010), *Introducción y notas de Fernán Caballero, obras escogidas,* Sevilla, Fundación José Manuel Lara, pág. XVI. También Comellas, Mercedes (2018), "El epistolario de Fernán Caballero", en la obra *Identidad autorial femenina y comunicación epistolar*, María Martos y Julio Neira (coords.), Madrid, UNED, págs. 223-244. Y Comellas, Mercedes (2019), "Fernán Caballero y el modelo autorial femenino", en *Mujeres, arte y poder. El papel de la mujer en la transformación de la literatura y las artes*, Ayuntamiento de Sevilla.

real. La coruñesa María Luz Morales de Godoy, residente en Barcelona y periodista de *La Vanguardia*, publicó en sus inicios, a partir de los años treinta del siglo XX, con el seudónimo Felipe Centeno; y luego, durante la posguerra española —y a fin de evitar represalias por sus trabajos anteriores—, lo hizo bajo los nombres Ariel y Jorge Marineda, además de María Thierry para una novela rosa. A partir de los años sesenta recibió distintos galardones periodísticos, ya con su verdadera firma, habitual en el *Diario de Barcelona*.

La británica Mary Shelley (1797-1851), ahora famosísima autora de *Frankenstein* (1818), no firmó la primera edición de su novela, con una tirada de 500 ejemplares, porque pensó que nadie la publicaría si se supiese que había sido elaborada por una escritora, y menos tratándose de un relato rompedor, que violentaba las costuras de la vida, impropio de lo que se esperaba de una mujer de entonces. Se publicó, pues, como un texto anónimo.

Pero todo silencio en la comunicación es ocupado por el contexto predominante o por los prejuicios de los receptores. Así, la sociedad literaria londinense interpretó que el verdadero autor de la novela era Percy Shelley, el poeta con quien Mary Godwin se vinculó desde 1814 y cuyo apellido había adoptado siguiendo la rancia costumbre anglosajona. Percy Shelley había escrito el prólogo y había emprendido las gestiones para su impresión; y Mary había ideado esa innovadora obra maestra con 18 años (se publicó tiempo después, en 1818, cuando ya tenía 21), por lo que tan temprana edad jugaba también en contra de la verosimilitud: por fuerza el autor debía de ser el marido.

La segunda edición, de 1823, se acometió tras los buenos rendimientos económicos de la primera, y ya sí llevó la firma que hoy conocemos (igual que sus demás obras). Mary Shelley aún vio en vida una tercera edición, la de 1831, en la que introdujo notables modificaciones respecto de la primera y la segunda. Entonces ya era viuda.[20]

En la literatura inglesa tenemos además a George Elliot, seudónimo de Mary Ann Evans (1819-1880), quien arremetió contra

[20] Rodríguez Valls, Francisco (2011), "El Frankenstein de Mary Shelley (1797-1851)", *Thémata. Revista de Filosofía*, n.º 44.

las "novelas tontas" escritas por mujeres. Transcurrió solamente un año entre la publicación de su primera obra (titulada *Adam Bede*, en 1859) y el conocimiento general de que el relato tenía por autora a una mujer, hecho que bastó para que, en esta oportunidad sí, las críticas pasaran de elogiosas a negativas. Los miedos de las escritoras tenían sentido.

Un denominador común enlaza a algunas de estas autoras que disfrazaron su nombre femenino con uno de varón (Cecilia Böhl de Faber, Matilde Cherner, Caterina Albert, Mary Shelley, Mary Ann Evans): concibieron situaciones transgresoras para las sociedades en que vivían: huían de las novelas rosa, o usaron como personajes a la prostituta, la madre que mata a su hijo, el científico que crea un monstruo. Sus propuestas conformaban situaciones atrevidas, impensadas, intelectualmente valientes. Consideradas entonces impropias de mujeres.

En la novelística nórdica hallamos también la ocultación forzada de la danesa Isak Dinesen (*Memorias de África*), seudónimo que sustituía al nombre verdadero: Karen Christence Blixen-Finecke (1885-1962). Aún en estos días, para vergüenza de nuestro tiempo, los editores de J. K. Rowling le sugirieron el uso de sus iniciales a fin de no explicitar su sexo como autora de las aventuras de Harry Potter, información que ahuyentaría al público familiar. Una vez conseguido el éxito, el criptónimo del nombre de pila se convirtió también en transparente.

Una historia muy distinta de todas las que acabamos de reseñar y resumir, y en la que el machismo alcanzó un grado sumo, es la de María Lejárraga (San Millán de la Cogolla, 1874-Buenos Aires, 1974), quien firmó durante 50 años con el nombre de su marido, el empresario teatral Gregorio Martínez Sierra. Aquí se dio una auténtica usurpación. No se trataba ya de ponerse el nombre masculino de alguien imaginario, sino de atribuir las obras a un varón existente, que además recogía los frutos como si le correspondieran a él.

Esta autora había publicado en 1898 el único título firmado con su nombre —María de la O Lejárraga García—, que no obtuvo reconocimiento alguno. A partir de ahí, decidió establecer la apariencia de que sus textos los escribía su marido, del que estaba muy enamorada. Y con la falsa autoría, logró el éxito como ensayista, dramaturga y libretista que su propio nombre le había negado.

María Lejárraga acudía del brazo de Gregorio Martínez Sierra a los estrenos de las obras escénicas que ella concebía y él firmaba (entre ellas, *El sombrero de tres picos* y *El amor brujo*, con música de Manuel de Falla); y seguramente se adueñaba en secreto, y con justicia, de los prolongados aplausos finales del público, aunque quizá fuera él quien se pusiese en pie para saludar. Aún quedaban decenios hasta que la lucha de las mujeres por la igualdad llegara al punto en que estas situaciones nos parecen inconcebibles y nos indignan.

María y Gregorio se habían casado en 1900, cuando ya llevaban años *colaborando* en creaciones literarias (con escasa participación del esposo). La pareja se mantenía unida y disfrutaba conjuntamente del cobro de los derechos económicos por las representaciones y por la taquilla de piezas teatrales como *Los abejorros* o *La mentira piadosa*.

Años después, Gregorio Martínez Sierra mantuvo paralelamente una relación sentimental con la actriz Catalina Bárcena, pero eso no rompió su matrimonio con Lejárraga pese a que el hecho era conocido por la escritora real; hasta que en 1922 nació una hija de los amantes. Eso ya precipitó la separación formal. Sin embargo, sorprendentemente, la relación literaria de explotación de María por Gregorio continuó a pesar de todo. Hasta que el empresario falleció, en 1947.

Los historiadores recomiendan no juzgar los tiempos pasados con nuestros criterios de hoy, pero incluso con los criterios de entonces Martínez Sierra se comportó como un desalmado. Porque había firmado un documento privado donde reconocía la *colaboración* de Lejárraga en sus obras, y aun así finalmente legó en testamento sus falsarios derechos de autor a Catalina Bárcena, con objeto de que pasaran a la hija de ambos, lo que dejaba a María desposeída de los réditos de su propiedad intelectual. Aquí no nos hallamos, pues, ante el uso de un seudónimo, sino frente a una apropiación ilegítima, por mucho que la víctima consintiera en un principio firmar con el nombre de su esposo, atenazada por las condiciones sociales de la época.

El usurpador debía de haber amaestrado bien su conciencia, con el apoyo de la sociedad de entonces, para recibir impávido los aplausos robados, con afectadas muestras de gratitud al público y no a su esposa. Que quizá también aplaudía.

Paradójicamente, Martínez Sierra llegó en 1915 a ser elegido presidente de la Sociedad de Autores Españoles (antecedente de la SGAE), lo cual remata la imagen de verdadero cínico que podemos formarnos ahora acerca de él.

Lejárraga había sido diputada socialista entre 1933 y 1936, cuando ya estaba separada de su esposo, y eso la obligó a exiliarse a Argentina tras la Guerra Civil y la implantación de la dictadura franquista. Dedicó la última etapa de su vida (llegó casi a los 100 años) a reivindicar la autoría de sus textos, algo que no sólo era un secreto a voces, sino que además podía documentar mediante la correspondencia privada con su marido entre Madrid y Buenos Aires, en la que eso quedaba bien a las claras.

En la última etapa de su vida firmó ya como María Martínez Sierra (¡los apellidos de su esposo!), pero no consiguió recuperar sus anteriores y legítimos derechos de autor.[21]

Quizá se pueda parangonar en algunos aspectos el papel de María Lejárraga con el del *negro* literario, puesto que ella también escribía para que sus textos los firmara otro. Pero los escritores ocultos recibían y reciben a cambio una remuneración personal; lo que ni siquiera existía en el caso de la autora española.

El 10 de noviembre de 2023, tan ahora, el Teatro de la Zarzuela, de Madrid, pone en escena la obra lírica *Las golondrinas*. Se había estrenado en 1914. Su programa de mano de nuestros días dice: "Libreto: Gregorio Martínez Sierra y María de la O Lejárraga". Pero el nombre del marido ya no pinta nada ahí. Difícil comprenderlo para quien conozca la historia real, sobre todo porque esas piezas pasaron hace mucho tiempo a dominio público y no se presume reclamo económico alguno: Martínez Sierra murió en 1947 y de eso hace más de los 70 años establecidos.

Algunos espectadores lo comentan entre sí durante el entreacto, sorprendidos.

21 He tomado algunos de estos datos de Lozano Marín, Laura (2018), "María Lejárraga, una escritora en la sombra, silenciada e inédita", en el libro de Romano Marín, Yolanda, y Velázquez García, Sara (coords.), *Las inéditas: voces femeninas más allá del silencio*, Aquilafuente y Universidad de Salamanca, pág. 159 y otras. Véase también Rodrigo, Antonina (1994), *María Lejárraga, una mujer en la sombra*, Madrid, Vosa, págs. 198-202 y págs. 324-326.

Ese fenómeno de silenciación de autoras bajo nombres masculinos se ha invertido hoy en día, como vemos en los casos de Carmen Mola o Yasmina Khadra, ambos en el capítulo de seudónimos transparentes; y falta por saber con certeza si se oculta o no un varón también detrás de seudónimos opacos hasta ahora como Elena Ferrante, italiana, o Ana Durante, española (en el supuesto de que esas sean sus nacionalidades reales).

Pero no podemos equiparar lo que sucede con Carmen Mola y lo que causó el seudónimo de Yasmina Khadra. El primero partió de un capricho, una broma, un juego, tal vez sin ninguna pretensión oculta. El segundo, en cambio, se origina una vez más en la opresión.

Carmen Mola escondía desde 2018 a tres varones, todos ellos guionistas de televisión, que usaron ese seudónimo común en una trilogía de novela negra que obtuvo gran éxito —*La novia gitana*, *La red púrpura* y *La Nena*—; hasta que el 16 de octubre de 2021 su cuarta obra, *La bestia*, logró el Premio Planeta.

A la ceremonia de entrega, en Barcelona, asistían los reyes de España, las autoridades catalanas, toda la sociedad cultural de la ciudad y parte de la madrileña. La presidenta del jurado, la escritora Carmen Posadas, pronuncia solemnemente el nombre de quien recibirá el premio: "¡Carmen Mola!". Un aplauso recorre la sala y se oyen vítores de algunos asistentes, probablemente conocedores y admiradores de las obras publicadas anteriormente con esa firma. "Hay más sorpresas", reanudó Posadas el uso de la palabra. "Porque detrás del seudónimo de Carmen Mola se encuentran los escritores Jorge Díaz, Agustín Martínez y Antonio Mercero". Se vivieron unos instantes de asombro.

En ese momento, en la mismísima ceremonia de entrega, quedaba desenmascarada la verdadera identidad de quienes se habían presentado como una autora individual. A continuación, los tres varones llamados colectivamente Carmen Mola subieron al escenario para recoger el galardón y el suculento cheque (un millón de euros). Los aplausos continuaban, los reyes y los directivos de Planeta saludaban a los ganadores, los fotógrafos de prensa disparaban sus cámaras y los periodistas del bolígrafo anotaban a toda prisa el titular que en breves segundos transmitirían a sus redacciones.

La presentadora del acto comentó, sin dar sensación de sorpresa: "Todos sabíamos que Carmen Mola era un seudónimo, pero resulta que había tres hombres detrás".

Curiosamente, los premiados recibieron horas después acusaciones en las redes sociales por haber utilizado un nombre de mujer para, supuestamente, aprovecharse del éxito actual de las autoras en el mercado, frente a los autores. Además de los consabidos mensajes ofensivos y de otros más bien humorísticos ("hacen falta tres hombres para hacer el trabajo de una mujer"), la consejera de Igualdad del Gobierno catalán, Tània Verge, lamentó dos días después ese seudónimo por innecesario, puesto que "no sufrían ninguna discriminación".[22]

Verge añadía: "Es privilegio que se pueden permitir los hombres, que son los que no tienen problema para publicar y disponer de espacios en las columnas, en la programación cultural, en la música… Eso está cambiando. Pero me parece una banalización respecto de lo que ha supuesto para muchas mujeres usar seudónimos o ver que otros se apropiaban de su obra. Las autoras tienen más dificultades para entrar en el circuito, tienen menos visibilidad. Ellos no sufrían ninguna discriminación y no tenían necesidad de hacerlo".

Alba Varela Lasheras, responsable de la Librería Mujeres, de Madrid, con más de 40 años de historia, declaró por su parte al diario *Público* el 18 de octubre de ese mismo año: "Se subieron al carro del auge que el feminismo ha cobrado a partir del año 2017 y esto lo han explotado a conciencia las editoriales. Creo que los mismos autores se dieron cuenta de que hacer libros tan violentos y tan truculentos iba a ser mal recibido y generaría indignación si estos estaban firmados por hombres. Imagino que se dieron cuenta de que había algo nuevo en que una mujer escribiera tan *gore*, relatos tan duros, con todo lujo de detalles, como regodeándose en los detalles más truculentos de la violencia hacia las mujeres. Una forma de protegerse de esas críticas era ponerse un nombre de mujer. ¿Vamos a decir cosas muy brutas?, pues usemos un nombre de mujer. Si un hombre escribiera de esa manera, habría una fuerte reacción".

22 Entrevista con Gemma Nierga en TVE de Cataluña el 18 de octubre de 2021.

Es curioso cómo la expresión de argumentos o escenas rompedoras ("muy brutas", "detalles truculentos") bajo la firma de mujeres resultaban inconcebibles en los tiempos de Mary Shelley, Cecilia Böhl, Matilde Cherner o Caterina Albert, por lo que firmarían como hombres; y que sin embargo ahora convenga refugiarse en seudónimos femeninos para lograr que esos relatos se les toleren mejor a los autores varones. Interesante paradoja.

Por su parte, la escritora Carmen Moreno, responsable de la editorial Cazador de Ratas, expresó así su enfado en el mismo reportaje: "Lo más indignante es que hayan creado el personaje de una mujer para hacer la campaña de *marketing* que han hecho y que jamás harían con una mujer". "Si dicen que las mujeres no vendemos, la editorial va y promociona a una mujer para mostrar que cualquiera puede triunfar. No hay comparación con lo que hemos tenido que hacer las mujeres a lo largo de la historia para poder publicar. Nosotras hemos tenido que utilizar nombres de hombres para que se nos hiciera caso. Pero aquí se coge el nombre de una mujer para desmontar que a las mujeres en este país no se les premia. Es el *summum* de tomadura de pelo. Es lo que ha hecho siempre Planeta: tomar el pelo".

Esta escritora sí interpreta que la maniobra de firmar con un nombre de mujer busca atraer más lectores, de lo cual se deduce que ahora ocurre lo contrario que en la época de Fernán Caballero y sus compañeras (aunque no en la misma medida ni por la misma causa): "Lo que hace Planeta es seguir riéndose de todo lo que reivindicamos las mujeres: que se apueste por nosotras de verdad, que no haya ese sesgo... Deberían dejar de engañar. Planeta le puede dar su premio a quien le dé la gana, porque en realidad de lo que se trata es de un contrato por tres libros futuros. Es un precontrato para llevarse a un escritor de otra editorial o para relanzar a un autor propio. Están reposicionando a Carmen Mola, que son tres tíos y que ahora van a vender más". Y remachó: "Toda esta maniobra de Planeta es asqueante".[23]

[23] Escritores y escritoras que han recibido los diez últimos Premios Planeta: Lorenzo Silva (2012), Clara Sánchez (2013), Jorge Zepeda (2014), Alicia Giménez Bartlett (2015), Dolores Redondo (2016), Javier Sierra (2017), Santiago Posteguillo (2018), Javier Cercas (2019), Eva García Sáenz de Urturi (2020), Carmen Mola (2021), Luz Gabás (2022) y Sonsoles Ónega (2023).

El diario *Público* informó también de que este asunto se interpretaba en el mundo de la lucha por la igualdad como "un ataque al feminismo, abierta o encubiertamente, que tiene como objetivo el punto de flotación de los derechos de las mujeres". Los autores se defendieron: "No nos hemos escondido tres detrás de una mujer, sino detrás de un nombre". (*El País*, 18 de octubre de 2021).

Son paradojas de la historia: el uso de seudónimos masculinos por mujeres, obligadas por causa de la desigualdad, constituyó una ventaja entonces. El uso de seudónimos femeninos ahora, en ningún caso movidos por una opresión que sufran los varones, también puede aportar réditos adicionales en nuestros días. Pero ambas realidades no se deben presentar como simétricas. Si la firma de una escritora ha adquirido en este tiempo un nuevo valor, incluso más repercusión comercial, eso se debe a la lucha feminista, a las políticas de igualdad y a la gran abundancia de lectoras, que empiezan a superar a los varones en su afición por los libros.

Por su parte, el seudónimo Yasmina Khadra guarda más relación con Fernán Caballero que con Carmen Mola, porque lo provoca también un entorno agobiante. Corresponde al exgeneral argelino Mohammed Moulessehoul, que se dotó de ese falso nombre para eludir las represalias del régimen militar de su país durante la guerra civil; y lo mantuvo luego como homenaje a su esposa y a las mujeres árabes.

Moulessehoul nació en el Sáhara argelino en 1955. Firmó sus primeras obras, escritas en francés, con el apellido verdadero, pero en 1989 una orden militar obligaba a todo el personal castrense a pasar por la censura cualquier escrito de su puño y letra. En realidad, se trataba de una orden destinada a él. Así que a partir de entonces tomó para sí los dos nombres de pila de su esposa, a fin de evadir tan absurda supervisión. Un seudónimo que mantuvo incluso cuando ya se había librado del corsé militar en 2001, cuando sus lectores en todo el mundo se contaban por millones y cuando residía ya en Francia. El 31 de octubre de 2012 declaraba en *El País*: "Hasta mi mujer me llama Yasmina. Claro que cuando se enfada me dice Mohammed".

Los seudónimos transparentes no causan efectos perversos, como hemos visto en el apartado anterior. Por su parte, los seudónimos por necesidad parten de un conflicto y se justifican sobradamente a partir de él. En cambio, los seudónimos por interés comercial, en su caso, constituyen un engaño para los lectores, a quienes se miente sobre el sexo de quien escribió el libro. Con todo y con eso, las personas estafadas tendrán parte de culpa en su propio engaño si eligen una obra en función del sexo de quien la haya escrito, en vez de atender a los previsibles méritos literarios. No justificaremos el robo, pero robar a un ladrón no es lo mismo que robar a una persona honrada. Engañar a un lector prejuicioso tampoco es igual que embaucar a otro que elige los libros en función de sus gustos literarios y no por el sexo de quienes los escriben.

Finalmente, hemos de reflejar un caso reciente de presuntos *seudónimos por necesidad* que no guardan relación ni con el sexo de los autores ni con la literatura. Nos referimos a los jueces que usan nombres falsos para opinar en las redes sociales. Algunos de ellos fueron descubiertos en 2019 por el supuesto grupo Anonymous y publicados en el medio independentista catalán *larepublica.cat*. Los magistrados habían difundido ideas críticas contra el movimiento separatista.

Es sabido que los jueces deben expresarse con prudencia y mediante generalidades cuando difundan sus ideas políticas, pues de otro modo podrán quedar contaminados para cuando deban resolver algún asunto determinado sobre el que quepa inferir la existencia de prejuicios.

El estatuto del juez obliga a mantener unos principios éticos que garanticen la legitimidad en el ejercicio de sus funciones. Un valor intangible.

¿Es legítimo que escriban entonces sus mensajes con seudónimo?

En nuestra opinión, no. En primer lugar, porque siempre puede ocurrir que sean descubiertos, como sucedió. Y en segundo término, porque al asumir su cargo de juez ya aceptaron tal limitación y deben respetarla sin esa suerte de *fraude de ley* que significa falsificar el nombre para decir lo que no deben. Tampoco podrían revelar bajo seudónimo aspectos que conciernan a un sumario que instruyen.

En cualquier caso, hace falta diferenciar entre exponer en artículos o en redes las teorías generales del derecho, aunque aplicadas a algún asunto concreto, y difundir insultos, descalificaciones o críticas personales. Para la primera de estas opciones no se precisa anonimato alguno.[24]

No obstante, entendemos la controversia que este asunto desencadena, y también, obviamente, que pueden darse perspectivas ajenas a la que acabamos de exponer.

Seudónimos opacos voluntarios legítimos

Hemos trazado hasta aquí el distinto uso de los seudónimos transparentes por libre voluntad (Clarín, Fígaro, Azorín…), y de los seudónimos opacos por necesidad (Fernán Caballero, Víctor Català, Matilde Cherner, Mohammed Moulessehoul…). Estos últimos se volvieron a su vez transparentes en algún momento, porque se desentrañó la autoría real. Entraremos ahora en los seudónimos opacos por libérrima decisión. Algunos los consideraremos legítimos, un acto de libre albedrío sin consecuencias negativas para nadie. Pero otros convertirán esa maniobra en un engaño perjudicial para el público, o al menos para una parte de él.

Por tanto, los seudónimos opacos voluntarios se pueden dividir entre *legítimos* o *ilegítimos*. Abordaremos aquellos en primer lugar.

Bobby Deglané, famosísimo presentador de la radio española en los años cuarenta y cincuenta, un comunicador simpático y experimentado en las vicisitudes de la vida, gran conocedor del mundo del espectáculo y del boxeo y otros deportes, vivió una terrible paradoja: el franquismo lo consideró sospechoso de comunista; y en su país, Chile, lo creían partidario de los nazis. Persona de gran conciencia social, que llegó al prestigio y a la fama desde la indigencia de su juventud, cuando arribó a Estados Unidos sin nada en los

[24] La resolución del Tribunal Europeo de Derechos Humanos de 21 de junio de 2021 sobre Ética Judicial establece que se han de usar expresiones compatibles con la dignidad del cargo de juez y que no susciten dudas sobre la independencia y la imparcialidad; y que por ello se deben manifestar en las redes sociales con la máxima precaución. El Consejo General del Poder Judicial español aprobó el 20 de diciembre de 2016 un documento de principios éticos para la vida social de los jueces en lo que pueda relacionarse con la confianza pública en la justicia. Su punto 31 dice: "El juez y la jueza, como ciudadanos, tienen derecho a la libertad de expresión, que ejercerán con prudencia y moderación con el fin de preservar su independencia y apariencia de imparcialidad y mantener la confianza social en el sistema judicial y en los órganos jurisdiccionales".

bolsillos, jamás mostró la más mínima connivencia con la dictadura de Franco, pese a las conminatorias solicitudes de colaboración que recibió. El día en que le ofrecieron que dirigiera los informativos del III Reich en español para América Latina, lo rechazó sin dudar. Después de eso, y consciente del peligro que corría en Madrid por su desafección, regresó a Chile, donde creyeron que esa envenenada oferta del nazismo se había debido a sus simpatías hacia Hitler. Para volver a trabajar en la radio de su país, concretamente en Radio Minería, la más importante emisora de Santiago, hubo de refugiarse en un seudónimo opaco: Joaquín Romero.[25]

Años después, terminada la Segunda Guerra Mundial y vencidos los miedos al nazismo, volvería en 1951 con su verdadero nombre a Radio Madrid, donde creó el enorme éxito radiofónico titulado *Cabalgata de fin de semana*, origen de la verdadera programación comercial radiofónica española.

La decisión de recluirse en un seudónimo tras su regreso a Chile nos parece, por tanto, legítima; y movida por la necesidad.

La misma opinión albergaríamos sobre alguien que desease apartarse de la fama y de todo lo que ella implica, para lo cual constituye un buen punto de partida preservar el propio nombre del conocimiento público.

En ese grupo encuadramos a B. Traven, porque sus seudónimos no ofrecían conflicto ni a la sociedad ni a ningún particular. Quien se hallaba detrás de esa inicial y ese apellido no causó mal a nadie. Al revés: se lo causaron a él con el descubrimiento de su persona real.

Ese autor escribió en alemán una veintena de novelas, entre ellas *La nave de los muertos* (1926, publicada en español por Acantilado en 2009) y *El tesoro de Sierra Madre* (1935, también con edición en español a cargo de Acantilado; en 2009 igualmente). Este último relato fue llevado al cine nada menos que por John Huston en 1948, y la película ganó tres premios Oscar: dirección, guion y actor secundario (Walter Huston, padre del director).

¿Quién era ese tal B. Traven, representado en sus negociaciones de derechos y en su relación con las editoriales por alguien que decía llamarse Hal Croves? Que el autor dispusiera de un agente

[25] Díaz, Lorenzo (1992), *La radio en España* (1923-1993), Madrid, Alianza, págs. 228 y ss.

literario dedicado en exclusiva a él ya constituía un aspecto extraño de su personalidad. Croves había negociado y conversado con John Huston acerca de la película en nombre del novelista; pero, una vez terminada, le expresó su desacuerdo con el enfoque. No solamente eso: escribió a la revista *Life* para acusar a Huston de ser un "mal observador" y para afirmar que Traven nunca más autorizaría que Huston utilizase una novela suya.[26]

Traven debió de nacer en Alemania (o tal vez en Estados Unidos, de madre alemana), y se deducía en su época de mayor éxito que residía en México, por el conocimiento del país que reflejan sus obras, que alcanzaron ventas millonarias y fueron traducidas al inglés.

A principios del siglo XX no se habían desarrollado aún la burocracia y los registros que hoy en día conocemos; y mucho menos en México. Por tanto, el mundo vivía más feliz que ahora. Por eso todavía se discute quién fue realmente Traven, cuya B. se ha malinterpretado como correspondiente a Bruno; aunque ya se han reunido muchos datos sobre su trayectoria vital y se ha confirmado el nombre verdadero.

Sus biógrafos han averiguado que actuó como revolucionario anarquista en Alemania en 1919 con el nombre (otro seudónimo) de Rut Marut (traducido, "Marut el Rojo"), y que se dedicaba a escribir panfletos y propaganda. Fue detenido, y escapó. Se largó a Estados Unidos tras viajar por otros países de aventura en aventura. Aquel pasado le incitó supuestamente a vivir en el anonimato, por temor a represalias primero y al nazismo después; y a no firmar sus obras con el nombre verdadero ni dejar rastro de su identidad. Pero gran parte de las novelas que publicó mostraban el enfoque revolucionario que entronca con la biografía de Rut Marut y con otros elementos reales que había vivido en su viaje hasta México.[27]

En su anonimato (seudonimato opaco), a B. Traven le surgieron hijos, padres y hasta supuestos Traven escritores que reclamaban la autoría de esas obras. Pero él se mantenía en la sombra, opción que defendió por escrito en una carta enviada en 1926 a su editorial después de que esta le pidiera fotos y datos biográficos para su

26 Argullol, Rafael, *Babelia, El País*, 9 de mayo de 2009.
27 López, Rafael, *Gaceta UNAM* (Universidad Autónoma de México), 11 de diciembre de 2019.

difusión: "Al trabajador que produce valores intelectuales no se le debe pedir su currículum. [...]. Deseo ser el único juez de mi propia causa. [...]. Si al hombre no se le reconoce en su obra, entonces él no vale nada, o su obra no vale nada".

Argumentos por los que ya hemos pasado, porque también los esgrimieron Matilde Cherner o Catarina Albert. Ellas por necesidad, para evitar que sus nombres de pila femeninos jugaran en su contra como autoras.

Traven adoptó una actitud mucho más tajante, porque se convirtió en recluso de su propia vida por una personal y muy respetable voluntad. Que sería quebrantada por un periodista.

Vivió un tiempo en Chiapas (México) y se enamoró del lugar, de sus aguas fluviales de intenso azul, del colorido de las calles, de sus selvas frondosas, de las pirámides escalonadas y los vestigios mayas, del mar cálido. Se desplazó después al calor del desarrollo costero de Acapulco, donde montó un pequeño negocio de hostelería. Necesitaba una tapadera para simular que vivía de algo, aunque en realidad los derechos de autor —hay que suponer que los recibía— le dieran para desenvolverse con desahogo. Llevaba una vida sencilla y apacible, ajena al tremendo éxito de sus libros. Allí se relaciona amablemente con la gente del lugar, disfruta en paz de la vida que él mismo ha elegido, camina por la arena dorada de la playa de La Caleta, quizás alguna vez observa a los clavadistas que se arrojan rigurosamente verticales al mar desde La Quebrada en un prodigioso salto de 35 metros, tradición que se había iniciado apenas unos quince años antes. Se alimenta en apariencia de los beneficios que le procura el turismo. Goza de una existencia cómoda y plácida.

Pero la tremenda curiosidad desatada por el misterio de ese escritor tan leído en todo el mundo acabará destruyendo su oasis vital.

Allí, en Acapulco, lo encontrará Luis Spota, redactor de la revista mexicana *Mañana*, quien le *roba* unas fotos y publica un reportaje el 7 de agosto de 1948 donde descubre el verdadero nombre del escritor: Traven Torsvan. Es el mismo año en que aquella película que no le gustó había convertido su obra en universal.

Podemos imaginar la adrenalina satisfaciente del periodista cuando reunió los datos necesarios para determinar la identidad de B. Traven. Él alcanzó a conocer lo que nadie más sabía, y tenía la oportunidad de contárselo al mundo entero. Desentrañaría así una de las mayores incógnitas de la literatura mundial contemporánea.

Spota había emprendido las indagaciones después de que un amigo suyo que trabajaba en el Banco de México cometiera la indiscreción de contarle que entre las cuentas de esa institución financiera aparecía una persona que llevaba en su identidad ese "Traven" tan inusual en aquel país de habla hispana: alguien llamado Berick Traven Torsvan.

La cuenta conducía a un apartado postal en Acapulco. El periodista viajó a la urbe turística y se apostó junto a la taquilla de la sucursal de correos a esperar que alguien pusiera su llave en la cerradura. El momento llegó. Una mujer abrió la caja y él la siguió por la localidad hasta que entró en un bar ("una refresquería") que estaba registrado a nombre de un ciudadano mexicano de origen extranjero... llamado Traven Torsvan. El periodista abordó al hombre, pero este dijo ser un primo del escritor.[28]

Tras publicarse el reportaje de Spota, desaparecieron Hal Croves (el supuesto representante) y Traven. El bar también. Sin embargo, el escritor lo negó todo mediante una carta al diario mexicano *Hoy*, publicada el 14 de agosto de 1948, en la que rechazaba los datos de Spota y proclamaba: "¡Yo no soy Traven!".

Esa carta llega sellada en Londres, en una nueva maniobra de distracción, pero los análisis de su papel establecerán que había sido fabricado en México.

La maquinaria de la averiguación (y de la invasión en la intimidad del escritor) ya se había puesto en marcha en un avance inexorable. Distintos investigadores coincidieron después en que B. Traven, como reveló Spota, resultó ser Traven Torsvan, nacionalizado mexicano en 1951; y a la vez Hal Croves; y también Ret Marut. Y quizás Otto Feige, su nombre de nacimiento. Todos ellos murieron en la Ciudad de México en 1969.[29]

Su viuda, Rosa Elena Luján, confirmó tiempo después la identidad del misterioso literato. Pese a ello, quedan muchas incógnitas

28 Espitia Munguía, Jorge (2008), "Una vuelta de tuerca sobre B. Traven", *Veredas. Revista del Pensamiento Sociológico*, n.º 6, págs. 41-50.

29 Lugo Viñas, Ricardo (2007), "El enigma de B. Traven", Revista *Relatos e historias en México*, n.º 124.

sobre su biografía, a las que se siguen aplicando los estudiosos de su obra y de su vida.[30]

En ese mismo camino de Traven hacia el anonimato coincidiría más tarde el escritor francés Maurice Blanchot (1907-2003), quien sostenía idénticas tesis: "Toda obra es tanto más perfecta cuanto menos importa su autor, como si este estuviera al servicio de un orden anónimo", escribió.[31]

Maurice Blanchot era en los años cincuenta, según escribió James E. Miller,[32] uno de los más famosos hombres invisibles de Francia. Evitaba todo contacto con su público y convirtió el anonimato en una especie de fetiche. Así generó una mística y una especie de culto en torno a él y a su obra. No permitía que circularan fotos suyas, no pronunciaba conferencias, no concedía entrevistas. Al escritor francés Michel Foucault le fascinaba esa mística, y le dio muchas vueltas al concepto de autor y al del anonimato. Por un lado, entendía al autor como "principio de agrupación del discurso, como unidad y origen de sus significados, como foco de su coherencia".[33] Y, por otro, pensaba que "el sistema de firmas invierte la relación entre lo visible y lo invisible";[34] hasta el punto de que deseaba parecerse a Blanchot y "escribir para esconder el rostro".[35]

30 Véase Guthke, Karls S. (2001), *B. Traven*: *biografía de un misterio*, México, DGP Conaculta.

31 Levinas, Emmanuel (2000), *Sobre Maurice Blanchot*, Madrid, Trotta, pág. 35.

32 Miller, James E (1996), *La pasión de Michel Foucault*, Barcelona, Andrés Bello, pág. 112.

33 Foucault, Michel, *L'ordre du discours*, París, Gallimard, 2010, págs. 28 y 29. El párrafo completo en francés: "L'auteur, non pas entendu, bien sûr, comme l'individu parlant qui a prononcé ou écrit un texte, mais l'auteur comme principe de groupement du discours, comme unité et origine de leurs significations, comme foyer de leur cohérence. Ce principe ne joue pas partout ni de façon constante: il existe, tout autour de nous, bien des discours qui circulent, sans détenir leur sens ou leur efficacité d'un auteur auquel on les attribuerait: propos quotidiens, aussitôt effacés; décrets ou contrats qui ont besoin de signataires, mais pas d'auteur, recettes techniques qui se transmettent dans l'anonymat. Mais dans les domaines où l'attribution à un auteur est de règle —littérature, philosophie, science— on voit bien qu'elle ne joue pas toujours le même rôle; dans l'ordre du discours scientifique, l'attribution à un auteur était, au Moyen Age, indispensable, car c'était un index de vérité".

34 Miller, James (1996).

35 "Le système des signatures renverse le rapport du visible à l'invisible", en el original en francés, Foucault, Michel (1996), *Les mots et les choses*, París, Gallimard, pág. 41.

Sin embargo, renunció a conocerle: ya sabía de su escritura, no necesitaba hablar con su artífice. Ahora bien, Foucault evitó imitar la actitud de Blanchot, porque admitió fotografías y concedió entrevistas en televisión y otros medios.[36]

El uso de seudónimos opacos es una constante en la literatura; casi siempre con fecha de caducidad porque los secretos se acaban revelando cuando hace falta implicar a tanta gente, cuando se requiere el silencio de familiares, editores, bancos, agentes, intermediarios... Pero se sigue intentando.

Incluso un joven Gabriel García Márquez escribió un poema con el seudónimo Javier Garcés en el primer y último número de la publicación experimental *La Gaceta Literaria* (1944). Tenía 17 años.

Esa singular publicación (y tan singular: sólo se editó una vez) dispensó una tirada de 150 ejemplares que apenas llegaron a conocerse entonces por causa de un editorial muy crítico que provocó la confiscación por las autoridades antes de su distribución.

El escritor y periodista colombiano volvería a su faceta poética el 31 de diciembre de aquel año, ya en el periódico *El Tiempo*, en cuyo suplemento literario se imprimió el poema *Canción*. Gabo lo escribió en memoria de su amiga Lolita Porras (tal vez más que amiga), que había muerto en diciembre de 1943 de una enfermedad gastrointestinal. Se trató del primer texto de García Márquez que aparecía en un gran medio de circulación nacional:

Llueve. La tarde es una
hoja de niebla. Llueve.
La tarde está mojada
de tu misma tristeza.

A veces viene el aire
con su canción. A veces...
Siento el alma apretada
contra tu voz ausente.

36 Foucault, Michel (2006), *La arqueología del saber*, Buenos Aires, Siglo XXI, pág. 29. La frase completa es "Más de uno, como yo sin duda, escriben para perder el rostro".

Llueve. Y estoy pensando
en ti. Y estoy soñando.

Nadie vendrá esta tarde
a mi dolor cerrado.

Nadie. Solo tu ausencia
que me duele en las horas.
Mañana tu presencia regresará en la rosa.

Yo pienso —cae la lluvia—
nunca como las frutas.

Niña como las frutas,
grata como una fiesta
hoy está atardeciendo
tu nombre en mi poema.

A veces viene el agua
a mirar la ventana.
Y tú no estás.
A veces te presiento cercana.

Humildemente vuelve
tu despedida triste.

Humildemente y todo
humilde: los jazmines
los rosales del huerto

y mi llanto en declive.
¡Oh, *corazón ausente*:
qué grande es ser humilde!

Un año después, en 1945, García Márquez escribió el *Soneto matinal a una colegiala ingrávida*, seguramente inspirado en quien 13 años después sería su esposa, Mercedes Barcha, estudiante a la que había conocido ese mismo año. También lo firmó como Javier Garcés:

Al pasar me saluda y tras el viento
que da al aliento de su voz temprana
en la cuadrada luz de una ventana
se empaña, no el cristal, sino el aliento.

Es tempranera como una campana.
Cabe en lo inverosímil, como un cuento
y cuando corta el hilo del momento
vierte su sangre blanca la mañana.

Si se viste de azul y va a la escuela,
no se distingue si camina o vuela
porque es como la brisa, tan liviana

que en la mañana azul no se precisa
cuál de las tres que pasan es la brisa,
cuál es la niña y cuál es la mañana.

El autor colombiano usó un segundo seudónimo en 1950, ya con 23 años, cuando empezó a escribir columnas en *El Heraldo* de Barranquilla bajo el epígrafe *La Jirafa*. Lo hizo con el sobrenombre Septimus, en recuerdo de Septimus Warren Smith, personaje de Virginia Woolf en *La señora Dalloway*. Bajo ese nombre falso publicó 394 textos durante dos años.[37]

Alguna forma de inseguridad se escondía en aquellas decisiones, en las que ya se percibía el talento de Gabo para la música de las palabras; un genio exigente que dudaba si podía situar su nombre propio a la altura de las expectativas que había forjado para sí. Lo admitió el propio autor en su autobiografía: "No quise firmarla [la columna] para curarme en salud por si no lograba encontrarle el paso".[38]

[37] Datos y textos facilitados por la Fundación Gabo en junio de 2023.

[38] El propio García Márquez evoca todos estos hechos en *Vivir para contarla* (Barcelona, Mondadori, 2002, pág. 252 y siguientes; página 433 y siguientes).

De hecho, el grupo de periodistas y amigos al que se había sumado el principiante redactor comentaba sin complacencias lo publicado en el diario. Una mañana, en un café, su maestro, Germán Vargas, miembro de esa pandilla que intercambiaba objeciones y comentarios, leía en silencio el texto para una nueva columna de Septimus mientras los demás esperaban su veredicto entre un terror reverencial. Al terminarla, la rompió en pedacitos sin decir una sola palabra y la puso en el cenicero junto con las colillas y los restos de fósforos. García Márquez escribiría al respecto: "La lección me sirve todavía cuando me asalta por pereza la tentación de escribir un párrafo por salir del paso".

Tanto el nobel colombiano como Traven y Blanchot estaban en su derecho de ocultarse y de que se respetara esa voluntad. También lo tienen quienes acuden a seudónimos opacos con el propósito de proclamar unas ideas democráticas que, de ser expuestas con sus nombres reales, les causarían graves daños, por desenvolverse en un ambiente de falta de libertades.

Pero no siempre esa ocultación se debe defender.

Seudónimos opacos voluntarios ilegítimos

Llegamos así al terreno más resbaladizo de este capítulo: los seudónimos que no se utilizan para una obra literaria, sino para el ataque injusto, la acusación infundada, la venganza, el engaño. Incluido el engaño literario.

El verdadero problema de los seudónimos opacos ilegítimos radica en que equivalen realmente al anonimato; y en que con él buscan el territorio de la impunidad y la irresponsabilidad. Porque en su opacidad ocultan al verdadero perpetrador de unos hechos, al que se transforma en alguien sin nombre. Nos estamos refiriendo a ocultaciones de la personalidad que alteran en sí mismas la interpretación de los mensajes por sus receptores o por el público. Seudónimos que hacen daño o que encizañan.

Todavía hoy desconocemos quién se escondía realmente tras el seudónimo Avellaneda para escribir una segunda parte del *Quijote* arrebatando a Cervantes su famoso personaje. El seudónimo opaco ocultaba una cierta villanía, que no le hizo ninguna gracia al Manco de Lepanto, como bien se encargó él de reflejar en la segunda parte auténtica de las andanzas del caballero de la triste figura.

Santiago Muñoz Machado escribe en su monumental biografía titulada *Cervantes* que "la sorpresiva *Segunda parte* [de Avellaneda] suponía una agresión descomunal y una falta de respeto total a Cervantes, urdida y realizada con constancia, porque implica una dedicación de muchos meses. Presupone", continúa, "una animadversión bien enraizada, en cuanto que necesitaba un desahogo continuado e intenso".[39]

Alonso Fernández de Avellaneda decía ser natural de Tordesillas (Valladolid), y estudios muy sesudos han apuntado como hipotéticos autores reales de esa obra a una veintena de nombres posibles. Pero no consta que Cervantes se preocupara por averiguar de quién se trataba. ¿Quizá porque lo sabía de sobra? Tal vez no, según opina la mayoría de los estudiosos de su figura. Y si lo conocía, eligió la elegante fórmula de no citarlo jamás para evitarle así al usurpador la discutible gloria de los siglos.

Ahora bien, en tanto en cuanto la *falsificación* del *Quijote* constituía una agresión a Cervantes, esa larga lista de candidatos muestra hasta qué punto el autor alcalaíno contaba con numerosos y relevantes enemigos.[40]

39 Muñoz Machado, Santiago (2022), *Cervantes*, Barcelona, Crítica, págs. 130 y siguientes.

40 Santiago Muñoz Machado (*Cervantes*, 2022, págs. 134 y 135) cita distintos trabajos eruditos que exponen razones para pensar en **fray Luis de Aliaga** (eso indican Nicolás Fernández Navarrete, Adolfo de Castro, Hartzenbusch, Cayetano Alberto de la Barrera y Aureliano Fernández Guerra), pero también en **Bartolomé Leonardo de Argensola** (hipótesis de Germond de Lavigne), el enemigo declarado de Cervantes **fray Juan Blanco de Paz** (lo defienden Juan Agustín Ceán y Nicolás Díaz de Benjumea), **Jerónimo de Pasamonte** (Martín de Riquer, Alonso Martín Jiménez, Helena Percas de Ponseti, Juan Antonio Frago), **Juan Ruiz de Alarcón** (Adolfo de Castro), **fray Baltasar Navarrete** (Javier Blasco, Rosa Navarro) y **Lope de Vega** (Ramón León Máinez). Asimismo, menciona Muñoz Machado las conjeturas relativas a **Lupercio Leonardo de Argensola; Guillén de Castro; Alonso Rodríguez Zapata; fray Luis de Granada; Alonso de Ledesma; Alonso Pérez Montalbán; Luis Fernández de Córdoba y Aragón**, duque de Sessa; **Francisco de Quevedo; Jerónimo Alonso de Salas Barbadill; Cristóbal Suárez de Figueroa**, y **Tirso de Molina.**

El seudónimo opaco ilegítimo Avellaneda (ilegítimo al menos en nuestra opinión, por su fin malvado) permitió a quien estuviera detrás de esa firma atacar a Cervantes ya desde el prólogo, texto del que afirmaba era "menos cacareado y agresor de sus lectores que el que a su primera parte puso Miguel de Cervantes Saavedra, y más humilde que el que segundó en sus *Novelas*, más satíricas que ejemplares, si bien no poco ingeniosas".

El apócrifo autor se burla también del Manco de Lepanto cuando agrega que este recogió los relatos "que a su mano llegaron". "Y digo mano", continúa, "pues confiesa de sí que tiene una sola". Además, define de esta manera a Cervantes como soldado: "Tan viejo en años como mozo en bríos"; porque "tiene más lengua que manos". Añade que el escritor alcalaíno "es ya de viejo como el castillo de San Cervantes, y por los años tan mal contentadizo, que todo y todos le enfadan, y por ello está tan falto de amigos".

Sin duda resultaba más fácil expeler todo eso bajo un seudonimato opaco.

Ya más cerca de nuestros días, podemos reseñar con beneficio para el propósito de nuestras tesis lo sucedido con Pedro Baroja en México, cereza junto a la que saldrá unida la maldad anterior de un tal Junius en Inglaterra.

El diario mexicano *Excélsior* acogió en sus páginas durante los años ochenta del siglo XX un largo episodio de anonimato opaco ilegítimo: los artículos habituales de un tal Pedro Baroja, nombre desconocido hasta entonces en el periodismo, la universidad o la política de aquel país. Muy pronto su estilo y su contenido en apoyo del poder indujeron a pensar que se trataba de un seudónimo destinado a ocultar la personalidad de algún alto cargo del Gobierno durante el sexenio de Miguel de la Madrid, o del partido que lo sustentaba, el PRI (Partido Revolucionario Institucional), pues sus argumentaciones se situaban siempre en la línea de esos intereses.[41]

Enseguida se desató en los ambientes informativos y políticos mexicanos un debate sobre la persona escondida en esa firma. Algunas de las conjeturas se publicaron incluso en el propio perió-

[41] Recoge este caso Federico Campbell (1994) en su libro *Periodismo escrito*, México, Ariel, págs. 95 a 112.

dico *Excélsior*. Todas ellas apuntaban a nombres de altos cargos de la Administración del momento.

Quien escribía bajo ese seudónimo se permitía, como era de esperar, unos ataques crueles hacia otros personajes públicos, con más referencias *ad hominem* que a sus hechos. Uno de los atacados, el columnista Miguel Ángel Granados Chapa, de la revista *Siempre!*, advertía en 1983: "Hoy son ataques anónimos en un diario de circulación nacional. Otro día pueden ser otras cosas. Ni modo.[42] Aquí espero".

Pedro Baroja publicó más de un centenar de artículos entre 1983 y 1988 (justamente el mandato del presidente Miguel de la Madrid), y se reía a veces de las conjeturas acerca de su nombre, a las que llegó a considerar "un acto de paranoia". El autor escondido siguió tan campante con sus columnas hasta que el cambio en la presidencia, con la elección de Carlos Salinas de Gortari, aconsejó a quienes sustentaban el engaño *matar* al articulista mediante una esquela y de una manera noble: un accidente de tráfico acaecido bien lejos: en Vigo, España.

El reportero Federico Campbell, de la revista *Proceso*, hizo telefónicamente las averiguaciones oportunas en la ciudad gallega, y comprobó que no existían ni el suceso ni la víctima.[43] En un giro de guion realmente chusco, Pedro Baroja volvió a escribir para explicar que seguía vivo. Pero en los siguientes artículos su tono cambió notablemente y dejó de parecer un instrumento del Gobierno. Hasta que terminó por desvanecerse en diciembre de 1988. No sobrevivió a su segunda vida.

Federico Campbell, periodista de amplia biblioteca, no se quedó ahí, y siguió tirando del hilo. ¿Quién era el autor que se había disfrazado de Pedro Baroja?

El redactor de *Proceso* recordó las *Cartas de Junius*,[44] nombre enigmático que encubría a un autor desconocido y dedicado a arremeter

[42] En el español de México y la República Dominicana "ni modo" equivale a "qué le vamos a hacer", "santo remedio", "esto es lo que hay" y otras expresiones que impliquen resignación ante lo que no se puede cambiar.

[43] Riva Palacio, Raimundo, Revista *Este País*, julio de 1991.

[44] Esos hechos reales sobre análisis forense de textos forman parte del argumento de la novela *El cazador de estilemas*, que narra situaciones de nuestra época. Grijelmo, Álex (2019), Barcelona, Espasa.

contra el rey de Inglaterra en la segunda mitad del siglo XVIII desde las páginas del periódico londinense *The Public Adviser*. Esas cartas se publicaron entre el 21 de noviembre de 1768 y el 12 de mayo de 1772. Ni en lo que quedaba de ese siglo ni en el XIX, ni siquiera en la primera mitad del siglo XX, se supo la autoría verdadera. El contenido de las misivas de Junius resultaba tremendamente atractivo: sin duda se debían a un autor muy informado, conocedor de los entresijos de la corte y de la Administración. Datos y hechos que destinaba a la crítica voraz y no siempre veraz. La persona real que se enmascaraba con ese seudónimo se sentía a salvo pese a su miserable comportamiento, podía observar en primera fila las reacciones que sus escritos producían y reírse en la cara de los agraviados sin ningún temor a que lo descubrieran. Junius no era nadie, pero ese nadie producía daños.

La *Enciclopedia británica* certificó edición tras edición el anonimato de esos artículos (o seudonimato opaco, que, como hemos señalado, viene a ser lo mismo). Hasta que en 1962 un lingüista sueco, Alvar Ellegaard, profesor de inglés en Gotemburgo, se aplicó a descubrirlo mediante una técnica de su invención que consistía en analizar lo que ahora llamamos estilemas: esos sutiles rasgos de estilo que todos mostramos sin darnos cuenta al escribir o al hablar.

Ellegaard aplicó, con ayuda de una rudimentaria computadora, un método de estiloestadística destinado a comparar los anónimos con unos textos verdaderos escritos por un puñado de sospechosos. Descubrió así las extraordinarias coincidencias entre las *cartas* de firma falsa y las obras de un alto funcionario de Su Majestad llamado Philip Francis: el tamaño de los párrafos, la composición de las frases, la sintaxis, el uso de oraciones subordinadas largas o breves, los signos de puntuación opinables que siempre pueden quedar a criterio del autor, la frecuencia de determinadas palabras y de construcciones específicas de oraciones...

Además, examinó las grafías opcionales de distintos vocablos. Por ejemplo, en español podemos escribir *quizás* o *quizá*,[45] *cardíaco* o *cardiaco*, *hierba* y *yerba*... En este apartado, el falso Junius y el

[45] Por razones de eufonía, es preferible escribir "quizás" ante vocal, y "quizá" cuando le sigue una consonante.

verdadero Francis elegían siempre *among* en lugar de *amongst* para significar nuestra preposición "entre".

Philip Francis quedaba descubierto por fin, aunque ya estuviera muerto, como un gran canalla: se dedicó a denostar a su propio protector sin abandonar previamente ninguno de los privilegios que aquel le había otorgado: el rey le invistió en 1785 como *sir* (caballero), le respaldó como funcionario del Ministerio de Asuntos Exteriores (o Foreign Office) y bajo su égida fue miembro del Consejo de Bengala y del Parlamento entre 1783 y 1797. Un cobarde en toda regla.

Ya se sabía, antes de Ellegaard, que en todos los idiomas unas palabras se usan con mayor o menor frecuencia que otras. Una lengua es consistente si las preposiciones, los artículos, las conjunciones, los sustantivos... se repiten en unos determinados porcentajes. Es lo que se conoce como *ley de Zipf*, en recuerdo del lingüista norteamericano George Zipf, profesor de la Universidad de Harvard, que la formuló en 1940. Según esa norma (desarrollada entonces con lápiz y papel, pero confirmada ahora con ordenador y grandes bases de datos), la palabra más común en un idioma (*the* en inglés, que equivale a *et* en francés y a la conjunción *y* en español) aparece el doble de veces que la segunda (*of* en inglés, que puede equivaler a *de* tanto en francés como en español); y el triple que la tercera, y el cuádruple que la cuarta, y así sucesivamente. (Siempre a grandes rasgos, claro; no se trata de cifras exactas). Estas proporciones se mantienen en las distintas lenguas, pero no necesariamente con vocablos equivalentes (en español, *de* es más frecuente que *of* en inglés).[46]

Uno de los ejemplos aportados por Zipf se basó en el texto completo de *El Mago de Oz*, de Lyman Franz Baum, publicado en 1908. En esa novela, la palabra *the* se registra en 3.137 ocasiones, le sigue *and* con 1.544 apariciones y la tercera es *to*, que se

46 Las diez palabras más usadas en español según el banco de datos de la Real Academia Española son *de*, *la*, *que*, *el*, *en*, *y*, *a*, *los*, *se* y *del*. El verbo más usado (*es*) aparece en el puesto 19. Las diez palabras con más registros en inglés son *the*, *be*, *to*, *of*, *and*, *a*, *in*, *that*, *have* y *I*. Todas ellas suelen constituir el 25% de los textos en sus respectivas lenguas. Las 100 más frecuentes suponen el 50% de un texto común de cierta extensión (la ley no se cumple necesariamente en textos breves).

escribió 1.107 veces. También analizó (con métodos rudimentarios en aquel momento, mediados del siglo XX) las estadísticas del *Ulises*, de James Joyce: La palabra más frecuente aparecía 8.000 veces; la décima, 800; la centésima, 80, y la milésima sólo 8.

Los matemáticos españoles Manuel de León y Xavier Rivas extendieron el experimento en 2019 al *Quijote* en castellano, inglés y francés, con similares resultados; y también probaron con las 10.000 palabras más frecuentes de la base de datos de Google Books en inglés. "Todo confirma el acierto de Zipf", afirman.[47]

También se da una frecuencia constante en el uso de los elementos gramaticales (adverbios, preposiciones...) en relación con los sustantivos.[48]

Esa teoría de las proporciones entre vocablos llevó hace unos años a los investigadores a la convicción de que el misterioso *Códice Voynich* escrito en una lengua todavía desconocida —y llamado así por el anticuario italiano de origen polaco que lo descubrió en 1912, Wilfrid Voynich (también escrito Vojnich)— contenía un verdadero idioma. Es decir, no podía tratarse de una broma ni de un invento. Eso se sabe porque la frecuencia de términos que se da en las lenguas naturales, algo que no cumplen las creadas por alguien con algún propósito, coincide con la repetición de términos que se observa también en ese inquietante libro del siglo XV.

El códice de 200 páginas, conservado en la biblioteca de la Universidad de Yale (EE UU), fue escrito, probablemente en Italia, entre 1404 y 1438, según las pruebas científicas practicadas en 2011 sobre el papel y la tinta originales. Todo ello conduce a descartar la hipótesis de un idioma inventado o inexistente, tarea impensable para la época en que se desconocía esa frecuencia de palabras descubierta por Zipf.

Pues bien, el estilo con el que cada cual escribe va combinando también los vocablos con una presencia estadística que, dentro de

[47] León, Manuel de; Rivas, Xavier, *Matemáticas y sus fronteras. La ley de Zipf revisitada*, 10 de marzo de 2019. Accesible en internet.

[48] En los experimentos no se suelen considerar las palabras altamente infrecuentes, eliminadas en grupo al hacer los cálculos.

los grandes números de George Zipf, ofrece alteraciones significativas en sus detalles. La prueba de paternidad de un texto depende de la relativa frecuencia de ciertos vocablos clave por millón de palabras, en comparación con su frecuencia porcentual en un texto de control o de cotejo.

Y a esa tarea se aplicó precisamente el mexicano Federico Campbell para estudiar los escritos de Pedro Baroja en comparación con los publicados con firma auténtica por un ramillete de sospechosos cuyos nombres se habían apuntado en los medios sin mayor demostración (Rafael Cardona Sandoval, Manuel Alonso, Agustín Gutiérrez Canet y otros personajes afectos al Gobierno). Así descubrió una extraordinaria semejanza estadística y de elecciones léxicas entre artículos del falso Baroja y los firmados en el diario *Unomásuno* por Rafael Cardona, director de Información de la Presidencia de la República. Por ejemplo, unos y otros repetían por encima de las estadísticas el latiguillo "así son las cosas", abusaban de la segunda persona de cortesía ("imagínese usted", "usted recordará"...), y acudían a menudo a fórmulas como "si en otros tiempos", "por lo pronto", "lo que sucede en verdad es que", "en lo personal, yo...", "todos sabemos"...

También, *Baroja* y Cardona tendían a conjugar los tiempos verbales en futuro, elaboraban párrafos de una sola línea y empleaban el condicional por encima de la media.

Más de 25 años después, el 17 de febrero de 2014, y en un comentario necrológico publicado por el diario *Crónica* tras la muerte de Campbell, el mismísimo Cardona reconocería el acierto del periodista al desentrañar el enigma: "La muerte de Federico Campbell me entristeció, pero no tanto como si a esa pena se hubieran agregado resquemores, por cierto, jamás existentes, derivados de la cacería estilística con cuya habilidad el detective de las palabras diseccionó mi trabajo hasta esclarecer hace ya muchos años (a medias) el misterio de Pedro Baroja [...]".

Ese "a medias" deja entrever que no solamente él usó tal seudónimo (quizá tuvo algún sustituto ocasional), pero viene a admitir los hechos. Hasta se permitía bromear al respecto: "Gracias al *descubrimiento*, mis bonos subieron. Como decía Salvador Novo, si quiere hacerse famoso en México, escriba con un seudónimo".

Y, curiosamente, Cardona repite en ese texto de reconocimiento de autoría uno de los estilemas que había observado Campbell: huir de las rayas (el reportero las llama "guiones", que no son lo mismo) en los casos en que una mejor escritura las reclamaba, como sucede aquí: "... pero no tanto como si a esa pena se hubieran agregado resquemores, por cierto, jamás existentes, derivados de la cacería estilística..."; frase que habría resultado de más eficaz lectura con esta otra puntuación: "... pero no tanto como si a esa pena se hubieran agregado resquemores —por cierto, jamás existentes— derivados de la cacería estilística...".

Aquellos métodos que indagaban en las huellas estilísticas se aplicaron asimismo en los años sesenta del siglo XX para confirmar las autorías de B. Traven —ya descubiertas por Spota con otros medios—, a cargo del experto alemán Rolf Recknagel, y muy recientemente para desentrañar la autoría de una obra de Lope de Vega que hasta 2022 se consideraba anónima.

Para ver más gráficamente cómo se puede llegar a individualizar a un usuario que se cree a salvo, analicemos un hecho real acaecido en Argentina y que hemos conocido gracias al relato de los investigadores de aquel país María Valentina Noblia, Alejandro Carlos Renato y Tomás Gershanik.[49]

Con él podremos verificar que nadie es realmente anónimo y que se le puede buscar, pero que ello resulta tan costoso que en la práctica el hallazgo queda reservado a los analistas con medios personales, técnicos o económicos adecuados; mientras que se verán indefensos los individuos de pocos recursos. Además, hacen falta siempre textos de cotejo o referencia, que habitualmente no se hallan al alcance de la mano.

La investigación partía de una denuncia presentada ante la fiscalía especializada en combatir la discriminación. Se pretendía identificar a quien resultase autor de unos miserables mensajes de odio publicados en internet y difundidos por Telegram, servicio de mensajería firmemente favorable al anonimato y la protección de los datos de sus usuarios.

[49] Noblia, María Valentina; Renato, Alejandro Carlos; Gershanik, Tomás (2021), "Anonimato, pseudonimia y delitos en las redes sociales: una propuesta multidimensional de la lingüística forense para la identificación de autoría", revista *Raled*, volumen 22 (1), págs. 123 a 142. Universidad de Buenos Aires.

El análisis lingüístico buscó aquellos detalles intrascendentes que facilita cada autor oculto de un delito; rastrearon su actividad digital, elaboraron su perfil y emprendieron un estudio estilométrico (es decir, de sus estilemas) a partir de la frecuencia de palabras y su colocación.

El perfil psicolingüístico determinó que la persona anónima hablaba la variedad rioplatense, tenía nacionalidad argentina, era de sexo masculino, se hallaba en una edad de entre 20 y 30 años (por su léxico), y había obtenido una formación universitaria vinculada a las humanidades (se deduce de las citas y las convenciones a las que recurría). El perfil ideológico se asociaba a su vez con el nacionalismo: invocaciones a la patria y a la guerra de las Malvinas, menciones críticas de la Masonería y de ciertas figuras históricas, también referencias a que "la Argentina de los gauchos y los halcones es el lado correcto de la historia" y su rechazo del feminismo, su antisemitismo, sus ideas cercanas al nazismo ("no sigan jodiendo porque les vamos a matar a sus familiares y violar a sus esposas e hijas. Hacé patria, matá un judío"; es uno de los mensajes emitidos por Telegram).

Los investigadores identificaron patrones como las colocaciones de las palabras, rastrearon frases hechas, refranes y sentencias, metáforas y citas, así como los hápax (palabras escritas una sola vez); y sistematizaron los patrones léxico-gramaticales. Eso dio lugar a una compleja labor de descartes de candidatos.

Además, las distintas frases usadas por el sospechoso se sometieron a búsquedas en internet, a la espera de encontrar una correspondencia decisiva. La hallaron. Una de las frases únicas (originales del autor, no repetidas por otros con la misma combinación de palabras) dio un resultado interesante. Era esta:

"Un empleado de los medios es un adversario de la patria, un hombre armado del *establishment*. Y ante todo su medio de vida consiste en mentir al pueblo".

Esa misma exposición, con un leve cambio, había sido escrita en un blog por un usuario que se escondía bajo otro seudónimo. Esta otra frase señalaba textualmente:

"Un empleado de los medios es un adversario de la patria, un hombre armado del orden establecido. Y ante todo su medio de vida consiste en mentir al pueblo".

Es decir, apenas se retiraba el anglicismo *establishment* para escribir en su lugar "orden establecido".

A partir de ahí, los detectives de la palabra trabajaron con la sospecha de que los dos autores fueran la misma persona, y compararon los textos producidos por ambos, en los que se encontraron estilemas comunes ("adversarios de la patria", por ejemplo, se repetía a menudo en ambos). Los dos seudónimos mostraban a su vez una estructura similar: sustantivo concreto y adjetivo abstracto, ambos con referencias a la cultura argentina. Cuidadosamente, los autores del estudio evitan especificar sus nombres para no infringir la protección de datos.

A continuación, emprendieron un rastreo con *web.archive.org*, lo cual les permitió hallar las cuentas sociales usadas por el sospechoso a lo largo de los años, unidas a los seudónimos que se mostraban en cada una, todos ellos con la misma estructura gramatical y semántica. (Cada una de esas nuevas cuentas se debía a bloqueos de otros usuarios).

Los investigadores llegaron a una conjetura sobre la edad concreta de la persona oculta tras esos nombres falsos, y también encontraron en una cuenta de Twitter un retrato antiguo de sus antepasados. Además, descubrieron otra foto usada en esa red social, donde se veía al sospechoso de forma no reconocible en su rostro, pixelado; y en ella también aparecía un paisaje. Eso permitió rastrear el lugar donde se había tomado, merced a Google y su programa de reconocimiento denominado Reverse Image Research (búsqueda inversa de imágenes). Una vez geolocalizado el sitio, se descubrió que la fotografía había sido captada en una ciudad europea. Por tanto, el sospechoso estuvo allí en una determina fecha.

También se examinó el papel de una palabra que el investigado, desde sus diferentes cuentas con seudónimos, repetía en los diálogos con personas de confianza: el anglicismo *bro* (de *brother*, 'hermano'). La búsqueda de esos usuarios relacionados y de sus cuentas en Instagram y Facebook condujo a descubrir en una de ellas la referida fotografía tomada en una ciudad europea, ya sin ocultación del rostro. Llegados a ese punto, solamente hacía falta mostrar la imagen a personas del entorno con el que previamente se había conjeturado, o aplicar las nuevas técnicas cibernéticas de reconocer una cara y asociarla con otra de identidad indubitada.

Una vez ahí, no resultaba difícil para una investigación oficial comprobar los pasajes de avión que llevaron al sospechoso a aquel viaje a Europa en las fechas obtenidas. Comprar los billetes de esos viajes, ay, ya sí exige una identificación firme. En algún momento se han de cruzar el mundo virtual y el real. Trabajo concluido.

Las pesquisas, más prolijas aún de cuanto hemos relatado resumidamente, necesitaron un año de intenso trabajo antes de llegar a una conclusión fiable.

Todo este proceso nos indica que se puede desentrañar una autoría combinando distintos sistemas de averiguación; pero, salvo descuidos evidentes, hace falta para ello una búsqueda exhaustiva, con medios que no se hallan al alcance de cualquiera. Sí dispondrán de ellos los Estados (especialmente los dictatoriales o totalitarios), sus servicios secretos, incluso las propias plataformas, por lo cual la seguridad del anonimato en pro de las libertades, el anonimato que ha venido justificando todos los demás, queda en entredicho.

El 31 de enero de 2023 la Biblioteca Nacional de España anunciaba oficialmente que unos investigadores de las universidades de Valladolid y de Viena, en colaboración con la Universitat Autònoma de Barcelona, habían descubierto que un manuscrito anónimo (copia seguramente de otro anterior) y guardado en los fondos de esa institución tenía como autor a Lope de Vega. Se trataba de la comedia titulada *La francesa Laura*, escrita por tres caligrafías distintas hacia 1630, cinco o seis años antes de la muerte del Fénix de los Ingenios. Para ello, los investigadores se basaron en técnicas de estilometría mediante inteligencia artificial. Uno de los programas aplicados comparó, por ejemplo, las 500 palabras más frecuentes del anónimo con las 500 más usadas en una base de datos constituida por 2.800 comedias escritas por 350 autores de los siglos XVI y XVII. Y así resultó que *La francesa Laura* coincidía principalmente con 100 obras, la mayoría de ellas escritas por Lope de Vega; y, sobre todo, con *El castigo sin venganza*, de ese mismo dramaturgo. El trabajo abarcó también la métrica de la versificación, la ortología (uso de diptongos, hiatos o sinalefas) y las estructuras léxicas. Sin duda la había escrito Lope.

Aquí, en el hallazgo sobre *La francesa Laura*, nos encontramos ante un anónimo por descuido o por pérdida del rastro del autor.

Pero el caso de Pedro Baroja, desentrañado con una técnica similar a la del manuscrito de Lope de 1630, aunque obviamente más rudimentaria, se debe catalogar en un apartado muy distinto. Porque con aquellos artículos del diario *Excélsior* se produjo una ocultación que perjudicaba el derecho a la información de los mexicanos, y que beneficiaba a los manipuladores procedimientos de comunicación del Gobierno.

La firma "Pedro Baroja" constituye, por tanto, un ejemplo de seudónimo ilegítimo, porque pretendía impedir que el lector conociera los intereses, vinculaciones o ideología de un personaje al que el periódico no debía presentar como a cualquier otro articulista, pues carecía de la independencia necesaria para analizar la vida política mexicana, al estar a sueldo de la jefatura del Estado, dato que se ocultaba. La rúbrica de un alto colaborador del presidente se ponía así en el mismo rango de autonomía que la rúbrica de cualquier otro columnista que suscribiese con el nombre auténtico sus propias opiniones y no unos argumentos pagados por el Gobierno. Algo así como si la crítica de una película se firmara con seudónimo y la hubiera escrito su propio director.

El periódico *Excélsior* despreció a sus lectores al publicar aquellos seudónimos-anónimos que presentaban como opiniones independientes las que en realidad respondían a las estrategias, los manuales, los argumentarios del presidente de la nación. Un papel precursor del que desempeñan ahora los robots informáticos (o bots) que, simulando ser personas, expanden opiniones a menudo odiosas en los dos sentidos de la expresión: expresan odio y resultan repugnantes.

Por todo ello, consideramos tanto a Junius como a Baroja seudónimos opacos ilegítimos, que encubrían a los verdaderos autores. Seudónimos tramposos que producían escritos irresponsables y mentecatos.

Se parecen esos hechos —en cuanto se refiere a la autoría, no así en lo expuesto— a los artículos recopilados con el epígrafe de *El Federalista* y publicados en 1787 y 1788 bajo el seudónimo Publius en varios periódicos de Estados Unidos. Estas columnas de opinión trataban sobre la polémica constitucional de entonces en aquel país y tenían como autores reales (según se supo muchos años después) a James Madison, creador del primer Partido Republicano y más tarde presidente del país (1809-1817); Alexander

Hamilton, creador del Partido Federal y redactor de parte de la Constitución; y John Jay, que presidiría el Tribunal Supremo entre 1789 y 1795.

La existencia de tres autores bajo un mismo seudónimo y el hecho de escribir los textos individualmente les permitieron tan gran celeridad en la publicación de los artículos, todos ellos muy argumentados, que les resultaba muy difícil a sus rivales políticos responder con la misma rapidez y profundidad. Se han atribuido 51 artículos a Hamilton, 26 a Madison y 5 a Jay, además de dos entre Hamilton y Madison.

El debate político de entonces en Estados Unidos se centraba en si la Constitución debería o no relacionar todos los derechos de los ciudadanos, pues hacerlo significaría descartar como derecho cualquier cosa que no figurase en el texto. Los firmantes bajo el seudónimo opaco Publius se oponían a esa especificación, en aras de una mayor libertad; y sus argumentos acabaron conformando una referencia para juristas y constitucionalistas.

No se registró entonces ninguna gran polémica sobre la legalidad del seudónimo colectivo, y los tres autores obtendrían dos siglos después, en 1996, el aval del Tribunal Supremo… de rebote.

En su resolución *McIntyre contra la Comisión Electoral del estado de Ohio*, de 1995, el más alto tribunal estadounidense estableció que el discurso anónimo sin voluntad de engañar no es una práctica perniciosa ni fraudulenta, sino un ejercicio honrado de defensa de ideas y disenso. La sentencia citaba precisamente los artículos de Publius.

El fallo en concreto se refería a la retirada de unos panfletos anónimos que protestaban por una recaudación de impuestos. La acción de censura se amparaba en una ley de Ohio que prohíbe difundir propaganda en campaña electoral si no figura el nombre de la persona responsable de su contenido. La mujer que los distribuía, Margaret McIntyre, fue condenada a pagar 100 dólares por ello. Pero la Unión Estadounidense de Libertades Civiles la ayudó a recurrir ante los tribunales y acabó ganando el caso. La resolución final del Supremo mencionaba como precedente de autoridad precisamente los textos del seudónimo opaco Publius, con su epígrafe *El Federalista*, por su contribución al debate público, a fin de apoyar su argumento de que "el anonimato brinda a aquellos autores que no gozan de aceptación la posibilidad de que los lectores no prejuzguen su mensaje simplemente porque les desagrada la persona que lo propone".

Una vez más, se reivindicaba la disociación entre el autor y su obra, incluso cuando se trata de un panfleto.

"El anonimato", añadía el tribunal, "es una salvaguardia frente a la tiranía de la mayoría. Es un ejemplo de la finalidad perseguida por la Declaración Constitucional sobre Derechos y Garantías, en particular la primera enmienda, y que consiste en proteger a personas impopulares frente a represalias y evitar que se censuren sus ideas en una sociedad intolerante".

La profesora Dawn Carla Nunziato, de la Facultad de Derecho de la Universidad George Washington, comenta al reseñar esta jurisprudencia que "si no se protege el anonimato, quienes defienden ideas impopulares a menudo se abstendrán de hablar, y esto empobrecerá el intercambio de ideas".[50]

A partir de esa sentencia se han producido otras en sentido similar en Estados Unidos, ya referidas al anonimato en internet. Por ejemplo, el Estado de Georgia había establecido penas por el uso de nombres falsos en el correo electrónico, pero el Supremo invalidó esa ley en 1997, basándose en su propia resolución de 1995 sobre Margaret McIntyre.

Por nuestra parte, hemos de resaltar que tanto Publius como McIntyre expusieron honradamente sus ideas sin desacreditar ni injuriar a nadie. Pese a ello, el hecho de que ganaran la batalla legal —incluso después de muertos, en el caso de los articulistas— no hace que deje de incomodarnos la ocultación a la que sometieron a los destinatarios de sus escritos. Porque, a nuestro entender, todo argumento ha de someterse a la posibilidad de refutación y contraste tanto en lo referido a su expresión como a la persona que lo suscribe. En este segundo aspecto, quien recibe el mensaje tiene derecho a saber qué grado de competencia en la materia posee el firmante, qué intereses ocultos puede estar defendiendo, qué grado

50 Nunziato, Dawn Carla (2012), "Preservar la libertad en Internet en las Américas". En Bertoni, Eduardo (compilador). *Hacia una Internet libre de censura Propuestas para América Latina*, Universidad de Palermo, Argentina. En su cuenta de LinkedIn y en distintas reseñas figura que se desempeña como presidenta del Consejo Asesor de Contenido de TikTok.

de coherencia muestra respecto a opiniones previas, qué independencia lo ampara o qué servidumbres lo atan.

Queda en el aire además la duda de si el fallo habría sido el mismo en el caso de que tanto los articulistas que firmaban Publius como la mujer que distribuyó propaganda anónima hubieran aprovechado sus ocultaciones para mentir, injuriar o difamar.

No obstante, el Supremo de Estados Unidos sí reconoció en la sentencia de 1997 (nombres falsos en el correo electrónico) el interés superior del Estado en prevenir el fraude en las comunicaciones a través de internet, aunque no de forma indiscriminada. Profundizaremos en este problema más adelante, cuando abordemos la ponderación necesaria para discernir entre dos derechos que se oponen entre sí.

En España se vivió un episodio similar de seudonimato opaco que también nos inquieta. Sucedió en Baleares, archipiélago y comunidad autónoma donde se habla el mallorquín, una variedad del catalán. Ambas hablas forman parte del mismo idioma, sin ninguna duda para los filólogos (igual que el valenciano); lo cual no ha impedido tensiones al respecto, también por la mayor o menor cercanía a los postulados pancatalanistas.

A partir del 30 de junio de 1972 el *Diario de Mallorca* (la capital de Baleares) empieza a publicar una serie de artículos firmados por Pere Gonella, quien combate lo que entiende como impulso invasor del catalanismo en esas islas. Aunque el autor admite que el idioma catalán y el hablado en Baleares son en realidad la misma lengua, se queja de los barcelonismos que se van incrustando en el habla de los isleños.

Durante dos meses y medio se produjo en el periódico un debate entre articulistas al que contribuían también con sus opiniones los lectores que escribían cartas al director. A partir de ahí nació el gonellismo, una corriente ideológica contraria a la idea de que existen unos Països Catalans —impulsada por los entonces nacionalistas catalanes y ahora independentistas de esa autonomía— que engloban la actual Cataluña y además las islas Baleares y la Comunidad Valenciana, así como otros territorios en Francia y Aragón. Esa corriente fue más allá que su propio fundador involuntario, al defender la idea de que el mallorquín y las demás variedades del catalán en las islas constituyen una lengua independiente, algo que niegan la filología románica y las universidades con la misma claridad con que se entiende que el español de Argentina y el de México forman parte de un mismo idioma, pese a constituir distintas variedades en su unidad.

El nombre del autor real de aquellos artículos en el diario mallorquín se conoció más de 45 años después, el 21 de junio de 2017, cuando la persona que se ocultaba tras el seudónimo confesó haberlos escrito. Se trataba de Josep Zaforteza, senador del grupo centrista UCD durante la Transición y también presidente del consejo de administración de la sociedad editora del *Diario de Mallorca*. Lo admitió por fin, tras haberlo negado durante años, durante una entrevista en la televisión autonómica IB3. Justificó su seudónimo opaco en que no deseaba en aquel momento contaminar la línea editorial de la empresa con sus opiniones personales.

Albergamos dudas al respecto. Si su periódico publicaba opiniones de todas las tendencias y si la empresa no influía en los enfoques informativos de sus periodistas, había poco peligro de contaminación real por causa de un artículo que firmase su verdadero autor, quien podía exponer como cualquier otro columnista sus posturas particulares, en igualdad de condiciones. Además, publicarlas con su nombre podía entenderse como un ejercicio de transparencia.

Nos parece cuestionable asimismo que posteriormente se le escondiera al público la vinculación del autor verdadero de los artículos con un partido político nacido en 1977: la Unión de Centro Democrático, entonces en el Gobierno de Adolfo Suárez.

Este fenómeno de ocultación se da con frecuencia en internet y en las redes.

De entre los miles de ejemplos extraíbles de los soportes actuales, recordaremos el ardid urdido en 2011 cuando un blog de mucho seguimiento internacional y dirigido por una supuesta autora lesbiana siria, Amina Abdallah Araf al Omari, de 25 años, natural de Estados Unidos —y a quien entrevistaron por correo electrónico prestigiosos medios, incluida la CNN—, resultó estar a cargo de un varón estadounidense de 40 años que vivía en Escocia y que lo usó para elaborar su tesis doctoral. Se llama Tom MacMaster.

Las sospechas comenzaron cuando la Embajada de Estados Unidos en Siria aseguró que no le constaba esa identidad de una ciudadana estadounidense con nacionalidad siria. Además, también la desconocían los grupos de activistas del país. Finalmente, cuatro meses después de abrirse el blog, MacMaster confesó ser el verdadero artífice.

Lo consideramos ilegítimo porque aquí se falseaba la personalidad de un autor; no ya su nombre, sino incluso su sexo, su tendencia sexual —relevante para la ocasión— y sus circunstancias vitales. Eso acarreó como consecuencia el descrédito de los mensajes que pretendía difundir. Una vez desentrañado el engaño sobre la autoría, todo lo escrito se convierte también en mentira, aunque se pudieran estar comunicando verdades como puños sobre la realidad de Siria. El daño es inmenso.

MacMaster explicó en el blog cuando fue descubierto que sólo pretendía que la gente prestara atención a los problemas de Oriente Próximo, y defendió la veracidad de sus relatos.

"No creo haber dañado a nadie", escribió el insensato.

La voluntad de engaño convierte en ilegítimo todo seudonimato opaco, al menos en ese uso concreto. En este cajón colocamos también a Roman Kacew (1914-1980) y a su maniobra en el premio Goncourt, que a continuación recordaremos.

Las bases del prestigiosísimo galardón literario francés impiden ganarlo dos veces. Kacew ya lo había obtenido en 1956 con su obra *Les racines du ciel* (*Las raíces del cielo*), bajo el seudónimo Romain Gary. Y 14 años después, en 1975, se presentó de nuevo, ahora con *La vie devant soi* (título traducido al español como *La vida por delante*), obra firmada con un nombre falso diferente: Émile Ajar. Eso le permitió salir premiado de nuevo, y burlar así las reglas; aprovecharse de una treta a fin de vulnerar para su beneficio una norma que los demás ganadores habían respetado.

La historia real de Kacew reúne muchos problemas familiares y de origen, pero no justifican esa actuación engañosa.

La vida de este tramposo no fue fácil. Ya desde su nacimiento anduvo buscando una identidad. Llegó al mundo en 1914 en la ciudad que entonces se llamaba Vilna (Lituania, en aquella época una parte del territorio ruso),[51] y su padre se negó a reconocerlo

[51] El juego de nombres en torno a Kacew también afecta a la capital del país donde nació. Ahora los lituanos prefieren el nombre Vilnius, precisamente

como suyo. La madre, Mina, una actriz que usaba el falso apellido Gary, lo hizo pasar luego por hijo de un famoso actor de cine mudo; y a los 13 años, ya en Francia, le incitó a buscar un seudónimo. Tras sopesar varias opciones, adoptó el apócrifo apellido de su madre y añadió una letra *i* a su originario Roman.

Sus orígenes confusos no impidieron que la vida le sonriera después. Romain Gary se licenció en Derecho, combatió en el ejército francés pilotando aviones, fue condecorado por su valor y terminó sirviendo a Francia como diplomático en Los Ángeles (EE UU), donde se casó con la actriz estadounidense Jean Seberg (1938-1979), 24 años menor que él, famosa por la película *Al final de la escapada*, entre otras. Ambos fueron allí padres de un hijo. Al margen de esa trepidante vida, Gary desarrolló una exitosa carrera literaria, aunque la crítica francesa le reprochara fallos de sintaxis y falta de estilo. Algunos partidarios suyos vieron en esos comentarios cierto racismo por no ser francés de origen.

Cuando se hace pública la convocatoria para el Goncourt de 1975, el ya famoso autor decide presentarse por segunda vez. Utiliza para ello a un amigo que entregó el manuscrito y dijo que su artífice era un joven bohemio al que había conocido en Río de Janeiro.[52]

Así pues, nadie conoce entonces la auténtica identidad del ganador, y la incógnita se mantendrá durante años. La obra vende un millón de ejemplares, su argumento es llevado al cine con el papel protagonista de Simone Signoret, la cinta gana un Oscar a la mejor película extranjera…

Todos quieren saber quién es el autor, que sigue publicando con ese segundo seudónimo, Émile Ajar, y logra voluminosas ventas. Ante el acoso de los medios y el estrechamiento del cerco, Romain Gary (es decir, Kacew) convence a su sobrino Paul Pavlowitch para que se haga pasar por el verdadero creador del texto, a lo que el joven se empleó con notable desparpajo.

La trampa le iba saliendo bien, pero no su vida, que empezó a torcerse con el tiempo, en un regreso a las dificultades de su infan-

---

porque asocian Vilna con la dominación rusa. La ciudad se denominó Vilna hasta 1918.

52 Recojo diversos datos de Teresa Amiguet en *La Vanguardia*, 2 de diciembre de 2015; de Guillermo Altares en *El País* el 19 de febrero de 2018 y de Octavi Martí, en *El País* el 28 de agosto de 1995.

cia. Jean Seberg, de quien ya se había separado, vivió problemas personales graves y se suicidó el 8 de septiembre de 1979, a los 41 años. Pasaron diez días hasta que la encontraron tras su desaparición. Estaba en un coche abandonado en la calle del General Appert, cercana a su piso en París, con una letal dosis de drogas y alcohol en el cuerpo. Romain Gary se quitaría la vida un año después, el 2 de diciembre de 1980, a los 66, dejando solo a un adolescente de 15, hijo de dos suicidas. Sólo entonces se supo la verdad sobre el segundo seudónimo opaco, la ocultación urdida para obtener un cuantioso premio con vulneración del reglamento. Él mismo había confesado todo en una carta a su editor, quien tardaría un año en contarlo. El texto acababa con esta frase: "Me lo he pasado muy bien. Adiós y gracias".

2. CONFLICTO

Vemos, pues, que en muchos casos el uso de un nombre sustitutivo opaco se relaciona con un conflicto: o bien responde a él o bien lo produce; es decir, o bien el dueño del seudónimo lo padece o bien lo provoca. No así en los seudónimos transparentes, como es lógico.

Tal conflicto puede partir de causas internas del autor (la timidez —a veces cobardía—, la humildad, el deseo de mantenerse al margen de la propia obra; pero también la ocultación malvada), o externas a él (la presión social, la amenaza de una dictadura, el temor a una fama atosigante).

El seudónimo deriva de un problema cuando quien se refugia en esa impostura pretende escapar de una situación injusta, ya se deba a una discriminación por sexo o a la falta de derechos humanos en su país o en el ámbito donde se mueva. Y a su vez puede desatar otros: la ausencia de una identidad artística y de los derechos inherentes a ella (los artículos de Pere Gonella se publicaron en un libro sin que nadie reclamara las regalías); la lucha de dos personalidades reales (la legal y la impostada); la ausencia de responsabilidad, la ocultación del autor de un delito.

B. Traven vivió dentro de un problema: se pasó la vida huyendo, preservando su biografía real. Cuando Luis Spota le dio al mundo periodístico y literario sus investigaciones de detective, el escritor debió abandonar de nuevo el lugar donde vivía, dejar su negocio tapadera, cambiar de vida.

Lo que le ocurrió a Traven nos plantea hoy como conflicto si el periodista tenía derecho a desentrañar el enigma en el que el autor se había envuelto voluntariamente.

El derecho a ser dejado en paz (traducción libre de *the right to be let alone*) se acuñó en 1890 a partir de un artículo de los juristas bostonianos Louis Brandeis y Samuel Warren en la revista *Harvard Law*. Ambos desarrollaron el derecho a la intimidad y sentaron el principio de que nadie debe ser molestado en su esfera privada, ni tener presencia pública, ni siquiera ocasional, si no lo desea. Es el derecho de cada cual a decidir hasta qué punto prefiere o no difundir su imagen, su vida y sus pensamientos; y en qué medida. Incluso si se tratara de un novelista.

Spota sí resolvió este dilema, aunque tarde, porque se arrepentiría años después de aquel hallazgo pese a que le había reportado importantes premios y reconocimientos. Así lo certificó en 2017 Jaime Labastida, director de la editorial mexicana Siglo XXI (y más tarde director de la Academia Mexicana de la Lengua), en una entrevista concedida a la revista *Proceso* con motivo de la reedición de unas novelas del autor de la exclusiva: “A mí me dijo que se arrepintió toda su vida de haber descubierto la verdadera personalidad de B. Traven. Y me lo confesó así: ‘¿Qué derecho tuve yo de irrumpir en la vida privada de ese hombre que quería pasar desapercibido?’. Spota poseía un enorme sentido ético”.[53]

Y lo repitió Labastida al presentar la reedición de la serie de seis novelas políticas titulada *La costumbre del poder*, concluida por Spota en 1980 (cinco años antes de su muerte): “Se sintió muy mal de haber roto la privacidad de Traven. Se arrepintió mucho de eso en su vida”.[54]

No le faltaban motivos a Spota para la contrición, sentimiento noble por otra parte. Traven no ocupaba un cargo público ni vivía de los presupuestos; no le debía ninguna ayuda a nadie. Tenía derecho a vivir sin ser molestado ni llevado al conocimiento general

[53] Revista *Proceso*, n.º 2125, 23 de julio de 2017.
[54] Beauregard, Pablo, *elpais.com*, 1 de diciembre de 2017.

en sus aspectos privados, como cualquier otra persona: como un carpintero, una ingeniera, un albañil, una maestra, un arquitecto cuyas biografías desconocemos y cuyos datos quedan reducidos a su ámbito más privado si ellos lo desean así. El trabajo de escritor no difiere de esos otros oficios, por más que la costumbre haga que la literatura se acompañe de la firma. Compartimos, pues, el criterio del reservado novelista y de las escritoras antes nombradas que desviaron también la atención de su nombre, que sin embargo fue revelado: lo que importa es la obra literaria. Si tiene calidad, si interesa; si aporta algo a la humanidad, ha de defenderse sola en el caso de que su creador no desee beneficiarse de sus rendimientos sociales ni añadirse otras fuentes de ingresos derivadas de ellos, como la publicación remunerada de artículos, o conferencias o clases magistrales.

Los intentos actuales por descubrir la identidad de quien se oculte tras el seudónimo de Elena Ferrante, exitosa autora italiana (caso de que se trate realmente de una mujer con esa nacionalidad) van en la misma dirección que los sufridos por B. Traven. El jurista Borja Adsuara, con quien consulto este conflicto, se pregunta si estos propósitos periodísticos no incurrirán en intromisión ilegítima en el derecho a la intimidad y la propia imagen. Y en caso de que eso no constituyera una infracción desde el punto de vista del derecho civil, sí me lo parecería al menos desde el punto de vista de la ética.

Esto nos lleva a recordar un poema del mexicano José Emilio Pacheco, premio Cervantes 2009, titulado *En defensa del anonimato. Carta a George B. Moore para negarle una entrevista.*[55] Los versos, que reproducimos parcialmente por su extensión, abundan en la idea de separar al autor de su obra, y los habría firmado seguramente Traven. Quién sabe si el nombre de este enigmático novelista anduvo en la memoria de Pacheco al ponerse ante el papel en blanco:

¿Cómo explicarle que jamás he dado una entrevista,
que mi ambición es ser leído y no "célebre",
que importa el texto y no el autor del texto, que descreo del circo literario?

[55] Pacheco, José Emilio, *Los trabajos del mar: Poemas 1979-1983*, México, ERA, reimpresión de 2007, págs. 79-81.

[...]

Para empezar a no responderle diré:
no tengo nada que añadir a lo que está en mis poemas,
no me interesa comentarlos, no me preocupa
(si tengo alguno) mi lugar en la "historia".

Escribo y eso es todo. Escribo: doy la mitad del poema.
Poesía no es signos negros en la página blanca.
Llamo poesía a ese lugar del encuentro
con la experiencia ajena. El lector, la lectora,
harán (o no) el poema que tan sólo he esbozado.

[...]

Extraño mundo el nuestro: cada vez
le interesan más los poetas,
la poesía cada vez menos.
Acaso leyó usted que Juan Ramón Jiménez
pensó hace medio siglo en editar una revista poética
que iba a llamarse Anonimato.
Anonimato publicaría poemas, no firmas;
estaría hecha de textos y no de autores.
Y yo quisiera como el poeta español
que la poesía fuese anónima ya que es colectiva
(a eso tienden mis versos y mis versiones).
Posiblemente usted me dará la razón.
Usted que me ha leído y no me conoce.
No nos veremos nunca pero somos amigos.

Si le gustaron mis versos
¿qué más da que sean míos
de otros
de nadie?
En realidad los poemas que leyó son de usted:
Usted, su autor, que los inventa al leerlos.

Existe, pues, un derecho a ser anónimo, en el sentido de no adquirir relevancia pública. Y hemos hecho mal en usar ahora el término *anónimo* (sin nombre): el nombre no desaparece nunca, lo llevamos como parte de la personalidad incluso si deseamos escondernos. Pero no hace falta que lo conozcan cientos o miles de personas si no lo deseamos: solamente la Administración pública, a fin de usarlo para bien de todos en la recaudación de impuestos y en beneficio de la persona para su seguridad jurídica. O en su contra si vulnera la ley; en tal supuesto, para seguridad de los demás. Incluida la seguridad de quienes desean pasar inadvertidos.

3. LA PERVERSIÓN DEL SEUDONIMATO

Uno de los inconvenientes del seudónimo opaco que pretende legítimamente esconder a su autor radica en la eventual pluralidad de nombres falsos usados por una misma persona.

Insisto: seudónimos opacos, no así los transparentes, como sucede con Andrés Rábago. Este dibujante utiliza al menos tres firmas, como heterónimos, para envolver unas muy diferentes producciones nacidas de su talento: OPS, para dibujos sin texto (con los que se dio a conocer en los años setenta en revistas como *Hermano lobo*). El Roto, para sus viñetas acompañadas de palabras (las que publica en *El País* cuando se edita este libro). Y Rábago, para su obra pictórica. Pero el público sabe, pues el dibujante nunca escondió tales correspondencias, que el mismo autor se halla detrás de esas firmas diferentes. No hay ningún engaño ahí.

Orillaremos a continuación esas prácticas legítimas, abordadas también con anterioridad (Pessoa, Banville, Gore Vidal...), para centrarnos en la pluralidad de seudónimos opacos usados por una misma persona.

El seudónimo ejerce dos funciones: en primer lugar, oculta por sí mismo el nombre de un autor; en segundo término, sirve para adjudicar a una referencia nominal concreta una sucesión de actos que se ponen bajo ese apelativo que no es el nombre real. Tal referencia entre identidad real y nombre inventado se debilita, obviamente, cuando van variando los seudónimos de un mismo artífice.

Si no existieran los seudónimos, quienes desearan esconder sus apellidos firmarían siempre como "anónimo" y no habría modo de distinguir los rasgos y perfiles específicos de cada uno de esos anonimatos, de modo que la firma "anónimo" abarcaría un tipo de comportamiento y también el opuesto, pues correspondería a distintos seres humanos bajo el mismo sustantivo. Con ese punto de vista, el seudónimo único de una persona ejerce un papel individualizador de un grupo de actos que se le atribuyen en concreto, aunque se desconozca su nombre de registro civil. Así, un determinado seudónimo comunica ciertas trazas de estilo, de temática, de compromiso intelectual, que corresponden a ese nombre y no a otro.

Gracias a esa unidad de origen, los lectores identifican un perfil autorial y compran una novela y no otra; y, llegado el caso de una investigación académica exhaustiva, el seudónimo único permite conformar los rasgos literarios de un autor, su evolución, su aprendizaje (aunque no necesariamente deducir su nombre), mientras que se presentaría muy difícil establecer características comunes de todos los textos que constasen como "anónimos" para de entre ellos deducir quién ha hecho qué.

Por tanto, el seudónimo opaco concebido para mantener en la oscuridad a quien desea someter al juicio público sus obras, pero no así su persona, implica el peligro de que un mismo novelista (o pintor, o músico…) se haga pasar por diferentes autores a la vez, que incluso pueden sostener opiniones o estilos contradictorios entre sí. Ello transformaría excesivamente la realidad, y en algunas ocasiones se adentraría en el terreno del cinismo o la hipocresía.

No estamos defendiendo aquí que se prohíba esa maniobra de distracción (que guarda similitudes con la diversidad de heterónimos a cargo de una misma persona, si son opacos), ni siquiera la condenamos; sí señalamos un efecto perverso en el sentido de que puede producir un engaño para los desavisados lectores, con quienes juega el autor al provocar en ellos la idea de distintas autorías cuando solamente existe una.

Por otro lado, los actos legítimos del ser humano incluyen el cambio de opinión, pero ponemos en duda que tal modificación del criterio se plasme certeramente haciendo ver que alguien se ha convertido en otra persona. No. El individuo, concepto de ente indivisible, puede modificar legítimamente sus puntos de vista; pero tal alteración se manipula cuando la nueva posición se atribuye a alguien distinto.

Además, el derecho a un seudónimo opaco como legítima ocultación se pervierte si se engaña, algo que lograron temporalmente los ya mencionados MacMaster, estadounidense, al hacerse pasar por una activista en Siria, y Rafael Cardona, mexicano, al esconder sus intereses con el nombre de Pedro Baroja para que el público desconociese su vinculación con el poder. Por tanto, cuestionamos el seudónimo opaco cuando pretende manipular al lector.

La revelación del secreto

Qué disgusto, qué tremenda decepción, tal vez qué indignación debió de sentir Cecilia Böhl cuando José Joaquín de Mora, su propio agente, cotilleó la auténtica personalidad de Fernán Caballero. Con ese acto vulneraba un derecho legítimo, y más en su época. La infidencia le hizo a la escritora apreciar de inmediato el riesgo evidente para la viabilidad y la difusión de sus obras, ahora tachadas como femeninas y que antes se defendían en igualdad de competencia con las aportadas a la plaza pública por los escritores varones.

Así pues, la perversión del derecho al seudonimato legítimo y opaco sobreviene cuando un tercero revela la identidad real de quien ha decidido esconderse como acto libérrimo de su voluntad. Por tanto, no censuramos aquí la actuación de quien se oculta legítimamente, sino la de quien revela la identidad verdadera.

Cabe entender la pulsión de todo periodista, como Spota, por descubrir lo reservado y revelar lo que el público desea saber. Pero en periodismo no se pueden tratar por igual la condición de "personaje público" (políticos y gestores que reciben su sueldo del erario) y la de "personaje de curiosidad pública" (artistas, escritores, famosos en general). En consecuencia, no es lo mismo el "interés público" que el "interés del público".

Lo que concierne a los rasgos de la personalidad de un cargo que maneja el dinero de todos puede adquirir relevancia por su "interés general", puesto que los ciudadanos tienen derecho a ser informados acerca de las personas en quienes han depositado la confianza de gestionar los recursos comunes; y también a conocer todo aquello que se relacione con esa tarea. La biografía del presidente de una empresa pública no se debe ocultar, ni tampoco su nombre (mediante silencio o mediante seudónimo). El presidente de Renfe (la red nacional de ferrocarriles española) no puede reservarse la opción de trabajar en el anonimato, ni podría ocultar su identidad tras un nombre falso; tampoco la directora general de Infraestructuras o el responsable de la Fábrica Nacional de Moneda y Timbre.

Pero no sucede lo mismo con los creadores o intérpretes que prefieran mantener su vida lejos del juicio del público, al que mostrarán solamente sus obras. Porque estas se pueden elogiar o rechazar mediante actos individuales de apoyo o desdén, en función del criterio de cada cual.

Un ciudadano disfruta de la opción de prescindir de las películas de un actor que no le agrade, de no escuchar a una cantante antipática, de no leer a un escritor que le parece frívolo: bastará con no acudir a sus espectáculos, no ver sus películas, no comprar sus obras. Pero la gestión de un político le afectará tanto si le gusta como si no. Por eso mismo, el que un cantante se sometiera eventualmente a un tratamiento psiquiátrico formaría parte de su intimidad, lo mismo que cualquier otro ciudadano, pero si eso concerniera al director de un aeropuerto, el enfoque cambiaría y el público tendría derecho a saberlo, siempre que ese gestor se mantuviese en el cargo.[56]

La jurisprudencia del Tribunal Constitucional español protege la libertad de informar en asuntos de interés y relevancia generales. Por tanto, la protección fundamental de la libertad de información se debilita cuando el periodista no aborda los actos o la vida de personalidades públicas, sino los de ciudadanos que se mueven en el ámbito privado. “La protección constitucional de la libertad de información”, dice la sentencia 138/1996, “se reduce si esta no se refiere a personalidades públicas que, al haber optado libremente por tal

[56] Utilizó un ejemplo similar Francisco J. Laporta, catedrático de Filosofía del Derecho de la Universidad Autónoma de Madrid, en su artículo “El derecho a informar y sus enemigos”, publicado en el número 72 de la revista *Claves*, mayo de 1999. Yo he elegido el supuesto del director de un aeropuerto; él se refería al jefe del Pentágono.

condición, deben soportar un cierto riesgo de una lesión de sus derechos de la personalidad; por lo que, en correspondencia, se debilitaría en los supuestos de información u opinión sobre conductas privadas carentes de interés público".[57]

Obviamente, a Spota no le era aplicable como reportero esa jurisprudencia española del futuro. Pero los criterios nos parecen válidos como parte de una ética periodística universal.

En consecuencia, B. Traven, persona privada, tenía derecho a su anonimato mientras no causara ningún mal a nadie con él; y Spota, efectivamente, vulneró su libre voluntad; pervirtiendo así su seudonimato.

Resaltamos: Traven no hacía ningún daño a nadie. Juzgaríamos todo con otro rasero si se hubiera amparado en el anonimato para denigrar, injuriar, calumniar o insultar a otras personas. En ese caso, nos habría parecido legítima la investigación para localizarlo. Pero no, Traven lo hizo simplemente con la idea de crear unos personajes y unos sucesos de ficción.

Lo consideraremos por tanto un *seudónimo opaco legítimo.*

No opinamos lo mismo, por el contrario, de *seudónimos opacos ilegítimos* como los ya citados Avellaneda, Pedro Baroja, Junius o Amina Abdallah Araf al Omari, la supuesta lesbiana siria cuyos hilos movía Tom MacMaster.

El buen fin justifica el anonimato, pero lo convierte en perverso la intención de esconderse en él para el ataque ventajista, para la trampa, la manipulación, el delito.

[57] Varias sentencias del Constitucional español recogen tal principio: 107/1988, 171/1990, 197/1991, 214/1991, 20/1991, 40/1991, 41/1994, 138/1996 y otras. Por otro lado, la Ley Orgánica 1/1982 señala en su artículo 8 que con carácter general no se considerarán intromisiones ilegítimas cuando se trate de "personas que ejerzan un cargo público o una profesión de notoriedad o proyección pública y la imagen se capte durante un acto público o en lugares abiertos al público". Ahora bien, entendemos que "profesión de notoriedad o proyección pública" se refiere a artistas que se muestran en público: cantantes, actores, bailarines... Un escritor no se muestra a sí mismo en público, sino que solamente muestra su obra; en la que no aparece él mismo mediante la reproducción de su imagen si él no lo desea.

4. ANÓNIMOS

Anónimo es un término inquietante. Cada vez que nos topamos con él, se activa en nosotros el deseo de saber qué oculta detrás. Nos gustaría informarnos de manera indubitada acerca de quién pintó un cuadro sin firma que observamos en un museo... o quién profirió una amenaza de la que nadie se responsabilizó.

Sin embargo, cuando se desea verificar la autenticidad de una obra de arte o literaria, más que ante un anónimo que respondería a la voluntad del autor de esconderse, nos hallamos a menudo ante un *incognitónimo*, si se me permite el neologismo. Quizá nadie ocultó nada, simplemente desconocemos el artífice de algo porque se ha perdido su rastro.

Pese a ello, toda incógnita invita a una investigación. Quién no quisiera conocer con certeza a los autores del *Cantar de Mio Cid* (siglos XII o XIII) o de *El Lazarillo de Tormes* (siglo XVI)[58] o de *La vida y hechos de Estebanillo González, hombre de buen humor* (XVII).[59]

Esa ausencia del nombre propio de un autor nos produce desazón, cierto vacío.

Según hemos reseñado en páginas anteriores, la regulación y fijación de los nombres propios impulsó el enorme avance civilizatorio de la humanidad perfeccionado con los siglos, que sin embargo ha debido convivir también con su envés: la huida voluntaria de la propia identidad personal; el anonimato que busca esconder al conocimiento general una autoría. Eso, como

[58] Distintos estudios de especialistas han atribuido respectivamente el *Lazarillo* a Juan de Valdés, Alfonso de Valdés, Fernando de Rojas, Juan Hurtado de Mendoza, Luis Vives, Lope de Rueda o fray Juan de Ortega, entre otros. Sorprende que las novísimas técnicas de análisis y comparación de textos por procedimientos informáticos no hayan encontrado aún similitudes claras de estructuras sintácticas, léxico y estilo entre las indubitadas obras de esos autores y este anónimo atribuido a ellos. Quizá porque se trate de un autor desconocido que solamente escribió esa novela.

[59] Jesús Antonio Cid atribuyó esta autoría a Gabriel de la Vega, "escribano público, aprobado por el Rey nuestro Señor y Señores de su Supremo y Real Consejo, y natural de la ciudad de Málaga". Véase "Máscaras y oficio en un autor del Antiguo Régimen: Estebanillo González = Gabriel de la Vega" (1981), en *Revista de Dialectología y Tradiciones Populares*, XLIII, *Homenaje a C. Casado*, 1988, págs. 175-195. No he podido acceder a este trabajo, lo cito por segundas referencias.

venimos reflejando también, se puede interpretar de muy distintas maneras.

Las analizaremos.

La cuarta acepción de *anónimo* en el *Diccionario* de las academias del español lo define como "carta o papel sin firma en que, por lo común, se dice algo ofensivo o desagradable". A nadie extrañará esa relación entre la ocultación del nombre y la incitación a delinquir, desacreditar o insultar. Si alguien nos dice "he recibido un anónimo", deducimos que su contenido no elogiará precisamente la honradez del destinatario.

En efecto, la decisión de permanecer en el anonimato suele esconder intenciones aviesas, sobre todo si se envía un escrito. Pero a veces responde a motivos altruistas o de seguridad personal; incluso a razones artísticas.

En este último cajón, las razones artísticas, incluimos al autor de *El Lazarillo de Tormes*, pues ahí el ocultamiento se debe a una inmolación del artífice en aras de la mayor verosimilitud de su relato. El Lazarillo escribe en primera persona y por tanto en ella reside su *autor*. Incluso el prólogo forma parte de la ficción. Si en su portada original se hubiera impreso una autoría, los lectores de entonces no habrían podido otorgarle el crédito que la narración buscaba. Porque el creador de la novela describe los hechos a partir del *yo*, y lo hace mediante la forma de una carta que le es solicitada por alguien, como advierte en el preámbulo: "Y pues vuestra merced escribe se le escriba y relate el caso muy por extenso, pareciome no tomalle por el medio, sino del principio, por que se tenga entera noticia de mi persona". Casi a renglón seguido comienza ya el capítulo primero, también a partir del *yo* escribiente: "Pues sepa vuestra merced ante todas cosas, que a mí llaman Lázaro de Tormes, hijo de Tomé González y de Antonia Pérez, naturales de Tejares, aldea de Salamanca".

Con ello, según ha escrito el académico Francisco Rico, el autor se propuso presentar la novela "como si se tratara de una obra auténtica de un auténtico Lázaro de Tormes. No simplemente un relato verosímil, sino verdadero. No realista: real".[60]

[60] Rico, Francisco (1988), *Problemas del Lazarillo*, Madrid, Cátedra. Llego a esta cita gracias a Darío Villanueva (*Poderes de la palabra*, Barcelona, Galaxia Gutenberg, 2023, pág. 85).

El también académico Darío Villanueva[61] ha señalado que el autor del *Lazarillo* se esfuma dejando como único sujeto de la enunciación al propio protagonista de la historia. Autor y lectores se insertan así en aquella genuina pasión generalizada que hacia 1500 era en toda Europa escribir y publicar "cartas mensajeras" (o inventadas, con apariencia epistolar) como la que sustenta el libro.

Ahora deseamos conocer a los artífices auténticos de esa y otras obras, y, como reflejó Michel Foucault, preguntamos a esos textos (y exigimos que digan) de dónde vienen, quién los escribió: "Pedimos al autor que dé cuenta de la unidad del texto que ponemos bajo su nombre; se le pide que revele, o al menos que le llame la atención, el significado oculto que los atraviesa; se le pide que las articule, sobre su vida personal y sobre sus experiencias vividas, sobre la historia real que las vio nacer. El autor es quien da al inquietante lenguaje de la ficción sus unidades, sus nudos de coherencia, su inserción en la realidad".[62]

La necesidad de esconder total o parcialmente al autor de una obra para no interferir en la credibilidad del relato ha llegado hasta épocas mucho más recientes. La novela *The Outsiders* (1967), titulada en España *Rebeldes*, describe en primera persona el enfrentamiento de dos grupos de adolescentes, con un narrador varón. Pero fue escrita por una mujer, la estadounidense Susan Eloise Hinton. El editor pensó que eso podía afectar a la verosimilitud, y pidió a la autora que firmase con su apellido y las iniciales de su nombre de pila: S. E. Y así se publicó.

Son subterfugios inocuos, al servicio de la obra artística.

En un cajón muy diferente habremos de englobar los anónimos que dan pie a la mencionada cuarta acepción académica ("Carta o papel sin firma"...; urge, por cierto, que las academias revisen esta

61 Villanueva (2023), pág. 86.

62 En francés en el original: "[...] On leur demande (et on exige d'eux qu'ils disent) d'où ils viennent, qui les a écrits; on demande que l'auteur rende compte de l'unité du texte qu'on met sous son nom; on lui demande de révéler, ou du moins de porter par-devers lui, le sens caché qui les traverse; on lui demande de les articuler, sur sa vie personnelle et sur ses expériences vécues, sur l'histoire réelle qui les a vus naître. L'auteur est ce qui donne à l'inquiétant langage de la fiction, ses unités, ses noeuds de cohérence, son insertion dans le réel". Foucault, Michel (2010), *L'ordre du discours*, París, Gallimard, págs. 29 y 30.

definición para añadir tras "carta" y "papel" otras opciones, como los nuevos soportes digitales). En efecto, cuando alguien dice "me ha llegado un anónimo", eso siempre evoca en quien escucha que se trata de una amenaza o de una acusación grave, lo cual se verificará o no cuando se conozca el texto recibido, independientemente de la primera impresión que se experimenta al oír la palabra.

Los anónimos han llegado tradicionalmente en papel, con letras de máquina de escribir o con recortes de palabras recogidas de titulares de prensa pegados sobre un folio. Su rastro físico, sus huellas dactilares impresas involuntariamente, daban alguna pista sobre el autor.

Hoy en día la actuación anónima voluntaria se suele producir por medios electrónicos, y eso provoca la desinhibición, porque elimina los filtros éticos y sociales; y cuando la persona anónima ataca, se deshumaniza ella misma a la vez que deshumaniza a su víctima. Alguien que emprende acciones anónimas se conduce de diferente manera respecto a como lo haría sin esa condición. La ausencia del nombre propio desactiva la acción de la cultura social adquirida desde la infancia, heredada generación tras generación desde los tiempos en que Kushim ya asumía su responsabilidad.

Pese a ello, no dejaremos de insistir en que el anonimato no equivale siempre a ocultar la autoría de algo perverso.

Una persona tiene derecho a ser anónima como B. Traven para mantener a salvo su vida privada. Tal anonimato libérrimo se rompe cuando alguien entra en el cerco más íntimo de otro, aun sin ánimo de daño o de difamación, y toma datos o imágenes que el perjudicado deseaba mantener en reserva aunque no constituyeran ningún delito. Un vecino que se halla tranquilamente en su jardín tomando el sol tiene derecho a la intimidad, a que nadie capte su imagen y la difunda, tanto si le añade el nombre como si no. Todo ello lo englobamos vagamente bajo el concepto de *anonimato*, en amplia confusión con otros términos como *privacidad*, *intimidad*, *confidencialidad* o *protección de datos*.

A veces se conoce la identidad de una persona, pero no sus actos; y al revés: se sabe de unos actos, pero se desconoce quién los ejecutó. Si los actos fueron delictivos, el autor no puede invocar el derecho a esconderse. Pero sí portará consigo ese derecho a no tener repercusión pública cuando viva su vida sin perjudicar a nadie.

Existen las donaciones anónimas (de dinero, de sangre, de semen, de óvulos...) que procuran un beneficio a los demás y merecen protección, como también el anonimato en la esfera privada (alcohólicos anónimos, relaciones sexuales, consultas médicas, atención psicológica), igual que las denuncias y las fuentes anónimas dirigidas a corregir una ilegalidad, un abuso, un delito, y remitidas al lugar adecuado para que se comprueben dentro de la ley. Obviamente, existe el legítimo anonimato de los opositores políticos en regímenes dictatoriales —o autoritarios, o de baja intensidad democrática—, que buscan proteger su propia vida y a la vez luchar contra la opresión.

Sin embargo, se dan asimismo situaciones de anonimato abusivo cuyo fin se centra en eludir la responsabilidad de la persona en su actuación social, y especialmente cuando causa un daño. Las actuales corrientes de odio, bulos, xenofobia, homofobia, machismo, radicalismo violento, apología del terrorismo, pederastia... no se entenderían sin la permisividad de las redes sociales y su complicidad con el anonimato, del que estas empresas obtienen un provecho.

Eso nos obliga a discernir entre los anonimatos protegibles y los anonimatos perseguibles. En el capítulo IV, que ahora llega, comenzaremos analizando los primeros, y reservaremos un amplio capítulo V a los más perniciosos, esos anonimatos crueles que reciben enormes facilidades para dañar a los demás.

CAPÍTULO IV

1. ANONIMATOS PROTEGIBLES

Los trasplantes

Los receptores de trasplantes de órganos no tienen derecho a conocer el nombre del donante, esté vivo (como puede suceder en un trasplante de riñón) o muerto. Ahora bien, en los trasplantes *in vivo* no se suele ocultar la personalidad del donante. Tales gestos altruistas se dan muy a menudo entre familiares, a causa de la solidaridad del parentesco y porque esos órganos presentan menos riesgo de rechazo en el receptor.

En lo referente a los órganos extraídos *post mortem*, el anonimato que suelen imponer las leyes pretende evitar el contacto entre familiares de los donantes fallecidos y las personas receptoras del trasplante. Los expertos saben que el vínculo entre unos y otros, una vez que se conocieran, podría llegar a ser enfermizo, porque la familia receptora se siente en deuda y la del donante cree que su ser querido sigue ahí.

Por tanto, en lo que concierne a donaciones de órganos el anonimato nos parece conveniente, pertinente, eficaz para la salud mental de las personas implicadas. Y se debe proteger.

Emilio Bautista, presidente de la Federación Española de Trasplantados de Corazón (Fetco), declaró en 2010: "Sabemos de gente que ha conocido al donante, y no es recomendable para su salud mental. Los primeros trasplantados [cuando aún era posible legalmente conocer el nombre de la persona de quien procedía el órgano] lo pasaban muy mal. Hay muchos problemas emocionales.

Iban a verles los familiares del donante, querían hacerles partícipes del luto. Se dio el caso de una viuda que quiso casarse con el receptor del corazón de su marido". Por eso en la federación aconsejan que los receptores no investiguen el origen de un órgano. Fue lo que él hizo: "Prohibí a mi familia que investigara quién me había donado el corazón hace 11 años".[1]

La investigación social y científica

El anonimato también se acepta sin problemas en las investigaciones sociales, por ejemplo, en los sondeos. El nombre del encuestado y sus datos pueden obrar en poder de la empresa demoscópica, pero esta habrá de preservarlos para salvaguardar la intimidad de los participantes y el secreto de su voto. Lo mismo se aplica a las investigaciones sociológicas en general, a las médicas o a los ensayos clínicos, pues quienes se someten a esos estudios o sondeos suelen hacerlo a condición de que no se divulguen sus datos personales.

Hasta hace unos años las encuestas se desarrollaban casi siempre cara a cara, y las contestaciones se archivaban junto con el domicilio de la persona entrevistada y la hora en que se produjo la conversación. Eso permitía a la empresa demoscópica establecer catas de comprobación telefoneando a los sondeados para confirmar que los encuestadores no se habían inventado las respuestas. El hecho de que se les pagara por entrevista conseguida hacía temer eso. Hoy en día se les contrata por horas, lo que ya disminuye el peligro de la falsa productividad. Casi todas las entrevistas se resuelven por teléfono desde la sede de la empresa, mediante llamadas que quedan registradas, con su correspondiente duración. Eso también permite verificaciones.

Ya en la fase de procesar los datos, las encuestas se anonimizan de modo que no se puedan saber las opciones expresadas por los ciudadanos consultados. Por tanto, todo se ejecuta sin menoscabo de la debida protección de datos, que solamente se podrán manejar a efectos estadísticos.

1 Benito, Emilio de; Alandete, David, "El anonimato en los trasplantes no es un dogma", *El País*, 15 de diciembre de 2010.

Cuando las encuestas se rellenaban cara a cara, en el EGM español (el Estudio General de Medios, que analiza las audiencias de los medios de comunicación), el 10% de los entrevistados recibían luego una llamada desde la organización para verificar si realmente completaron el cuestionario ellos y cómo lo hicieron. Si un encuestador no había respetado las reglas, se le sancionaba y se invalidaban los datos que hubiera obtenido.

Ahora bien, en toda investigación sociológica o científica se produce una perversión del anonimato cuando la ausencia de información personal afecta a la propia ciencia, pues los investigadores necesitan saber las circunstancias de quienes se someten a la prueba: su edad, su formación, sus costumbres, su poder adquisitivo... La muestra obtenida debe corresponderse en sus porcentajes con los de la población total sobre la que se proyecta. Un buen sondeo contendrá el mismo porcentaje de desempleados que el registrado realmente en la sociedad a la que pretende retratar; y el mismo porcentaje de jubilados, etcétera. Para ello, hace falta manejar datos de los ciudadanos consultados. Y custodiarlos.

Si un determinado partido cuenta con un alto porcentaje de votantes entre ciudadanos con titulación superior, saldrá perjudicado en un sondeo donde ese segmento de la sociedad esté infrarrepresentado.

Así, las votaciones anónimas por internet no aportan el mismo crédito que los sondeos en los que se selecciona a electores o consumidores con criterios proporcionales de estamento social, sexo, barrio, formación, etcétera.

El Estudio General de Medios vivió en España en 2006 un episodio de perversión en la práctica de esa encuesta, que se resolvió gracias a los datos que debían obrar en poder de la organización, que no están destinados a hacer pública la identidad de los encuestados sino a garantizar la pureza del estudio: gracias a ellos se desentrañó la trampa.

Desde 2002, el cuestionario del EGM se rellena por el sistema CAPI (Computer Assistance Personal Interviewing); es decir, con un ordenador. Eso facilita la posibilidad de cruzar las estadísticas, de darles un mayor uso por los socios que financian el sondeo: medios de comunicación, publicistas y grandes empresas anunciadoras. Cualquiera de ellos los tiene accesibles en la sede de esta asociación en Madrid.

Este sondeo se suele adjudicar a tres institutos distintos cada vez; lo que no impide que las respuestas sean porcentualmente homogéneas al comparar los resultados que aporta cada uno de ellos. Es decir: no sucede que una cadena de radio sea la más escuchada para los encuestadores de una empresa y la menos oída para los de otra, ni mucho menos; ni siquiera la segunda. Eso sería como probar dos cucharadas de sopa en dos puntos distintos del plato y que una tuviera un sabor distinto de la anterior.

La eficacia del sistema quedó demostrada con el citado intento de sabotaje, emprendido por periodistas de la cadena COPE. Quienes lo perpetraron habían conseguido infiltrar a siete encuestadores en la plantilla de los contratados para una oleada del EGM de aquel año. Una de las tres empresas encargadas del sondeo había sufrido problemas internos y a última hora advirtió de que no podía cumplir con el encargo. Como solución de emergencia, y a petición de los responsables del sondeo, los otros dos institutos reclutaron trabajadores ocasionales para completar la muestra. Fue en esa partida donde se infiltraron los falsos encuestadores.

Al analizar los datos de todos los autores de las entrevistas, se apreció que en la recopilación de algunos de ellos la proporción de respuestas favorables a las emisoras COPE, Cadena 100 y Rock and Gol (especialmente esta última) eran superiores a la media (las tres emisoras forman parte del mismo grupo de comunicación). Rock and Gol acababa de ser lanzada al mercado, y no parecía lógico que recibiera tantas respuestas favorables. Además, en ellas los ciudadanos respondían con precisión inusual, incluso llegaban a decir la frecuencia del dial en la que se hallaban esas emisoras.

Merced al acopio de datos para una posible comprobación, se supo que ese grupo de encuestadores no había hecho todas las entrevistas en los hogares que se les señalaron (elegidos al azar pero con unos criterios sociológicos previos) como era obligatorio, sino que añadieron encuestas adicionales. Tras ser preguntados al respecto, respondieron que abordaban a personas en la calle que se prestaban a contestar también. Es decir, ellos hacían más entrevistas de las que debían y no en los lugares indicados.

Los expertos de la organización observaron pronto que alguien había intentado favorecer al grupo de la COPE manipulando parcialmente el sondeo; pero no pudieron establecer que la maniobra hubiera sido planificada desde la propia empresa radiofónica. Tras denunciarse los hechos, fue el propio José Antonio Abellán, responsable del programa deportivo nocturno de la COPE e impulsor de Rock and Gol, quien hizo público su montaje, que había emprendido "para demostrar que el EGM se puede manipular".

Sin embargo, ocurrió lo contrario: demostró que, al menos por la vía de los encuestadores, el EGM no se pudo manipular. Los controles funcionaron gracias a que se habían almacenado datos personales de los sondeados con un fin legítimo y a que su identidad no fue conocida más allá de los archivos propios del sondeo. Podemos resumir esto en que los datos no eran anónimos, pero sí confidenciales. O anónimos en la práctica para la sociedad en general, no así para la empresa demoscópica.

Finalmente se comprobó que las encuestas contaminadas sumaban 598 (menos del 4% de la muestra), casi todas ellas en Madrid.

Dejamos para los expertos la evaluación del cambio operado en los últimos años en algunas empresas de sondeos, cuyas encuestas electorales se ejecutan casi exclusivamente llamando a teléfonos móviles y sin mayor comprobación. Esto elimina el factor de la territorialidad y quizá también otras consideraciones sobre el estatus social de las personas consultadas. En cualquier caso, hacemos constar que, según nuestro criterio, a mayor anonimato en los sondeos políticos y comerciales se obtiene una información de menor calidad. Si ya todos los estudios de campo se resuelven al azar del teléfono o mediante votaciones por internet, las encuestas perderán lamentablemente su rigor, porque las proporciones internas entre los encuestados —porcentaje de universitarios, porcentaje de obreros, porcentaje por barrios...— dejan de ser representativas de la diversidad social. Eso no obsta, lógicamente, para que las identidades queden bien custodiadas.

Exámenes y pruebas

Una violinista que forme parte de alguna minoría o de un grupo rechazado por la sociedad podrá caminar tranquila con su instrumento bajo el brazo hacia el auditorio donde se va a someter a examen. Sentirá los nervios del momento, repasará mentalmente las partituras exigidas, revisará nada más llegar la afinación de las cuerdas, con esa quinta perfecta que debe mediar entre cada una de ellas: Sol para la más grave, Re para la siguiente, La para la posterior; Mi en la más aguda, igual que en las guitarras. Y ese La de la tercera cuerda (se empiezan a contar desde la inferior) habrá de calibrarlo al oído o mediante afinador electrónico con sus precisas 440 vibraciones por segundo, ya que quizá le pidan que se conjunte con otros instrumentos y cumpla la regla principal de toda orquesta: no desafinar. Pero no debería albergar preocupación alguna por el sesgo del tribunal.

La disociación completa entre la persona y su producto, su tarea o su habilidad se produce en procesos de selección donde los aspirantes carecen de nombre ante el profesor o los examinadores. De hecho, así sucede en determinadas *pruebas ciegas* (esa ceguera corresponde en realidad a los evaluadores, que no *ven* al evaluado) en las que se aprueba o se suspende, se escoge o se rechaza sin que quienes toman tan crucial decisión sepan el nombre de quienes se presentan.

Si un teatro de la ópera ha de contratar nuevos músicos y los analiza sin verles el rostro, con la sola audición de sus interpretaciones, quedará a salvo de sesgos de raza, de sexo, de edad. Su juicio no podrá encontrar reproche alguno por discriminación.

Lo mismo habrá de suceder cuando los opositores para una plaza pública o privada entregan sus exámenes con un código que oculta su nombre. La correspondencia entre uno y otro dato sí se habrá de conocer en algún momento del trámite, pero sin que la información llegue a quien ha de plasmar las calificaciones.

Asimilamos a ese anonimato de la igualdad las concesiones de galardones literarios o de cualquier otro tipo. De hecho, las bases de los concursos suelen exigir una firma seudónima en la presentación de los trabajos. El nombre verdadero queda sustituido por otro ficticio, así se trate de una clave, un código o una leyenda.

Este sistema se pervierte, lógicamente, cuando la opacidad del nombre se viola de forma artera, sospecha que ronda siempre a algún conocido certamen. Por ejemplo, si el jurado o la organización son informados acerca de la correspondencia entre una clave y una candidatura concreta.

La quiebra de este tipo de anonimato provocará la debilidad de algunos aspirantes al premio, susceptibles de discriminación; o, por el contrario, la ventaja para otros, beneficiados por *enchufe* o privilegio o por su previsible tirón comercial. Por tanto, este anonimato de exámenes y pruebas se ha de proteger como valor fundamental para la limpieza de todo proceso de selección.

Alcohólicos anónimos

Miles de personas han vencido su orgullo como primer paso para vencer a su voluntad, han tocado un timbre, alguien les ha abierto la puerta, se han presentado ante unos desconocidos y han pasado por la dura prueba de asistir a las sesiones comunes donde cada participante explica su adicción a la bebida y se apoya en los otros con el propósito de salir de ella. Compartir experiencias les produce alivio y los reconforta.

La entidad Alcohólicos Anónimos se fundó en España en 1970, a partir de la experiencia de la organización matriz en Estados Unidos, donde funciona desde 1935 con esa palabra en su nombre: *anónimos*. Tan importantes se consideraron el vocablo y lo que significa.

Nos resultaría imposible imaginar que las entidades de ayuda contra la drogadicción y el alcohol pudieran conseguir sus fines si no se garantizase el anonimato externo de quienes acuden a ellas. Tampoco sería posible que los participantes se expresaran con sinceridad y sin tapujos en el supuesto de no respetarse esa condición.

Y decimos "anonimato externo" porque quienes participan en las reuniones internas sí se dan a conocer ante sus compañeros.

Sin embargo, difundir las identidades propia o de otros haría peligrar su futuro laboral o personal, pues incluso la condición de exalcohólico sigue penalizada en la sociedad a pesar de que el individuo haya superado su problema; lo que dificulta la obtención de empleo y las relaciones sociales.

Por eso adquiere una importancia capital que todos los integrantes de un grupo respeten el anonimato de los demás, máxime si se trata de personas de relevancia en su entorno laboral o social, atractivas para cualquier cotilleo. Los responsables de la asociación han advertido de que rechazan además el uso de nombres conocidos o famosos como gancho para atraer a otras personas con problemas y que no se atreven a dar el paso. Porque, entre otras razones, el anonimato iguala a los miembros de la organización, sin distinciones entre ellos. Todos padecen el mismo problema: el alcohol. Y comparten una voluntad: desprenderse de esa adicción.

Por lo general, los participantes que han salido del abismo se sienten avergonzados de su vida pasada y desean que nadie vincule su apellido o su nombre con ese estigma. La organización suplica a los miembros que jamás hagan pública en las redes, en internet o en medios de comunicación su pertenencia a Alcohólicos Anónimos, aunque en los círculos íntimos o familiares manejen esa información como mejor consideren. El anuncio que difunda un solo miembro puede comprometer a otros, y las experiencias vividas por la entidad durante tantos años aconsejan esa discreción máxima.

Se han dado casos de personas que salieron de la bebida gracias a Alcohólicos Anónimos y que, tras la buena acogida de la sociedad a esa valentía, han hecho de su difusión un elemento publicitario para sus propios negocios: impulso de centros de desintoxicación, asesorías personales, colaboración en medios informativos, conferencias... La organización ha expresado con firmeza que no desea contribuir al desarrollo de un sistema de *estrellas mediáticas* relacionadas con su actividad.

Otra perversión del anonimato en este ámbito se produce cuando los familiares o las personas en quienes el alcohólico ha depositado su confianza hacen pública esa pertenencia suya. Tampoco se debe identificar a los *padrinos* o *madrinas* (así los llama la organización) que ayudan y acompañan a otro miembro de la entidad; ni mucho menos a los personajes públicos que se hayan adherido a ella.

Igualmente, queda pervertido aquí el anonimato si los integrantes se exponen como tales con sus nombres o sus fotos en espacios públicos, en redes o en ciberpáginas que no se configuren como *privadas* sino como *públicas*. No obstante, la organización sí que respeta el derecho de cada miembro a hablar públicamente a título personal para presentarse como recuperado de la adicción, siempre que no lo asocie con el nombre de la entidad. Asimismo, los integrantes pueden reconocerse miembros de Alcohólicos Anónimos si no revelan su nombre ni su imagen.

En definitiva, se pervierte el sentido de Alcohólicos Anónimos cuando el mensajero se pone por encima del mensaje y por delante de la entidad. Cuando la vanidad o el negocio arrinconan a la discreción.

Protección de datos

Hoy en día somos la suma de nuestros datos. Cuanto hacemos se traduce en números y lugares cuyas constantes permitirán deducir a otros incluso lo que pensamos. La conjunción de nuestro perfil personal con el de millones de personas otorga a cada cesión de estos apuntes un valor gigantesco del que se benefician quienes los manejan, sin que tan descomunales réditos lleguen apenas a quienes los proporcionamos. Y si llegan, será en nuestra contra.

Estas acumulaciones de datos se pueden observar en su conjunto para analizar las tendencias sociales pero también en su más mínimo detalle para radiografiar a cada individuo, sus costumbres, sus consumos, su formación, su poder adquisitivo, su salud.

Toda búsqueda de la confidencialidad individual luchará contra la abundantísima información que los grandes operadores de internet guardan sobre cada habitante del planeta que alguna vez se haya conectado a un sistema electrónico en red.

Una cosa es el derecho al anonimato, que aún no se ha regulado y que no ofrece un consenso entre juristas, y otra el derecho a la intimidad, del que nadie duda. Una persona puede escribir tuits (o équises) y mensajes con su nombre, pero eso no autoriza a las plataformas a utilizar los datos que se deduzcan de ellos y de su actividad en la Red (páginas consultadas, servicios adquiridos, relaciones establecidas, el lugar geográfico donde se encuentra), que siguen mereciendo protección.

A raíz de los abusos registrados en los inicios de la era electrónica, se ha ido abriendo paso el derecho a la protección de los datos personales, burlado sin embargo un día sí y otro también por los gigantes de internet y hasta por los más modestos comerciantes en línea.

El ciudadano tiene derecho a la confidencialidad en sus compras, y también en lo que se refiere a las páginas que visita, en sus comunicaciones y en cualquier aspecto que desee preservar, siempre que sus actos no conculquen las leyes. En este último supuesto, la vulneración de la legalidad, sí se podrían conocer sus datos, siempre mediante autorización judicial y con extremada discreción; pero solamente en lo que resulten relevantes para las pesquisas.

Así, por ejemplo, los hijos que ponen en el mercado una casa recibida en herencia de sus padres tienen derecho a que las agencias que tramiten la operación limiten el conocimiento público general de la identidad de los vendedores y también la localización exacta del inmueble, aunque tales señas se faciliten a las personas que desean visitar la vivienda y luego queden reflejadas en el contrato de compraventa. Eso dificultará, por ejemplo, que terceros malintencionados obtengan información sobre la existencia de casas vacías (mientras no se concrete su adquisición) que pueden ser *okupadas* con facilidad.

Las autoridades de distintos países han aprobado normas conducentes a la protección de datos, de las que se derivan a su vez unos efectos perversos. Por ejemplo, cualquiera que navegue por internet debe responder constantemente a la pregunta de si da permiso a los dueños del espacio que visita para usar la información que obtienen acerca de él, generalmente con opciones asimétricas: contestar que sí resulta fácil; pero el rechazo suele requerir más trámites, incluida a menudo la obligatoria suscripción.

Asimismo, puede ocurrir que una clínica entregue a su paciente al cabo de unos años los resultados de exámenes médicos o las radiografías que le hubiere practicado, para no vulnerar sus derechos a la confidencialidad; cuando por lo general los pacientes no han visto ningún problema en ello, siempre que se protejan bien.

Nos detendremos en otro ejemplo de exceso de celo, de los muchos con los que nos podemos encontrar: las salvaguardias de protección de datos obliga en España a ocultar en las sentencias —una vez que pasan a archivos documentales públicos— los nombres de las personas condenadas, a fin de protegerlas para el futuro y de modo que los hechos imputados no se perpetúen en la memoria general una vez cumplida la pena o resuelto el problema. Eso activa unos efectos perversos.

En primer lugar, la medida puede resultar inútil para las causas de cierta importancia, porque resulta fácil llegar a los apellidos reales por otros medios. Y en segundo término, a menudo se desvirtúa el papel que unas personas en concreto adquirían en relación con su entorno, su influencia, su poder. Esto se hace más evidente en delitos de corrupción política.

Resulta chocante, por ejemplo, que la sentencia que condenó a Iñaki Urdangarin en el caso Nóos y absolvía a su entonces esposa, la infanta Cristina, ofrezca actualmente en los archivos públicos del Poder Judicial unos nombres falsos: "doña Eva" para ella y "don Julio" para él; mientras que el entonces presidente de Baleares, Jaume Matas, pasa a llamarse "don Bernardo". (Bueno, al menos no lo llamaron "don Vito").

La nueva designación se elige aleatoriamente en cada sentencia, pero también se podría establecer por orden alfabético como sucede con los huracanes.

En muchos pasajes de ese texto judicial guardado en los archivos digitales puede volverse absurdo el relato cuando detalla, por ejemplo, que "don Julio" se valió de su relación con el Rey (Juan Carlos I) para desviar dinero público a su sociedad matrimonial, enmascarando de ese modo que la esposa del acusado era ni más ni menos que una infanta de España, hija del Monarca. Quizá la referencia al jefe del Estado también se debería modificar, de modo que, en justa consecuencia, no se hablase del Rey sino, por ejemplo, de "una alta jefatura del Estado" o "don Luis Pablo", pongamos por caso.

Pero aquí de cualquier forma nos hallaríamos ante alteraciones transparentes, porque la mera descripción de los hechos conduce a que el lector atento reponga sin problema los apellidos hurtados. Por tanto, esa alteración carece de sentido en las causas muy conocidas.

Ahora bien, la Administración de justicia ha obrado del mismo modo con todo tipo de condenados, por lo que al menos no cabe imaginar un trato de privilegio. Así lo ordena además la vigente Ley Orgánica del Poder Judicial, que únicamente exceptúa del anonimato posterior (artículo 235 bis) a los autores de los delitos que perjudiquen a las cuentas públicas, como los fraudes fiscales y el contrabando.[2]

2 El artículo 235 recoge: "El acceso a las resoluciones judiciales, o a determinados extremos de las mismas, o a otras actuaciones procesales, por quienes no son parte en el procedimiento y acrediten un interés legítimo y directo,

La resolución de la Agencia Española de Protección de Datos[3] sobre ese asunto defiende a este respecto una teoría sorprendente: "Las sentencias no son públicas, ni se publican para general conocimiento, aunque en virtud del derecho de información existan noticias relacionadas con el denunciante y los hechos".

¿De verdad? Uno de los efectos de la justicia consiste en que el conocimiento de sus sentencias sirva como aviso general, a fin de que todo el mundo sepa qué pasó con aquel supuesto ladrón, con aquella corruptela, con aquel presidente de la comunidad de vecinos que se llevaba una comisión de la empresa con la que contrató el gran anuncio de la azotea. Es decir, no solamente la resolución de las grandes causas, sino también las que envuelven asuntos de menor cuantía, nunca mejor dicho.

No parece muy congruente dotar a los juicios de un carácter público —cualquier ciudadano puede asistir a ellos, siempre que haya sitio en la sala—, pero no a sus conclusiones; es decir, la sentencia.

En realidad, la resolución de la Agencia de Protección de Datos ha venido siguiendo el criterio del Consejo General del Poder Judicial, órgano que acordó en junio de 1997 que "en el tratamiento y difusión de las resoluciones judiciales se procurará la supresión de los datos de identificación para asegurar en todo momento la protección del honor e intimidad personal y familiar".

En los delitos de menor importancia pública sí puede cobrar sentido una actitud discreta, a fin de salvaguardar la reinserción de los condenados o no arruinar para siempre su carrera profesional. Por ejemplo, en una condena por un error médico o por el proyecto deficiente de una vivienda a cargo de un arquitecto, pues en la situación contraria se produciría una doble pena: la expresada en el fallo y la que después aplica la sociedad por su cuenta.

Sin embargo, a nuestro entender, la ley debería excluir de esta protección a quienes fuesen condenados en firme en el desempeño

---

podrá llevarse a cabo previa disociación, anonimización u otra medida de protección de los datos de carácter personal que los mismos contuvieren y con pleno respeto al derecho a la intimidad, a los derechos de las personas que requieran un especial deber de tutela o a la garantía del anonimato de las víctimas o perjudicados, cuando proceda". Y el artículo 235 bis señala las excepciones.

3 Resolución número 01239/2007.

de un cargo público, o por asesinato, o por violación y quizá también por otros delitos graves. Esos procesos habrán provocado además una gran difusión en los medios informativos, con la publicación de todos los nombres, y no por ello los periódicos quedan obligados a alterarlos ante posibles consultas posteriores en sus hemerotecas digitales.

Tal ocultación de datos se da en la jurisdicción ordinaria española desde los juzgados de instrucción hasta el Supremo, pero el Constitucional se salió de esa tendencia invocando que se halla en otra dimensión jurídica. Esta instancia estableció en 2006, ante la petición de un condenado encaminada a que se ocultara su nombre en el repositorio de sentencias, que el artículo 164.1 de la Constitución establece la máxima publicidad y difusión de sus resoluciones, y que tal publicidad se refiere al contenido íntegro, "incluyendo, por lo común, la completa identificación de quienes hayan sido parte en el proceso constitucional respectivo". Todo ello, a partir del "derecho de todos a ser informados de las circunstancias, también las personales, de los casos que por su trascendencia acceden, precisamente, a esta jurisdicción, y sin olvidar que, en no pocos supuestos, el conocimiento de tales circunstancias será necesario para la correcta intelección de la aplicación, en el caso, de la propia doctrina constitucional".[4]

No obstante, el tribunal intérprete de la Ley Fundamental española recapacitó nueve años más tarde, y el 23 de julio de 2015 acordaba excluir de esa publicidad a menores de edad y a quienes requieran un especial deber de tutela, así como a "las víctimas de delitos de cuya difusión se deriven especiales perjuicios" y a las personas que no estén constituidas como parte en el proceso constitucional. Por ejemplo, tiene sentido omitir en una sentencia el nombre de una víctima de abusos sexuales; y también el de un testigo cuya mención pueda perjudicarle.

Regresando a la jurisdicción ordinaria, más permisiva a otorgar el anonimato de los condenados, parece contradictorio que las vistas orales se abran sin apenas excepción a los periodistas, que además se reproduzcan y almacenen todo tipo de datos personales en las noticias y queden al acceso libre en las hemerotecas

4 STC. 114/2006.

digitales, y, frente a eso, que luego se modifiquen los nombres en a efectos documentales (obviamente, sí figuran en las resoluciones que se entregan a las partes).

En este dilema creemos conveniente, pues, que cada tribunal distinga entre casos de relevancia pública (como el que implicó a una hija del rey Juan Carlos y a su marido) y los concernientes a la administración ordinaria de la justicia con relación a particulares sin mayor trascendencia general y que merecen más protección.

También quienes se sirven de las aplicaciones relacionadas con la salud, a su vez, deben estar protegidos contra el manejo de sus datos, especialmente si se trata de salud mental. La vulneración y perversión de esa irrefutable custodia se produce cuando los administradores de tales aplicaciones venden información a terceros. Ellos declaran que su objetivo consiste en ayudar a la gente para superar sus ansiedades, pero se dedican sobre todo a almacenar y despachar un gran volumen de datos confidenciales de quienes se sirven de ellas. Talkspace, por ejemplo, guarda las transcripciones de los diálogos entre los terapeutas y los usuarios.

Este sector de la evaluación informática de enfermedades y achaques ha experimentado un enorme crecimiento en sus usuarios durante los últimos años: un 54,6% entre 2019 y 2021, según las cifras facilitadas a la prensa por la firma analista Grand View Research. No siempre con buenas mañas. Un informe de la Fundación Mozilla, de San Francisco (California), revisó 32 aplicaciones de salud mental o destinadas a guiar oraciones religiosas, y señaló a 28 de ellas por no respetar la intimidad de quienes las utilizaban.[5]

El latrocinio se continúa produciendo ante la pasividad general y la indefensión de los usuarios.

Misha Rykov, uno de los investigadores del citado estudio elaborado por la Fundación Mozilla, declaró al darlo a conocer que algunas de esas aplicaciones plantean un cuestionario a los pacientes sobre cómo se encuentran; registran sus diagnósticos, les preguntan si toman alguna medicación, su edad, su orientación sexual; y lo hacen con "personas que generalmente se hallan en un estado vulnerable". Los datos pueden acabar en empresas que adjudican hipotecas, venden seguros o contratan trabajadores.

[5] G. Bejarano, Pablo, *El País*, 15 de agosto de 2023.

A su vez, Google o Facebook saben si alguien usa con frecuencia esas aplicaciones para reducir la ansiedad, y a partir de ahí les ofrecerán anuncios personalizados o seudoterapias que pueden dañar a la persona en situación difícil, según declaró a la prensa Jen Caltrider, quien dirigió el referido estudio.

Las grandes plataformas operan en el tráfico de datos mediante comportamientos abusivos que se denuncian con frecuencia, que les acarrean multas millonarias de vez en cuando y que, pese a todo, no afectan lo más mínimo a su conducta. Los obtenidos por Google, Twitter, Facebook y otros gigantes les permiten enviar a sus usuarios anuncios individualizados, incumpliendo normas y leyes.

La información privilegiada que obtienen sobre sus millones y millones de usuarios otorga a esas grandes plataformas una ventaja abusiva respecto a los periódicos convencionales (pese a que dispongan de versión electrónica), gracias a sistemas ilegítimos de procesamiento.

"El objetivo de Facebook", ha escrito Marta Peirano, "es convertir a cada persona viva en una celda de su base de datos, para poder llenarla de información. Su política es acumular la mayor cantidad posible de esa información para vendérsela al mejor postor".[6]

Gracias al manejo de datos, Google ingresó en 2019 en España alrededor de 1.900 millones de euros únicamente en publicidad en internet, según el informe *Estudio sobre las condiciones de competencia en el sector de la publicidad 'online' en España*, de la Comisión Nacional del Mercado de Valores. Sólo en el primer trimestre de 2024, el gran buscador declaró unos beneficios de 23.662 millones en su mercado mundial, con un incremento del 57%, según anunció la propia empresa en abril. Y aún quedaban otros tres trimestres en el año...

Ello constituye un peligro notable para la supervivencia de miles de periódicos que son piezas clave en las democracias de sus países; y para la libre información verificada, cuyo mercado publicitario conjunto supone ya solamente un 56%. Las grandes plataformas, que no crean contenido alguno sino que viven del que producen los demás, han logrado el 44% restante.

6 Peirano, Marta (2019), *El enemigo conoce el sistema*, Barcelona, Debate, p. 22.

Algunos datos contextualizan bien el negocio, como el porcentaje de ingresos que reúnen en España solamente entre Google y Facebook: un 70% de la publicidad en internet —50% para Google, 20% para Facebook—, mercado que anota una facturación total de unos 3.500 millones al año.

Ante las situaciones de abuso, 80 periódicos españoles presentaron en diciembre de 2023 una demanda conjunta contra Meta (Facebook), en la que pedían 550 millones de euros como indemnización. Lo que se juega en ese contencioso es determinar el aprovechamiento ilegítimo de datos protegidos de los usuarios para beneficio de la publicidad selectiva. Eso permite enviar los anuncios a millones de personas de forma específica en función de sus respectivas edades, aficiones, gustos, hábitos de consumo, viajes, etcétera; lo que otorga una ventaja competitiva frente a los medios que se abstienen de esas prácticas porque ellos sí cumplen la ley.

El Instituto Poynter, entidad estadounidense sin ánimo de lucro dedicada a estudiar el mundo de los medios de comunicación, cifra en 13.900 millones de dólares anuales el dinero que Meta y Google deberían pagar a los editores de ese país por usar sus contenidos.

Por su parte, las leyes europeas de protección de datos amparan el anonimato legítimo y ordenan a esas grandes plataformas digitales que requieran a sus usuarios el consentimiento expreso y específico, mediante un contrato de adhesión, para poder así tratar sus datos personales con el fin de dirigirles publicidad personalizada, aspecto crucial en el gran negocio de esas empresas. Pero estas plataformas se lo saltan sin problema pese a las sanciones.

En enero de 2023, Irlanda multó con 360 millones de euros a Meta (210 millones por Facebook y 180 millones por Instagram), cuya sede europea había sido llevada a ese país por ventajas fiscales, igual que hicieron otras grandes tecnológicas norteamericanas. En julio de ese mismo año, el Tribunal de Justicia de la UE sentenció, a raíz de un recurso presentado en Alemania, que Meta no tenía derecho a procesar los datos de sus usuarios como lo hace, sin una aceptación específica de su parte sino sobrentendida.

El amparo que deberían procurar las normas de protección de datos se halla hoy, pues, claramente en peligro. Y cuando se respeta escrupulosamente en ámbitos muy reducidos, como hemos descrito en lo relativo a los nombres propios que aparecen en las sentencias judiciales, eso choca a menudo con el derecho constitucional a estar informado y a la comunicación íntegra de considerandos, resultandos y fallos en aquellos casos de gran interés público. En la práctica, falta un criterio sensato y que respete los derechos de los usuarios.

Composiciones populares

Los mozos y las mozas de Peñaparda se congregan en la plaza cuando llegan los primeros soles de mayo y forman corros en los que entre sí se zahieren o se requiebran divertidos sin que ni las ofensas ni los piropos pasen a mayores. Todos se sienten alegres, al compás de los panderos cuadrados construidos con piel gruesa de cabra tensada sobre un bastidor de madera y al son de las melodías tradicionales que aprendieron de sus abuelos. A veces les cambian la letra a las músicas, porque siempre hay alguien que adapta los octosílabos a un personaje del pueblo.

Miles y miles de melodías de compositor desconocido, y por tanto anónimo, se cantan todavía en fiestas populares de todo el mundo. Nadie podrá reclamar los derechos de creación, porque su autoría se pierde en siglos pasados. Estas canciones nos llegan desde los cantos profanos de los juglares que se desarrollan sobre todo a partir del siglo XII. La música trovadoresca se adivina como antecedente de la tonada popular, en la que se dio una realimentación continua entre lo popular y lo culto. Un trovador creaba una melodía que, andando el tiempo, el pueblo recreaba y asimilaba, para convertirla en tradicional; pero luego un vihuelista podía recogerla y componer a partir de ella una obra culta que interpretaría en palacios y fiestas; de donde esa música podía regresar a una romería.[7] En ese proceso no figura nombre alguno. Las tonadas se mueven de un lugar a otro, trasladadas por actores y actrices ambulantes, por ciegos que caminan de aldea en aldea con sus cartelones, por pastores trashumantes, por emigrantes ocasionales o perpetuos, por esquiladores que van de los establos de un pueblo a los

7 Díaz Viana, Luis (1984), *Rito y tradición oral en Castilla y León*, Valladolid, Ámbito, pág. 16.

del siguiente, por las matronas de una comarca, por las maestras que cambian de destino. La tradición oral es a un mismo tiempo, como escribe el musicólogo Miguel Ángel Palacios, "absorción de un pasado e identidad a través de ella".[8]

En efecto, esas canciones, aquellos cuentos, estas danzas pertenecen a colectividades que hacen suya la cultura tradicional, propiedad común; precisamente porque carecen de autor. Sí, lo hubo en el acto de creación, pero luego muchos otros autores fueron añadiendo o recreando las obras, hasta volverlas colectivas, pues tales músicas y relatos se enriquecieron con su mera transmisión entre personas, entre comarcas y entre naciones, hasta llegar a ese grupo que se ha reunido en la plaza de Peñaparda, en la provincia de Salamanca, y a los panderos cuadrados que todavía se construyen con gran mimo en Braojos, en la zona madrileña de Somosierra, con sus cuerdas de tripa en el interior para agrandar la resonancia mediante la ayuda de los cascabeles que cuelgan de ellas.

Francisco Salinas, músico ciego burgalés del siglo XVI, quizás el primer folclorista español, se dedicó a recopilar cantos populares porque buscaba convertir el recuerdo en patrimonio común. Como todo acervo general, su riqueza pertenecía a todos y no era de nadie.

El anonimato entronca en este terreno con los mitos y las creencias. Ello facilitaba que las siguientes generaciones se empapasen de relatos heredados y ejemplos que no podían cuestionar. Un cuento como *Caperucita roja* fue concebido y transmitido con el principal propósito de infundir en los niños el miedo a lo desconocido, para que no se relacionaran con extraños. Con él ya se podía aprender que "el hombre es un lobo para el hombre" aun no habiendo leído a Plauto, creador del famoso dicho, ni a Hobbes, su gran difusor.[9]

El anonimato, la tradición, el "esto se sabe", "esto es así", el "se ha hecho toda la vida", contribuían de ese modo a fijar ideas y hábitos que al poder social, por rudimentario y rústico que fuera, le convenía mantener.

8 Palacios Garoz, Miguel Ángel (1984), *Introducción a la música popular castellana y leonesa*, Santiago Rodríguez (ed.), Burgos, págs. 42 y 43.

9 En latín, *homo homini lupus*, la frase del autor romano. En esa lengua, *homo* y *homini* equivalen a "la persona" y "para la persona". "Hombre" con el sentido de "ser humano varón" se decía *vir*.

Muchas costumbres se han guiado por una herencia invisible que atravesó los tiempos sin dejar de transformarse y que esparcía la esencia con la que nació.

Tal legado transparente y a la vez misterioso se quiebra cuando una obra popular es presentada con una autoría concreta y anotada como propia en alguna sociedad de autores; cuando alguien se adueña de aquellos cánticos de las mozas y los mozos de la plaza de Peñaparda.

Así ha venido ocurriendo con un simple truco: añadir a la melodía tradicional algunos arreglos y registrarlos de modo que se absorba con ellos la autoría entera de la composición que era de dominio público.

Esto es éticamente reprobable, pues falsea lo que pertenece a todos. Un truco inaceptable, pero legal. Algunos avispados se benefician así de lo que no es suyo. Una apropiación cultural en toda regla.

El musicólogo, cantante y arpista asturiano Héctor Braga, según ha contado él mismo, se vio obligado en 2016 a cambiar en una grabación del canto tradicional *Chalaneru* cuatro versos muy conocidos porque alguien[10] los había registrado como propios en la Sociedad General de Autores. Se trata de una canción anónima asturiana que también podría ser cántabra o castellana, pues en todas esas tierras se entona (y quizás en alguna más), con algunas diferencias de ritmo y de melodía entre sí que no impiden reconocer un origen común y una misma canción. En lo que respecta a Castilla, la recoge el *Cancionero de Antonio José*, de 1932, como procedente del norte de la provincia de Burgos.[11] Sin embargo, su autoría difusa de tantos años queda profanada cuando se registra por lo legal con la modificación de un acorde, con una ligera adaptación de la melodía o de la letra, con una armonización..., para que se gestione a partir de ese momento como propiedad del arreglista, que la

[10] En discos recopilatorios de música asturiana figura como autor de esa canción Daniel García Cuesta.

[11] El grupo burgalés Orégano la grabó en 1981 bajo el título "Al pasar el río madre", en su disco *Canción tradicional castellana. El cancionero burgalés. (Homenaje a Antonio José)*, editado por el sello discográfico Guimbarda. Y ha venido cantándola en sus actuaciones. La recopilación del músico Antonio José Martínez Palacios (fusilado por el bando franquista en 1936) la señalaba como recogida en la Merindad de Montija, pero añadía que también se conoce una versión de Palencia.

entonará y tocará seguramente en sus actuaciones y la grabará en sus discos, de lo cual devengará los derechos de autoría correspondientes. El autor verdadero no va a protestar, porque no existe. La creación del arreglo y su interpretación exacta sí merece producir derechos, pero sin que eso impida a los demás cantar libremente la tonada en público. Por otro lado, la sociedad de autores (SGAE) no dispone de medios ni de expertos o inspectores suficientes que puedan reconocer qué arreglo en concreto se está interpretando en cada escenario. Y sería inadecuado adjudicar a un arreglista concreto la interpretación de una melodía popular que él haya registrado y que otro cante, sobre todo si las versiones no se corresponden entre sí.

En la memoria popular se han perdido las autorías de muchos compositores. Melodías como "Libre" o "Un beso y una flor" son canciones "de Nino Bravo" (pese a que las compusieran Pablo Herreros y José Luis Armenteros); y "Penélope" se reconoce enseguida como obra del gran Joan Manuel Serrat, que solamente escribió la letra (mientras que la partitura corresponde al formidable compositor español Augusto Algueró, como bien se acredita en los discos del cantautor catalán). En cuanto a himnos de países, de ciudades, de clubes de fútbol, la gente entona esas melodías tomándolas como propias, y a la vez como anónimas, sin reparar en que alguien las compuso alguna tarde... y en que tal vez eso se sabe.

No sucede así con el himno español, que carece de letra y que se basa en realidad en la *Marcha de granaderos*, conocida popularmente como *Marcha real*, cuyo autor está todavía por descubrir aunque ya figurase recogida en 1761 en el *Libro de ordenanza de los toques militares de la infantería española*, reunidos entonces por Manuel Espinosa de los Monteros. Carlos III la declaró marcha de honor en 1770, y el arraigo popular la convirtió en himno nacional. Se considera el tercer himno más antiguo del mundo (tras el del Reino Unido y el de Países Bajos).

El general Juan Prim, cuando fue presidente del Consejo de Ministros, convocó en 1870 un concurso nacional para que se crease ya una enseña melódica con todas las oficialidades. Pero quedó desierto, pese a presentarse 447 obras;[12] y el jurado recomendó as-

12 García Mercadal, Fernando (2019), *Los símbolos políticos, el ceremonial y las distinciones oficiales del Reino*, Madrid, Hidalguía, pág. 182.

cender a ese rango la *Marcha de granaderos*. Desde entonces ahí sigue. Afortunadamente, por tanto, el himno español es de todos y no es de nadie.

Pese a todo, también aquí se produjo una apropiación como las señaladas más arriba. Una perversión del anonimato.

El clarinetista y músico militar Bartolomé Pérez Casas (1873-1956), que sería nombrado director de la Orquesta Nacional en 1938, había recibido en 1908 un encargo del rey Alfonso XIII para que orquestase la *Marcha real o Marcha de granaderos* o himno español, compuesta en origen simplemente para dos pífanos[13] y un tambor, a fin de darle una presencia más sinfónica y mayor solemnidad. Quisieron los tiempos que Pérez Casas dirigiese en 1951 la primera grabación fonográfica de este himno, que se estabilizó así para la posteridad. Su arreglo (hermoso, a mi parecer) propone un intervalo suave en el medio de la interpretación para alargarla de modo que durase lo mismo que una revista de tropas a cargo del rey; y termina con toda la energía de la banda o de la orquesta.

Este músico militar, catedrático de conservatorio, registró la partitura de toda la pieza cuando la República española desechó la marcha, sustituida en la práctica por el *Himno de Riego*.[14] Y con ello se convirtió a efectos legales en autor de la melodía y la armonización. Seguramente nadie le dio la importancia que tendría después, cuando en 1937 el dictador Francisco Franco recuperó el himno anterior para convertirlo en un arma y apropiarse de él. Los españoles todavía estamos en el proceso de asumirlo sentimentalmente como himno de todos, igual que pasa con la bandera rojiamarilla.

Al fallecer en 1956, Pérez Casas dejó el himno en herencia a una fiel sirvienta suya, María Benito Silva, y a un amigo, José Andrés

[13] El pífano es el flautín de tono muy agudo que se usa en las bandas militares. Curiosamente, aparece con gran protagonismo en los arreglos de la canción *Viaje con nosotros*, sobre todo en la parte final, interpretada por Javier Gurruchaga con la Orquesta Mondragón sobre una letra del poeta Luis Alberto de Cuenca y con ritmo musical de marcha.

[14] Se llama así porque lo utilizó desde 1820 el general liberal Rafael Riego en su insurrección contra Fernando VII (siglo XIX). De compositor musical desconocido, la letra la había escrito su compañero de armas Evaristo Fernández San Miguel. Fue utilizado como himno español durante el Trienio Liberal (1820-1823), la Primera República (1873-1874) y, *de facto*, también en la Segunda República (1931-1939). "Soldados: la patria nos llama a la lid, juremos por ella vencer o morir". Riego murió en la horca.

Gómez, puesto que él no había tenido hijos. Los descendientes de este último se ocuparon bien de gestionar la jugosa herencia: desde mediados del siglo xx hasta 1997 la interpretación de una melodía que se supone pertenece a todos los españoles estuvo proporcionando regalías a unos particulares. Por fin en ese año, ya bien entrada la democracia, donaron generosamente los derechos al Estado a cambio de 130 millones de pesetas, un dineral entonces: más de 700.000 euros de ahora; además de un 5% de los derechos anuales. En la actualidad, los ingresos que correspondan los cobra el propio Estado español, excluyendo ese 5% para los herederos; y la obra pasará a dominio público en 2036.

Nada de esto se supo hasta 1993, cuando el periodista Miguel Ángel Aguilar lo anunció en primicia durante el informativo nocturno de Tele 5, *Entre hoy y mañana*, en la madrugada del 12 de noviembre de aquel año.[15] A continuación, Diego López Garrido, entonces diputado de Izquierda Unida, formuló una pregunta parlamentaria al respecto, y el Gobierno de Felipe González (PSOE) emprendió las negociaciones con los herederos, que culminarían cuatro años después, ya con José María Aznar (PP) en la presidencia. Ahí se produjo el acuerdo de los 130 millones y del 5%, todavía vigente, a cambio de que el himno pasase a propiedad común.

Entre 1989 y 1992 los herederos de Pérez Casas habían recibido 19 millones de pesetas (más de 100.000 euros de hoy) por la radiodifusión y uso del himno.[16] En 2008, según publicó *La Razón* un año después, el Estado ingresó 21.489 euros; y luego acumuló 165.957 en los últimos 11 años.[17] Y eso que, por ley, no se pagan derechos cuando se interpreta en actos oficiales.

En la actualidad se han grabado otras versiones del himno, cuya difusión en medios audiovisuales alimenta a su vez derechos para nuevos arreglistas. El Gobierno encargó en 1997 una versión más (tal vez como presión en las negociaciones con los herederos de Pérez Casas), que se sigue utilizando. Su autor, el

15 Aguilar, Miguel Ángel, *El País*, 29 de abril y 11 de octubre de 1997.

16 Román Pérez, Raquel de, "La ejecución de obras musicales en actos oficiales y religiosos", en *Los límites de los derechos de autor* (2006), Rogel Vide, Carlos (coord.), Madrid, Reus, pág. 268.

17 Suárez, Gonzalo, *La Razón*, 7 de junio de 2009.

coronel Francisco Grau Vergara, donó las regalías al Ministerio de Cultura.[18]

La perversión del anonimato ha sido, pues, escandalosa en este caso. Como sucede con muchas canciones populares —según hemos relatado—, se ha cometido una apropiación ilegítima pero legal del himno español, melodía anónima documentada al menos en el año 1761; y que, de haber salido realmente de la imaginación a un compositor conocido, habría pasado al dominio público hace muchos siglos.

También se ha producido a veces una perversión del anonimato a la inversa (menos censurable): consiste en permitir que pasen como canciones populares las que son fruto de una autoría concreta. Generalmente, con la complicidad del compositor.

En el Renacimiento se concedía más valor a los relatos y a los cánticos anónimos que a los de autor conocido, precisamente por eso: por su riqueza, y porque su perduración ofrecía una garantía de arraigo, expresividad, identidad, belleza incluso. De hecho, los alemanes hermanos Grimm (finales del XVII), famosos por su recopilación de cuentos populares, ocultaron sus propias aportaciones a esa colección para deslizarlas como anónimas.[19]

Joaquín Díaz, el gran etnógrafo español, grabó infinidad de canciones tradicionales en los años setenta y ochenta del siglo XX, y entre ellas intercaló alguna de su propia creación. Con el tiempo, fueron consideradas también populares y reproducidas así por muchos grupos *folk* castellanos y por otros folcloristas, sin que nadie recordase o supiese que habían nacido de su particular genio musical.

Eso aconteció por ejemplo con el romance *El arriero de Bembibre*. Su letra se atribuye al siglo XVIII; pero la música fue creada por el propio cantante castellano. La primera grabación data de 1972, en el sello Movieplay. La melodía, inventada por alguien como Díaz, con profundos conocimientos de la música antigua, encaja como un guante en el texto, y se une a él en la apariencia de haber viajado juntos desde muy lejos.[20]

[18] Suárez, Gonzalo (2009), *La Razón*, 7 de junio de 2009.
[19] Díaz, Joaquín (2023), *Glifos al azar*, Valladolid, Prokomun Libros, pág. 71.
[20] La letra es la siguiente:

Igualmente, Joaquín Díaz puso música propia al romance *El enamorado y la muerte*, al adaptar un texto del *Cancionero de Palacio*, de Juan del Enzina[21] (siglo XVI), escrito en un castellano medieval. También compuso una versión propia de esa letra el chileno Víctor Jara. Ambas canciones se han tomado como tradicionales en multitud de repeticiones y grabaciones del siglo XX, así como otros modernísimos soportes del XXI.

Por ejemplo, la youtubera Alanna ofrece una interpretación suya de la creación musical de Joaquín Díaz y la presenta así, en texto: "Se trata de una versión del romance medieval (s. XV) anónimo titulado *El enamorado y la muerte*, y reúne dos de los temas más

---

Caminito de Bembibre, caminaba un arriero
buen zapato, buena media, buena bolsa con dinero.
Arreaba siete machos, ocho con el delantero
nueve se pueden contar con el de la silla y freno.

Detrás de una encrucijada, siete bandidos salieron.
—¿A dónde camina el mozo? ¿Adónde va el arriero?
—Camino para Bembibre con un recado que llevo.
—A Bembibre iremos todos como buenos compañeros.

—De los siete que aquí vamos, ninguno lleva dinero.
—Por dinero no asustarse, que el dinero yo lo tengo,
que tengo yo más doblones que estrellitas tiene el cielo.
Ellos como eran ladrones se miraron sonriendo.

Ya llegaron a una venta, echaron vino y bebieron,
y el primer vaso que echaron fue para el mozo arriero.
—Yo no bebo de ese vino, que me sirve de veneno.
Que lo beba el rey de España, que yo por mí no lo bebo.

Al oír estas palabras los puñales relucieron.
El arriero sacó el suyo que era de brillante acero.
Del primer golpe que dio, los siete retrocedieron
al segundo que tiró, cinco cayeron al suelo.

Gritos daba la ventera por ver si la oía el pueblo;
ha llegado la Justicia, le han llevado prisionero.
Escribe una carta al rey, contándole aquellos hechos.
Cada renglón que leía, el rey se iba sonriendo:

—Si mató cinco ladrones, como si matara ciento;
siete reales tiene el mozo, mientras viva en este reino.

21 "Juan del Enzina" en la grafía contemporánea de este compositor. "Juan de la Enzina" en la actual.

recurrentes en la literatura de la época. Espero que os encante :)". En el momento de escribir estas líneas, el vídeo ha superado las 748.000 visualizaciones. Uno de los comentarios aportados por quienes se pasan por ahí señala: "Acá en Uruguay este romance convertido a canción por Washington Carrasco y Cristina Fernandez es parte de las canciones que se han convertido en populares a través del tiempo, precioso romance".

La página oficial de la Fundación Joaquín Díaz, en la que se puede disfrutar de la interpretación de este tema a cargo del etnógrafo zamorano, grabada y filmada en los años setenta, deshace el entuerto:[22]

> Este romance medieval es uno de los más bellos de la tradición hispánica. El texto que interpreta Joaquín Díaz es una versión facticia[23] realizada por él mismo y por Luis Díaz Viana[24] a partir del texto de Juan de la Enzina (1468-1529) y de algunas versiones orales. La música la creó Joaquín Díaz, aunque durante más de veinte años no confesó su autoría, por lo que muchos intérpretes la usaron como tradicional y la grabaron o la incluyeron en sus repertorios. Esta grabación se realizó en el Monasterio de San Bernardo y tiene una historia muy especial. Cuando se había terminado el rodaje, el equipo se dio cuenta de que la parte de audio se había perdido, por lo que Joaquín tuvo que poner en estudio posteriormente y, viendo el vídeo, su parte cantada. Es un *play-back* al revés.

Para quienes han dedicado algún tiempo de su vida a la investigación en las tradiciones populares y a salvaguardar las coplas, tonadas, romances, canciones de corro, jotas, cantos a lo llano, al agudillo o seguidillas que se han transmitido al través de los siglos constituye una enorme satisfacción ver que alguna creación propia se empieza a tomar como anónima.

Me consta que los integrantes del grupo burgalés Orégano experimentaron una enorme felicidad cuando vieron que en un

22 https://www.youtube.com/watch?v=-JaZdAwcRRE
23 Artificial.
24 Hermano de Joaquín Díaz y también estudioso de la cultura tradicional.

cancionero destinado a los escolares de la ciudad su composición titulada "Somos castellanos" figuraba como "canción popular burgalesa".[25]

Menor perversión hallamos en algunos plagios involuntarios que se han producido en la historia por haberse considerado tradicional y anónima alguna música que en realidad tenía autor conocido. Es lo que sucedió con la famosísima *Funiculi funicula*. El compositor alemán Richard Strauss (1864-1949; no confundir con los músicos del mismo apellido que formaron la famosa estirpe austriaca) la oyó cuando se hallaba en Italia y le pareció, por su estructura, una música tradicional. Con toda lógica, porque llama la atención esa semejanza, incluido el juego vocal *funiculí-funiculá* destinado a simbolizar el movimiento hacia aquí y hacia allá del aparato que sube y baja. Así que la incorporó sin más miramiento a su poema sinfónico *Aus Italien*. El verdadero autor, Luigi Denza, le demandó por plagio y ganó el pleito. Eso le permitió recibir un porcentaje de los derechos con cada interpretación del arreglo añadido por Strauss en *Aus Italien*.

La creación original fue destinada a celebrar la inauguración del funicular al Vesubio en 1880. De ahí la letra, escrita por Giuseppe Turco en el dialecto napolitano, y que, traducida al español, viene a decir "¡Vamos, vamos, a la cima ya! Funiculí, funiculá".

Los hinchas del Real Oviedo, club de fútbol español, cantan alegres este estribillo. ¿Por qué? Porque hace unos treinta años se estaba probando la megafonía del estadio, el Carlos Tartiere, y el técnico de sonido, Manuel Rodríguez, puso esa canción a todo volumen, con las gradas ya llenas. A la gente le gustó. Muchos la corearon. El presidente del club, Eugenio Prieto, vio el efecto que producía el estribillo y le pidió al técnico que lo repitiese después de cada gol del equipo: "Jamme, jamme, 'ncoppa, jamme jà". Y los aficionados lo cantan, claro. Pero ya no se pagan derechos de autor, al haber pasado la partitura a dominio público por su antigüedad.

[25] Pongo todas las cartas sobre la mesa para que nadie se llame a engaño: Fui desde 1976 integrante de ese grupo, que aún canta de vez en cuando conmigo dentro.

Si no fuera así, al Oviedo le saldrían más caros sus goles que sus delanteros.

Pintadas en las paredes

Los seres humanos que se refugiaron en las cuevas de Altamira hace más de 20.000 años hallaron inspiración en las rugosidades de sus paredes, tomaron del entorno los colorantes que necesitaban para obedecer a su repentino impulso creativo, y, en un ejercicio de abstracción prodigioso, cazaron bisontes y ciervos en su memoria para llevarlos a las paredes y a la posteridad, plasmados tras impregnarse las manos con carbón y óxido de hierro, elementos que les sirvieron para resaltar en negro y rojo las figuras que antes habían grabado con piedra. Los primitivos animales salvajes retratados por primitivos seres humanos cumplieron la doble función de alimentarles el estómago y la creatividad. Esta no tan primitiva.

La maravillosa bóveda de aquella cueva y las creaciones que de tanto en vez descubrimos en las paredes de nuestras ciudades están conectadas por un mismo hilo: la sorprendente aptitud de nuestra especie para representar la realidad y convertirla en puro arte.

No sabemos nada sobre la personalidad de quien fuera que crease aquella fabulosa manada de 25 bisontes prehistóricos acompañados de otras especies. Pero sí somos conscientes de que no sabía firmar su obra.

A menudo también lo desconocemos todo acerca de los artistas callejeros que, teniendo nombre y capacidad para escribirlo, enarbolan orgullosos su anonimato.

El viandante pasea por una ciudad y de pronto le sorprende un mural que le alegra la vista, que da colorido al sombrío panorama de humo y polvo y se eleva sobre las zanjas del Ayuntamiento.

Como el pintor o pintora de Altamira, los creadores de arte en las paredes sólo pretenden causar placer en los demás y a sí mismos; sobre todo a sí mismos durante su trabajo, y, también, durante la contemplación orgullosa y clandestina del objetivo conseguido. Los grafiteros genuinos abominan de quienes empezaron como ellos pero aceptaron la fama y terminaron vendiendo su arte.

Sin embargo, como escribe Luz del Carmen Vilchis, el grafiti[26] ha pasado de ser una expresión del vandalismo y la rebeldía juveniles a considerarse un género artístico que ha trascendido al mundo del diseño y de la moda.[27]

Algunos de quienes un día fueron anónimos resultaron tener nombre: fueron localizados por galeristas, marchantes, expertos en arte; y acabaron rentabilizando su adrenalina. De ese modo han surgido artistas que luego se consagraron en los mercados convencionales y cuyas obras se vendieron por auténticas fortunas. Sucedió así con el británico Banksy,[28] si bien sus circunstancias merecen una explicación detallada.

Desde los años ochenta del siglo XX Banksy dejó verdaderas obras maestras en las calles de Bristol (su ciudad natal, según se cree) y también en las de Londres y otras urbes del mundo. Obras provocadoras, llamativas, geniales, de espíritu social y reivindicativo, que lo encumbraron.

De hecho, algunas de esas pintadas que se subieron por las paredes han resistido las iniciales órdenes de borrado a cargo de las autoridades, gracias a la presión de los vecinos, que en Bristol fueron convocados por la municipalidad a un referéndum informal en 2009 (a través de internet) a fin de decidir si la obra *Hombre desnudo* debía sobrevivir o no a la legalidad aplicable. Ganó la opción de mantenerla.

Esa creación muestra la ventana de un dormitorio a la que se asoman una mujer en ropa interior y su marido celoso, mientras el amante desnudo cuelga del alféizar agarrado con una mano. Com-

[26] El italianismo *grafiti* (de *graffiti*, plural de *graffito*, a partir del griego *gráphein*, 'escribir') se incorporó al *Diccionario* de las academias del español en 2014, con este significado: "Firma, texto o composición pictórica realizados generalmente sin autorización en lugares públicos, sobre una pared u otra superficie resistente". También existe su equivalente español "grafito", que figura en el *Diccionario* desde 1984 como referido a dibujos intrascendentes hechos en la pared y que las academias dan como sinónimo de *grafiti*. Para ambos casos se usa también el término 'pintada'.

[27] Vilchis Esquivel, Luz del Carmen (2018), *Grafiti, del anonimato a la pasarela*, Bloomington, Indiana, Palibrio LLC.

[28] Utilizaremos el masculino, como género no marcado, para referirnos a esta persona, aunque se desconozca su sexo.

pleta el concepto artístico el hecho de que la pintura se plasmara sobre la pared de un centro de planificación familiar y salud sexual.

En Nueva York la policía recibió órdenes de capturar al artista callejero; y el alcalde, Michael Bloomberg, declaró en octubre de 2013: "El grafiti arruina la propiedad pública y es un signo de decadencia y pérdida de control. [...] Lo que hace Banksy puede ser arte, pero no se debe permitir; y eso es exactamente lo que dice la ley". Si esto lo defiende un miembro del Partido Demócrata, qué pensarán los republicanos... Antes que él, en 1982, su antecesor en la alcaldía neoyorquina Edward Koch, demócrata también, declaró la guerra a las pintadas, incluso a las artísticas. Las máquinas de chorro de arena o pintura gris aplicada a rodillo han acabado con auténticas obras de arte.

Hubo un tiempo en que Banksy trabajó con un marchante, Steve Lazarides: entre 2006 y 2008; pero luego rompió esa relación y se dedicó en exclusiva a plasmar sus creaciones en rincones insospechados de las ciudades. Aquella etapa comercial, a la que regresó ocasionalmente, le dio para ganar un buen dinerillo.

Un cuadro de este pintor callejero, titulado *Niña con globo* (que también había plasmado en una pared de Londres en 2006), llegó a ser subastado por Sotheby's en esa capital el 5 de octubre de 2018, y adjudicado por 1,2 millones de euros; pero en el momento de resonar el mazo sobre la mesa, un mecanismo escondido en el marco destruyó la mitad del dibujo (por un fallo técnico quedó indemne la otra mitad) mediante un sistema de triturado que ideó el propio autor "para denunciar la mercantilización del arte".[29] ¿Quién activó el mecanismo, tal vez con un telemando? Se desconoce.

La propietaria que se había adjudicado la obra —expuesta luego en distintos museos, como los de Londres, Hong Kong, Taipéi y Nueva York— decidió subastarla de nuevo tres años después, y en esa segunda operación obtuvo 21,2 millones de euros: 20 millones más de diferencia a su favor. Esa vez el cuadro, considerado una obra nueva y distinta, se tituló, por decisión del propio Banksy, *El amor está en la basura*.

29 En este enlace de YouTube se puede observar el momento en que eso ocurrió. https://www.youtube.com/watch?v=7IXNHWutxF4

Ya antes se había sometido a subasta otra creación de este misterioso artista, la titulada *Cambiador de juego*, que él donó durante la pandemia con el fin de conseguir fondos para el sistema sanitario británico; y que se entregó a cambio de 19 millones de euros. Un trabajo anterior, *Parlamento devuelto* (lienzo que muestra a la Cámara de los Comunes con 150 chimpancés en los escaños) se vendió por 11,3 millones de euros en octubre de 2019.

Entre 2020 y 2021, ocho obras de este creador se adjudicaron en subastas internacionales por 43,7 millones de euros; y él ha hecho frecuentes donaciones de esas ganancias, como los 2,4 millones de euros en 2020 para un hospital infantil de la ciudad de Belén, en Palestina, obtenidos con la venta de su tríptico *Vista del mar Mediterráneo*, que refleja unas playas en cuya arena reposan abundantes chalecos salvavidas.

Algunas de sus pinturas se han borrado, otras han sido trasladadas con pared y todo (desde edificios semiderruidos) para conservarlas y venderlas a coleccionistas o ricachones, pero también las hay que se han mantenido en el lugar gracias a la presión ciudadana.

Banksy encaja en el apartado de seudónimos opacos, lo cual equivale al anonimato. La identidad real del genio se desconoce, pero ¿por cuánto tiempo? Su peripecia guarda un cierto parecido con la de B. Traven, relatada más arriba. No podemos considerarla exactamente igual, porque el escritor se ocultaba a causa de su miedo al nazismo sin haber cometido delito alguno, mientras que al artista de muros y paredes nadie lo persigue y solamente tiene asuntos pendientes, y de reducida cuantía, con la policía londinense. Scotland Yard llegó a infiltrar agentes entre los grafiteros para averiguar quién se escondía tras ese seudónimo. No parece que lo haya conseguido. Sin embargo, algunas personas por fuerza han de conocerlo, pues sus obras se han vendido y se han expuesto, lo que produce beneficios y necesita transferencias nominales, tal vez intermediarios, gestiones, deducciones y pagos fiscales…

Se han publicado en la prensa británica distintas hipótesis sobre su identidad verdadera. Las más fiables corresponden a la revista *Journal of Spatial Science* (2016) y al periódico *The Sun on Sunday* (2008) que apuntaron el nombre de Robin Gunningham, nacido en Bristol hacia 1982 y que estudió en la Cathedral School, donde aún consta su ficha.[30]

Realmente, el logro de Banksy al salvaguardar su nombre real adquiere dimensiones colosales, a la altura de su propia creación artística. Ha abierto una cuenta de Instagram, y ha creado una empresa que verifica la autenticidad de sus obras; ha recibido (y luego donado) ingentes cantidades de dinero que algún banco habrá debido acoger y que alguien habrá tenido que declarar ante Hacienda; formalizó en 2014 la petición de una marca registrada, ha trabajado con un marchante que colocaba sus cuadros en importantes galerías, ha arriesgado ser visto (y detenido) mientras plasmaba las obras por las paredes callejeras de decenas de ciudades… Debe de ser fabulosa su habilidad para terminar en un santiamén dibujos murales sin que nadie le intercepte en su tarea. Se ayuda seguramente de la técnica del estarcido (así se dice en español; en el mundillo de las pintadas se usa el anglicismo *stencils*), que consiste en elaborar una plantilla tal vez de cartón o de plástico o de metal que deja unos huecos sobre los que se proyectará la pintura contra la pared mediante un aerosol. La técnica de estarcir consiste en estampar dibujos coloreándolos a través de los recortes efectuados en un patrón. Eso permite reproducir una obra cuantas veces se quiera en lugares distintos. Pero hace falta un amplio tiempo de ejecución y en muchas ocasiones un andamiaje que permita pintar a cierta altura. ¿Cómo lo consigue Banksy? No lo sabemos bien, pero en cualquier caso añade al arte de sus pinturas el arte de desaparecer sin ser visto.[31]

Las obras callejeras llamadas grafitos o grafitis nacieron en Estados Unidos cuando alguien que firmaba Cornbread ('pan de maíz') derramó su firma por las paredes de Filadelfia en 1965. Después pasaron a Nueva York y otras ciudades. Ya en los años setenta, tuvieron como soporte los descuidados vagones del metro neoyorquino, que no se limpiaban por fuera y que por tanto

[30] Fresneda, Carlos, "La ciencia descubre a Banksy", *El Mundo*, 4 de marzo de 2016.

[31] Tomo esta original expresión del título de Pepa Roma *Cómo desaparecer sin ser visto*, Exadra, 1990.

circulaban con esas pintadas por la ciudad subterránea para la contemplación de quien anduviera cerca.

Su eclosión en España se data en 1984, según señalaba desde su título la exposición *Todo empezó en el 84. Orígenes del grafiti en España*, organizada en el Museo Nacional de Antropología en 2022. La pintada artística primigenia se había plasmado algo antes, en 1976, en la base militar de Torrejón de Ardoz (Madrid), y tuvo como artífice a un estadounidense que previamente saltó una valla. Alguien que firmaba como Michel dibujó al niño Guille, hermano pequeño de Mafalda (Quino).

De aquellas acciones surgieron por todo el mundo pintores que terminarían exponiendo en las más importantes galerías; y con el tiempo algunos ayuntamientos promovieron estas intervenciones en grandes paredes urbanas, ahora sí de modo regulado. Lo cual no impidió las actuaciones espontáneas y consideradas ilegales.

Banksy no ha sido, obviamente, el único artista callejero anónimo o que se ha desempeñado con un seudónimo, en este caso opaco.

Quizás el título de grafitero español más conocido de los años ochenta se le pueda otorgar al madrileño Muelle, seudónimo transparente de Juan Carlos Argüello Garzo (1965-1995), quien no alcanzó a cumplir los 30 años porque se lo llevó el cáncer. Muelle hizo de la firma un arte, pues sus obras consistían simplemente en reproducirla con distintos formatos, colores y diseños. Empezó a aparecer en 1981, y apenas 10 años después ya la había esparcido (con diversos y originales desarrollos) por toda la ciudad. Eso sí, respetando los edificios históricos o protegidos, usando solamente lugares donde pintar causaba el mínimo daño, como tapias provisionales y paredes de edificios todavía en construcción, o el papel de los anuncios en el metro. Asumió el seudónimo Muelle porque en el colegio le endosaron ese mote después de añadir a su bicicleta un muelle gigantesco destinado a amortiguar mejor sus evoluciones. Pero nunca ocultó la identidad real vinculada con su firma, que inscribió incluso como marca registrada. Eso le obligó a cumplir unos trámites y rellenar los formularios con sus datos reales. Con ello no pretendía rentabilidad alguna, sino protegerla ante plagios.

Perseguido en un principio por sus pintadas, fue detenido en 1987 y multado con 2.500 pesetas (con la inflación, unos 50 euros de ahora) por haber plasmado su famosa rúbrica en el pedestal de la escultura del Oso y el Madroño colocada horas antes en la Puerta del Sol de Madrid, tras sorprenderle un sereno (para las nuevas generaciones: los vigilantes nocturnos, que en Madrid ejercieron esa labor hasta 1977). Pero sus obras llegaron tiempo después a ser mostradas en los catálogos municipales que presumían del moderno Madrid de la movida; sin haber contado con su autorización, por cierto. Además, colaboró en la escenografía de las fiestas de carnaval de 1992 en el Círculo de Bellas Artes, entidad que le pagó 100.000 pesetas (algo así como la mitad de un buen sueldo mensual de entonces) por un mural con su famosa firma, en colores rojo y amarillo. Una reproducción de ese mural ocupó los décimos del sorteo de la Lotería Nacional del 3 de marzo de 2002, emitidos en homenaje al arte urbano. En 1987 fue entrevistado para un documental emitido por TVE, en el que aparecía con unas grandes gafas oscuras.

En cierta ocasión le ofrecieron a Argüello que su firma-dibujo (la palabra *muelle* con evocación de ese objeto, subrayada por una flecha en forma de espiral) acompañara a la publicidad de una marca de colchones, pero lo rechazó. Le pagaban cinco millones de pesetas, una cantidad enorme en la época. Como tantos otros artistas urbanos, intentaba alejarse del mundo comercial. Pero esos ofrecimientos y su imagen televisada prueban que su apellido se conocía y que alguien interesado en encontrarle podía hacerlo.

El Ayuntamiento de Madrid, cuyos agentes lo perseguían en los años ochenta, le dedicaría en 2016 una plaza con su nombre, en el barrio de Campamento, el suyo; y en 2022 colocó una placa conmemorativa en el inmueble donde vivió, en el número 2 de la calle de Carazo. También organizó anualmente un certamen de arte urbano bajo la denominación Juan Carlos Argüello. El artista participó en grandes ferias, como Arco 87, en Madrid, con una pieza de su firma a gran escala que luego estuvo expuesta en el Museo de Arte Contemporáneo de Madrid y por la que ingresó 20.000 pesetas (lo justo para pagar los materiales). Al menos, la galería contratante, Estiarte, no hizo negocio con la tela y se la donaría años más tarde al Ayuntamiento.

Así, este personaje fue anónimo para millones de madrileños y visitantes que contemplaban su firma por todas partes, pero la rúbrica ofrecía toda transparencia para los entendidos y para el mundo del arte.

Hoy apenas quedan dos vestigios de su notorio paso por las calles de Madrid: uno en el número 30 la calle de la Montera (junto a la Gran Vía), que data de 1988 y ha sido restaurado por la autoridad municipal, y otro en lo que fue un muro interior de la prisión de Yeserías. Muelle había estampado en él su firma en 1990 aprovechando una actuación del grupo de rock del que formaba parte como batería. La banda se llamaba Pánico en el Teléfono. Alguien intentó borrar esa pintada con un cepillo, pero aún se reconocen sus trazos.

También destacaron en aquella época rúbricas como las de Fer, Rafita, La Rata, Bleck o Tifón, seudónimo este último del luego actor y director de cine Dani Guzmán, quien llegó a conocer a Muelle, al que admiraba.

Generalmente, las pintadas callejeras —muy anteriores a las artísticas— han mostrado mensajes reivindicativos o contraculturales, influidos por la intrínseca esencia de ilegalidad y clandestinidad con que se plasman sin permiso en lugares públicos; incluso han participado de procesos revolucionarios, como el de Nicaragua en los años setenta del siglo XX. Los autores de textos o dibujos se arriesgan hoy en día en España a multas de hasta 600 euros y renuncian tácitamente a la propiedad intelectual de esas obras, que se pueden destruir o alterar sin pedirles permiso. Sin embargo, a ellos les basta con quedarse la fotografía correspondiente, tomada a solas una vez que la pintada ha sido concluida. Así funciona la temporalidad de su empeño.

Pablo Ochoa de Olza, pamplonés de 55 años en el momento de publicarse esta obra, desplegó su arte cuando era adolescente, y dejó rastro en los muros de Barcelona, Madrid, Medellín o Nueva York, entre otras ciudades del mundo. Muchos años después se convertiría en un pintor reconocido por los galeristas.

Ahora bien, el anonimato pacífico se vuelve más difícil cuando los artífices de esas transgresiones se alejan del arte y se acercan a la gamberrada.

La sociedad tolera a los autores sin nombre cuando no producen un daño; o cuando al menos ocasionan efectos leves o reversibles, superados por el mérito reivindicativo o por la belleza de la frase, o por la calidad del dibujo. Vale la pena invadir un espacio público si a cambio se mejoran el entorno o el ambiente.

Hoy en día, no obstante, el derecho al anonimato en lo que concierne a los grafiteros suele decaer con estrépito cuando sólo persiguen su notoriedad, aunque fuera paradójicamente una notoriedad anónima. En ese caso, el daño en el entorno supera el beneficio ofrecido por la pintada.

El derecho al anonimato desaparece con esas acciones patosas, y también el anonimato mismo cuando son detenidos con las manos en la pintura. Por ejemplo, el extremeño Loky fue condenado en 2022 a pagar 31.000 euros de multa por responsabilidad civil y otros 2.344 por daños al patrimonio histórico; y aún se libró de los cuatro años de cárcel que reclamaba la Fiscalía. Nada podía ya ocultar su nombre: Diego Terrón, de 44 años. Sus pintadas carecían de valor artístico y además invadían espacios sensibles del patrimonio local. No se recuerda que tuviera apoyos de la ciudadanía.

La experiencia de Loky se diferencia mucho de la vivida por Imon Boy, grafitero malagueño de 32 años en el momento de escribir estas líneas (nació en 1992). Por la mañana hace pintadas en las paredes de cada ciudad que recorre, y por la tarde toma el lienzo en su casa para crear sobre él. Estas segundas obras se exponen en las mejores galerías, de Ibiza a Dubái o Hong Kong, con su seudonimato opaco. Sin embargo, sí le conoce personalmente una reducida parte del mundo artístico, y también algún periodista al que ha dado declaraciones (por ejemplo, Nacho Sánchez, de *El País*). Pero eso no significa que unos y otros sepan su nombre real.

Para sus pintadas callejeras, de estilo similar a los dibujos de los tebeos, elige lugares donde no haga daño. Descarta soportes como automóviles, vagones o escaparates. "No pinto en ningún sitio donde no me gustaría que me pintaran a mí", ha dicho. Tiene una cuenta en Instagram con casi 80.000 seguidores, y por ahí recibe ofertas para sus creaciones.

Su anonimato (o seudonimato opaco, que viene a ser igual) ha propiciado que otras personas se hayan hecho pasar por él. Porque la elección de ocultarse implica asumir en cierta medida la indefensión ante plagios, usurpaciones o suplantaciones.

Eso lo padeció también Banksy. La empresa de tarjetas de felicitación Full Colour Black usó sin permiso la pintada *El lanzador de flores*. En ella se identifica de inmediato la imagen de un manifestante prototípico, tantas veces retratado por los fotógrafos en actitud de lanzar un artefacto incendiario o una piedra, pero que en este caso lanza un ramo de flores. El dibujo lo había pintado Banksy en una calle de Jerusalén en 2005. La entidad Pest Control, encargada de autentificar las creaciones de este artista, emprendió en su nombre (o, mejor dicho quizás, en su seudónimo) una disputa legal contra esa empresa, cuyos directivos alegaron que se podía usar la obra porque no tenía autor conocido. La Oficina de Propiedad Intelectual de la Unión Europea rechazó los argumentos de los representantes de Banksy en septiembre de 2020: no se le puede considerar, sentenció, como creador incuestionable de sus obras, porque oculta su identidad, y además tampoco utiliza el signo distintivo de marca registrada.

Según la norma establecida por esa Oficina, los derechos de una obra que se divulga sin artífice conocido corresponden a la persona o entidad que la publica o la muestra a la luz.[32]

Entonces ¿cómo se protege la propiedad intelectual de un cuadro anónimo? Para estos casos las leyes suelen permitir que terceras personas (individuos o empresas) ejerzan los derechos, siempre que cuenten con la pertinente autorización del verdadero autor. También es posible para el artífice inscribir su creación como anónima aportándola al registro a fin de que conste y se pueda cotejar con otras anteriores y posteriores en caso de conflicto por la autoría; así como señalar en ese mismo acto qué persona le representa en el ejercicio de tales derechos. Una vía opcional consiste en registrar como propietario una marca comercial y asignarle sus creaciones.

Todo ello conforma un camino sinuoso para quien desee esconderse en un seudónimo opaco y a la vez impedir que su creación se venda o se manipule. La protección integral de una obra y de su creador requiere de unas formalidades que Banksy no parece dispuesto a cumplir. Y sin esas formalidades resulta difícil ampararla. Un callejón sin salida, al menos de momento.

[32] Existe una diferencia en la duración de los derechos de explotación de una obra anónima respecto a otra de autor conocido. En este segundo supuesto, caducan a los 70 años de su muerte. En el de autor desconocido, a los 70 años de haberse publicado (puesto que no se puede saber cuándo murió).

Asunto aparte es la cuestión fiscal. Ignoramos cómo organiza Banksy el pago de impuestos. Su elección del anonimato deja en el aire la fiscalización del dinero que un artista genera y se ha embolsado, independientemente de que luego haya dedicado una parte (hasta donde sabemos) a causas nobles y humanitarias. Se podría replicar que mediante esas donaciones ya ha cumplido con la solidaridad necesaria respecto al resto de la sociedad; pero esto no debe funcionar así. Cada uno no puede decidir a qué dedica su parte de contribución al bien común, porque ello significaría el caos y acabaría con los estados de bienestar tal como los conocemos. Hace falta una gestión pública democrática en la redistribución de la riqueza para atender a las necesidades sociales con una visión de conjunto.

También cabe la posibilidad de que sus ingresos se hayan presentado como propios de otras personas, quienes quizás hayan abonado los impuestos correspondientes como si se tratara de cantidades realmente ganadas por ellas. Pero eso puede equivaler a su vez a distribuir una fortuna entre otros para diluir la progresividad fiscal que implicaría acumularla en unas solas manos.

Asimismo, es posible conjeturar que Banksy haya interpuesto entre él y el fisco una sociedad intermedia, que le evitaría el pago directo por sus rendimientos personales.

Estamos, pues, ante un problema complejo si partimos del derecho de Banksy a mantener oculta su identidad real. Pero, a falta de pruebas en contra, imaginaremos que su comportamiento como contribuyente es el adecuado y que ha elegido alguna vía legal y además legítima. Carecemos de pruebas en contra.

La visión de las paredes como lienzo permite concebirlas también como pancarta y como papel donde plasmar todo tipo de inquietudes humanas, desde los más grandes ideales políticos expresados con brillantes metáforas hasta las más básicas necesidades biológicas.

Esa inclinación de plasmar algo en los muros acompaña a los seres humanos desde las pinturas rupestres del paleolítico hasta las calles de los mejores y los peores barrios, y pasa también por la tierna afición infantil de practicar en el salón de casa con un lapicero, sin olvidar toda una variedad de artistas de los retretes.

El arte urbano de hoy en día ofrece en numerosísimas paredes de las calles obras anónimas cuyos artífices las plasmaron clandestinamente con riesgo de su seguridad física y de su libertad civil. No las firman, por miedo a ser detenidos bajo la acusación de usar unos soportes o bienes que no les pertenecen individualmente, por tratarse de propiedades colectivas o privadas. Pero también por una voluntad individual de que la obra oculte al autor.

Las pintadas políticas encuentran su antecedente próximo en el Mayo del 68 en París, continuado por muchos otros acontecimientos históricos, como la caída del Muro de Berlín.

Los jóvenes revolucionarios franceses grabaron en las calles y en la universidad frases como "debajo de los adoquines está la playa", "el mañana brilla en el hoy", "sé realista, pide lo imposible", "la imaginación, al poder", "prohibido prohibir", "el infinito no tiene acento" o "muerte a los tibios". Esos y otros mensajes conformaban la idea, también impresa por las paredes, de que "los muros tienen la palabra". Todas estas creaciones anónimas pasaron a la historia por sus argumentos y no por los apellidos de sus autores.

Las pintadas han acompañado en todo el mundo los movimientos contra algún tipo de represión política o laboral. Durante la dictadura franquista también se esparcieron por España, pese al riesgo que eso implicaba para quienes se arriesgaban en la tarea. Llegaron a abrirse consejos de guerra contra jóvenes que habían gritado sus frases o dibujos desde las paredes de los centros académicos. Por ejemplo, tres estudiantes fueron condenados a cuatro años de cárcel por pintadas en la Universidad de Barcelona. Sus textos eran muy violentos y subversivos: "Por una universidad libre", decían.

Las pintadas de carácter político en las paredes abrieron hueco a esa otra forma de expresión también anónima que en algunos casos ha aportado auténticas obras de arte. La compulsión creativa de aspiración estética —no siempre conseguida en la imagen ni en la palabra, a veces ni siquiera pretendida— convivía con el placer producido a los autores de textos y dibujos por la adrenalina que se desencadena en el cuerpo humano al asumir la aventura de pintar un muro a medianoche con el riesgo de ser detenido.

Las pintadas en las paredes parten a su vez de un precedente cada vez más inusual, que alumbró grandes creaciones, muchas de ellas encuadradas en la mejor escatología. Pero no en los espacios abiertos, sino en otros más privados y recogidos. Se documentan ya en siglos pasados, como las recogidas en la obra *Décimas compuestas por el presbítero José Manuel de Mata en el año de 1846 y que se conservan en las paredes del excusado del Curato de esta villa.*[33]

El etnólogo Joaquín Díaz[34] reproduce algunas de ellas, como la siguiente:

No hay que cansarse, mortales,
en cagar no hay excepciones
porque todas las naciones
en esto son muy iguales:
De las materias fecales
todos hacemos morcilla
y cuando la gana pilla
dando al intestino tono,
el rey baja de su trono
y el Papa de la su silla.

Añade esta otra, más moderna, anotada en los retretes de una estación ferroviaria:

A cagar bajé del tren
al parar en Alicante.
Como cagar, cagué bien
pero me jodió bastante,
pues me quedé en el andén.

Esas y otras rimas fueron famosas, y todavía se ven ocasionalmente en la actualidad a pesar de que alguna ya no adquiera el sentido que ofreció cuando los baños públicos consistían en aquellas rudimentarias letrinas (retretes con un simple agujero en el suelo y que vertían lo recibido a un único tubo colector) y se hacía necesario obrar de pie y atinar en la diana:

33 Impreso en Tepoztlán, México, Tipografía [imprenta] de José Donaciano Rojas, 1895.
34 Díaz, Joaquín (2023), *Glifos al azar*, Valladolid, Prokomun Libros, pág. 272.

Cagad alegres,
cagad contentos,
pero hijos míos,
cagad dentro.

La evaluación ética de estos anonimatos dependerá de si causan daño o no. La inscripción a navaja en la puerta del retrete difiere de la frase escrita con rotulador que se borra con un simple paño mojado, de modo que la superficie quede dispuesta para una nueva intervención anónima. La pintada sobre un monumento se considerará de muy distinta manera que la frase fijada sobre la pared de un edificio abandonado. En cualquier caso, se han de considerar protegibles todas las obras artísticas que contribuyen a embellecer nuestras ciudades. Qué se considera bello y qué no podría quedar a cargo de algún comité de expertos de cada localidad.

Eso sí, convendría que toda proclama suprimida se anotara en un cuaderno para dejar constancia de ella y, si acaso, del ingenio del autor.

Disidentes políticos

Algunas de las personas más valiosas y valientes de nuestra especie se han dedicado al activismo político o sindical en medios hostiles. Dictaduras, democracias imperfectas, entornos totalitarios, empresas vengativas. Lo han pagado con su vida o con el sometimiento a la tortura. Otras, con la pérdida de su libertad o de su trabajo. La mayoría de ellas decidieron en algún momento pasar a la clandestinidad, abandonar sus entornos y ocultar sus nombres. O quizá desarrollar una doble personalidad, con un esfuerzo y una concentración mentales que en cualquier momento podían quebrarse. Se jugaron la integridad física, sus propiedades; cambiaron el futuro que habían soñado para ellas mismas por la ilusión del futuro que imaginaban para todos. Y tuvieron miedo.

El miedo se ha reflejado en páginas anteriores como activador de anonimatos literarios o creativos. (B. Traven al sentirse perseguido por los nazis; Bobby Deglané cuando se le tachó injustamente como tal; los autores de pintadas callejeras, las escritoras que temían no ser reconocidas en su literatura si firmaban con su nombre, los actores griegos que se ocultaban tras sus máscaras…). El miedo y la precaución abocan igualmente hacia el anonimato a los disidentes políticos o sindicales en las dictaduras y en los regímenes autoritarios (Venezuela, Rusia…), donde han de actuar clandestinamente a fin de no sufrir represalias.

Cuando no se dan las circunstancias para un desarrollo de las libertades, cuando nos hallamos ante un régimen ilegítimo, la legitimidad se traslada a quienes luchan contra él. En ese momento se ha de comprender el anonimato, defendible siempre que no se vulneren los presupuestos de la ética tal como se entiende en las sociedades humanas.

En el franquismo, las octavillas[35] sin firma circulaban entre los arriesgados opositores; y también los panfletos, las publicaciones clandestinas, a menudo impresas rudimentariamente a ciclostil o en máquinas de manivela portátiles llamadas entonces *vietnamitas*, como recuerdo de su uso en Vietnam durante los años cincuenta contra la dominación francesa (1946 a 1954).[36] A las octavillas la gente las llamaba también *hojas volanderas* porque llegaban volando, y volando se iban sin que supuestamente nadie se las llevara.

El Código Penal de 1944 declaraba ilegal ese tipo de propaganda desafecta al régimen; y si alguien era sorprendido en su creación o difusión podía sufrir tortura y cárcel. Eso no arredró a los valientes: entre 1964 y 1973 fueron incoadas 2.622 causas por propaganda ilegal.[37]

El dirigente comunista Santiago Carrillo, exiliado en Francia tras la Guerra Civil, entró clandestinamente en España en 1976 escondido bajo una peluca de pelo gris que ocultaba su calvicie. El postizo se conserva desde 2008 como objeto histórico en el Centro Documental de la Memoria Histórica, en Salamanca. Fue confeccionado por Eugenio Arias, peluquero y amigo de Pablo Picasso. Con ese anonimato parcial (su círculo de confianza sabía de

[35] *Octavillas* por su tamaño: la octava parte de un pliego de papel. Unas eran más grandes y otras más pequeñas, pero todas acabaron tomando ese nombre como genérico.

[36] Martínez, Jesús A. (2023), *Vietnamitas contra Franco*, Madrid, Cátedra, 2023.

[37] Del Águila, Juan José (2001), *El TOP* [Tribunal de Orden Público]. *La represión de la libertad (1963-1977)*, Madrid, Ministerio de la Presidencia.

quién se trataba), Carrillo participó en reuniones en Madrid cuando todavía su partido se desenvolvía en la ilegalidad.

Con el tiempo, la peluca de Carrillo llegaría a desatar muchas bromas. Sus propios amigos le decían que parecía "una puta vieja". Pero la España de entonces entendió como una necesidad aquel anonimato y nunca le fue reprochado (salvo por los propios franquistas, obviamente).

Los años de aquella clandestinidad también provocaron que Felipe González —quien tiempo después, en 1982, alcanzaría la presidencia del Gobierno español— fuera conocido mediante el seudónimo de Isidoro, con la intención de no poner las pesquisas fáciles a la policía de Franco. Y el escritor comunista Jorge Semprún (que sería ministro de Cultura con Felipe González) recibió el Premio Planeta de 1977 por *Autobiografía de Federico Sánchez*, el nombre con el que se desenvolvía en los años de la dictadura.

Cientos de miles de activistas y políticos han actuado anónimamente o con antropónimos falsos (seudónimos opacos) en situaciones de opresión a lo largo de la historia, y no merecen censura alguna, sino que se les otorgue el más noble reconocimiento. Situación muy diferente a la de terroristas y delincuentes que acuden también a sobrenombres para ocultar su verdadera identidad.[38]

La legitimidad del miedo de quien lucha contra una dictadura se opone a la ilegitimidad cobarde de quien atenta contra una democracia.

Pero no solamente el miedo impulsa el anonimato político, sino que a veces lo hace también la búsqueda de un símbolo que se sitúe más allá de la propia personalidad de quien lo encarna, de modo que se desprenda de los vicios del ser humano para elevarse sobre su condición a la manera de personaje sin fallas: de manera que pueda acercarse al mito.

Quizás esa pulsión alentó la figura del Subcomandante Marcos, seudónimo opaco del líder del movimiento zapatista surgido en México en los años noventa del siglo XX. El misterio en torno a él

[38] La ocultación del nombre en política ha sido abordada por Erik Bordeleau en su libro *Foucault anonimato* (Cactus, 2018). El autor se basa parcialmente en la obra de ese autor francés y en su idea de "escribir para esconder el rostro", mencionada en capítulos anteriores.

condujo a fraguar un ideal de persona, alguien de gran formación académica, bien parecido físicamente, de ademanes amables y a la vez firmes, cuyos atractivos ojos asomaban en el hueco dejado por su habitual pasamontañas.

A veces esa figura mítica no reside en una persona, sino en una idea bajo la que se ampararan varios individuos. Eso se da con la denominación Anonymous, nombre propio en inglés que se construye paradójicamente sobre la palabra que refiere un anonimato. Cualquiera puede convertirse en un Anonymous y colocarse su famosa máscara, la que recrea el rostro del conspirador británico Guy Fawkes (siglo XVI) según se usó en la película *V de Vendetta*.

Esta organización desorganizada nació en 2006 para defender la libertad de expresión, y entre sus ataques se recuerdan el ejecutado en el día de Nochebuena de 2011 contra la base de datos de StratFor Global Intelligence, apodada "La CIA en la Sombra"; o, en 2022, la descomunal invasión en ciberespacios del Gobierno de Bielorrusia y los pirateos de servicios informáticos de Rusia.

Aquí el uso del anonimato se plantea con fines encomiables, en defensa de las libertades y en contra de países totalitarios, autoritarios o antidemocráticos. Con más simpatía se reciben acciones suyas como las de lograr que en las pantallas de los puntos de carga de coches eléctricos de Moscú apareciesen los mensajes "Putin es un capullo" y "Gloria a Ucrania".

Menos apoyo merecen, en cambio, actuaciones como la practicada por Anonymous Catalonia al revelar los datos personales de los afiliados en Sabadell al partido ultraderechista Vox, porque eso constituye una invasión en la intimidad de las personas. Pero, obviamente, se ve difícil adjudicar este daño a una organización o a una *designación* en concreto, la de Anonymous, cuando ni siquiera estamos ante una entidad palpable; al menos en apariencia, porque también se ha sospechado que Anonymous opera como tapadera de los servicios secretos de algún Gobierno. O de varios sucesivamente. Tan anónima es esa organización etérea que ni siquiera podemos saber qué hechos le corresponden realmente.

Los anonimatos de la actividad política también constan de una cara perversa.

Las siglas de partidos, sindicatos, organizaciones sociales... encubren a veces también mensajes anónimos. A menudo se escriben bajo esas firmas o seudofirmas ataques difamatorios contra dirigentes de una formación opuesta, contra altos cargos de una empresa, contra miembros del Gobierno.

Después, los diarios expresarán "según un comunicado de UGT", "conforme denunció la citada ONG", "a tenor de lo expuesto por el partido". Pero ¿quién escribió eso? Se desconocerá, y con frecuencia quedarán ocultos así bajo las siglas los intereses espurios, las venganzas personales, los excesos arropados por la masa.

El anonimato tras un logotipo sirve en su uso legítimo para proteger al trabajador frente al empresario; y en el ilegítimo, para difamar a la empresa o sus directivos y usar la amenaza de nuevos ataques como moneda de cambio en una negociación, a modo de tortura psicológica con el objetivo de agotar la resistencia de los directivos, relajar su firmeza, desprestigiar la marca y lograr concesiones que a veces resultarán perniciosas para todos.

El protegible anonimato político y sindical se pervierte, pues, cuando las siglas de una organización amparan luchas o venganzas personales, excesos verbales, calumnias, injurias. En ese cajón colocamos también los ataques contra un ministro, un alcalde de pueblo o cualquier otra persona de relevancia en su entorno motivados más por un ánimo individual que por la búsqueda de soluciones colectivas.

Trataremos en un posterior apartado la presencia de los activistas anónimos en las redes sociales, y su legitimidad.

La humildad altruista

Se desconoce cuántos donativos recaudan las iglesias de ahora en los ancestrales cepillos donde los fieles depositan sus limosnas. Es dinero B, por no llamarlo dinero negro. La palabra *cepillo* se forma a partir de *cepo* en su sentido antiguo de agujero que se hace en un tronco para sujetar el pie de un preso o el cuello de un reo. El cepillo, más pequeño, atrapa del mismo modo lo que se le pone dentro. La Iglesia preconiza el arrepentimiento, pero este se volverá inútil para quien deje por error en el cepillo una moneda con mayor valor del que deseaba y al instante pretenda recuperarla. Habrá quedado atrapada también. El cepillo funciona igual que los agujeros negros del cosmos.

Las donaciones anónimas merecen elogios por la humildad de quienes las entregan, aunque también convengan las donaciones con alharacas si finalmente procuran el bien de los otros.

El anonimato añade un valor ético a quien ayuda a los demás sin buscar el objetivo de ser reconocido por ello; simplemente movido por su coherencia social y su solidaridad.

Cientos de enfermos se han beneficiado en España de las donaciones entregadas a la sanidad pública merced al gesto altruista de alguien. Gracias a eso han recibido un tratamiento que en otras condiciones habría resultado imposible, o han sido diagnosticados y atendidos con instrumentos de altísimo precio que de otro modo no habrían encontrado a su disposición. Muchas personas deben la vida o una mejor existencia a estas entregas, a menudo anónimas.

Los trabajadores de limpieza del Hospital Sant Antoni Abat, de Vilanova i la Geltrú (Barcelona), recibieron el 17 de abril de 2023 a la puerta del centro médico una maleta cerrada de manos de un anciano que decía habérsela encontrado. La guardaron en espera de que alguien reclamara, pero no se presentó nadie. Por la tarde decidieron abrirla y buscar dentro alguna pista sobre su dueño. En su interior hallaron 64.000 euros en billetes usados y algo húmedos, y una nota que convertía ese dinero en una donación anónima para el hospital.

Pese a ello, el centro médico no podía quedarse directamente con la maleta y su contenido. Al haber sido entregado anónimamente, se precisaba una investigación que buscara algún posible origen ilícito. Pero no consta que se viera maldad alguna. Los Mossos d'Esquadra, el cuerpo policial autóctono de Cataluña, interpretaron que el dinero pertenecía al hombre de muy avanzada edad que dijo haberse encontrado con la maleta; una persona que al final de la vida deseaba entregar su herencia o parte de ella a unos servicios sanitarios que tal vez le habían sanado en alguna ocasión, y ahorrarse los penosos trámites burocráticos de estos casos.

Así que los 64.000 euros llegaron directamente y sin merma al destino deseado.

Ese acto de generosidad implicaba un segundo efecto. Como la institución sanitaria depende de una fundación formalmente inscrita en el registro pertinente de la Generalitat de Cataluña, las donaciones que recibe otorgan a los contribuyentes generosos una deducción fiscal. A la que el anciano también renunció.

Cómo no vamos a apoyar ese tipo de anonimato.

Pero también las donaciones millonarias de un empresario megarrico destinadas a mejorar la sanidad, como las de Amancio Ortega, han producido esos efectos benéficos en la salud de miles de pacientes, si bien todavía adquirirían más valor humano si se entregaran de forma anónima, sin bombos ni platillos. Ahora bien, el hecho de que se hagan públicas por propia voluntad del donante no puede anular el valor que atesoran.

El dueño de Inditex (Zara), una de las personas más acaudaladas del mundo (77.000 millones de euros en patrimonio), entrega normalmente cada año a la sanidad pública española, desde 2015, cientos de millones de euros para inversiones en la lucha contra el cáncer, casi siempre con fines preestablecidos. Por ejemplo, en 2021 aportó 280 millones de euros para comprar 10 equipos de protonterapia (radioterapia con protones), un tratamiento contra el cáncer, que serían destinados a hospitales de Barcelona, Madrid, A Coruña, Málaga, Sevilla, Valencia, Vizcaya y Gran Canaria. En 2017 la cantidad había ascendido a 320 millones, para mamógrafos y otras herramientas.

Esas informaciones fueron recibidas con críticas del partido Podemos (situado a la izquierda del PSOE y luego coligado con él en el Gobierno), por entender que su destino estaba predestinado por el donante a un fin concreto, lo que desplaza las decisiones políticas que se toman en función de las necesidades de la población. Además pedían que se aplicasen más impuestos a esas fortunas. La Fundación Amancio Ortega (entidad jurídica que entregaba el dinero) respondió que las donaciones se destinan a pagar inversiones en equipos ya decididas pero previstas para los siguientes años. Y distintos responsables sanitarios lo alabaron.

Nos preguntamos si Podemos habría reaccionado del mismo modo si no se hubiera hecho público el nombre de quien entregó ese dinero, si un gran empresario no hubiera acaparado de repente la atención informativa.

En efecto, la polémica quizá no se habría producido con unas donaciones anónimas (o al menos no publicitadas) como tantas otras de inferior cuantía, pero también notables, que se reciben cada año. Sin embargo, es entendible que un multimillonario quiera transmitir a la sociedad que él no solamente paga los impuestos que se le requieren, sino que además entrega aportaciones adicionales por su propia voluntad; por la razón que sea.

La opción del anonimato protegible saldría ganadora en la pugna altruista, sin duda, pero finalmente también importa que la medicina española cuente gracias a Amancio Ortega con mejores medios. Aunque no oculte su nombre, aunque tenga que soportar críticas por haber donado cientos de millones de euros sin que nadie le obligara a ello.

Otros anonimatos

El anonimato se preserva cada día con toda normalidad en ámbitos insospechados y acerca de los cuales no nos planteamos ningún problema; hasta el punto de no caer en la cuenta de que esas ocultaciones se están produciendo.

Las casas de subastas de obras de arte y antigüedades preservan el anonimato de los compradores, quienes rara vez se identifican en las pujas. Levantan una tablilla con un número, quizá representando a un tercero; o hacen una gestión telefónica, o informática... y se adjudica el lote a una clave o un seudónimo. Eso sirve para preservar la seguridad de la obra y no dar pistas sobre el paradero que tendrá; salvo que la adquiera un gran museo. En tal caso se anunciará oportunamente una vez que se halle protegida.

En las carreras de automovilismo, los mecánicos que cambian con toda rapidez los neumáticos o modifican un alerón durante la carrera, en las brevísimas paradas, salen ocultos con sus cascos a la zona de la pista destinada a taller. Por seguridad, sin duda, pero también como forma de preservar la identidad de aquel que pueda cometer un error. De hecho, cuando el fallo se produce nadie hace público su nombre, aunque sí se conozca, obviamente, dentro de la escudería. Esto les quita presión adicional en tan decisiva tarea, en la cual la pérdida de unas décimas de segundo puede costarle el triunfo a su piloto.

También se respetan el anonimato del voto (aunque el elector se ha de identificar al entregarlo), el anonimato de quien compra algo con monedas o papel (no así cuando lo hace con tarjeta, que deja un rastro), el anonimato de los costaleros y los cofrades que desfilan en Semana Santa ocultos bajo sus capuchones o capuchas junto a los pasos de la procesión. Tan distinto este de quienes esconden el rostro, como los miembros del Ku Klux Klan.

El anonimato legítimo forma parte de pequeñas actividades de nuestra vida, y merece toda la protección mientras no se utilice para dañar a los demás.

2. ANONIMATOS DE PROTECCIÓN VARIABLE

La separación entre "anonimatos protegibles" (salvo en su uso perverso), como los que hemos reseñado hasta aquí, y "anonimatos peligrosos o ilegítimos", que abordaremos en el siguiente capítulo, deja en medio un amplio campo de grises para ciertos ámbitos, en los cuales se han de examinar con tiento las circunstancias concurrentes. Los denominaremos "anonimatos de protección variable". Y los repasamos a continuación.

Las fuentes informativas

La periodista se cita en la más importante discoteca de un barrio del extrarradio con un funcionario municipal que va a revelarle la adjudicación corrupta de una contrata pública. Ambos han quedado allí porque la música de rap habitual en la sala y a todo volumen impedirá que los demás asistentes oigan la conversación y que sea grabada. Los dos miran continuamente a su alrededor ante la improbable casualidad de que alguien los reconozca. Otras veces los interlocutores adoptan menos cuidado y hablan directamente por teléfono, confiando en que nadie haya pinchado aún sus comunicaciones. Quienes ejercemos el periodismo hemos pasado de vez en cuando por alguna de esas situaciones apasionantes. Pero ahí no termina el trabajo informativo.

Los países democráticos reconocen el derecho de los periodistas a preservar la confidencialidad de sus fuentes. Esa ocultación se manifiesta de dos formas: en una de ellas, el redactor conoce perfectamente al informante, pero este le pide el anonimato: que no revele su nombre si escribe algo al respecto. Y en la otra, la fuente no se identifica —tal vez envía un escrito, o llama desde un número desconocido— pero también le proporciona información valiosa.

Con todo, en uno y otro caso los datos facilitados al redactor no valen de nada si no se verifican por otros medios. Por añadidura, las comprobaciones deben alcanzar un grado máximo cuando la noticia o sus circunstancias implican imputaciones contra terceros o cuestionan el honor o la competencia profesional de alguien.

Así pues, este tipo de anonimato no completa el significado de la palabra: existe una información facilitada por alguien a quien se oculta, pero en su lugar aparece el nombre del periodista o del medio de comunicación que corrobora los hechos y se hace responsable de la noticia y de sus eventuales consecuencias. Porque el hecho de que un redactor atribuya el origen a una fuente sin identificar no le exime de la responsabilidad de haberla escrito. Si no firma, endosará automáticamente tal compromiso al director del medio, o a la empresa editora, como sucede con las noticias de agencia.

Carl Bernstein y Bob Woodward se sirvieron en 1972 de una fuente anónima, a la que llamaron Garganta Profunda (el título de una película porno famosa en aquel tiempo). Ambos desarrollaron la investigación periodística más famosa de la historia: lo que luego se conocería como el caso Watergate, nombre del hotel de Washington en el que se hallaba la sede del comité nacional del Partido Demócrata y donde se descubrieron unas escuchas ilegales promovidas por el presidente republicano, Richard Nixon, quien acabaría dimitiendo por ello en 1974. Los dos periodistas se dedicaron a verificar escrupulosamente, punto por punto, lo que su fuente anónima les contaba, y acudieron a distintas personas bien informadas para contrastar y corroborar todas las versiones.

Las segundas fuentes suelen sincerarse con mayor facilidad, pues el periodista ya dispone previamente de un dato confidencial y sólo se les pide su confirmación. La eventual mala conciencia se relaja.

Garganta Profunda fue una fuente anónima —desconocida— para el director del periódico, para todos los periodistas del *Post* y para los lectores. Sin embargo, Woodward sabía quién era el informante: su nombre, su cargo, su historia. Él lo conocía a la perfección porque lo había tratado muchos años antes y habían conversado con cierta frecuencia. No se lo confesó entonces a nadie.

En 2005, más de 30 años después, se supo por fin quién había desempeñado aquel papel decisivo como *fuente anónima*: William Mark Fert, el *número dos* del FBI durante los hechos, quien lo reconoció en la edición estadounidense de *Vanity Fair* cuando él ya tenía cumplidos los 91. Se dedujo así que Felt obró como fuente interesada, porque había visto frustrada su aspiración de suceder a Edgar Hoover al frente de esa institución policial, cargo para el que fue nombrado Patrick Gray, fiel colaborador de Nixon. Un mes después del disgusto, Felt empezó su revancha con los soplos a Woodward.[39]

Así que una fuente anónima, y además interesada, contribuyó a que se contaran con arreglo a las normas éticas y profesionales del periodismo, gracias a las verificaciones del *Post*, las maniobras ilegales de Nixon.

Una categoría diferente la constituyen aquellas fuentes sin nombre que hablan de sí mismas y narran, por ejemplo, las injusticias que han vivido o sus padecimientos tras una catástrofe. Aquí ya no se trata de verificar los hechos que los informantes transmiten, pues sus emociones, sentimientos y experiencias son internas a ellos; sino simplemente de recogerlos y ponerlos en su boca.

Con todo y con eso, en los últimos años no han faltado voces que alerten a los periodistas sobre el uso indebido de fuentes anónimas para relatos de terribles vivencias o testimonios personales, una práctica que ha provocado escándalos mayúsculos, como los de la periodista Janet Cooke (del *Washington Post*, que tuvo que devolver su Premio Pulitzer de 1980), Jayson Blair (*The New York Times*, 2003) o Jack Kelley (*USA Today*, 2004). Pero entramos aquí en otra categoría: eran fuentes anónimas porque eran fuentes inventadas. Y la permisividad anterior en las atribuciones a informantes sin nombre propio creó el caldo de cultivo necesario para los excesos de Cooke, Blair y Kelley. Estos periodistas no pudieron demostrar que disponían de los datos reales de los testigos o víctimas a los que mencionaban, ni por supuesto de los

[39] El mismo Woodward ratificaría todo esto extensamente de su propia mano. En España se publicó su testimonio en el diario *El País* el 4 de junio de 2005.

nombres que se supone ocultaron a los lectores para proteger a sus informantes. Sencillamente no existían.

El fundador del *USA Today*, Al Neuhart,[40] escribía en 2004 un artículo titulado *El mal del periodismo*: *las fuentes anónimas*, tras haberse destapado la corrupción periodística en su propio diario. Y explicaba: "Durante más de veinte años, he predicado que las fuentes anónimas están en la raíz de la maldad en el periodismo. [...] Es muy simple. La mayoría de las fuentes anónimas a menudo dicen más de lo que saben. Los reporteros que están acostumbrados a utilizar esas fuentes algunas veces escriben más de lo que oyen. Los redactores jefes demasiado a menudo dejan que todo eso suceda. Resultado: la ficción se mezcla con los hechos. La única forma de ganar la guerra contra este mal es que los periodistas a todos los niveles prohíban toda fuente anónima".

Ese artículo se publicó después de que el reportero Jack Kelley, del *USA Today*, hubiera violado las normas de estilo establecidas precisamente por Neuhart.

Ahora bien, los periodistas sabemos que se ha de distinguir entre, por un lado, las fuentes a las que se acude porque han presenciado un suceso, o porque van a brindar una explicación técnica o científica, o porque han sufrido una injusticia, un maltrato administrativo..., que normalmente sí deberían aparecer con sus nombres; y, por otro, las fuentes que facilitan una noticia extremadamente confidencial cuya difusión puede perjudicarles incluso en su integridad física si se conoce la identidad del informante.

En efecto, se debe proteger el anonimato de quien revela una información de interés general, o que sirve para denunciar una discriminación o para enterar al público de hechos que tiene derecho a conocer a fin de enjuiciar cabalmente la actividad pública y ejercer así un voto responsable cuando sea convocado a las urnas. Pero, salvo excepciones justificadas, no hay motivo para proteger a quien comenta ante el reportero los estragos de la inundación que ha sufrido su pueblo. Y cuando los testigos de un suceso piden a los periodistas por alguna razón que no publiquen sus nombres,

[40] Citado por Ángel Arrese en "Ego y anonimato" (2003), artículo publicado en la revista *mediacción.doc*, de la Universidad de Navarra. Documento 0404-03.

los informadores reemplazarán la identidad por algún tipo de perfil que se corresponda con su persona y que pese a ello no permita localizarla: "Una mujer joven que vive en el barrio y compra en la tienda incendiada testificó a este periódico que ese comercio ofrecía productos muy baratos pero siempre mostraba un aspecto descuidado: 'No me extraña que las cajas de cartón amontonadas ardieran enseguida'".

Ángel Arrese, profesor de la Universidad de Navarra, ha escrito: "Nadie duda que las fuentes anónimas, las *gargantas profundas*, han prestado valiosos servicios a la causa del periodismo. Seguramente seguirán haciéndolo. Pero lo que las justifica en situaciones extremas, o como medio para confirmar informaciones delicadas, precisamente las descalifica para su utilización indiscriminada, rutinaria, perezosa o, simplemente, descuidada".[41] No podemos estar más de acuerdo.

Aceptado lo anterior, la omisión del nombre de una fuente la ampara cuando transmite unos hechos, no cuando comunica sus juicios de valor. Las opiniones sobre asuntos generales o sobre otras personas nunca pueden ser anónimas en el periodismo. El informador se cuidará de ocultar la identidad de alguien que terminaría perjudicado si se supiera que se halla detrás de un soplo o una confidencia de interés general; pero carece de sentido preservar el anonimato de quien simplemente juzga algún aspecto de la política, la economía, el deporte... o que cuenta sus impresiones sobre el tráfico de la ciudad. La opinión anónima siempre es prescindible, porque carece de valor informativo. Digamos "casi siempre" por si se da alguna excepción que ahora mismo no se me ocurre.

En definitiva, el anonimato periodístico ampara a quien transmite al redactor algo que el poder (un poder, sea el que fuere) no desea que se conozca y que interesa a la sociedad. Pero no se debe proteger al político, a la catedrática, al científico, a la entrenadora... que llama al periodista para que entrecomille unas consideraciones que esa fuente no va a respaldar con su nombre. Nunca interesa conocer una opinión si se ignora quién la avala. (Digamos mejor "casi nunca", por si acaso).

41 *Ibíd.*

Entendemos, pues, y siguiendo la Ley Fundamental española, que por un carril circula el derecho a la libertad de expresión (artículo 20.1.a), que reside en el *emisor* de un mensaje porque puede *opinar* cuanto desee mientras no invada derechos ajenos (es decir, mientras no injurie o calumnie); y que por otra vía camina la libertad de información (artículo 20.1.d), que reside además en el *receptor*, el público con derecho a *ser informado*.[42] Lo cual obliga al periodista a ser veraz, en los términos en que fija ese concepto la jurisprudencia constitucional española: es decir, a comportarse con diligencia profesional en la comprobación de los hechos.

Ahora bien, un periódico sí puede retirar el anonimato a una fuente cuando tenga la seguridad de que le ha engañado a propósito. Así ocurrió en junio de 1988 cuando *El País* publicó este titular que abría la portada: "El grupo KIO quiere vender su participación en Cartera Central", una noticia económica de primera magnitud en aquel momento por el juego de intereses y peleas que se vivían entre distintos personajes del mundo bancario, con implicación del Gobierno. Pero la información fue desmentida de inmediato por la misma fuente que la había facilitado, el financiero Javier de la Rosa, representante de KIO en España, quien además protestaba por no haber sido consultado al respecto.

[42] Esa diferencia está muy arraigada en la historia de la ética periodística: de ahí la obligación de no mezclar información y opinión que asumen los periódicos de prestigio y que establecen los más notables códigos deontológicos. El libro de estilo de *The Washington Post* estipula (punto 7): "En este periódico es solemne y completa la separación entre las noticias y las páginas editoriales y de opinión. Esta separación está pensada para servir al lector, que tiene derecho a encontrar los hechos en los artículos de noticias y las opiniones y editoriales en las páginas de Opinión". Y el *Financial Times* (artículo 3) asume: "Los periódicos, aun siendo libres de ser partidistas, deberán distinguir claramente entre comentarios, conjeturas y hechos". El *Libro de estilo* de *El País* ordena en su punto 1.3: "La información y la opinión estarán claramente diferenciadas entre sí". La resolución del Consejo de Europa (1993) sobre ética del periodismo señala (principio 3) que hay que evitar "toda confusión entre noticias y opiniones". El código deontológico español de la profesión periodística (de 1993) indica (punto 17): "El periodista establecerá siempre una clara e inequívoca distinción entre los hechos que narra y lo que puedan ser opiniones, interpretaciones o conjeturas". El código periodístico del Reino Unido (1991) especifica (punto 1.c.): "Aunque los periódicos tienen libertad para tomar partido, deben distinguir claramente entre comentarios, conjeturas y hechos".

El diario publicó al día siguiente un editorial titulado "La mentira" en el que contaba con pelos y señales todo lo ocurrido y cómo el informante se había beneficiado mediante el engaño al periódico en sus intereses particulares relacionados con la junta de accionistas de la entidad financiera, celebrada la misma mañana en que se publicó el mencionado titular. Y añadía el editorial: "Ante una mentira tan burda como la del señor De la Rosa merece la pena preguntarse cuántas otras habrá dicho. El respeto a las fuentes informativas se basa, en toda regla periodística, en una actitud mutua por parte de esas fuentes. EL PAÍS tiene la obligación de desvelar el origen de la información que publicó ayer sobre KIO, pues así lo exige la credibilidad de nuestro periódico y los derechos de nuestros lectores".[43]

El periódico despidió al autor de la noticia, al haberse negado este a relatar bajo su firma los hechos ocurridos y ofrecer personalmente las necesarias explicaciones a los compradores de *El País* que acudían cada mañana a los quioscos. Eso lo convertía en sospechoso de connivencia con la fuente.

Quizás el pasaje más conocido de revelación legítima de un informante ocurrido en España fue el que se dio tras los atentados yihadistas del 11 de marzo de 2004 en varios trenes que se dirigían a la estación de Atocha, en Madrid (192 víctimas mortales, casi 2.000 heridos). El presidente del Gobierno, José María Azar, del Partido Popular, telefoneó a los directores de los principales medios para informarles de que ETA había colocado las bombas, lo cual le beneficiaba electoralmente. Pretendía así ocultar la verdadera autoría: un grupo de terroristas islámicos; porque eso le ponía en dificultades ante las elecciones que se iban a celebrar tres días después. Era previsible que los ciudadanos relacionaran los asesinatos con una respuesta —una venganza— tras el apoyo del Gobierno español a la guerra en Irak, rechazado mayoritariamente en las encuestas.

El País tituló en una de sus ediciones urgentes en papel: "Matanza de ETA en Madrid".

[43] *El País*, editorial "La mentira", 29 de junio de 1988. Omitimos el nombre del periodista implicado, por haber transcurrido 36 años desde entonces —tiempo suficiente para aplicar nuestro particular *derecho al olvido*— y porque sigue en el ejercicio profesional.

Tras confirmarse la mentira, el director del diario, Jesús Ceberio,[44] reveló quién había sido su fuente. Tenía derecho a hacerlo. También lo haría más tarde el director de *Abc*, José Antonio Zarzalejos.

En definitiva: la trampa, los juicios de valor, las opiniones, el engaño y la mentira no pueden ampararse en el anonimato de las fuentes protegido en las democracias. Antes al contrario, representan una perversión del anonimato y no forman parte de la libertad de información, porque ese derecho solamente protege las noticias veraces de interés público. Pero atención: esto obliga al periodista y también a cualquiera que transmita información por un sistema de comunicación social. La Constitución no ampara la mentira ni las noticias falsas difundidas a sabiendas de que lo son, y eso no excluye a las redes sociales.

Las denuncias anónimas policiales o judiciales

Denunciar acarrea riesgos, sobre todo si al final se queda en nada. La acusación por la presunta autoría de un delito enfrentará para toda la vida al denunciante y al denunciado, y a menudo no hay vuelta atrás. En muchas ocasiones se trata de personas cercanas entre sí, que se han mirado alguna vez a los ojos, que se van a conocer siempre. Activar un proceso policial o judicial contra alguien a quien se imputa un delito implica peligros, no sólo por la esperable animadversión recíproca, sino incluso físicos. Por eso las denuncias anónimas han de protegerse con eficacia.

Ahora bien, las que pueden enviar los ciudadanos a una comisaría o a un juzgado se parecen mucho a las informaciones de fuentes anónimas en el periodismo: por sí mismas no prueban nada, necesitan una verificación.

Los cuerpos de seguridad, los fiscales y los jueces, a diferencia de los periodistas, disponen de eficaces medios legales para esas verificaciones: escuchas telefónicas, registros, interrogatorios a testigos obligados a la veracidad bajo amenaza de encausamiento por falso testimonio, análisis de ADN, seguimientos informáticos o físicos… Pero mientras ese proceso indagatorio no

[44] Ceberio ha relatado todo este episodio en su libro titulado *La llamada* (2024), Barcelona, Debate.

se complete, el soplo inicial carece de valor de prueba. Lo cual no resta importancia a la activación que haya producido para resolver un delito.

El Tribunal Europeo de Derechos Humanos ha establecido que las informaciones anónimas no constituyen, por sí solas, pruebas de cargo válidas. No obstante, sí se pueden emplear como fuente de conocimiento para emprender, en unión de otros indicios y datos, un proceso penal.

Tampoco servirán, aisladas, para adoptar medidas de investigación que puedan limitar derechos fundamentales, como las intervenciones telefónicas o los registros de domicilios.

Una reciente ley española, la 2/2023, regula la protección de las personas que informen sobre infracciones y delitos relativos a la corrupción, en trasposición del acto legislativo europeo conocido como *Directiva whistleblowing*,[45] de 2019, que obliga a que las administraciones públicas y privadas establezcan canales confidenciales para que los ciudadanos o los empleados denuncien anónimamente actos de corrupción.

Por tanto, las denuncias anónimas adquieren una enorme utilidad siempre que se tramiten en las instancias adecuadas y no se hagan públicas sin verificación, como ocurrió en lo que se cuenta a renglón seguido.

En febrero de 2016, unos titiriteros granadinos presentan en el barrio madrileño de Tetuán su espectáculo callejero de contenido crítico y de denuncia social, destinado a un público adulto. De hecho, al comprobar que hay niños entre los espectadores, avisan por la megafonía de que la obra es "no apta para todos los públicos", pese a estar representada por muñecos de trapo.

Uno de los títeres desempeñaba el papel de un policía que fabrica pruebas falsas contra una bruja, y que desea fotografiarla junto a un cartel donde se dice "Gora Alka-ETA", en su maldad manipuladora. Como consecuencia de esas pruebas inventadas, la bruja es condenada a la horca; y cuando el juez va a ejecutar el castigo, ella se revuelve y lo ahorca a él.

La presentación de la trama previa al nudo y al desenlace pretendía, pues, mostrar a una bruja buena y a un policía malo. No es

[45] A partir de *whistleblowers* en inglés, 'denunciantes'.

mal mensaje si se pretende recordar al público que las apariencias engañan y que los prejuicios ayudan en ello.

Nunca mejor dicho: alguien que pasaba por allí, cuyo nombre se desconoce y que seguramente no estaba asistiendo al desarrollo del espectáculo, tomó unas fotos del instante en que aparecía el cartel-pancarta "Gora Alka-ETA" ("viva Alka-ETA" en euskera o vascuence, en aparente apoyo a dos grupos asesinos) y presentó una denuncia según la cual se había cometido un acto de enaltecimiento del terrorismo a cargo de los titiriteros en un espectáculo para niños. El reguero de la infamia se activó a la velocidad del fuego sobre la pólvora, se organizó un escándalo en la prensa y la policía buscó y detuvo a los titiriteros, que pasaron dos días en el calabozo y tres más en la cárcel, y recibieron indefensos las calumnias y las injurias de cientos de miles de tuiteros y demás usuarios de redes sociales.

Paradójicamente, la trama de las marionetas y las denuncias falsas que sufría aquella bruja se repitió contra los titiriteros. Los titiriteros fueron víctimas de lo que ellos mismos denunciaban.

Las resoluciones judiciales posteriores hablaban de una función para niños, seguramente porque desconocían la existencia de espectáculos de guiñoles destinados a adultos. Asunto aparte lo constituye el hecho de que, pese a las advertencias, hubiera menores entre el público, responsabilidad que ya no concierne a los titiriteros sino a los organizadores y a los padres de las criaturas.

El diario *El País* tituló así: "Dos titiriteros, detenidos por hacer apología del terrorismo". Con este subtítulo: "Los integrantes de Títeres desde Abajo sacaron una pancarta con el lema Gora Alka-ETA". Lo cual era falso: la pancarta fue exhibida por el personaje que representaba a un policía —no por los integrantes de la compañía como tales— y pretendía endosar esa prueba falsa a una inocente.

El Ayuntamiento, encabezado entonces por la izquierdista Manuela Carmena —lo que en determinados periódicos parecía dar más crédito a que se apoyara el terrorismo en un espectáculo con subvención municipal—, se desmarcó del asunto destituyendo enseguida al responsable de haber programado los títeres; para evitar precisamente esa identificación.

No había delito alguno, ni siquiera mala intención. La trama mostraba, eso sí, una crítica social que se puede compartir o no, aplaudir o abuchear, pero no considerar delictiva. La compresión del contexto y del argumento dejaba en ridículo las acusaciones.

Finalmente, la Audiencia Nacional archivó la causa en septiembre, ocho meses después; ocho meses de inquietud para dos personas que sólo pretendían divertir y concienciar a los asistentes —concienciar constituye una de las misiones de la cultura—, y que habían representado a un malo tan malo que era un malo obvio ante el público, y no precisamente el héroe de la comedia al que se exaltaba.

Una vez más se confundió a los personajes con los autores, como si todo novelista que crease un asesino fuera partidario de los asesinatos.

El auto de archivo señalaba que "el contexto manifiesta que los hechos no revisten los caracteres del artículo 578 del Código Penal". Fría manera de relatar lo ocurrido. En efecto, el contexto es lo primero que se suprime en los mensajes malintencionados.

Seguimos sin saber quién fue la persona que desencadenó todo ese proceso y también el nombre del policía que le dio pábulo sin enterarse primero de lo realmente ocurrido. El responsable político del Ayuntamiento fue destituido sin haber incurrido en culpa alguna, pero no se ha publicado noticia de ninguna decisión similar en el lado de la policía, que sí la tuvo.

Estas vicisitudes vividas por los titiriteros muestran el peligro de las denuncias que no se verifican con celeridad y a las que se da crédito porque el relato ofrecido coincide con ciertos prejuicios dominantes. No solamente la policía y sus jefes llevaron adelante una causa que no se sostenía desde un primero momento. También los medios (podemos decir que todos, pues incluso *El País* incurrió en el sesgo derechista dominante en el relato) aportaron su contribución irresponsable.

La perversión de la denuncia anónima se produce, pues, cuando esta se da a conocer y se tramita sin la previa comprobación profesional pertinente.

Los titiriteros granadinos pasaron cinco días presos preguntándose qué mal habían causado, por qué se hallaban entre esas tres paredes y una reja, viviendo la angustia de la incertidumbre ante un sistema que les estaba fallando en la protección de sus derechos porque nadie se tomó la molestia de leer el guion de la obra representada o verificar que los hechos relatados en la denuncia se correspondían con los reales, algo que no habría costado más de media hora. Media hora de trabajo frente a cinco días sin libertad.

Cinco días de perplejidades vividos en una celda sin capacidad para comprender cómo un juez podía tratarlos de esa manera cuando ni por asomo sus ideas se podían parangonar con las que alientan el terrorismo.

El político socialista gallego José Ramón González Besteiro vivió con desasosiego, incertidumbre y probablemente enfado, pero también resignación, el proceso seguido contra él por una denuncia anónima que de pronto le cambió la vida. Fue víctima de la sospecha durante casi diez años, con gran resonancia en los medios de comunicación.

Aunque las denuncias, anónimas o no, se han de verificar de inmediato antes de adoptar medidas lesivas para los acusados, la vulneración de ese principio adquirió tintes lamentables cuando Elena Candia, dirigente del PP en Galicia, entregó en la Fiscalía unos documentos anónimos que acusaban a González Besteiro, secretario general del PSOE en esa comunidad y presidente de la Diputación de Lugo (órgano de gobierno provincial), de haber participado en adjudicaciones irregulares a empresas del transporte y de haber concedido siendo concejal una licencia de construcción para un inmueble que luego compró sin pagar una parte de su precio.

La acusación anónima había llegado a las oficinas del PP en la Diputación dentro de un sobre y sin firma. El 5 de marzo de 2013, Elena Candia, portavoz de ese partido en la institución provincial, la presentaba sin más ante la Fiscalía, que le dio trámite ante los tribunales. La juez Pilar de Lara abrió un proceso y en 2015 imputó al político socialista como autor de tres delitos de cohecho, uno de blanqueo de capitales y uno más por abuso en la función pública. Besteiro hubo de presentar su dimisión en 2015, tras ser imputado. Dejó la política y regresó a su actividad como abogado. Se declaró inocente y guardó silencio.

Tras un lento y largo proceso, en el que no se avanzó apenas en la investigación, todas las causas quedaron archivadas sucesivamente entre 2021 y 2022, casi nueve años después de la denuncia, sin que ninguna de ellas llegara siquiera a juicio. Tras ese periodo de castigo político injusto, Besteiro pudo recuperar por fin su dañado prestigio y fue nombrado delegado del Gobierno en Galicia en 2023, y más tarde elegido diputado en el Congreso, por lo que abandonó el cargo anterior.

Nadie se disculpó con él.

La juez fue sancionada en 2020 con siete meses de suspensión de empleo y sueldo, pero no solamente por este proceso, sino a causa de diversas dilaciones en otros y por desatención en su trabajo.

El Consejo General del Poder Judicial consideró acreditado que De Lara abandonó "los más elementales deberes que deben presidir el desarrollo de la instrucción penal", mediante "un método de instrucción no ya alejado del estándar, sino completamente al margen de una atención y control al que está obligado el juez de instrucción".

Tras su regreso a la carrera judicial fue destinada a Ponferrada (León). Se estrenó con una guardia en Nochevieja, que se prolongó en el día de Año Nuevo.

El juez que sustituyó a la sancionada, Joaquín Brage, quien había sido profesor de Derecho Constitucional, resolvería su herencia con un auto de enorme claridad que coincide con los criterios aquí expuestos, y en el que escribió: "Las denuncias anónimas no deben ser atendidas por las autoridades, y menos dar lugar a actuación alguna respecto del denunciado sin previa comprobación de hechos cuando parezcan muy fundados".

Y remataba con dos asertos como pilares sobre los que incluso podemos construir la argumentación de todo este libro: "Un anónimo no es por sí mismo fuente de conocimiento de los hechos que relata. [...] Quien oculta su rostro para acusar también es capaz de ocultar la verdad en lo que acusa".

¿Quién escribió aquel anónimo? Se desconoce. Pero consiguió su objetivo de anular políticamente a un exitoso candidato bajo cuyo mandato el PSOE de Lugo había logrado la coincidencia única en España de que su partido gobernara a la vez una provincia y la alcaldía de su capital; y que se perfilaba como candidato a presidir la Xunta de Galicia. No hubo posibilidad de investigar el origen de las calumnias. El sobre que supuestamente contenía el anónimo fue destruido por el Partido Popular para el reciclado de papel.

En febrero de 2024, Candia y el ya rehabilitado Gómez Besteiro, denunciadora y denunciado, compitieron en las elecciones gallegas al frente de las respectivas candidaturas del PP y el PSOE en Lugo. Ganó el PP.

El testigo protegido, el testigo anónimo

La testigo de 23 años quizá se hallaba nerviosa por la situación, y sin duda golpeada por la obligación de recordar todo lo sucedido. Pero al menos podía sentirse segura acerca de su intimidad y su imagen. La mujer que denunció al futbolista Dani Alves por agresión sexual ocurrida en Barcelona el 30 de diciembre de 2022 declaró durante una hora, protegida por una mampara, ante la sala donde se celebraba el 5 de febrero de 2024 la vista oral. Además, su rostro fue pixelado y su voz distorsionada en el vídeo que se grabó de la sesión, para evitar todo riesgo de revelación posterior cuando pasen los años y la custodia se relaje.

Amparaba a la agredida el artículo 681 de la Ley de Enjuiciamiento Criminal: "Queda prohibida, en todo caso, la divulgación o publicación de información relativa a la identidad de víctimas menores de edad, de víctimas con discapacidad necesitadas de especial protección y de las víctimas de los delitos de violencia sexual".

El tribunal, el fiscal, el abogado defensor y el propio acusado conocían la imagen de la víctima y su identidad, pero no así los medios de comunicación ni el público de la sala. Ninguno de los 270 periodistas acreditados pudo verla, sin que por ello su testimonio perdiera eficacia jurídica.[46] Ahora bien, no todos los testigos ofrecen características similares.

Ya hemos señalado que el anonimato despierta sospechas y perversiones aun en terrenos donde nos parece imprescindible, como pasa con las fuentes informativas o las denuncias policiales. La idea de "testigo protegido" nos sugiere también la necesidad de amparo a quien arriesga su integridad física por ofrecer un testimonio judicial contra terroristas o narcotraficantes, por ejemplo.

[46] La identidad de la víctima fue difundida antes de la sentencia y desde Brasil por la madre del futbolista, Lucía Alves, junto con un vídeo en el que se la ve con claridad.

Decenas de películas retenidas en nuestro subconsciente nos ayudarán para imaginar a un sicario que forma parte de una banda como medio de supervivencia y que poco a poco se va concienciando sobre la maldad de su organización hasta que sus contradicciones le hacen insoportable convivir con tanto daño a sus semejantes. Entonces confiesa todo a la policía, pero pide que se le den garantías de seguridad ante las previsibles represalias mafiosas, sobre todo si los acusados quedaran absueltos por algún defecto de forma sin que por ello pasen a ser unos angelitos. Y precisamente las cuestiones de forma son las que habrán de limitar la presencia y la trascendencia del testigo protegido en los juicios, aun resultando tan útil para desentrañar los rastros del delito.

En efecto, los tribunales han venido regulando los efectos de los testigos protegidos cuya identidad se le esconde al acusado.

Entramos ya en el terreno de la ponderación, concepto crucial a partir de ahora en esta obra: la búsqueda de un equilibrio cuando se desata una colisión entre derechos legítimos, cuando a las partes enfrentadas les asiste en sus respectivas posiciones el amparo de alguna norma.

El testimonio anónimo ante el juez o la policía se produce en el caso de que algunos datos sobre un hecho delictivo sean aportados a una causa por alguien cuya identidad se desconoce. Esa protección garantiza la seguridad física del testigo, pero disminuye las opciones de la defensa, a la que se deja en inferioridad de condiciones respecto a los datos de los que dispone la acusación.

En efecto, el acusado y quien le asista legalmente desconocerán la identidad de la persona que testifica, y eso les impide someter a contradicción las pruebas que aporte, cuestionar su imparcialidad y crédito, afirmar su hostilidad o revelar sus intereses en la causa. Como explica la sentencia 455/2014 del Tribunal Supremo español, de 10 de junio de ese año, la defensa difícilmente puede ejercer sus derechos ante esas situaciones "si no tiene las informaciones que le permitan fiscalizar el crédito que merece el autor o ponerlo en duda".

Ello no evitará que el Consejo de Seguridad de las Naciones Unidas, el Tribunal Europeo de Derechos Humanos y también el Constitucional y el Supremo españoles admitan la viabilidad de estos testimonios. Siempre que se cumplan unos requisitos.

La figura del testigo protegido se ha regulado en las legislaciones para no poner en peligro la integridad física y moral de la persona que denuncia o testifica cuando se ha apreciado peligro grave para ella, para su libertad, para sus bienes o para la seguridad de sus seres queridos. Pero vamos a ver a continuación que el testimonio de alguien cuyo nombre no conocen todas las partes personadas acarrea notables complicaciones.

En España, esta posibilidad ha sido regulada por la Ley Orgánica 19/1994 sobre Protección a Testigos y Peritos en Causas Criminales, que consta de sólo cuatro artículos y está encaminada a conjugar el derecho a un proceso con todas las garantías para los acusados y a la vez tutelar los derechos fundamentales de quienes declaran con riesgo a represalias, tanto si los implicados quedaran libres como si, en caso de resultar encarcelados, actuasen sus sicarios.

Esa ley se promulgó el 23 de diciembre de 1994, meses después de conocerse una sentencia del Tribunal Constitucional (del 28 de febrero, la 64/1994) que se basaba en la jurisprudencia del Tribunal Europeo de Derechos Humanos y que ofrecía cierta doctrina sobre este problema. Por ejemplo, distinguía entre *testigo anónimo* (que con frecuencia es incluso un policía cuyos datos desconocen tanto el tribunal como la defensa) y *testigo oculto* (el que testifica sin ser visto por el acusado, y de cuya identidad se ha informado a las partes, de modo que se conoce su nombre pero no su rostro); y daba como válido este último testimonio —que en esa causa había sido recurrido por la defensa— por considerar adecuada la ponderación del tribunal en la colisión de derechos. No habría ocurrido lo mismo, conforme a las resoluciones del Tribunal de Estrasburgo, si la condena recurrida se hubiera basado "en testimonios anónimos, entendiendo por tales las declaraciones de personas cuya identidad es desconocida por el Tribunal, por la defensa o por ambos, pues ello conduce a una restricción de los derechos de defensa al imposibilitar la contradicción ante el órgano judicial".

La normativa aprobada en 1994 por el Parlamento español otorga al juez o al tribunal la capacidad de apreciar racionalmente el grado de peligro en que se sitúa al testigo protegido y aplicar en consonancia las medidas previstas. Así, les permite adoptar estas tres decisiones: 1. Omitir en las diligencias los datos del testigo, que se pueden sustituir por un número o una clave. 2. Su comparecencia mediante algún procedimiento que imposibilite identificarlo. 3. Que se fije como su domicilio, a efectos de notificaciones y citaciones, la sede del órgano judicial interviniente, que se las hará llegar al destinatario.

La norma faculta también a la policía para retirar las imágenes de los testigos a quienes les hayan tomado fotografías o vídeos, y autoriza a la Fiscalía para instar que se les procure protección policial y para que, en casos excepcionales, se les facilite un cambio de identidad y de residencia, así como la aportación de medios económicos para su sustento.

No obstante, esa misma ley establece que el juez deberá comunicar el nombre del testigo o del perito protegidos si cualquiera de las partes lo solicitase así en su escrito de calificación provisional, de acusación o de defensa (es decir, una vez superada la fase instructora, y previamente a la apertura del juicio). Se supone que a su vez la defensa no puede transmitir el dato al imputado, pero ¿cómo se puede controlar eso? (Sobre todo cuando el abogado forma parte de la organización criminal del reo, o se siente muy próximo a ella, lo que puede ocurrir en casos de terrorismo o de narcotráfico).

Por tanto, el testigo sobre cuya seguridad se cierna algún peligro razonable queda muy protegido durante las diligencias y la instrucción de la causa, pero su testimonio se topará ya con límites muy claros una vez que se abra el juicio oral.

El propio Tribunal Europeo de Derechos Humanos establecería más tarde, en 1996 (sentencia de 26 de marzo en relación con un juicio celebrado en Países Bajos), la distinción entre la utilidad y eficacia de las declaraciones de un testigo anónimo en la fase de instrucción y la que ofrecería en la de enjuiciamiento. En la fase de instrucción, el testigo anónimo puede servir como primera fuente (igual que en el periodismo, igual que la denuncia anónima ante la policía). Ese testimonio inicial facilita, sin duda, pistas cruciales, de modo que sin tales datos la investigación no podría avanzar; pero todo lo que aporte deberá quedar corroborado por otros medios, de manera que, estos sí, se puedan usar en toda la fase posterior de enjuiciamiento. Porque en la parte inicial de la causa el testimonio anónimo se toma como una simple diligencia de investigación, mientras que en el juicio se constituye en una prueba de cargo.

Como cabía esperar, una norma que endosa a los jueces la ponderación de los hechos antes de admitir la figura del testigo protegido abocaba sin duda a que unos cuantos casos se acabasen dirimiendo nuevamente ante el Tribunal Supremo o ante el Tribunal Constitucional, porque la ley dejaba abierta a la interpretación un vasto territorio. Para empezar, porque el hecho de que el abogado defensor conozca la identidad del testigo puede no aportar gran cosa: es el acusado quien quizás haya tenido relación con él y pueda esgrimir datos en su contra que cuestionen su validez; datos de los que solamente él dispone. Este punto parecía no haber sido resuelto objetivamente, por lo que se abría paso a cierta subjetividad del juez, quien debía ponderar la colisión de derechos y establecer cuál prevalece.

En esa tesitura, acudirá en su ayuda la sentencia del Tribunal Constitucional 75/2013, relativa a una vista oral en la que el testigo protegido solamente se conoció por los letrados, pero no por los acusados; y su voz fue distorsionada. La doctrina del intérprete de la Ley Fundamental estableció estos criterios:

— Cuando se trata de testigos menores de edad, el tribunal ha de tomar precauciones que compensen la imposibilidad de preguntarles en el juicio. (Niños y adolescentes no declaran en la vista oral porque se les protege psicológicamente ante la posibilidad de sufrir interrogatorios atosigantes o perjudiciales en casos como los de malos tratos de los que hubieran sido víctimas). Esa compensación para la defensa se consigue, por ejemplo, dando acceso a los vídeos donde figuren sus declaraciones previas, o planteándoles preguntas de forma indirecta (a través de terceros, o quizá por escrito).[47]
— Una condena no ha de estar basada únicamente o de modo decisivo en testimonios anónimos, ni siquiera cuando se hayan adoptado medidas de equilibrio que compensen las

[47] Esta doctrina se encuentra regulada en la actualidad en los artículos 449 bis y 449 ter de la Ley de Enjuiciamiento Criminal, por la reforma aprobada en 2021. (Se llama *ter* al segundo bis).

desventajas de la defensa. (Cautela similar a la que establecíamos para las fuentes periodísticas: hace falta corroborar la primera información recibida, no basta por sí sola).

— Se deben reunir tres requisitos para que el testimonio protegido se erija en prueba de cargo, de conformidad con la doctrina del Tribunal Europeo de Derechos Humanos: **1.** Que el anonimato haya sido acordado por el juez o el tribunal en una decisión motivada para la cual se hayan ponderado razonablemente los intereses en conflicto. **2.** Que las desventajas que causa a la defensa el anonimato hayan sido compensadas con medidas alternativas que permitan al acusado o a su defensa evaluar y, en su caso, combatir la fiabilidad y credibilidad del testigo y de su testimonio. **3.** Que la declaración del testigo anónimo concurra acompañada de otros elementos probatorios, de manera que no podrá, por sí sola o con un peso probatorio decisivo, enervar [debilitar] la presunción de inocencia.

— En el hecho concreto que se analizaba en la citada sentencia, el Constitucional concedió el amparo pedido por el acusado, puesto que no se le habían ofrecido "vías alternativas para, en modo suficiente, evaluar la fiabilidad del testimonio anónimo", y porque "tal testimonio fue decisivo para fundar la condena de los demandantes".

Bajo el paraguas de la resolución del máximo intérprete de la Constitución española, el Tribunal Supremo reiteró el año siguiente, en la sentencia 455/2014, de 10 de junio, la distinción entre *testigo anónimo* y *testigo oculto*, pero añadiendo en ambos apartados distintas modalidades. Así, en el grupo de los testigos anónimos se ha de distinguir entre aquellos cuyos datos ni siquiera se ha logrado conocer, y aquellos cuyos datos sí se saben pero por decisión del tribunal se mantienen en secreto y no se comunican a las partes. Y entre los testigos ocultos, cabe diferenciar distintas clases en función de la opacidad con la que declaren en la vista oral: que sólo sean oídos (pero no vistos) en la sala; que sí sean vistos por el tribunal y los letrados (quienes habrán de guardar secreto al respecto) pero no por los acusados ni el público (mediante mamparas o biombos); o que testifiquen a la vista de todos pero con el rostro cubierto mediante capuchas, pasamontañas o máscaras, además de la posibilidad adicional de distorsionar su voz.

Cada una de esas circunstancias merecerá, por tanto, unas medidas compensatorias a cargo del juez, a fin de garantizar que el derecho a la defensa no se vea recortado.

Pero ni siquiera todas esas cautelas y previsiones de minuciosa casuística han sido suficientes. Aún se han establecido más prevenciones después: una sentencia del Supremo de 2019 añade tres factores para el equilibrio en la decisión del juez a la hora de ponderar una colisión de derechos: la gravedad de las penas solicitadas ("cuanto mayor sea la pena, menos justificadas estarán las restricciones al derecho de defensa"); la relevancia del testigo oculto o anónimo (las restricciones al derecho de defensa "serán más tolerables cuanto menor sea la relevancia del testimonio"); y, por último, "la posibilidad de adopción de otras medidas de protección del testigo distintas del simple anonimato" (difíciles de imaginar cuando el crimen organizado conozca su identidad; pero tal vez sí en otros supuestos).

Por tanto, el anonimato se vuelve problemático en la justicia garantista que se suele dar en los países democráticos. La perversión se produciría entonces cuando la figura legal del testigo protegido permitiese ocultar una animadversión suya hacia el acusado, o intereses ajenos a lo que se persigue con el proceso. En definitiva, la jurisprudencia española desconfía del anonimato en las vistas orales (no así en la fase de investigación) porque no ofrece garantías a las defensas, y porque considera que el testimonio de un testigo protegido carece de valor por sí mismo si no va acompañado de pruebas que lo corroboren.

En todo ello se puede apreciar, como indicábamos, una enorme coherencia con el tratamiento debido de las fuentes periodísticas anónimas y las denuncias policiales o judiciales de igual condición.

En la justicia y el periodismo, todo anonimato es en principio sospechoso.

La adopción y la reproducción asistida

Paloma y Eduardo desean tener hijos, pero no consiguen el embarazo. La ciencia los ayudará con los más recientes avances y por fin lograrán concebir un niño gracias a una donación de semen. No conocen al aportador. La hipótesis que sigue no es imposible: unos veinte años después, Aurelio, su hijo, descubrirá que padece una enfermedad hereditaria de via paterna cuya existencia ha sido descubierta hace poco por la ciencia y que, sorprendentemente, no guarda ninguna relación ni con su progenitor ni con su abuelo. Tras los análisis pertinentes, descubre que su padre no es su padre. ¿Y quién le transmitió esa enfermedad? Un fuerte impulso le lleva a emprender una investigación al respecto, y sospecha que quizás averigüe algo que resultará de utilidad para otros, tal vez sus hipotéticos hermanos.

Se halla en discusión si los hijos adoptados y los engendrados por reproducción asistida tienen derecho a conocer o no, ya de adultos, su origen biológico. Las legislaciones de los distintos países difieren al respecto, pero avanza el criterio de que tal derecho existe y se debe regular, tanto para las adopciones como para las donaciones de óvulos, semen o gametos, las células masculina y femenina que dan lugar a un nuevo ser (también llamadas "donaciones de engendramiento" conforme a la propuesta de la profesora Irene Théry).[48]

Reflexionar ordenadamente al respecto requiere observar todos estos supuestos en función de las circunstancias que los rodeen, porque cada contexto activará elementos muy condicionantes: por ejemplo, cuando han fallecido los padres biológicos de la persona adoptada; cuando viven pero se desconoce dónde se hallan; cuando se ha dado una reproducción asistida mediante anonimato; o cuando, por el contrario, los progenitores continúan con vida y cabe la posibilidad de establecer contacto con ellos.

Y, por supuesto, hemos de distinguir entre el derecho a ser informado sobre el sistema de engendramiento, el derecho a saber quiénes fueron los padres y el derecho a conocerlos.

[48] Théry, Irene, "El anonimato en las donaciones de engendramiento: filiación e identidad narrativa infantil en tiempos de descasamiento", *Revista de Antropología Social*, volumen 18, págs. 21-42. Universidad Complutense, Madrid, 2009. El término *descasamiento*, usado en el título, es la equivalencia aportada por el traductor de este trabajo desde el francés, Fernando Lores Masip, para el vocablo *démariage*, que se refiere a la deconstrucción de la familia tradicional compuesta por varón, mujer e hijos biológicos.

La tendencia actual entre especialistas propone informar a los hijos sobre su origen, en vez de ocultarlo. No debe haber secretos en las familias, señalan. Eso evitará intrigas y especulaciones sobre la falta de parecido, los dispares rasgos de la personalidad o las raras habilidades heredadas. Lo cual no significa necesariamente dar a los hijos adoptados el apellido de sus progenitores, ni ninguna otra consecuencia legal.

En las adopciones de niños por abandono de los padres biológicos se admite en algunas legislaciones el derecho de los hijos a recibir información acerca del propio origen, porque ello contribuye a su bienestar psíquico. La búsqueda no implica, por supuesto, que los hijos deseen renunciar a sus padres legales, sino simplemente una reparación simbólica ante una incógnita fundamental en su vida.

Esos niños fueron abandonados en algún momento por quienes los concibieron y debían cuidarlos, lo cual produce una sensación de desamparo emocional que puede causar efectos psicológicos indeseados. La búsqueda del origen se emprende con el propósito de hallar una explicación, tal vez de toparse con unos hechos que exoneren o atenúen la culpa que se puede volcar sobre los progenitores por ese abandono: quizá la pobreza extrema, las adicciones, el ejercicio de la prostitución, la cárcel. De ese modo, el conflicto se aparta de la cuestión personal: el hijo no fue rechazado por ser él —con lo cual eludirá la percepción psicológica de que los padres tuvieran algo en su contra—, sino porque la situación les impedía precisamente el cuidado debido.

En España la legislación facilita ese derecho a que el niño adoptado sepa quiénes fueron sus padres biológicos; pero eso no se extiende a las situaciones en que los hijos son fruto de una donación de gametos.

Por tanto, el hijo adoptado español —no así el concebido mediante técnicas de reproducción— puede, cuando alcanza la mayoría de edad, averiguar el nombre de sus padres biológicos. Eso le resultará posible porque queda rastro en el Registro Civil, aunque tal información se defina como "de publicidad restringida", pues la filiación adoptiva se considera un dato que se ha de proteger especialmente y no se puede hacer público. Sólo los directamente interesados tienen derecho a ese acceso. En cambio, el hijo concebido por reproducción asistida solamente conocerá su origen exacto en caso de que peligre su salud o se dé una circunstancia grave.[49]

Una vez averiguado su origen, será difícil impedir que el hijo adoptado active la búsqueda si ese es su deseo; lo cual producirá episodios de muy diversa índole. En la adopción por abandono, los padres suelen seguir vivos durante el desarrollo de su descendiente. Pero también puede ocurrir que se produzca a causa del fallecimiento de alguno de los progenitores o de ambos; por ejemplo, cuando una madre soltera muere en el parto, cuando ocurre un accidente en el que perecen los padres y dejan hijos muy pequeños... En esos supuestos, la búsqueda de un reencuentro resultaría inútil. En todo caso, ello no afecta al derecho del hijo a saber lo que ocurrió.

Por otro lado, engendrar un descendiente mediante vientre de alquiler ofrece muchos problemas éticos que dejaremos a un lado porque estamos hablando aquí específicamente sobre el anonimato. Los acuerdos de ese tipo son en España nulos, si bien se protegen los derechos del nacido.

En tales procedimientos, llamados eufemísticamente "gestación subrogada", el anonimato es posible —salvo que lo revelen los implicados— allá donde se permite o se tolera esa práctica. Puede ocurrir que los hijos reclamen algún día saber quién fue su madre; tal vez también el padre si les es desconocido (pueden coincidir el padre biológico y el legal); incluso si se trata de un progenitor fallecido, como sucedió en el caso de la *compra* de una niña por la actriz Ana Obregón, en 2022, quien usó para la gestación en vientre ajeno el semen de su difunto hijo, Alessandro. Las leyes de aplicación general a los niños adoptados ampararán su propósito, pero las lagunas legales en este asunto establecen un terreno tremendamente resbaladizo.

[49] El artículo 5 de la Ley 14/2006, de 26 de mayo, sobre Técnicas de Reproducción Humana Asistida permite informar sobre la identidad de los donantes, pero con restricciones, señala: "Sólo excepcionalmente, en circunstancias extraordinarias que comporten un peligro cierto para la vida o la salud del hijo o cuando proceda con arreglo a las leyes procesales penales, podrá revelarse la identidad de los donantes, siempre que dicha revelación sea indispensable para evitar el peligro o para conseguir el fin legal propuesto. Dicha revelación tendrá carácter restringido y no implicará en ningún caso publicidad de la identidad de los donantes".

El derecho de los hijos adoptados a romper el anonimato de sus padres biológicos implica el riesgo de situaciones indeseadas; por ejemplo, si la madre biológica actuó en su día sin conocimiento del progenitor. Incluso sin el conocimiento de quién era el progenitor. Me pareció muy verosímil el relato incluido en el capítulo 8 de la decimosegunda temporada de la serie *Crimen en el paraíso*. Una mujer que había sido dada en adopción cuando era bebé emprende la búsqueda de sus padres biológicos, y los localiza. Los seguidores de la serie que no hayan llegado al capítulo mencionado pueden saltarse los dos siguientes párrafos, donde se cuenta el final de ese episodio.

Las pruebas de ADN necesarias para completar el proceso emprendido por la hija revelan que el padre biológico no era el padre biológico. La búsqueda acaba involucrando al verdadero progenitor, que así se entera por casualidad de todo lo ocurrido. Es decir, de que un día fue padre. Embarazó a una mujer pero ella no se lo dijo.

El marido de esa madre, tomado por padre biológico, no podía tener hijos, pero a su vez no se lo había dicho a su mujer. Por tanto, él sabía que la niña alumbrada por su esposa no era suya, y por eso obligó a darla en adopción. El amante de la esposa y verdadero progenitor no fue informado de nada durante decenios, hasta que la investigación de la hija llegó hasta él.

Parece todo muy enrevesado, y sin embargo puedo asegurar que en la serie resultaba creíble.

Vemos así que las implicaciones de cada situación pueden aconsejar soluciones diferentes, y que una vez emprendida la búsqueda del origen resultará difícil controlar sus efectos.

Uno de cada seis adultos en el mundo sufre algún problema de infertilidad. En un tercio de esas situaciones, se debe a factores femeninos; en otro tercio, a los masculinos. Y en el tercio restante, a factores desconocidos o a la combinación de las características de la pareja.

La ciencia ha permitido que cientos de miles de personas con problemas de esterilidad se beneficien de los sistemas de reproducción humana desarrollados en los últimos decenios. En algunos de ellos hacen falta donantes de semen o de óvulos que cumplirán un papel en la paternidad o la maternidad biológicas pero no alcanzarán ninguna relevancia en la maternidad o la paternidad legales. Los donantes no adquieren ningún derecho ni deber en relación con el ser que nacerá de su aportación.

En estos supuestos, se puede producir una colisión entre el deseo paternal o maternal a no conocer el donante (cuya identidad queda custodiada por las empresas o los laboratorios que actúan en el proceso) y el hipotético derecho futuro de los hijos a averiguar su origen biológico.

Algunos países, como España o Dinamarca, han establecido que la donación anónima de gametos no vulnera el derecho constitucional de los hijos a conocer su origen (por tanto, no tienen derecho a saber quiénes donaron, aunque sí el procedimiento usado). Pero otros Estados (Austria, Suecia, Noruega, Alemania, Reino Unido) consideran lo contrario. Por su parte, Estados Unidos no pone trabas a ese anonimato, cuestión que, por otro lado, deja en manos de las clínicas privadas.[50]

En estos años han modificado sus leyes para así garantizar el derecho de los hijos a conocer su origen (también en la reproducción asistida) países como Suecia (en 1984), Suiza (1992), Austria (1992), Australia (en el Estado de Victoria, en 1995), Países Bajos (2004), Nueva Zelanda (2004), Reino Unido (2005) y Finlandia (2006). Por el contrario, tanto Francia como España mantienen el anonimato de los donantes.[51]

En este último país, que es el mío, no existe apenas debate al respecto. No se dio ni con la ley de 1988 (la primera en la historia de España sobre este particular) ni con la de 2006; y solamente se han encargado del asunto especialistas en derecho de familia, científicos y juristas, mediante trabajos que han salido poco de sus ámbitos profesionales o académicos. Los problemas que este avance científico plantea no han llegado a los medios de comunicación ni a las organizaciones sociales ni a los programas que presentan

50 Igareda, Noelia, "El derecho a conocer los orígenes biológicos versus el anonimato en la donación de gametos", revista *Derechos y libertades*, n.º 31, págs. 227-249. Universidad Autónoma de Barcelona, junio de 2014.

51 Théry, Irene, "El anonimato en las donaciones de engendramiento: filiación e identidad narrativa infantil en tiempos de descasamiento", *Revista de Antropología Social*, volumen 18, págs. 6 y 7. Universidad Complutense de Madrid, 2009.

en las elecciones los partidos políticos, distraídos siempre con otros asuntos.[52]

Tampoco se desató ningún debate ciudadano cuando el Tribunal Constitucional español hubo de resolver en 1999 un recurso del Partido Popular contra la Ley de Técnicas de Reproducción Asistida, de 1988, y discernir consiguientemente entre, por un lado, el derecho a investigar y conocer la propia paternidad —fijado por la Ley Fundamental de 1978: "La ley posibilitará la investigación de la paternidad"— y, por otro, la obligatoriedad del anonimato cuando se trata de donantes, establecida precisamente en la ley recurrida: "La donación será anónima".

La argumentación de los magistrados a raíz de ese recurso explica que el sentido del precepto constitucional se dirige a proteger el derecho de los afectados a establecer un vínculo jurídico entre ellos y los progenitores, como parte de una relación paterno-filial; y añade que "la revelación de la identidad de quien es progenitor a través de las técnicas de procreación artificial no se ordena en modo alguno a la constitución de tal vínculo jurídico".[53]

Así es. Un niño que se da en adopción ha experimentado en algún momento una relación con la madre, dentro de su vientre y tal vez en los primeros días; y quizá también con el padre si mantuvo una relación sentimental con la progenitora. De ello no le quedará memoria al hijo en la mayoría de los casos, pero la consciencia posterior de esos hechos sí le puede activar el deseo de conocer más tarde a sus padres biológicos. Algo que no se da en la inseminación o la reproducción científica cuando se mantiene el anonimato. Aquí la persona donante (de semen o de óvulos) se limita —tal vez mediante remuneración— a entregar su material biológico, y no tiene luego ningún otro vínculo con lo que se derive de eso: ni siquiera sabrá si de tal acto se ha producido algún efecto, a diferencia de lo que sucede con una madre biológica (y tal vez también con el padre).

52 Cazorla González-Serrano, María del Carmen (2021), *Reproducción humana asistida y anonimato. ¿Violación o excepción al principio de verdad biológica?*, Madrid, Aranzadi.

53 Sentencia del Tribunal Constitucional español 116/1999, de 17 de junio.

Además, se ha aducido que establecer un vínculo jurídico entre el donante o la donante y su descendencia haría descender las aportaciones de semen o de óvulos y se dificultaría con ello la consecución del fin perseguido, siempre entendido como beneficioso: la reproducción humana por métodos científicos, destinada a aquellas personas que, por la razón que sea, no pueden concebir de modo natural.

Las razones que aportan los especialistas a favor del anonimato en la donación de gametos se basan en que al revelarse el origen se produce una desconfianza de los hijos hacia sus padres legales, y tal vez de otros familiares hacia ellos; así como la distinta vinculación emocional que se da en el hijo cuando uno de los padres legales es progenitor biológico y el otro no, lo cual produce una asimetría sentimental hacia ellos.[54]

No se realizan las mismas circunstancias en las parejas homosexuales, en las que, obviamente, al menos uno de los padres o madres no ha podido ser progenitor; y ello es deducido por los hijos mucho antes de alcanzar la mayoría de edad.

Una de las ventajas del desconocimiento sobre la identidad del donante de semen o de óvulos reside en que ello garantiza que no se plantearán nunca reclamaciones de paternidad, tal vez posibles por motivos económicos cuando alguna de las partes descubre su identidad y tiene conocimiento, por ejemplo, de la riqueza del padre biológico; o, al revés, del éxito profesional o deportivo de una hija o un hijo.

No obstante, en la actualidad se va extendiendo, como hemos señalado antes, el criterio que observa la cuestión desde el punto de vista de los hijos y su derecho a conocer los orígenes genéticos (independientemente del derecho al encuentro con los progenitores).

Estos fundamentos se han puesto a debate en los países occidentales, y constituyen un problema de difícil resolución. De todas formas, y a los efectos de lo que intentamos con esta obra, señalaremos la eventual perversidad de las donaciones completamente anónimas, porque la empresa médica que las gestione debe conocer y almacenar los datos, entre otras razones para facilitar con ello

54 Igareda González (2014), pág. 236.

las investigaciones científicas de enfermedades hereditarias sobrevenidas que no se podían detectar cuando se produjo la donación.

Otro problema radica en si, al margen de esas situaciones, se les deben facilitar a los descendientes cuando sean mayores de edad los datos de sus padres.

La perversión de ese anonimato se producirá también cuando se manifieste el riesgo de que un hijo adoptivo o cuya concepción se debió a reproducción asistida mantenga en un futuro relaciones sexuales o amorosas con alguien que resulte ser su hermano o hermana biológicos, incluso su padre o su madre; al desconocerse su auténtico origen.

Esta posibilidad se convirtió en real durante la dictadura franquista con quien sería después importante política Carmen Díez de Rivera (jefa del Gabinete del presidente Adolfo Suárez y después eurodiputada) y su hermanastro biológico Ramón; ambos, hijos (sin ella saberlo) del todopoderoso ministro Ramón Serrano Suñer, cuñado además del dictador Francisco Franco. Cuando los dos jóvenes emprendieron los trámites para casarse, la madre biológica, Sonsoles de Icaza, marquesa de Llanzol, encargó a un fraile dominico amigo de la familia que le contara a Carmen la dolorosa verdad, que le destrozó la vida.[55]

En agosto de 2017 se supo en Holanda (o Países Bajos) que un mismo donante de semen había generado 102 hijos. En aquel momento no existía un control único, una misma base de datos, de las diferentes clínicas especializadas en la reproducción artificial. El superdonante, de 34 años, aportó su esperma en 11 de ellas. Al estar obligadas a guardar el anonimato, no era posible entonces cruzar los datos. El hombre cobró apenas 50 euros por donación, lo que inclinaba a descartar la ambición económica. Pero el mismo varón disponía de un segundo canal de entregas. Muchas otras mujeres habían conocido directamente al donante a través de una ciberpágina dedicada a facilitar el contacto entre aportadores y receptoras. Uno y otras llegaban a conocerse y a hablar en persona.

55 Romero, Ana (2002), *Historia de Carmen*, Madrid, Planeta Singular, pág. 60. Sobre este asunto ha escrito una documentada novela el periodista Luis Herrero (2019), titulada *Dejé de pronunciar tu nombre,* Madrid, La Esfera de los Libros.

Él les entregaba posteriormente un bote con su esperma y la futura madre lo llevaba a una clínica de fertilidad, tras abonarle en este caso 165 euros por las molestias y también los desplazamientos. Finalmente, el hombre, llamado Jonathan Jacob Meijer, músico de profesión (según se publicó en la prensa) reconoció ser el padre de 175 niños… aproximadamente. En unas declaraciones al periódico *AD* (*Algemeen Dagblad*), dijo que simplemente deseaba hacer feliz a la gente.

Holanda suprimió el anonimato de los donantes en 2004. Sin embargo, la permisividad de Estados Unidos hace posibles los efectos perversos de las donaciones anónimas aquí descritos. Un artículo publicado por *The New York Times* en 2021 denunciaba eso y también la escasa regulación internacional al respecto: un hombre puede donar su esperma en clínicas de países distintos al suyo en entidades globales como Cryos Internacional (la mayor clínica de esperma del mundo, con sede en Dinamarca, que envía el producto a cien países) sin problema alguno. No existe un registro internacional de donantes de esperma, nada impide que un hombre sea padre de miles de hijos ni que figure con un nombre supuesto.[56]

Se han conocido casos inquietantes que fueron consecuencia de esa falta de regulación.

El donante Ari Nagel, profesor de matemáticas en Nueva York, que distribuye semen sólo por contactos en internet y directamente a las receptoras, reconoció a ese mismo periódico que ha procreado 76 hijos biológicos en varios países. Simon Watson, un donante en el Reino Unido que actualiza regularmente su sitio de Facebook con fotos de su descendencia, dijo a la BBC en 2016 que fue el fecundante de al menos 800 niños en todo el mundo.

En 2019 se supo, mediante pruebas de ADN, que el holandés Jan Karbaat, un especialista en fertilidad, había engendrado en secreto a unos 68 niños, nacidos de mujeres que visitaron su clínica cerca de Rotterdam. Otro donante de ese mismo país y llamado Louis tiene más de 200 hijos, muchos de los cuales no se conocen entre sí (y por tanto podrían llegar a concebir hijos entre ellos). En 2015, el consultor informático Ivo van Halen, de 32 años, se enteró

[56] Mroz, Jacqueline, "The Case of de Serial Sperm Donor", *The New York Times* (versión digital), 4 de febrero de 2021.

de que él fue uno de esos bebés, y logró conectar directamente con 42 de sus medios hermanos. Algunos llegaron a encontrarse en Tinder, la aplicación de citas, según el diario estadounidense. Jordy Willekens, que vive en La Haya, coqueteó en línea con cuatro medias hermanas sin saber previamente que lo eran. "Una vez, puse que me gustaba una hermana y ella puso que yo le gustaba al mismo tiempo", declaró Willekens.

Holanda es un país de sólo 17 millones de habitantes, lo que aumenta el riesgo estadístico.

Eso refuerza el argumento de que las personas concebidas por reproducción asistida deben saberlo al llegar a determinada edad, de modo que dispongan de la opción de aplicar algún tipo de filtro.

¿Qué impulsa a esos donantes en serie a distribuir su esperma por doquier? Un motivo puede ser el ego, el ansia de trascender. Y otro, que pueden hacerlo sin que nadie lo impida.

En España, la Ley 14/2006 sobre Técnicas de Reproducción Humana Asistida limita a seis los nacimientos por donante, un tope que varía enormemente entre los países... que lo fijan. La norma española garantiza el anonimato pero también que los hijos conozcan su información genética a través de un Registro Nacional de Donantes; y admite que se dé a conocer la identidad de los padres biológicos sola y exclusivamente cuando ello procure beneficios que afecten a la salud. Además, los aportadores deberán declarar en cada ocasión si han hecho antes otras entregas y dónde.

Pero ¿y si el aportador miente? Para eso se crea el Registro, destinado a resolver las consultas necesarias en cada situación con garantías de confidencialidad.

Se trata de reducir los peligros con leyes de sentido común y no sólo mediante iniciativas personales como la del holandés Willekens, quien añadía en el *New York Times* que dispone de una lista de posibles hermanos, aún incompleta, para consultarla antes de citarse con una mujer. Él se dice muy cuidadoso cada vez que sale con alguien: "Tengo un ojo muy entrenado a estas alturas".

Entre los riesgos de este anonimato, también resulta verosímil que el hijo de unos padres legales pero no biológicos que no ha sido informado al respecto pueda creer que ha heredado de ellos alguna enfermedad genética, vistos otros antecedentes familiares.

Eso le conduciría a prevenirse frente a ella (lo que implica preocupaciones, renuncias y gastos) sin que en realidad hubiera ningún motivo médico. Obviamente, puede darse asimismo lo contrario: que les hubiera sido descubierto ese mal hereditario a alguno de los progenitores biológicos con posterioridad al nacimiento del hijo.

Igualmente, se produce una perversión cuando, contra la voluntad del descendiente, se le revela la identidad de sus padres biológicos. Y del mismo modo, cuando no se le transmite esa información a quien sí quiere averiguarla.

La perversión de este anonimato se ejecutaría también si, como consecuencia de cambios legislativos en algún país, se diese a conocer la identidad de la persona donante que lo había establecido en su momento como condición para aportar sus óvulos o su semen. Esas modificaciones con efecto retroactivo, movidas por el deseo de primar los derechos del concebido, podrían perjudicar gravemente a los progenitores que se creían anónimos. No se puede revocar el anonimato si lo estableció como condición quien aportó el semen o los óvulos.

En Francia se ha propuesto la posibilidad de establecer dos grupos en los casos de aportaciones de óvulos o esperma: aquellos donantes que no permiten que los descendientes biológicos conozcan su nombre y los que sí lo aceptan, de modo que los padres legales elijan entre unos y otros a la hora de emprender el embarazo. Pero ese "sistema de doble ventanilla" (*double guichet*) plantea a su vez nuevos problemas: la desigualdad entre niños procedentes de donaciones, una parte de los cuales podría conocer a sus progenitores y otros no.

La solución que parece dominar en nuestros días, en definitiva, recoge que el donante sepa que en algún momento se pueda informar a los hijos sobre su identidad; y que elija entonces donar o no. Y limitar mucho más el número de inseminaciones procedentes de un mismo individuo.

Para convivir mejor con estas variadas situaciones y superarlas, la especialista Noelia Igareda,[57] de la Universidad Autónoma de Barcelona, defiende que sería deseable respetar la posibilidad de

[57] Igareda González (2014), pág. 249.

conocer los orígenes biológicos como una parte esencial de los derechos fundamentales de los concebidos con donaciones de gametos. Pero añade que la normalización de las técnicas de reproducción asistida y la posibilidad de identificar al donante desencadenarán también cambios sociales y culturales, de forma que la figura del aportador pueda aparecer en el imaginario de los hijos "como una realidad desprovista de estigma alguno, al igual que se ha producido en la normalización de las separaciones y divorcios, y la aparición de nuevas familias (homosexuales, monoparentales o reconstituidas)". "El derecho", concluye, "debe hacerse eco de estas nuevas realidades familiares, e igualmente permitir e incluir las nuevas formas de pluriparentalidad".

No pretendemos exponer y resolver en estos simples párrafos toda la casuística inherente al anonimato en la paternidad y la maternidad biológicas, pero sí esbozar la necesidad de una regulación destinada a eliminar las lagunas legales sobre este particular; a ser posible mediante normas internacionales comunes. Sobre todo, a fin de apuntalar que, en este como en otros terrenos que estamos señalando, las dudas habitan entre nosotros.

Por el propósito generalista de este libro, no debemos progresar más en la casuística legal de cada país; simplemente pretendemos señalar la complejidad y los problemas que se viven en este terreno.

El anonimato se presenta aquí, pues, como un criterio en construcción y como un generador de conflictos mientras las sociedades no asienten unas normas claras y estables; a ser posible con la consideración expresada por Noelia Igareda: que las nuevas generaciones aborden este asunto sin drama y sin darle tanta importancia como sus antecesoras; siempre que se reduzcan los riesgos, añadimos, sobre eventuales enfermedades hereditarias descubiertas o por descubrir y sobre la eventual profusión de hijos de una misma persona (con los problemas biológicos que se puedan derivar del cruce entre familiares, para lo cual se habrían de limitar mucho más las donaciones de una misma persona). Por duro que suene hoy en día, y aun salvando las obvias diferencias científicas, en ese futuro no tan lejano el hijo concebido tras inseminación con seguridad y garantías suficientes tendrá el mismo interés por conocer su origen que quien recibe una transfusión de sangre por averiguar quién fue el donante. El cariño y la voluntad de ser padres de quienes lo han cuidado y protegido ocupará tal vez sus necesidades afectivas sin precisar de mayores pesquisas.

El secreto de confesión

Las conversaciones entre pecador y confesor solían empezar de este modo:

—Ave María Purísima.

—Sin pecado concebida.

—Padre, confieso que he pecado. El otro día…

Y a partir de ahí se relataban algunos asuntillos sin mayor importancia. "He copiado en un examen", "he comido caramelos en clase"… Todos confiábamos en que el cura no les fuera contando esos chismes a nuestros profesores.

El secreto de confesión concierne al anonimato porque el sacerdote ha de mantener reserva sobre la identidad de los fieles que acuden a él para librarse de sus pecados. Una vez más, las acciones se desvinculan de su autor, de manera que circulan por carriles distintos. A menudo, el cura ni siquiera conoce el nombre de quienes acuden al confesionario, ni deberá intentar llegar a saberlo. Es decir, el perdón de los pecados se le otorga a alguien anónimo. En otras ocasiones el eclesiástico sí sabe de quién se trata, hasta el punto de establecer con el pecador una relación que se desarrolla a lo largo de los años.

El Código de Derecho Canónico establece que el secreto de confesión es inviolable (cánones 983-985 y 1388), y eso, según recordó el Vaticano en 2019, ha de aplicarse *usque ad sanguinis effusionem*, es decir, 'hasta el derramamiento de sangre', 'hasta el martirio'. Vulnerarlo se castiga con la excomunión. San Juan Nepomuceno (siglo XIV) fue el primer mártir por negarse a revelar lo conocido por ese sacramento.

El cristiano que acude ante un sacerdote para contarle sus pecados lo hace acogiéndose a esas normas propias de la Iglesia, y uno y otro sellan tácitamente un pacto de confidencialidad sin el cual la conversación ni siquiera comenzaría. Los fieles se refugiarán a su vez en el anonimato del confesionario, de modo que el cura desconozca incluso con quién habla; o, por el contrario, se expresarán cara a cara sin problema ante el sacerdote porque confían en él. Da igual. El asesino puede confesarse de su crimen para obtener el perdón de Dios según las creencias cristianas, sin que por ello obtenga el perdón de la sociedad.

Estos principios se han cuestionado en los últimos años a raíz de los delitos de pederastia descubiertos en distintas compañías religiosas, instituciones o colegios. ¿No debería avisar el confesor de que un pederasta reincidente sigue educando niños? ¿Ha de mantener el anonimato de su feligrés y con ello perjudicar a las víctimas? Se produciría así un conflicto de conciencia en quien recibe la información: por un lado, tiene que respetar la reserva; pero, por otro, se convierte en cómplice si el pederasta reincidente continúa adelante con sus prácticas sin que nadie le intercepte y sin que nadie más conozca los hechos, salvo el sacerdote ante quien se volverá a confesar y que seguirá guardando reserva, en una especie de lavado de la depravación.

En la sociedad civil, incluso los agresores sexuales o pederastas que han cumplido su pena son sometidos a seguimientos no invasivos y otras medidas cuando las autoridades competentes aprecian riesgo de reincidencia. Según datos del Ministerio del Interior español difundidos en 2022, un 22,22% de los agresores sexuales vuelven a cometer abusos tras ser excarcelados. Si esa reiteración ocurre en tal medida cuando se ha cumplido pena de cárcel, podemos conjeturar que el porcentaje aumentará cuando el precio pagado se ha resuelto con una simple confesión ante un cura.

Chocan así el derecho canónico y el derecho de los niños a su integridad física y mental. Nos topamos entonces con un dilema: o bien el Estado se inmiscuye en asuntos de la fe religiosa, o bien una fe religiosa se sitúa por encima del Estado.

Esa colisión se evidenció públicamente en Francia cuando en octubre de 2021 se destaparon nuevos casos de abusos a cargo de sacerdotes. Llegaron a sumar 216.000 denuncias en 70 años.

Jean-Marc Sauvé, presidente de la Comisión Independiente sobre los Abusos Sexuales en la Iglesia de aquel país (CIASE son sus siglas en francés), formada bajo el mandato del centrista Emmanuel Macron, señaló al presentar el informe elaborado por ese grupo de trabajo que los "silencios" y "fallos" de la Iglesia católica francesa ante los casos de pederastia desde 1950 a 2020 tienen un "carácter sistémico" y que hacen falta profundas reformas de la institución, así como revisar algunas de sus prácticas, incluido delimitar bien el secreto de confesión (del que se deduce un derecho al anonimato).

Sin embargo, el presidente de la Conferencia Episcopal, el obispo Éric de Moulins-Beaufort, declaró después a la emisora France Info: "Nos debemos al secreto de confesión y, en ese sentido, este es más fuerte que las leyes de la República".

Si es más fuerte, entonces... qué fuerte.

La secretaria de Coordinación del Partido Socialista francés, Corinne Narassiguin, le respondió escuetamente en un tuit: "No". Y el ministro del Interior, Gérald Darmanin, citó de inmediato al obispo para que aclarase esas palabras.

Por su parte, el candidato ecologista a la presidencia, Yannick Jadot, añadió: "Ningún principio religioso es superior a las leyes de la República. En ningún caso. Invocarlo en crímenes monstruosos y masivos contra niños es aún más inaceptable".

Otros políticos de izquierda se preguntaban qué habría ocurrido si esa declaración según la cual las normas de la Iglesia se sitúan por encima de las normas del Estado hubiera partido de un dirigente religioso de otra confesión, por ejemplo un líder musulmán. Por su parte, la ministra delegada de Ciudadanía, Marlène Schiappa, coincidió: "No podemos decir a otras religiones 'Debéis respetar las leyes de la República' y decir que aquí hay una excepción".

En efecto, el artículo 226.14 del Código Penal francés estipula desde 1992 que el secreto profesional no es aplicable para los abusos o agresiones contra menores de 15 años.[58]

El ministro Darmanin recibió dos días después a Moulins-Beaufort y le expresó con claridad que no hay ninguna norma

[58] Artículo 226.13: "La revelación de información de carácter secreto por quien sea su custodio, ya sea por su condición o por su profesión, o por razón de una función o misión temporal, será sancionada con un año de prisión y 15.000 euros de multa". Artículo 226.14: "El artículo 226.13 no es aplicable en los casos en que la ley imponga o autorice la divulgación del secreto. Además, no es aplicable: 1.° A quien informe a las autoridades judiciales, médicas o administrativas de privaciones o abusos, incluso cuando se trate de agresiones sexuales o mutilaciones, de las que tenga conocimiento y que hayan sido infligidas a un menor o a una persona incapaz de protegerse, por edad o incapacidad física o mental" [...].

superior a las leyes del país y que todo religioso que sepa de un crimen contra una persona menor de 15 años debe denunciarlo ante la justicia y no escudarse en el secreto de confesión.

El obispo pidió perdón por sus declaraciones "torpes" y agregó que "es necesario trabajar para conciliar la naturaleza de la confesión y la necesidad de proteger a los niños".[59]

Con eso, todos contentos pero ninguna solución.

En general, los países democráticos, en Europa y en América, protegen el secreto profesional, en el que vienen a encuadrar el del confesor. Pero ya se han abierto vías de renovación que lo cuestionan.

En 2017, la Cámara Nacional de Apelaciones argentina hubo de definirse sobre la decisión de un sacerdote de suspender su propio secreto para avisar a una madre de que su hija corría peligro de abusos, merced a una información que había obtenido en su confesionario (causa 14.349/2011).

El abusador, que convivía con la víctima y la madre de esta, pidió la nulidad del proceso una vez denunciado, por haberse obtenido el principal testimonio mediante secreto de confesión, roto luego por el sacerdote. Es decir, venía a invocar un defecto de forma equivalente a que se hubiera producido una escucha ilegal. Todo ello sin perjuicio de las consecuencias de orden religioso que pudieran derivarse para el cura, que ya son cosa particular de la Iglesia, por haber infringido las reglas de su condición sacerdotal.

No obstante, el confesor colaboró con la madre, pero no con los tribunales: se negó a declarar ante el juez. Aún mantuvo ese reducto del derecho propio eclesiástico.

La Sala estableció finalmente que el sacerdote no incurrió en la revelación de secretos tipificada en el artículo 156 del Código Penal argentino, que dice: "Será reprimido con multa de 1.500 pesos a 90.000 pesos[60] e inhabilitación especial, en su caso, por seis

[59] *El País*, 8 y 12 de octubre de 2021. Informaciones de Silvia Ayuso.

[60] El sistema de multas en Argentina está sometido a debate, a cuenta de la altísima inflación que sufre el país y que termina por volver insignificantes las cuantías fijadas en las leyes. Se han planteado propuestas como establecer el pago de días de salario, por ejemplo. Véase a este respecto Garay, Juan Manuel (2003), *Hacia un sistema de determinación que tome en serio la pena de multa*, Universidad Torcuato Di Tella.

meses a tres años, el que, teniendo noticia, por razón de su estado, oficio, empleo, profesión o arte, de un secreto cuya divulgación pueda causar daño, lo revelare sin justa causa". Los jueces entienden, obviamente, que sí existió tal causa justa, "ya que se encontraba afectada una menor que vivía con el imputado, situación que implicaba la posibilidad de futuros ataques sexuales". Los argumentos del tribunal admiten además que la denuncia no se transmitió a la autoridad, sino a un particular, como prevé la jurisprudencia argentina.

La sentencia se explica así en su punto crucial:

"El Tribunal estima que el inminente peligro que en el momento en que se produjo tal revelación podía advertirse para la integridad sexual de la menor damnificada conduce a convalidar lo actuado, en tanto impide considerar, al menos en el estricto marco del planteo aquí tratado, que el conocimiento de los hechos por parte de la denunciante hubiera sido obtenido mediante un delito". Por tanto, da por válido el soplo del cura ante la madre y no le condena por revelación de secreto, aunque la información hubiera sido adquirida en el confesionario.

El conflicto entre posturas queda a las claras. Desde el punto de vista de la Iglesia, en el momento en que se acepte la suspensión del derecho de confesión las personas que habrían acudido normalmente al sacramento de la penitencia para culparse ante la Iglesia como autores de un delito dejarán de hacerlo, para no arriesgarse a ser denunciados ante las autoridades civiles o penales. Con ello, no accederían al perdón de Dios; y la confesión se volvería ineficaz para esos pecados.

Además, y ya por otro lado, romper el secreto de confesión de los sacerdotes podría conducir con la misma lógica a revisar el secreto profesional de los periodistas, los abogados defensores o los médicos.

A nuestro entender, en todas esas situaciones ha de prevalecer el secreto profesional, excepto en una: cuando el silencio sería cómplice de nuevos delitos, que a su vez causarían nuevas víctimas o reincidirían en las ya existentes. Ese sería el caso de un periodista que supiera la próxima comisión de un atentado, por sus fuentes cercanas a un movimiento terrorista con las que hubiera pactado reserva sobre lo contado, y no hiciera nada por impedirlo.

En los hechos expuestos más arriba —la validación por los tribunales argentinos de un testimonio derivado del quebrantamiento del derecho de confesión—, se cernía sobre la víctima el peligro de nuevos abusos, por la convivencia con el autor. Vale la pena resaltar esa circunstancia, pues de otro modo el juicio del tribunal —y el nuestro— sería muy diferente. Romper el secreto profesional se justifica cuando eso supone un bien para la víctima o las hipotéticas víctimas posteriores; no si solamente acarrea un castigo para el culpable.

Queda por discernir, y eso incumbe a los especialistas, si ya supone un bien para la persona agredida el hecho de que el abuso se castigue, pues ello redundará en su equilibrio psicológico y atenuará los daños sufridos.

En la ecuación hace falta incluir, no obstante, que la mayoría de las confesiones ante un cura se expresan de forma anónima, sin que el cristiano se presente ante él con nombre y apellidos. Solamente el conocimiento previo por el religioso acerca de la identidad del arrepentido podría activar la denuncia.

De cualquier forma, se puede discutir si desde un punto de vista ético el confesor debiera denegar la absolución a quien no estuviese dispuesto a reparar su crimen y, en su caso, comparecer ante la justicia. El sacerdote tiene en su mano esa herramienta, reconocida implícitamente por el canon 980: "No debe negarse ni retrasarse la absolución si el confesor no duda de la buena disposición del penitente y este pide ser absuelto". De lo cual se deduce que sí puede hacerlo cuando tal duda se produce. Por ejemplo, cuando la buena fe del penitente no le lleva a adoptar medidas que impidan la reincidencia.

Cinco de los seis Estados australianos han aprobado legislaciones contra la inviolabilidad del secreto de confesión si ampara abusos contra menores. El último en hacerlo fue el Parlamento de Australia Occidental (con capital en Perth, y el mayor de los seis Estados de ese país-continente), que aprobó en 2021, para su entrada en vigor en noviembre de 2022, una ley que obliga a los sacerdotes de todas las religiones. Mantener el secreto en esos supuestos los convierte en responsables penales, si bien los castigos no van más allá de una multa de hasta 6.000 dólares australianos (4.000 dólares estadounidenses).

El arzobispo de Perth opuso en el debate que "los pecados no se confiesan al sacerdote, sino a Dios". Pero no parece probable que Dios avise a la policía.

Una comisión impulsada por el Gobierno de Australia elaboró un informe en 2017, denominado *Justicia criminal*, donde se registran más de 8.000 delitos de pederastia en instituciones religiosas durante los años comprendidos entre 1950 y 2010; de ellos, el 62% corresponden a sacerdotes católicos. Un 7% de los curas católicos que impartieron doctrina en el país en esos años fueron acusados de abusos.

Ante tales datos, varios arzobispos australianos reconocieron que la Iglesia no había reaccionado acertadamente frente a los hechos y que su actitud rayó en la "negligencia criminal". Cristopher Prowse, arzobispo de Canberra y Goulbourn, admitió: la ley aprobada "es una consecuencia del profundo fracaso del liderazgo de la Iglesia y del deber de cuidado que les debemos a los niños". Pese a todo, la institución como tal se muestra contraria a la revelación de ese secreto y prefiere proteger el anonimato de los delincuentes. De hecho, el arzobispo de Melbourne, Peter Comensoli, máxima autoridad de la Iglesia católica australiana, afirmó en unas declaraciones a la cadena ABC News Australia que no pensaba romper el secreto de la confesión. Eso sí, intentaría convencer al delincuente para que se inculpase voluntariamente ante la policía.

En cambio, el fiscal general australiano, Jill Hennessy, zanjó así el debate: "En los tiempos que vivimos y sabiendo lo que sabemos, los derechos de los niños deben prevalecer sobre las opiniones religiosas de cualquiera".

Esos derechos no solamente se superponen al secreto de confesión, sino también al secreto profesional de maestros, policías, médicos, enfermeras y trabajadores sociales, entre otros. Todos ellos están obligados a comunicar a los jueces o a la policía si tienen una creencia razonable, percibida durante el desempeño de su trabajo, de que un niño está sufriendo abusos y va a continuar en esa situación.

En Chile, la Cámara de Diputados aprobó en abril de 2019 modificar el artículo 175 del Código Procesal Penal, lo que extendería a las autoridades eclesiásticas y sacerdotes la obligación de denunciar delitos cometidos específicamente contra niños, niñas o adolescentes y contra personas que por su condición física o mental no se hallen en condición de ejercer por sí mismas sus derechos. Sin embargo, el proyecto se atascó en el Senado y de él nunca más se supo, al menos en el momento de escribir estas líneas.[61]

Por el momento, este código, modificado por última vez en 2023, obliga a policías, militares, funcionarios, capitanes de naves, conductores de trenes y otros medios de transporte, profesionales de la medicina y profesores, quienes habrán de denunciar los indicios de delito que conozcan por su profesión. Pero no a los sacerdotes (ni a los periodistas) cuando sepan de abusos contra niños a través de su secreto profesional.

En Estados Unidos se han producido debates similares en varios territorios, como California, Delaware y Washington, cuyas Cámaras representativas han abordado distintas propuestas al respecto; pero no se habían resuelto legislativamente al editarse este libro. Jerry Hill, senador demócrata por California, promovió un proyecto de ley que abolía en ciertos supuestos el secreto de confesión, y declaró en febrero de 2019, al presentar su propuesta, que la salvedad de la que goza el clero "solamente protege al abusador, y pone a los niños en mayor riesgo".

En Italia se protege el secreto de confesión en el artículo 200 del Código Penal, junto con el resto de los secretos profesionales. Con todo y con eso, ya se ha producido alguna sentencia (como la dictada por la Suprema Corte de Casación el 14 de enero de 2017) que establece la obligación del sacerdote de testificar cuando en la confesión alguien le haya contado que ha sufrido abusos; no que los haya cometido. En Portugal, el Código Penal de 1982 castiga con hasta un año de cárcel a quien revele el secreto que otra persona le transmita por razón de su oficio o profesión. En Alemania, los sacerdotes de todas las religiones pueden guardar el secreto de confesión y no se les obliga a comparecer como testigos en un juicio (aunque sí en el caso de ser acusados), pero tampoco habrá castigo para quien de ellos decida ofrecer su testimonio y quebrantar así su secreto.[62]

[61] Actas de los debates. Sesión 18.ª, 23 de abril de 2019. De las 10.30 a las 14.12 horas.

[62] Extraigo estos datos, de entre otros muchos, del *Anuario de Derecho Eclesiástico del Estado*, que coeditan el Instituto para el Estudio de la Libertad Religiosa y el *Boletín Oficial del Estado*.

En otros países, como en España, ni siquiera se ha abierto el debate público.

El artículo 199 del Código Penal español castiga con prisión de uno a tres años a quien vulnere su secreto profesional; y de uno a cuatro años, además de inhabilitación en ese oficio entre dos y seis años, para el profesional que incumpla esa obligación de sigilo o reserva y divulgue los secretos de otra persona. El artículo 417 de la Ley de Enjuiciamiento Criminal añade que no podrán ser obligados a declarar como testigos "los eclesiásticos y ministros de los cultos disidentes, sobre los hechos que les fueren revelados en el ejercicio de las funciones de su ministerio". (Curiosa la palabra *disidente*, que viene de muy antiguo en ese precepto, ya vigente en 1882: los cultos disidentes del que se suponía culto hegemónico). El artículo 263 lo complementa exceptuando a esos eclesiásticos y ministros religiosos —también a los abogados— de la obligación de denunciar los delitos que conocen por razón del cargo o profesión que desempeñan.

Por si fuera poco, el acuerdo entre España y la Santa Sede, de 1976 (o "acuerdo pórtico"), también protege a los sacerdotes, que "en ningún caso" serán requeridos por los jueces o las autoridades para dar información sobre personas o materias de las que hayan tenido conocimiento por razón de su ministerio.

Pero una vez más comprobamos que las legislaciones de los distintos países difieren sobre un asunto tan básico y en apariencia incontrovertible como proteger a las víctimas cuando se alberga la sospecha fundada de que van a sufrir nuevos daños; y concluimos nuevamente que, como se ha relatado en lo referente a la adopción y a la reproducción asistida, el anonimato sigue alentando problemas que se abordan con desidia o ineficacia.

Por tanto, el anonimato que se deriva del secreto de confesión para quien declara un delito ante un sacerdote se pervierte obviamente cuando un religioso no avisa a las autoridades para que se prevengan ante una reincidencia verosímil o probable. En la pugna entre el derecho eclesiástico y las normas civiles o penales deben triunfar estas últimas, pues de otro modo las creencias personales se estarían situando por encima de la ley. Ningún derecho carece de límites, tampoco el derecho al secreto de confesión de quien declara ante un sacerdote un delito que puede repetirse. No se pretende, insistimos, que los religiosos denuncien a cualquier delincuente que se confiesa, sino que lo hagan cuando ello impediría la comisión o reiteración de un delito y protejan por tanto a las eventuales víctimas, sobre todo si son menores de edad o personas en situación precaria o de indefensión.

Tal vez decenas o cientos de menores están sufriendo en este momento en todo el mundo abusos sexuales a cargo de religiosos en el internado. Temen que ese cura que a veces los halaga y a veces los abronca los llame de nuevo a su despacho o a su cuarto o los invite al cine. Después intentarán bloquear el recuerdo en su memoria y en su voz para defenderse del daño. Algunas de esas agresiones desalmadas y crueles que aún están por cometer se detendrían de inmediato si los compañeros de esos sacerdotes pusieran por delante del secreto de confesión los derechos de los niños que no pueden defenderse.

El secreto médico

Andreas Lübitz, de 27 años, estrelló voluntariamente el 24 de marzo de 2015 un avión de la compañía Germanwings cuando lo pilotaba sobre suelo francés durante el trayecto Barcelona-Dusseldorf, tras encerrarse en la cabina de mando para que no pudieran entrar sus compañeros. Mató a 149 personas y a sí mismo. Cincuenta de ellas tenían la nacionalidad española. Apenas dos semanas antes, un médico le había diagnosticado un episodio de depresión y le había recomendado su ingreso en un hospital. Pero él se lo ocultó a la empresa.

¿Habría sido adecuado romper el secreto médico en esa ocasión y quebrar el anonimato del paciente más allá del consultorio? ¿Avisar a la compañía de que un piloto suyo no estaba en condiciones de manejar un avión? Creemos que sí, sobre todo si atendemos al informe del Bureau d'Enquêtes et d'Analyses (BEA), el departamento francés encargado de las investigaciones sobre seguridad aérea, que relata el peregrinaje previo del piloto por las consultas psiquiátricas. Sin embargo, los médicos alemanes que le examinaron no tenían ninguna obligación de comunicar la enfermedad a nadie, en aplicación del secreto profesional, a pesar de que conocían la ocupación de su paciente. Gestionaron el caso como si se tratara de una persona anónima como otra cualquiera.

El secreto profesional de los médicos provoca también, como se ve, una colisión de derechos: el derecho a la intimidad y la propia imagen, y el derecho de los demás a la seguridad y la salud.

Frente a lo que defienden el secreto profesional y el derecho a la intimidad, las compañías de seguros sanitarios verían con gran felicidad que alguien les facilitase los historiales de sus futuros clientes, y aun de los que ya abonan sus mensualidades, para establecer los riesgos en su salud y con ello determinar la prima que deben exigir a los asegurados. Los seguros privados procuran ocupar el espacio que dejan libres los sistemas públicos, pero ponen en su horizonte la rentabilidad. A diferencia de lo que pasa con los horizontes de la vida real en los que adivinamos el punto inalcanzable donde se juntan la tierra y el cielo, estas empresas consiguen llegar a él.

No obstante, el secreto médico protege a todo paciente potencial o efectivo; es decir, nos protege a todos porque todos somos, seremos o hemos sido pacientes en algún momento. El derecho a la intimidad ha de imponerse frente al interés de las empresas.

Quienes esperan a ser recibidos en una consulta médica y son llamados desde una pantalla no verán en ella su nombre y apellidos, sino una clave que coincide con la escrita en un papel que les dieron al llegar. Además, los sanitarios se someten a un código ético que les impide dar a conocer intimidades sobre la salud de las personas a quienes atienden. Ahora bien, a esto también se aplican excepciones.

El secreto médico muestra ciertos puntos de conexión con el que defiende la Iglesia para sus sacerdotes, ambos concernidos por el artículo 199 del Código Penal español (reforma de 1995). En el caso de los facultativos, se les superponen las obligaciones que implican, entre otras normas, la ley contra la violencia machista, la ley sobre protección de datos, la ley de enjuiciamiento criminal y el propio código deontológico, cuyo texto establece esa obligación y también las excepciones, como la posibilidad de facilitar "con discreción" informaciones médicas confidenciales "cuando venga determinado por imperativo legal" o "cuando con su silencio se diera lugar a un perjuicio al propio paciente u otras personas, o un peligro colectivo".

La ley española obliga al facultativo que diagnostica malos tratos sufridos por una mujer, presuntamente por violencia machista, a denunciarlo ante la policía o el juzgado. El médico deberá notificar el parte de lesiones y el informe que lo acompaña, tras haber informado a la afectada sobre esa remisión, que habrá de constar en la historia clínica. También le entregará a ella una copia por si desea tramitar personalmente una denuncia.

Existe además un *Protocolo común para la actuación sanitaria ante la violencia de género*, difundido en 2007 por el Ministerio de Sanidad, en el que se facilita un formulario de entrevista clínica para cuando el personal sanitario sospeche fundadamente que una mujer ha sido víctima de maltrato. Y por si ella se niega a denunciar, se recomienda comunicar a la Fiscalía esa situación, para que decida al respecto.

De añadidura, los médicos quedan obligados a informar sobre enfermedades contagiosas y otras dolencias que impliquen eventuales daños a los demás, como sucede en las afecciones psiquiátricas de riesgo.

Aun con eso, el secreto de la supuesta víctima estaba ya garantizado por la Ley Orgánica de Protección de Datos de 1999 y lo está por la Ley General de Sanidad. En el acceso a una historia clínica con fines exclusivamente judiciales, de salud pública, de investigación y de docencia, se habrán de disociar el nombre del paciente y la información de carácter clínico-asistencial, "salvo que el propio paciente haya dado su consentimiento para no separarlos".

Por tanto, también en este apartado se plantea la colisión de derechos y la necesidad de dar mayor relevancia al que de entre ellos ha de imponerse en cada situación. Un médico que firma la baja de un empleado no debe comunicar a la empresa qué enfermedad padece (prima el derecho a la confidencialidad del paciente frente al interés de la empresa en conocer la causa, como sucedería en el caso de una compañía aérea). Sin embargo, el mismo profesional estará obligado a denunciar a la policía que una mujer en concreto ha llegado a su consulta con lesiones presuntamente causadas por una agresión de su pareja (prima en la ponderación la necesidad de perseguir ese delito frente al eventual interés de la víctima en ocultarlo). Lo mismo habrá de hacer el doctor que atiende a un herido de bala, por ejemplo. Los médicos están obligados a priorizar la salud y la seguridad de los individuos pero también a denunciar los delitos de los que tengan conocimiento.

Cada caso requerirá de una ponderación adecuada, no siempre fácil de objetivar.

La Fiscalía alemana archivó la investigación sobre el accidente de Germanwings porque consideró que el único culpable había muerto. No extendió responsabilidad alguna ni a la compañía ni a los facultativos. Los familiares de las víctimas respondieron con una frase lapidaria: "Con una decisión como esa, un accidente así podrá volver a ocurrir".

El espionaje

Debemos quedar muy agradecidos en los países democráticos a las personas de los servicios secretos o policiales que se infiltran en organizaciones terroristas o mafiosas para luchar desde dentro contra ellas. Vivirán angustiosos momentos de aprieto al creerse descubiertos, deberán desarrollar una enorme capacidad de interpretación actoral, mimetizarse con su entorno, mantendrán una concentración extrema para no incurrir en un error. Se juegan la vida para proteger nuestras democracias. Cómo no vamos a aceptar las suplantaciones que necesiten.

Del mismo modo que en el secreto profesional se ha de levantar la garantía cuando se trata de preservar un bien superior, en el trabajo de los espías o de los agentes secretos es el bien superior el que justifica el anonimato o la simulación de personalidad. Como señalábamos anteriormente, "el fin no *siempre* justifica los medios". Aquí la falsa personalidad que desarrolla un agente infiltrado podría considerarse en sí misma, aislada de todo lo demás, una maniobra engañosa. Pero no si consideramos los efectos benéficos que puede procurar a la sociedad.

En España, el artículo 282 bis de la Ley de Enjuiciamiento Criminal permite actuar bajo identidad supuesta —con ciertos límites que especifica— y mediante resolución judicial, siempre y cuando se trate de investigaciones sobre delincuencia organizada. La identidad supuesta será otorgada por el Ministerio del Interior con un plazo de seis meses, prorrogables por otros de igual duración. El documento que establezca esa nueva identidad, obviamente de carácter reservado, deberá contener el nombre verdadero del agente encubierto y su correspondencia con la identidad real. El nombre falso se podrá mantener también cuando les corresponda testificar.

Por su parte, la Ley Reguladora del Centro Nacional de Inteligencia (CNI) de 2002 faculta a los agentes de ese servicio, adscrito al Ministerio de Defensa, para disponer de "identidades, matrículas y permisos reservados que resulten precisos y adecuados a las necesidades de sus misiones", entre otras medidas de protección de su anonimato.

Las correspondencias entre identidades reales y ficticias han de guardarse bajo siete llaves informáticas. Pero a veces los candados saltan por los aires, como se comprobó con algunas de las filtraciones de Wikileaks.

En un primer momento, el portal del australiano Julian Assange proporcionó en 2010 a cinco grandes diarios (*The New York Times*, *The Guardian*, *Der Spiegel*, *Le Monde* y *El País*) más de 250.000 documentos secretos que revelaban la oscura, irregular y a veces criminal forma de actuar de la diplomacia y de los ejércitos estadounidenses. Los periódicos los cribaron y analizaron con criterios profesionales y éticos —y, sobre todo, con verificación, contextualización y contraste de los hechos—; y cuidaron mucho de no revelar ninguno de los nombres de agentes secretos, espías o confidentes que se hallaban en el origen de las delicadas informaciones recibidas en cada momento por el Gobierno de Estados Unidos.

Sin embargo, Assange decidiría después, en 2011, publicar íntegramente los mensajes, cables y documentos a los que tuvo acceso, bajo el despropósito de promover la transparencia para servir a los derechos humanos. La difusión indiscriminada de los mensajes intervenidos puso en peligro la vida de quienes habían trabajado de buena voluntad en favor de la seguridad de su país y del mundo: agentes infiltrados en organizaciones terroristas o en países que las financian, en organizaciones mafiosas o de narcotraficantes; confidentes ocasionales, informantes ingenuos. La información de Wikileaks, sin filtrar ética y profesionalmente, supuso una auténtica perversión del derecho al anonimato de los espías.

Las nuevas entregas contenían comunicaciones con los nombres auténticos de activistas, opositores, blogueros, confidentes... que actuaban en países autocráticos que cometen crímenes y coacciones políticas. La publicación de sus identidades los obligó a huir, a esconderse, a tomar medidas que alteraron su vida, puesta en peligro aún más de lo que ya estaba. A paralizar sus investigaciones, encaminadas a prevenir atentados o descubrir planes violentos. Algunas terribles consecuencias de eso ni siquiera las conoceremos, pues seguramente convendrá cubrirlas con el manto del secreto.

Assange fue incapaz de explicar razonablemente su negligencia y expresó frases incomprensibles: "Era importante que la prensa pudiera tener la versión original. Nuestra obligación es maximizar las reformas y minimizar daños". También afirmó que los medios tradicionales son importantes como gran amplificador, pero añadía que luego es vital que la información llegue a la gente.

Los periódicos beneficiados por las filtraciones de Assange acabaron condenando conjuntamente su comportamiento.[63]

Tras distintas vicisitudes, que incluyeron una acusación por acoso sexual en Suecia, Assange (nacido en 1971, con 52 años al escribirse estas líneas) se refugió en 2012 en la Embajada de Ecuador en Londres, de donde fue entregado en 2019 al Reino Unido, que lo recluyó en una prisión. En 2024 Assange fue puesto en libertad después de llegar a un acuerdo con el Gobierno estadounidense tras declararse culpable de un delito de espionaje y aceptar una condena a 62 meses de cárcel, conmutable por el tiempo que pasó recluido en el Reino Unido.

Este país lo acusa exageradamente de espionaje. Para nosotros, el cargo que debe pesar en su contra es el de pésimo periodista irresponsable que puso en riesgo a las fuentes últimas de sus informaciones al retirarles el anonimato. Imprudencia, temeridad, negligencia. Pero no espionaje.

El derecho a la ocultación del nombre se pervierte también, allá donde se produzca, cuando el espía o agente encubierto o quienes mandan en su trabajo deciden, al margen de los jueces, variar los objetivos legítimos: cuando pretenden obtener información sobre individuos que no suponen ningún peligro para la sociedad ni la seguridad de un país, aunque la actuación de estos se dirija contra

[63] En el caso de *El País*, con el editorial titulado "El error de Wikileaks". Con este subtítulo: "Al ofrecer íntegros los cables, la organización puede ser un peligro para los derechos humanos", 4 de septiembre de 2011.

disidentes políticos o personas críticas frente a la autoridad del momento, o a vulnerar la intimidad de alguien con fines de extorsión. Aquí el fin ya no justifica los medios.

Tampoco se puede apoyar el anonimato del espía si busca obtener información sobre avances científicos o tecnológicos civiles de otro país, o copiar los hallazgos en cualquier otra materia para vulnerar así los derechos de propiedad intelectual o industrial; salvo que el fin del agente —el fin siempre es crucial en estos ámbitos— consista en ayudar a que se desarrollen antídotos frente a las armas biológicas o de destrucción masiva.

Cámaras en lugares públicos

El partido Valencia-Real Madrid de la temporada 2022-2023 apenas se recuerda por el resultado (favorable al equipo valenciano, por otra parte), sino por los incidentes ocurridos en torno al jugador Vinicius, de raza negra, quien jugó desquiciado a partir del minuto 71 —llegaría a ser expulsado— después de recibir insultos racistas desde el público acompañados de gestos que simulaban los ademanes de un chimpancé. El propio jugador pidió al árbitro que parase el encuentro y salió del terreno de juego para situarse junto a uno de los graderíos y señalar a los agresores.

En partidos considerados de alto riesgo por la rivalidad especial entre los contrincantes, se suele exigir en España la compra de entradas de forma nominal mediante algún documento que acredite la personalidad del aficionado, de modo que se dejará constancia de qué asiento ocupa cada cual. Como los recintos españoles del fútbol profesional cuentan con cámaras que toman imágenes de todas las gradas, la policía puede llegar con facilidad a identificar a quienes cometan delitos de odio o lancen objetos al campo. De ese modo se llegó después a identificar a tres espectadores que habían hecho ostensibles gestos racistas contra el jugador y que fueron acusados de un delito de odio.

De los casi 70.000 espectadores de aquel partido, aquellos tres eran los únicos que no podían reclamar el secreto de sus datos.

Esas imágenes tomadas en lugares públicos —también las que captan las cámaras de los bancos o de los centros comerciales— invaden la intimidad de las personas: con sus grabaciones se puede saber quién acompaña a quién; descubrir a alguien que se hallaba en el estadio y no en el trabajo; a quien había viajado a una ciudad y no a otra... La intromisión en la vida de todos se compensa con el uso cierto de esa herramienta para descubrir a unos cuantos delincuentes que entraron en el estadio, que cometieron actos racistas, lanzaron objetos al césped o profirieron gritos de odio.

Los ciudadanos tenemos derecho a movernos sin que los lugares que visitamos o las personas con las que caminamos sean sometidos a vigilancia. Disfrutamos así de un cierto anonimato en la calle. Obviamente, cualquiera puede vernos e identificarnos en ella, pero eso dista mucho del control sistemático al que nos pueden someter los servicios de videovigilancia. Nos topamos de ese modo con ciertos peligros para el anonimato, relativo, que todos deseamos cuando ejercemos nuestros derechos de movimiento o de reunión sin molestar a nadie.

Las calles de las ciudades de todo el mundo se han abarrotado de cámaras, que se hallan por cada esquina so capa de la seguridad. Cuando no se ha garantizado su uso correcto, con estas grabaciones se puede extorsionar a quien no se hallaba en un momento determinado donde debería estar, a quien aparece en una imagen con alguien que le resulte incómodo. Con todo y con eso, consentimos la intrusión; entre otras razones, porque el contenido de tales imágenes solamente se conocerá cuando medie una investigación oficial, ya sea policial, judicial... o de la propia entidad que las captó, pero bajo la legislación que protege el uso de los datos privados.

En España regulan el funcionamiento de esas cámaras y de sus vídeos la Ley Orgánica 4/1997, el Real Decreto 596/1999 y la Ley 5/2014 de Seguridad Privada, así como las instrucciones de la Agencia de Protección de Datos, entre otras normas.

Las cámaras que abren su foco a la vía pública más allá de sus puertas y de su interior —legalmente no deberían hacerlo, pero lo hacen— pertenecen a sistemas de vigilancia de las autoridades estatales, y también a bancos, comercios, gasolineras... y otras entidades privadas. Se ha regulado estrictamente el control y almacenamiento de las imágenes a fin de proteger la intimidad; pero ello no impide que actuaciones individuales desviadas o incumplimientos del deber perjudiquen a personas inocentes. Así ocurrió en la sede madrileña de un medio de comunicación cuando una trabajadora depositó su bolso en la banda del túnel de seguridad y el operario de la empresa privada de vigilancia observó, mediante el reproductor de imágenes, que contenía un vibrador sexual. Accionando los medios de los que disponía el sistema, obtuvo una fotografía radiográfica del bolso, que luego mostró a compañeros y amigos para mofarse de la empleada.

Con aquella actuación perjudicó a una persona inocente, pero también se puede dañar desproporcionadamente a un culpable.

El Tribunal Supremo español condenó en noviembre de 2023 a la empresa dueña del hipermercado Eroski por incumplir la obligación de custodia y posterior destrucción de un vídeo que concernía a Cristina Cifuentes, entonces vicepresidenta de la Asamblea de Madrid y más tarde delegada del Gobierno en esa comunidad. Las imágenes, obtenidas por las cámaras de vigilancia el 5 de mayo de 2011 y difundidas siete años más tarde por el periódico digital *Ok Diario*, mostraban a la diputada del PP en el interrogatorio y registro posterior al momento en que hurtaba unas cremas, que devolvería. A Cristina Cifuentes le costó su carrera política; y al centro comercial, 30.000 euros.

Ahora bien, ninguna de las partes implicadas y perjudicadas cuestionó el derecho a difundir esa información veraz, pues concernía a una persona que desempeñaba un cargo público y que además se hallaba entonces inmersa en otra polémica, la falsificación de un título universitario de maestría. La indemnización cursa por un carril independiente de eso, pues se fija a causa de que la empresa no custodiara correctamente las imágenes.

Como en tantas otras colisiones entre derechos, entre libertad y seguridad, la clave para resolver el conflicto se halla en la debida ponderación de los elementos a fin de combinarlos adecuadamente sin que ninguno desaparezca. El derecho a no ser identificado por una cámara cuando uno se desenvuelve en la vida personal, aunque esta se manifieste en un lugar público, ha de calibrarse en su choque con el derecho de quien sufre un ataque racista a que los agresores sean localizados y detenidos... gracias a las cámaras que invaden la vida de los demás.

Un aspecto, el de la ponderación, que mostraremos como más decisivo aún en el capítulo V.

3. ANONIMATOS LIMITABLES

Los "anonimatos protegibles" y los "anonimatos de protección variable" dan paso ahora a los "anonimatos limitables". Véase que no hablaremos de anonimato suprimible o de prohibición del anonimato en términos absolutos, aunque sí entendemos deseable su inexistencia en un mundo utópico. Hoy por hoy, el anonimato considerado en sentido amplio no admite soluciones unívocas, sino análisis detenido.

Véase el capítulo V

En el capítulo V, que enseguida abordaremos, vamos a tratar sobre algunos aspectos del anonimato más espinosos y problemáticos aún que los revisados hasta aquí: sus limitaciones en las redes sociales y en el ciberespacio en general. Estos anónimos limitables nos ofrecen un terreno resbaladizo, en el que por tanto intentaremos avanzar con prudencia.

CAPÍTULO V

1. EL ANONIMATO EN LA ERA CIBERNÉTICA

Manipulación, drama y tragedia del anonimato

De lo expuesto hasta aquí se puede deducir en líneas generales que el anonimato en el mundo analógico no es bueno ni malo por sí mismo, sino que depende del fin con el que se use. Incluso existen anonimatos benéficos. Con todo y con eso, el anonimato digital se halla en el origen de la mayoría de los usos perversos de la actualidad. Entre los más leves, el abandono de la cortesía; y entre los graves, muchos delitos que han abocado incluso al suicidio de las víctimas de un acoso.

Vamos a dar cuenta a continuación de la peor cara de esta realidad.

Las manipulaciones, los abusos y las tragedias que se derivan del anonimato en internet y en las redes sociales no dejan de sucederse, y eso habrá de conducir a que las personas empáticas dispuestas a mejorar la convivencia pidan soluciones que acaben con estas vilezas.

Las fechorías mediante el anonimato y el seudonimato abordadas en las páginas precedentes se podrían analizar de una en una, adquieren un cierto carácter individual, episódico incluso; y son abrumadoramente vencidas en las estadísticas por su vertiente benigna. En cambio, los actos que describiremos en adelante constituyen avalanchas masivas, se cuentan por millones, producen enorme repercusión social y sus efectos favorables constituyen excepcional excepción.

Como ha escrito el filósofo surcoreano Byung-Chul Han, "el respeto va unido al nombre" (al nombre, a la representación de nuestro ser). Eso entronca con la historia que abrió el contable Kushim hace más de 5.000 años al respaldar con su respetada firma las cantidades de cebada que había registrado en el almacén sumerio del que era administrador. "Anonimato y respeto", añade Byung-Chul Han, "se excluyen entre sí. La comunicación anónima, que es fomentada por el medio digital, destruye masivamente el respeto. Es, en parte, responsable de la creciente cultura de la indiscreción y de la falta de respeto".[1]

El escritor y editor Basilio Baltasar ha recordado que internet y las redes sociales se presentaron en sociedad como un decisivo salto evolutivo, con un prestigio arrollador: "Nadie hubiera dicho entonces que propiciarían el hostigamiento de los individuos molestos y ejecutarían su linchamiento digital, envenenando con una insólita furia tóxica el debate". Mientras se perpetraban esos ataques, los expertos en innovación evitaban mencionar los efectos nocivos de las nuevas tecnologías, desarrolladas en connivencia con "la mansedumbre de los intelectuales que han renunciado a su escepticismo crítico y han consentido a su manera el triunfo de la maquinaria de la enajenación".[2]

Mentes preclaras del periodismo, la comunicación y la empresa se fascinaron con el fenómeno sobrevenido y solamente le encontraron ventajas. Pero ya entonces existían antecedentes llamativos. Antes de que nacieran Facebook o Twitter circulaban por internet textos anónimos, amparados por lo que entonces se llamaban en España "los confidenciales digitales", algunos de los cuales (hay excepciones) difundían informaciones sin firma y sin contraste, recogían rumores malintencionados y albergaban sin reparo comentarios insultantes. Deberíamos haber visto venir lo que se avecinaba.

Con el incremento exponencial de los habituales de las redes y de internet fue creciendo también la figura colectiva del "agresor motivado", según la denominación del profesor Javier García

1 Byung-Chul Han (2014), "Sin respeto", *En el enjambre*, Barcelona, Herder.
2 Baltasar, Basilio (2018), "La década mutante", en Basilio Baltasar (ed.), *El linchamiento digital*, Madrid, JDB, pág. 17.

González:[3] "Los usuarios terminan por identificar la falta de norma o la ausencia de regulación coherente con la permisividad/legalidad de las conductas", como ya sucedió con la piratería intelectual en internet, especialmente la musical.

La profesora Julia Sanmartín, de la Universidad de Valencia, cree en el mismo sentido que "el anonimato, la ocultación de la verdadera identidad y la falta de adscripción de una comunidad virtual llevan al sujeto a la agresión verbal, al *flaming* ['mensajes incendiarios'], a la ciberdescortesía en los continuos desacuerdos". Resulta llamativo, añade, cómo el anonimato favorece que se escriban textos digitales con un elevado grado de violencia verbal. La identidad ficticia hace posible destruir la amabilidad comunicativa, y de ese modo "los ataques forman parte ya de una especie de estilo agresivo habitual de este género".[4]

El delincuente cibernético se ve cómodo en el anonimato, mucho más difícil en la vida real; porque no aprecia riesgos reales contra su *modus operandi*. Además, apenas transcurren segundos entre su impulso agresor, la inmediata plasmación de la bilis en un texto y su envío a los potenciales destinatarios. Por el contrario, un anónimo en papel, los insultos en un artículo o una falsa denuncia ante la policía requieren tiempo de elaboración y de maduración, así como tomarse la molestia de cursarlos o tramitarlos, siempre con posibilidad de marcha atrás a lo largo del proceso, algo que no se suele dar en los vertiginosos mensajes de las redes sociales. Algunos se borran, sí, pero cuando la ofensa ya se ha hecho y circula por mil caminos: bajar el arco no cambia la trayectoria de la flecha que acaba de lanzar.

Este panorama llevaría a deducir a un extraterrestre recién llegado que en el mundo digital rigen unas leyes y normas de comportamiento distintas de las que se cumplen en el mundo físico. Las cartas al director en los periódicos impresos tradicionales (que se reproducen también en la versión digital) se publican tras

3 García González, Javier, "Oportunidad criminal, Internet y redes sociales", *Revista para el análisis del derecho*, InDret, 4/2015, pág. 11.

4 Sanmartín Sáez, Julia (2019), "Análisis contrastivo de la (des)cortesía en los comentarios digitales del periódico '20minutos.es' y del Facebook de *ViajaconTuMascota.com*: anonimato y comunidad virtual", *Revista de Estudios de Lingüística de la Universidad de Alicante* (ELUA), págs. 173-194.

verificar los datos de quienes las envían: para empezar, hacen falta un DNI y una dirección. Sin embargo, los comentarios que se insertan al final de los artículos de esos mismos diarios en su versión electrónica carecen generalmente de comprobaciones. Dos mundos aparte.

Vamos a adentrarnos ahora, pues, en lo peor del anonimato (o de su equivalente el seudonimato opaco): el utilizado masivamente para agredir, para acosar, para abusar de alguien, para engañar a un menor de edad.

Como primer paso, hemos de considerar que el seudonimato opaco (es decir, el modo de anonimato más general en las redes) constituye en sí mismo un embuste. Quien se expresa mediante una cuenta de nombre falso comienza por mentir acerca de su propia identidad; lo que a menudo no impide que a partir de ahí intente exigir la justicia universal.

No hay millones de anónimos ni de seudónimos en el mundo analógico, en los anonimatos de papel. Pero millones de perfiles de cualquier red se muestran con nombres inventados para la ocasión, bien se trate de seudónimos o bien de suplantaciones, o de robots movidos por programadores a sueldo de la manipulación. Son nombres fantasmagóricos que avanzan cada día en la oscuridad.

Así, los lanzadores de piedras y proyectiles quedan ocultos. Su dirección IP (Internet Protocole, la *matrícula* de cada ordenador)[5] solamente la ve el prestador del servicio, nunca los demás usuarios; y, por si fuera poco, se considera un dato personal que no puede mostrarse sin consentimiento. Eso imposibilita en la práctica saber con rapidez a qué computadora corresponde un determinado perfil cuando lo pide un juez, sobre todo si la cuenta ha desaparecido por la huida del perpetrador, que la canceló o cambió. Las burocracias del mundo analógico delatan su anacronía ante la urgencia en el mundo digital, porque las cuentas delictivas se pueden abrir y cerrar en cuestión de minutos, lo que contrasta con la lenta ma-

[5] La dirección IP (Protocolo de Internet) es un identificador de cada dispositivo, que no conoce nadie salvo los proveedores de servicios. Estos pueden identificar el de cada usuario. Se generan y se asignan matemáticamente, bajo la custodia de la ICANN, organización sin ánimo de lucro establecida en Estados Unidos en 1998.

quinaria judicial que persigue clausurarlas cuando se comete delito. Tortugas analógicas contra liebres digitales.

El conocimiento de la dirección IP permitiría al menos observar las distintas identidades falsas que se manejan desde un mismo punto, mediante orden judicial. Algo complicado además porque quienes se dedican a la desinformación suelen usar IP dinámicas y otros sistemas de ocultación.

Sin embargo, conocerla no vale de nada si no se obtienen datos adicionales: el hecho de que se haya escrito o enviado algo desde una computadora en concreto no implica directamente a su poseedor. Máxime si otra persona distinta se ha sentado a su teclado alguna vez o si los ordenadores se hallan en empresas, oficinas de trabajo compartido, hoteles o cibercafés. Además también existe la posibilidad de esconderse mediante conexiones de wifi ajenas.

A ese anonimato intrínseco se ha de añadir otro, independiente del anonimato en sí: muchos nombres que hallamos en las redes o en comentarios de internet no nos dicen nada, aun si respondieran a la realidad de un ser humano que existe, porque se trata de personas desconocidas para nosotros y cuya profesión, formación, procedencia, residencia o costumbres ignoramos. Ni siquiera podremos estar seguros de que sea veraz el perfil que cada cual ofrece sobre sí mismo. ¿Qué autoridad académica, profesional, científica les atribuiremos entonces cuando opinan o informan acerca de algún asunto concreto? Un taxista expresará comentarios apreciables sobre el tráfico o el asfalto de las calles, y un catedrático de Farmacología podrá aconsejarnos sobre el uso de medicamentos; pero nos ofrecerán garantías inversas el catedrático que hable acerca de los semáforos de una ciudad (sobre todo si no es la suya) y el taxista que pontifique contra la retirada de una medicina (sobre todo si nunca se la ha administrado). En el supuesto de que sean realmente un catedrático de Farmacología y un taxista.

Porque, al final, sólo las personas ya reconocidas y reconocibles por uno mismo ejercen de verdad la eficacia de su nombre y siguen la estela marcada por Kushim. Las redes contarán con cientos de millones de usuarios con los que podemos comunicarnos, pero únicamente la identidad de unos pocos merecerá nuestro crédito. El resto se insertará en la categoría de las referencias fantasmales:

casi personas anónimas, porque su nombre no nos aporta ninguna información en especial. Nombres anónimos, valga la paradoja.

"La llegada de internet", ha recordado críticamente Juan Soto Ivars coincidiendo con la anotada reflexión de Basilio Baltasar, "se presentó como la conquista suprema de la libertad".[6] Sin embargo, esa libertad de cada cual para enviar mensajes o información queda rebajada por su propio anonimato, aun si fuese real el nombre utilizado, porque los demás ven al otro como un desconocido cuyas trayectoria y formación no están respaldadas por ninguna prueba.

En la vida real, el anonimato ha de trabajarse; porque todo conspira contra él. La gente que nos rodea ve en nosotros un aspecto determinado, deduce nuestro sexo (con un gran porcentaje de acierto), nos calcula la edad (a veces sin tanta precisión), ve cómo entramos o salimos de casa, o adónde vamos de compras y en qué trabajamos. En el momento en que pisamos la calle, mostramos nuestra pública imagen, la que permite a los demás identificarnos. En esa vida real hace falta acometer un esfuerzo para esconderse: a cada rato hemos de entregar nuestra documentación personal: para subir a un avión, para una gestión administrativa o bancaria, para registrarnos en un hotel... Unos cuantos países occidentales se han enfrentado al uso del velo, del burka y de otros medios de ocultación de la imagen física en sus espacios públicos. El antifaz o las máscaras equivalen al anonimato del rostro. Salvo en las procesiones de Semana Santa, todos nos asustaríamos si nos topáramos por la calle con un grupo de encapuchados.

Sin embargo, en internet el anonimato viene de serie. Lo que hace falta trabajarse, en su caso, es la identificación de cada cual. Y también da susto.

Parece difícil que un niño de 10 años entre en una tienda física de productos eróticos, y sin embargo el mismo menor de edad no tendría dificultad ninguna para comprarlos a través de la Red si lograra hacerse con la tarjeta de crédito de su madre o de su padre; o al menos, si no consigue eso, podrá ver las estanterías con las ofertas.

Lawrence Lessig, jurista norteamericano especializado en derecho digital, escribió hace más de veinte años una obra que, pese

6 Soto Ivars, Juan (2017), *Arden las redes*, Barcelona, Debate, pág. 24.

a haberse quedado obsoleta en muchos aspectos, contiene una frase llamativa: "En la Red es tan fácil ocultar que eres un perro como difícil probar que no lo eres".[7]

Sí, el advenimiento de internet se ofreció entre campanas de gloria como la llegada del reino de la democracia universal, pero incluso entonces ya se disponía de elementos suficientes que permitían percibir que, más que el territorio de la democracia, se avecinaba el territorio de la selva, con sus implacables privilegios para los más fuertes y el peligro para los indefensos. En este caso, con la añadidura de enormes ventajas para los más crueles si además disponían de tiempo. Internet propició sobre todo la libertad de los malvados.

El periodista Juan Soto Ivars reconoció haber sido uno de ellos: "En mis inicios en la red social me di cuenta de que ganaba adeptos insultando a determinadas personas: un chiste mordaz sobre Julio Medem, un cineasta que no me había hecho nada malo, me hacía más popular que uno sobre Chiquito de la Calzada. La burla contra un político de derechas reportaba más beneficios que contra un político de izquierdas. Fui aprendiendo a escalar posiciones sociales a costa de maldecir a enemigos imaginarios y vestí mi frustración con gracietas y chistes dirigidos a los triunfadores. Me cebaba especialmente contra escritores españoles contemporáneos por una razón evidente: yo quería ser uno de ellos, pero todos mis intentos por publicar una novela habían fracasado".[8]

Gran parte de esa maquinaria de opiniones espurias se pone a menudo al servicio de la manipulación. Sus trampas las expanden unos impulsores que pertenecen a un ejército de fieles ciegos, o quizás a entes sostenidos por programas que activan y desactivan perfiles y mentiras a la conveniencia de los que están al mando.

Con ello se pretende influir en los juicios y los votos de quienes adoptan en las redes un papel reflexivo, que se verán influidos por dos fenómenos sociales bien estudiados: la espiral del silencio y el experimento de conformidad.

7 Lessig, Lawrence (2001), *El código y otras leyes del ciberespacio*, Madrid, Taurus Digital, pág. 72. Llego a ese libro gracias a la cita de Cabezas Logan, Patricio y Moya Muñoz, Fernando, en *El derecho al anonimato del usuario de internet*, Universidad de Chile, 2008.

8 Soto Ivars (2017), pág. 194.

El concepto de "espiral del silencio" lo propone en 1972 la socióloga alemana Elisabeth Noelle-Neuman durante un congreso de Psicología celebrado en Tokio. Su ponencia se refiere a cómo determinadas opiniones que no son alentadas por los medios mayoritarios van saliendo del espacio público. Esa presión ambiental conduce a una cierta represión de la libertad de pensamiento, a que los individuos se vayan sumando a las opiniones dominantes y a que los disidentes sean incitados a abandonar el debate. Aunque sus reflexiones datan de 1972 (publicadas en 1980 en alemán, en 1984 en inglés y en 1995 en España), se puede apreciar su encaje con lo que sucede hoy en día en las redes y en los foros de internet, en los cuales se hace escarnio de quienes no siguen la corriente dominante y terminan sintiéndose aislados dentro de la colectividad.[9] Lejos de amparar y reforzar el libre pensamiento y su expresión sin tapujos, se reprimen y castigan las ideas minoritarias.

Como ha señalado el profesor español Jesús Timoteo Álvarez, en esos procesos parece que "las gentes tuviesen pavor a estar aisladas y moviesen su pensamiento en torno a aquellos que hacen más ruido y que tienen una mayor posibilidad de éxito".[10]

El segundo de esos fenómenos de manipulación en la Red, el "experimento de conformidad", fue desarrollado por Solomon Asch en los años cincuenta del siglo XX. Este psicólogo estadounidense de origen polaco organizó 18 experimentos en los que reunía a dos grupos de entre siete y nueve personas. A continuación, les encargaba que comparasen la longitud de tres líneas mostradas en un primer cartón y una solitaria línea del segundo (que era igual a una de las tres líneas del cartón inicial), y que decidiesen cuál de ellas estaba repetida. En cada uno de los sucesivos grupos, solamente uno de los integrantes desconocía la estratagema de Asch; el resto de los presentes se hallaban compinchados con él para insistir en que la línea idéntica a la del cartón de cotejo era otra distinta de la verdadera, ligeramente desigual. El auténtico sujeto del estudio respondía en penúltimo lugar, lo que le permitía comprobar que su percepción

9 Noelle Neuman, Elisabeth (2010), *La espiral del silencio. Opinión pública: nuestra piel social*, Barcelona, Paidós Comunicación, pág. 262. Primera edición, agosto de 1995.

10 Álvarez, Jesús Timoteo (2006), *Gestión del poder diluido*, Madrid, Pearson, pág. 180.

sincera (la línea que consideraba igual a la del otro cartón) discrepaba de todas las demás. De ese modo, el pobre desavisado cedía a la presión del grupo en el 36,8% de los experimentos aunque él estuviera en lo cierto. Así, como señala Soto Ivars, y merced al *sesgo de conformidad*, "si la multitud considera que algo es ofensivo, tendemos a ofendernos. Si dice que es divertido, tendemos a divertirnos".[11]

Además, el profesor Solomon Asch organizó *grupos de control* en los que no había truco, para comparar sus resultados con los experimentos tramposos. Los datos (que no se han revertido en estudios posteriores) resultaron sorprendentes. En los *grupos de control*, los errores no superaban el 5% (siempre hay gente con problemas de percepción o con falta de fundamento), frente al referido porcentaje superior al 36% en los otros casos.[12]

Ese efecto de sumarse a una corriente fuerte de comunicación se aprecia en los sondeos sobre la economía. En ocasiones, un altísimo porcentaje de los encuestados responde que a ellos concretamente les va estupendamente, incluso mejor que el año anterior, pero opinan que la economía general del país está horrible. Eso se debe a que se hallan expuestos a mensajes intensos, tal vez abrumadores, sobre la situación económica general. Y caen en el sesgo de confirmación.

Paul Krugman, premio nobel de Economía, ha escrito sobre eso, refiriéndose a Estados Unidos: "La conclusión es que existe una desconexión real entre lo que dicen los estadounidenses sobre la economía [por un lado] y la realidad [por otro], no sólo los datos oficiales, sino incluso su propia experiencia. Es ridículo negar que esta desconexión existe".

Y añade: "¿Cómo se explica la negatividad respecto a una buena economía? No cabe duda de que el partidismo es un factor".[13]

Una forma más casera de comprobar que el ser humano suele sumarse de manera natural a cualquier acción generalizada nos la proporcionará quien se queda dormido en un acto público y es despertado de pronto por los aplausos de la concurrencia. Lo primero que hará será aplaudir.

11 Soto Ivars (2017), pág. 247.
12 Moscovici, Serge (1985), *Psicología social, I*, Barcelona, Paidós, pág. 45.
13 Krugman, Paul (2023), *El País Negocios*, 10 de septiembre de 2023.

Del mismo modo, resulta difícil no aplaudir en un teatro cuando el resto de los asistentes lo hace. Una persona no se envuelve con docilidad en una mayoría solamente si es hincha del equipo visitante.

O lo que es lo mismo, si sostiene unas convicciones firmes frente al influjo colectivo. No todo el mundo ha forjado una personalidad tal.

Los efectos de la espiral del silencio y de la tendencia a la conformidad se realimentan entre sí en las redes, pero con gran frecuencia activados o reforzados por robots dotados de nombre falso que han sido programados por ciertos partidos políticos o sus seguidores, también por empresas y entidades con intereses en manejar a la opinión pública; o al menos la opinión que se publica en las redes. A veces los opinadores anónimos que se ven a sí mismos en una firme corriente de opinión están rodeados en realidad de máquinas con nombre humano.

Esos robots (designados con el acortamiento *bots*) se valen de cuentas seudónimas, falsas, gracias a la permisividad que encuentran para estas prácticas, perversas desde el punto de vista ético y que les salen gratis desde el punto de vista legal. Sirven de aparato amplificador de mensajes, positivos o negativos.

También se usan para ejercer como falsos usuarios de periódicos digitales, cuyas empresas compran lectores que no existen y los hacen valer ante los anunciantes.

Todo ello acaba produciendo lo que el antes citado escritor y filósofo surcoreano Byung-Chul Han ha denominado "democracia de enjambre".[14] En ella, las personas y sus replicantes se mueven como las abejas y acuden en masa al lugar donde florece un debate para arrojar lo que se ha traducido literalmente del inglés como "tormenta de mierda" (*shitstorm*). El escritor surcoreano zanja: "La nueva masa es el enjambre digital".

Quizá *La rebelión de las masas*, de José Ortega y Gasset (1930), se habría titulado ahora, por tanto, *La rebelión de los enjambres*.

Ahora bien, los individuos que forman esa aglomeración metafórica de insectos no siempre desarrollan un "nosotros" común: su única conexión entre sí consiste en dirigirse como aviones contra un objetivo, sin sentido de colectividad ni pertenencia.

14 Byung-Chul (2014).

El 27 de octubre de 2017, el entonces presidente de la Generalitat de Cataluña, Carles Puigdemont, se vio en el brete de elegir entre convocar nuevas elecciones o proclamar unilateralmente la independencia de esa comunidad española, como consecuencia de sus propios retos al Estado. Todo indicaba que optaría por la vía más racional en ese momento para desactivar la insoportable tensión que se había creado, y que en consecuencia disolvería el Parlamento autónomo y llamaría a los catalanes a las urnas a fin de que refrendaran (o no) sus propuestas radicales. Pero el enjambre acudió a esa herida, a esa duda, y una cantidad incalculable de mensajes en las redes sociales amenazaron con tacharlo de traidor si convocaba elecciones y evitaba así proclamar de inmediato la independencia; y lo achicopalaron ante la turba virtual, tal vez inflada por *bots* de dudoso origen, quizá ruso. (Vladímir Putin siempre ha mostrado interés por desestabilizar a cualquier Gobierno que no se alinee con sus estrategias).

Finalmente, Puigdemont prefirió no oponerse a quienes lo arrastraban, con mensajes anónimos o seudónimos en su mayoría. Su decisión de promover la independencia de Cataluña violó la legalidad constitucional y autonómica, vulneró los presupuestos propios de la comunidad al malversar sus partidas para desviar dinero a sus propósitos personales, dividió a las familias de su tierra, a las entidades deportivas, a los grupos de amigos unidos desde el colegio, provocó a los demás españoles el dolor de una amputación, acabaría conduciendo a la cárcel a una parte de los políticos secesionistas, causó que cientos de grandes empresas sacaran su sede fiscal de esa comunidad y supuso un perjuicio económico para las firmas catalanas que comercializaban sus productos en el resto de España. Como ha afirmado Sergi Doria, periodista de *Abc*, aquel día Twitter llevó a Cataluña al abismo.[15]

Cuando el enjambre de abejas anónimas se dirige contra la reputación de empresas o personas (o de personas que dirigen empresas), algunas compañías abonan ingentes cantidades de dinero a especialistas que se dedican a contrarrestar la campaña, a menudo con idénticos medios. Ante la lentitud o inacción de la

[15] Doria, Sergi (2018), "*Bullying* colectivo y economía del clic", en Basilio Baltasar (ed.), *El linchamiento digital*, Madrid, JDB, pág. 88.

justicia, los perjudicados que pueden permitírselo acuden a especialistas en reputación, que, a cambio de cuantiosas sumas, logran reducir el daño en internet mediante el borrado de las infamias o su ocultación a los buscadores. Una intervención de ese tipo cuesta entre 1.300 y 9.000 euros mensuales, en procesos que suelen durar un año, según declaraba en *El País* en 2023 el especialista español Néstor Romero, que opera desde Panamá para más de 30 países en defensa de empresas y personas mediante una entidad que da empleo a 80 analistas.[16]

No lo hacen solamente empresas, sino también políticos de toda condición. De hecho, algunas de las acciones organizadas para limpiar la propia imagen han saltado a la luz por los supuestos pagos irregulares de ciertos dirigentes.[17]

Los robots informáticos, obviamente con seudónimos opacos, han llegado a intervenir y a influir en procesos electorales de Estados Unidos; y también a favor del Kremlin. Lawrence Alexander, colaborador del sitio ciudadano *Global Voices*, detectó ya en 2015 cerca de 20.500 cuentas automatizadas a favor de Vladímir Putin. Tras el asesinato del líder opositor Borís Nemtsov, en febrero de ese año, los ciberautómatas se activaron para acallar la protesta desatada en las redes. Un buen entrenamiento para cuando, ya en febrero de 2024, muriese misteriosamente en la cárcel el también opositor Alexéi Navalni.

Los bots pueden abrir multitud de cuentas en distintas plataformas; publicar mensajes basura; permanecer en letargo durante prolongados periodos hasta que reciben la orden de atacar, imitar los comportamientos humanos, suplantar personalidades ajenas (incluso de fallecidos), usar fotografías de terceros para sus perfiles; engancharse a etiquetas de gran éxito a fin de relacionarlas con

16 Néstor Romero, especialista en reputación digital, entrevistado en *El País* por Raúl Limón el 6 de septiembre de 2023.

17 Ese fue, por ejemplo, el caso de Lucía Figar, consejera del Gobierno de Madrid. Finalmente quedó absuelta, en 2023, cuando la Audiencia Territorial consideró legítima su actuación; pero gracias a esa causa pudimos conocer en detalle tal práctica. Figar pagó con fondos públicos a empresas dedicadas a mejorar su imagen personal en internet, tras las acusaciones que recibía como alto cargo. Lo mismo sucedió con otros cinco dirigentes madrileños imputados. Los tribunales lo consideraron conforme a la ley, pues se defendían de acusaciones lanzadas en función de su posición pública.

temas que no guardan ninguna vinculación con ellas, sembrar la confusión y el descrédito. Todo ello con una persistencia sobrehumana.[18]

Juan Luis Cebrián ha afirmado que las mafias rusas, de acuerdo con Putin, están desarrollando nuevos algoritmos para intervenir en los procesos electorales; que la CIA contrata todos los *hackers* que puede; que hay decenas (por no decir centenares) de miles de *hackers* pagados por el Gobierno chino; los israelíes están elaborando sistemas de inteligencia artificial y de robotización extraordinariamente avanzados [...]; "y no sabemos", añade, "cómo solucionar que nos linchen en las redes democráticas".[19]

Como gran parte del problema tiene su origen en el anonimato (o seudonimato opaco), si queremos resolverlo o al menos paliarlo nos hacen falta la voluntad de las grandes compañías tecnológicas, un marco global adecuado y una conciencia crítica general, a la que pretende contribuir este libro.

También se precisa la colaboración de los países en los que se producen y alientan las acciones tramposas y que las dejan impunes cuando se emprenden procesos penales. Los filtros técnicos se impondrían si Estados Unidos hiciera responsables a las plataformas sociales —Twitter, Facebook, etcétera— de los contenidos de terceros que acogen en su seno. Es decir, si las considerara como editores. Algo que está lejos de ocurrir y que choca con su jurisprudencia. Tampoco la Unión Europea ha llegado a eso, lo que ha influido en la legislación española.[20] En todos esos ámbitos se recoge la irresponsabilidad general de los intermediarios. Ahí reside la clave: si se les pudiera demandar como a cualquier editor de periódicos o de libros, sin suda se aplicarían a identificar a

18 Redondo, Myriam (2016), *Política automatizada: Bots, trols y propaganda digital encubierta en la comunicación internacional*, ACOP Papers, 5, Asociación Comunicación Política, págs. 3 y 7.

19 Cebrián, Juan Luis (2018), "El *software* protector", en Baltasar, Basilio (ed.), *El linchamiento digital*, Madrid, JDB, pág. 113.

20 La DSA (Digital Services Act o Reglamento de Servicios Digitales de la Unión Europea), que entró en vigor el 17 de febrero de 2024 en todos los Estados miembros (se traspone al derecho español sin necesidad de una ley) no llega a considerar editores a las plataformas de gran tamaño, pero sí les otorga grandes poderes editoriales (sobre todo, para borrar contenidos) y les impone unas obligaciones de evaluación y mitigación de determinados "riesgos sistémicos".

todos los usuarios de una manera fiable (y, por qué no, también garantista).

De hecho, muchas de las manipulaciones que se producen dentro de las redes se observan con claridad desde fuera.

Está comprobado que las intervenciones masivas programadas por agentes externos que logran afectar a los resultados electorales se han producido gracias a cuentas falsas (robots), a menudo mediante una precisión quirúrgica: no intervienen en circunscripciones con mayorías claras, sino en aquellos lugares donde se dan diferencias del 1% o similares, en las que la activación del referido efecto de conformidad de un grupo amplio de electores puede proporcionar rendimientos formidables. Para eso hace falta manejar millones de datos sobre la geolocalización de los objetivos. Por ejemplo, los datos que cedemos amablemente cuando alguien nos los pide a cambio de algo supuestamente gratuito. (Y que por tanto no lo es, pues se nos solicita que paguemos con ellos. *Gratis* significa "a cambio de nada", pero esta palabra se está vaciando de su sentido).

No parece descabellado sostener que sin la existencia de Facebook el candidato Donald Trump habría perdido las elecciones de 2016. Venció por un estrechísimo margen: de hecho, Hillary Clinton ganó en voto popular al reunir un 48% de los sufragios frente al 47% del republicano, a quien sin embargo le favoreció el juego del número de delegados o *votos electorales* de cada circunscripción (el candidato que gana en un Estado se lleva todos los votos representativos que corresponden a ese territorio). La actuación quirúrgica había dado así su fruto. No se necesitaban intervenciones masivas en el electorado, sino saber dónde se podían arañar los votos precisos para desequilibrar la balanza.

Las plataformas sociales sirvieron de eco a todas las mentiras del candidato Trump, que llegaban sin filtro a millones de sus seguidores ayudadas por la sospechosa empresa Cambridge Analytica, especializada en *minería de datos*. Esta firma usó la información que almacenaba sobre 87 millones de usuarios de Facebook (sus gustos, sus debilidades, su condición social...) para influir en ellos con mensajes directos durante la campaña.

La información que Cambridge Analytica manejó acerca de perfiles de votantes la elaboró mediante los rasgos de personalidad que los propios usuarios habían aportado, voluntariamente o no. Así era fácil diferenciar a los próximos ideológicamente de los lejanos, y también a quienes son más proclives a dejarse embaucar. Las denuncias de varios periódicos (entre ellos *The New York Times* y *The Guardian*) sobre la colaboración de Facebook en esas malas prácticas lograron que la plataforma, consciente con anterioridad de lo que sucedía —pese a lo cual no hizo nada—, tomara medidas de una vez. Medidas que, paradójicamente, se dirigieron a reforzar el anonimato de sus usuarios para facilitarles la impunidad con más garantías, so capa de proteger sus datos.[21]

Los trols o reventadores, por su parte, se arraigan también en la ocultación, pero en este caso, a diferencia de los *bots*, a ellos no los mueven ciberprogramas, sino mentes humanas que intentan, por ejemplo, ganarse la confianza de alguien relevante, mantener un diálogo amable con él a fin de actuar bajo su manto y beneficiarse de su reputación... para luego actuar en contra suya.

La investigadora Myriam Redondo[22] señala que "en ocasiones, una sola persona puede manejar 20 o 30 cuentas falsas, incluso hacer que hablen entre ellas para dar veracidad a la discusión". Algunos trols anónimos, añade, se dedican solamente a reproducir contenidos ajenos; y otros desarrollan la capacidad de alterar levemente los mensajes que reproducen sistemáticamente, a fin de eludir los filtros que les salen al paso. También operan durante un tiempo con normalidad (escriben sobre libros, películas, canciones...) hasta que reciben la orden de tratar determinado asunto. Y de nuevo se forma el enjambre.

21 España estuvo en un tris de legalizar estas prácticas mediante una disposición final en la Ley Orgánica de Protección de Datos Personales y garantía de los derechos digitales, como contó Borja Adsuara en el artículo titulado "El Cambridge Analytica español" (diario *La Información*, 15 de noviembre de 2018). Los avisos de abogados como Jorge Campanillas, Jorge Morell, Jorge García Herrero y el propio Adsuara consiguieron parar el desatino, promovido por una enmienda socialista. Según su texto, los partidos políticos podrían recopilar datos personales y relativos a las opiniones políticas de las personas para usarlos en el marco de sus actividades electorales, amparándose para ello en un supuesto interés público. Un asunto gravísimo.

22 Redondo (2016), págs. 3 y 7.

El anonimato impulsa y ampara esas prácticas fraudulentas que persiguen manipular a la sociedad, indefensa ante ellas por falta de información y exceso de buena fe.

Todos los huecos que se pueden ocupar anónimamente acaban llenándose de anónimos.

La Wikipedia, impulsada en 2001 por los estadounidenses Jimmy Wales y Larry Sanger, merece toda consideración como proyecto idealista construido por una comunidad de millones de personas en actuación solidaria. Sin embargo, su precisión y su neutralidad distan mucho de las realidades que pretende transmitir. Las legiones de moderadores y editores, cuya preparación y ética hay que suponer, y de hecho la suponemos, no dan abasto para evitar bromas, ataques y mendacidades, que se extienden tanto a las biografías de personas relevantes como a los asuntos científicos. A veces se corrigen los errores, pero transcurrido un tiempo; y cuando alguien entra para una consulta no sabe si en realidad está leyendo algo que se arreglará unos minutos después sin que él ya se pueda enterar. La *enciclopedia mutante* puede ofrecer diferentes respuestas dependiendo del momento en que la abramos.

Por las páginas biográficas de la Wikipedia han aparecido prestigiosos periodistas que habían asesinado a Kennedy y también la directora de un programa de Radio Nacional operada de fimosis (ella misma lo contó en antena). Las bromas evidentes se mezclan con errores no tan verificables a simple vista, y con sesgos ideológicos en la elaboración de muchos artículos. Por ejemplo, algunos movimientos políticos, como el independentismo catalán, se han aplicado a la tarea de darle a esta enciclopedia popular una mano de pintura favorable a sus intereses. A veces con datos falsos, a veces con enfoques subjetivos, a veces con manipulaciones basadas en la silenciación de contextos o la omisión del necesario contraste entre las distintas versiones posibles de un hecho o un relato. Sin que falte la excesiva presencia de versiones falsas que se presentan de igual a igual en oposición con otras verificadas, como si pudieran observarse simétricamente: unos dicen esto, otros dicen aquello. Unos dicen que la Tierra es plana, y otros que no. Y ahí nos quedamos.

El día 10 de mayo de 2024, en el que reviso una vez más la entrada "Decretos de Nueva Planta"—para verificar si continuaban ahí los errores que ya había observado meses antes—, leo que estas normas dictadas por Felipe V tras la guerra de Sucesión española abolieron el catalán como idioma oficial de la Real Audiencia de Barcelona (si bien se dice sólo "la Audiencia"), y que ese idioma fue sustituido por el castellano. Sin embargo, la lengua usada en tal institución hasta que se promulgaron esos decretos no era el catalán, sino el latín.[23] Tales causas en la Real Audiencia, en efecto, "se substanciarán en lengua Castellana", según el decreto; pero no ocurrirá igual en las instancias inferiores, dato que no sólo no aparece, sino que, por el contrario, el texto queda construido de modo que se da a entender que la medida afectaba a todos los ámbitos oficiales, lo que no es cierto. Una ensoñación nacionalista de nuestro tiempo ha hecho creer a millones de personas que el catalán era la lengua oficial en el siglo XVIII, arteramente desplazada por el castellano con la ayuda del rey francés que mandaba entonces en España (este origen galo también se suele omitir). Por otro lado, disposiciones similares contra el latín se aplicaron en las Reales Audiencias del resto de España, al generalizarse el entonces moderno modelo centralista galo que Felipe V de Borbón traía de su país tras vencer en la guerra de Sucesión a las tropas del austriaco Carlos de Habsburgo.[24]

Ese pasaje de la Wikipedia remite mediante cita de autoridad a la obra de John Elliot titulada *La rebelión de los catalanes. Un estudio sobre la decadencia de España (1598-1640)*. Pero, según se aprecia en su propio título, el ámbito cronológico en el que se centra ese trabajo concluye 76 años antes de esos decretos.

23 Textualmente señala: "El idioma oficial de la Audiencia dejó de ser el catalán y se sustituyó por el castellano". Esta misma frase errónea aparece reproducida en otros sitios de internet, incluido un periódico. Se facilita en esa entrada de la Wikipedia un enlace con el facsímil del decreto, y el lector podrá comprobar que en él no figura para nada la palabra *catalán*. Tampoco *latín*, porque en la época se sobrentendía. El texto del decreto dice en su punto 5 (respetamos la ortografía de la época): "Las causas en la Real Audiencia, se substanciarán en lengua Castellana, y para que por la mayor satisfacion de las partes, los incidentes de las causas, se traten con mayor deliberacion, mando, que todas las peticiones, presentaciones de Instrumentos, y lo demás que se ofreciere, se haga en las Salas. Para lo corriente, y publico, se tenga Audiencia publica, Lunes, Miercoles y Viernes de cada semana, en una de ellas, por turno de meses". Deducir de eso un ataque al catalán es un sinsentido histórico.

24 Capdeferro, Marcelo (2012), *Otra historia de Cataluña*, Madrid, Libros libres, pág. 440.

Obviamente, desconocemos qué historiador de prestigio introdujo tales datos en la enciclopedia popular: el anonimato envuelve casi todas las aportaciones.

Frente a lo que indica esta manipulación en la Wikipedia (al menos en el momento en que la reviso), el castellano se extiende en Cataluña desde el siglo XV; y en el XVI —mucho antes de la llegada de Felipe V y de sus decretos de Nueva Planta— era la lengua escrita en determinados ámbitos de la alta sociedad, mientras que se reservaba el catalán para usos más domésticos. Tal crecimiento del castellano fue endógeno (es decir, no impuesto desde fuera), alentado por factores de prestigio social y cultural, y por el desarrollo del comercio con el resto de la Península.[25]

Los decretos de Nueva Planta, pese a lo que da a entender la Wikipedia en ese punto, solamente citan la lengua castellana una vez, que es la aquí citada: la que se refiere a cómo debían escribirse los documentos de la Real Audiencia, lo cual permitía leerlos y conocerlos más allá de Cataluña. Ni una mención más. No obstante, a pesar de los decretos de Felipe V y de otras disposiciones reales, el castellano tardaría muchos años en reemplazar al latín como lengua dominante en el derecho, la Iglesia y la universidad, desplazamiento que fue propiciado finalmente por el uso y por las lecturas en castellano de gran parte de la aristocracia catalana, mientras que la enseñanza básica sí se impartía en la lengua autóctona de ese territorio.[26]

De todas formas, el 90% de la población de entonces no sabía leer, con lo cual le traía sin cuidado en qué idioma escribieran los altos jueces y los corregidores mientras en su vida cotidiana pudieran expresarse en catalán —mayoritariamente— o en castellano —más las clases altas—, como venían haciendo.

Sin embargo, el mismo día en que compruebo que los errores continúan en la entrada "Decretos [en plural] de Nueva Planta", leo la correcta narración de esa etapa histórica que sí recoge la

[25] Albareda, Joaquim (2014), *La guerra de Sucesión*, Madrid, Crítica, págs. 441-442. Este prestigioso historiador catalán se apoya a su vez en citas de Joan-Lluís Marfany, quien "ha demostrado", precisa, ese carácter endógeno.

[26] Canal, Jordi (2015), *Historia mínima de Cataluña*, México DF, Colegio de México, págs. 116-118.

Wikipedia en el texto que corresponde a "Decreto [en singular] de Nueva Planta de Cataluña".

Sea como fuere, y si admitiéramos en contra de los historiadores que la versión adecuada es la primera, no dejaría de llamar la atención que una misma enciclopedia recoja relatos opuestos entre sí, dependiendo de la entrada que se elija.

Circula la afirmación de que la Wikipedia es tan fiable como la *Enciclopedia británica*, pero esa falsa creencia parte de un estudio elaborado en 2005 por la revista *Nature*, que comparó 42 textos científicos publicados por ambas. Está por ver qué sucedería si se cotejasen los eruditos y escogidos artículos de la publicación británica con los cientos de miles de aportaciones anónimas y apasionadas que la Wikipedia ofrece en asuntos polémicos de historia, deportes, política o personajes relevantes.

Pero atención, las campañas con fines ideológicos, o de descrédito o encaminadas a la desinformación no siempre se activan desde un centro de poder, o desde un partido o desde un grupo con intereses concretos. También se desatan de forma espontánea.

Juan Soto Ivars ha relatado en *Arden las redes* algunos casos sobrecogedores de campañas descomunales contra personas inocentes a las que se atribuyeron hechos o intenciones que jamás existieron, o que no existieron como alguien los entendió cuando activó la maquinaria de la destrucción. Entre los sacerdotes de esa nueva inquisición se escondieron decenas de miles de personas que arrojaron sus infamias bajo un nombre falso.

La escritora María Frisa puso en boca de un personaje de su creación, una adolescente contestataria y faltona, ciertos consejos que la joven de la ficción consideraba útiles para sobrevivir en el colegio —estrafalarios y claramente exagerados, con intención irónica y humorística—, en la línea de otros trabajos suyos anteriores sobre los *75 consejos para ser popular*, o los *75 consejos para sobrevivir a las actividades extraescolares*; o los *75 consejos para celebrar tu cumpleaños a lo grande*. Entre las irónicas recomendaciones de la última obra (*75 consejos para sobrevivir al colegio*) figuran las de marginar a las compañeras feas, acosar a otros niños y competir por el novio de una amiga aunque no se sienta especial inclinación hacia él. El libro fue publicado en 2013, sin que a nadie le pareciera mal su contenido (antes al contrario: logró un éxito de ventas); pero tres años después, en 2016, alguien entendió que las frases del personaje, Sara, correspondían a la propia autora, quien además las habría expresado en serio; y a partir de ahí se montó una gresca descomunal a la que se sumaron cientos de miles de usuarios que, por supuesto, no habían leído la obra de ficción; y también algunos periodistas que blanquearon con su ignorancia, pero con el prestigio de sus medios impresos, la mercancía averiada. Pese a llevar tres años en circulación, el libro sufrió de repente un boicoteo eficacísimo que dañó a su artífice, a la empresa editora y al sentido común.

Cada vez hay más gente que opina sobre libros que no ha leído.

La autora se sentía abrumada, desconcertada ante un problema sin causa que había surgido de pronto, seguramente dolorida por las picaduras del enjambre. La editorial, Alfaguara, recibió tremendas presiones para retirar la obra. Cerca de 30.000 personas —la mayoría de las cuales ni la habrían hojeado— firmaron en favor de ello en *Change.org*, incluidas peticiones políticas y periodísticas; pero Alfaguara las resistió con valentía. Eso sí, accedió a situar a partir de entonces en la portada una pegatina donde se indicaría que lo allí contenido era pura ficción. A tal punto se ha llegado que hace falta aclarar que una novela contiene ficción. Pero damos por bueno el aviso porque con él cesó el griterío.

Todas estas campañas de maldad o de irresponsabilidad se harían imposibles si acarrearan consecuencias para quienes las impulsan o las apoyan. Sin embargo, no se ve la manera generalmente de buscar a los culpables. Se esconden bajo sus máscaras. Nos constan las víctimas y su daño, los perjuicios morales y económicos que han sufrido; pero no podemos configurar una idea sobre la identidad de los causantes.

Es como dejar que las turbas impartan justicia.

En esos y otros muchos episodios se ejerció lo que Soto Ivars denomina "la poscensura" (a partir de la aparición de la llamada "posverdad"), una suerte de vetos y prohibiciones que no son ejercidos ya por el Estado o la Iglesia, sino por meros ciudadanos desinformados o movidos por la mala intención. "La poscensura", escribe, "se diferencia de la censura en que no necesita el concurso del poder". De la censura con multas, secuestro de publicaciones o castigos se ha pasado a "una nueva forma de humillación pública" cuyo mayor éxito "es hacernos creer que no existe".[27]

Conforme hemos comprobado en capítulos anteriores, el anonimato puede ofrecer en algunas ocasiones ventajas a quienes ocultan su nombre, sin que eso acarree problemas a los demás; incluso procurar beneficios a la sociedad, como sucede con la clandestinidad de los activistas políticos en las dictaduras.

Sin embargo, las tragedias y el dolor humano no han frenado nunca el odio en las redes sociales. Una cosa es denunciar con datos ciertos la corrupción en un país totalitario y otra muy diferente escribir sobre el terremoto de Marruecos ocurrido en septiembre de 2023 y que causó miles de víctimas: "Pocas me parecen". "Empezaré una pata de jamón de cerdo para celebrarlo" (en alusión a que los musulmanes no comen cerdo). "Justicia divina". "Que la fiesta no pare". O arremeter dos meses después contra los niños de San Ildefonso de origen marroquí que cantaban los números de la Lotería de Navidad de 2023: "Echen Cucal [insecticida para cucarachas] y pongan niños a cantar como Dios manda". "Este año, el asistir presencialmente al sorteo tendrá la emoción de poder perder tu teléfono". "Qué bonito es el sorteo de Navidad en Namibia". "¿No encontraron a ningún españolito?". "A las familias de estos niños les toca la lotería cada mes con las subvenciones".

Tras morir de cáncer la modelo Bimba Bosé el 24 de enero de 2017, a los 41 años, su tío Miguel Bosé le dedicó un recuerdo: "Buen viaje, Bimba, mi cómplice, mi compañera, mi amor, mi hija querida. Guíame". Eso desató insultos de "ramera" para ella y de "perro" para él. Mensajes de este tipo: "¿Buen viaje adónde? El único viaje será a tres metros bajo tierra con su putrefacto cuerpo". "La muerte de Bimba es un castigo divino para Bosé porque Dios odia a los homosexuales".[28]

El futbolista español Gerard Piqué y la cantante colombiana Shakira, entonces pareja, recibieron más de 3.000 ataques machistas e insultos en las redes sociales durante el partido de la Copa

[27] Soto Ivars (2017), págs. 31, 53, 86 y 112.

[28] Recojo estos ejemplos de un artículo del notario Fernando Gomá Lanzón (2018) en "Actas y escrituras notariales: ámbito y aplicaciones en el mundo digital", *Revista del colegio notarial*, 22 de febrero de 2018. Se puede encontrar en internet.

del Rey entre el Espanyol y el Barcelona disputado el 17 de enero de 2018 en el estadio de Cornellà-El Prat, según un estudio de la empresa Sentesis cuyos datos se dieron a conocer en la Cadena SER al día siguiente. El 16% de las conversaciones durante los partidos de fútbol incluyen algún insulto, informó el fundador de esa empresa, Borja González de Mendoza.

No acertaría quien imaginase que al fin y al cabo estas agresiones verbales se dirigen contra personas relevantes, a quienes sufrirlas les va en el precio de la fama. No. Los acosos sexuales y escolares se extienden por doquier. La presidenta de la Federación Extremeña de Padres y Madres de Alumnos (Freapa), Maribel Rangel, lo expresó lacónicamente y a la vez con resignación cuando en septiembre de 2023 se conocieron las extorsiones a 21 niñas de la localidad extremeña de Almendralejo cuyos falsos desnudos (montados mediante inteligencia artificial) estaban circulando por las redes: "Todos podemos ser víctimas. Internet es la selva".[29]

Estamos manejando herramientas peligrosas, a veces letales.

Por ejemplo, se ha comprobado que Facebook desempeñó un papel decisivo en las matanzas de Myanmar en 2017, cuando miles de rohinyás fueron asesinados o torturados. Así lo documentó entonces Sebastian Schutte, miembro del Instituto de Investigación de la Paz con sede en Oslo. La red social había canalizado sin problema los panfletos islamófobos de los dirigentes y seguidores budistas; fue la correa de transmisión del odio en aquel país. Yanghee Lee, investigadora de la ONU, declaró entonces: "Me temo que Facebook se ha convertido en una bestia".

Ofensas en enjambre

Las *ofensas en enjambre* y los *agresores motivados* por la impunidad provocan continuamente tragedias que conmueven a la opinión pública pero que no parecen derivar en la búsqueda de soluciones.

El 24 de abril de 2023, una niña de 14 años se suicida en Antioquia (Colombia) tras sufrir ciberacoso. Menos de un mes después, el 12 de mayo, una niña de 13 años, Lindsay, se quita la vida en Francia. Su madre, Betty Gervois, había denunciado durante meses

[29] Limón, Raúl (2023), *El País*, 21 de septiembre de 2023.

los insultos que recibía, primero en la escuela y luego en las redes, con vídeos de burla; y que continuaron incluso después de su muerte. Lindsay había escrito una carta a sus padres donde les anunciaba que no soportaba más los ataques y las amenazas, y que se iba a matar.

Las denuncias por extorsiones basadas en vídeos sexuales se triplicaron en España entre 2018 y 2023: de 1.691 pasaron a 4.460, según datos del Ministerio del Interior difundidos en mayo de 2024. Por su parte, el FBI advirtió en enero de 2023 de que las extorsiones sexuales a través de conexiones cibernéticas en el periodo octubre de 2022-enero de 2023 habían aumentado un 20% respecto al mismo periodo analizado un año antes.

No hay datos oficiales sobre suicidios de niños o jóvenes provocados por injurias anónimas en las redes. Pero las noticias no dejan de surgir con el monótono goteo de un grifo al que termina acostumbrándose el oído.

El informe titulado *La opinión de los estudiantes* conocido en septiembre de 2022 y elaborado por la fundación española Anar (especializada en la prevención del suicidio) y por la compañía de seguros Mutua Madrileña señala que uno de cada cuatro alumnos (24,4%) había percibido el curso anterior que existía acoso en su clase, frente al 15,2% del año precedente. A menudo el acoso se desarrolla en las redes sociales o de mensajería: un 66,9% a través de WhatsApp; un 53,1% por Instagram y un 48,6% mediante TikTok. Las principales sinrazones se refieren al aspecto físico (56,5%). Y en segundo lugar (53,6%), a las cosas que el atacado dice o hace.

Alcanzó una descomunal atención en todo el mundo lo sucedido en 2012 con Amanda Todd, la joven de 15 años canadiense que antes de suicidarse explicó en un vídeo de ocho minutos (mediante cartulinas, sin decir una palabra y ocultando parcialmente su rostro) el ciberacoso que sufría desde que tenía 12, cuando accedió a mostrarle los pechos a un hombre que había contactado con ella por internet. Tiempo después, el hostigador anónimo empezó a exigirle por Facebook que se desnudara frente a la cámara si no quería que aquella foto se publicara por todas partes. Ella lo rechazó, y la amenaza se acabó cumpliendo, por lo que la imagen de la niña llegó a miles de personas a través de la red social, entre ellas sus compañeros de clase y sus familiares.

Es difícil no pensar en su angustia y en el camino de dolor que recorrió hasta llegar a la adolescencia, asediada en su inocente acceso a internet por un manipulador avezado que empezó a comunicarse con ella como si fuera un juego de atrevimientos y derivó en una agresión latente basada en amenazas que ponían en peligro su ecosistema juvenil y familiar. Su equilibrio vital.

La adolescente cambió de colegio y de ciudad, pero el acosador desconocido acababa encontrando a sus nuevos amigos para mantener la presión. Una mañana, más de 50 personas la esperaban a la entrada de su instituto con intención de agredirla porque alguien había propagado el rumor de que intentaba quitarle el novio a una compañera. Se refugió, golpeada, en una cuneta. Su padre la rescató y la llevó a casa, y allí bebió lejía. Después relataría en vídeo sobre esa ingestión: "Me mató por dentro y creí que iba a morir. Pero llegó la ambulancia, me llevó al hospital y me lavaron el estómago". Al salir del centro médico todavía leería mensajes hirientes sobre su intento fallido.

Finalmente, Amanda Todd cayó en el abatimiento y las drogas. Pero aún tuvo fuerzas y talento para tomar unos cartones y escribir sobre ellos una argumentación desoladora que golpearía en millones de pantallas como una despedida. En las cartulinas del vídeo contaba: "Me insultaban y me juzgaban. Perdí todos mis amigos y el respeto de la gente. Nunca podré recuperar esa foto, está ahí para siempre".

El 10 de octubre de 2012 se suicidó.

El autor del acoso, de 38 años, fue localizado mucho tiempo después, tras una larga investigación, y juzgado en Holanda en 2017 primero, su lugar de residencia, donde había cometido otros delitos similares con hasta 33 menores de edad ante las que se hacía pasar por un niño; y en 2022 en Canadá, tras pedir este país la extradición. En sus crímenes usó 22 cuentas anónimas diferentes en redes sociales.

Holanda lo condenó a 10 años y ocho meses de cárcel; y Canadá, a 13. Primero debe cumplir la pena en su tierra y luego en el país americano. En ambos tribunales se le declaró culpable de extorsión y de otros delitos contra la intimidad; pero no en relación con la muerte de Amanda Todd por haber ocurrido mediante suicidio.

Muchas noticias sobre el condenado aún lo mencionan como Aydin C., omitiendo el apellido. Es curioso que algunos medios sigan respetando su malversado anonimato.

El apellido es Coban. Aydin Coban.

Las sentencias holandesa y canadiense vinieron a hacer justicia, pero eso no anula el amparo que el anonimato le dio a Coban para no cesar en sus delitos. Fue encarcelado, sí, pero el trágico final de Amanda Todd habría sido imposible si el acosador hubiera operado con su identidad real, porque esas acciones habrían sido atajadas de inmediato. Es más: él mismo habría visto imposible incluso iniciar el acoso.

El peligro del anonimato se plasmó a la perfección en este suceso. Primero, porque el atacante se sentía impune, un *agresor motivado*, y eso avivaba su asedio. Después, porque la víctima se hallaba indefensa ante alguien cuyo nombre desconocía. A continuación, por el *efecto enjambre* de quienes acudieron como abejas a la herida. Y en cuarto lugar, porque la policía no lograba dar con él ni detener sus actos.

A eso se sumó otra desgraciada circunstancia: el ya mencionado grupo Anonymous, especializado en intrusiones cibernéticas, publicó en internet un vídeo con los datos de un supuesto acosador de Amanda Todd, incluido su domicilio; y reclamó venganza. El agresor, según esa organización, tenía 32 años y frecuentaba las ciberpáginas dirigidas a chicas adolescentes. El acusado se defendió diciendo que conocía a Amanda Todd pero nunca la había acosado. La policía lo declaró libre de toda sospecha.

El anonimato, pues, puede causar víctimas en las dos direcciones. En esta ocasión, una nueva acusación anónima que pretendía ayudar a una inocente dañaba a un inocente que tenía derecho a su anonimato.

La italiana Tiziana Cantone, de 31 años, residente en Nápoles, sufrió el mismo final que Amanda Todd. En 2015, tuiteros anónimos redifundieron vídeos sexuales que habían sido grabados con su consentimiento, factor que no hace menor la crueldad de colocarlos en internet y en las redes. Permiso para tomar imágenes no es permiso para difundirlas.

En uno de ellos, se le oye decir a la mujer: "¿Estás grabando? ¡Bravo!".[30] Se dirigía a quien entonces era su novio. La frase causó decenas de chistes y bromas, y hasta inspiró lemas impresos en

30 En el original en italiano: "Stai facendo un video? Bravo!".

camisetas. Dos futbolistas italianos, Paolo Cannavaro[31] y Antonio Floro Flores, grabaron un lamentable vídeo en un supermercado en el que uno le pregunta a otro: "¿Estás grabando?". Y a continuación muestra un envase de un producto llamado Bravo, entre las risas de ambos.

Tiziana Cantone acudió a los tribunales para que detuvieran esa humillación, pero durante el largo periodo en que los jueces tardaron en decidir algo al respecto la mujer entró en depresión, abandonó su empleo, cambió de ciudad y pidió modificar su apellido (lo único que le había dado su progenitor, según contó la madre). Mucho tiempo después, un juzgado ordenó retirar el vídeo de todas las páginas que lo hubieran publicado, pero le impuso a Cantone pagar los 20.000 euros por los gastos que eso implicaba.

No cabe mayor despropósito. La mujer vulnerada en su intimidad, vilipendiada en su entorno, ridiculizada en las redes no recibía reparación alguna y además sufría una última humillación, nada menos que a cargo de los jueces.

Días más tarde, el 15 de septiembre de 2016, se quitó la vida; y toda Italia quedó conmocionada. Más si cabe al tratarse de una persona conocida por los italianos, dado que su peripecia adquirió un gran alcance público. Moría alguien cuyo proceso de destrucción por culpa del anonimato habían contemplado sin hacer nada.

Todos aquellos que contribuyeron al escarnio salieron indemnes. No hubo manera de saber quién había desempeñado el papel principal en la difusión generalizada del vídeo, ni quiénes lo habían reenviado.

El fiscal italiano Francesco Greco, encargado de la causa, pidió que Apple le diera acceso al teléfono de Cantone, bloqueado una vez que había fallecido. Esa noticia, que leí en su día, se puede recuperar con facilidad mediante una sencilla búsqueda en Google, pero no he logrado encontrar ninguna información acerca de que Apple hubiera aceptado la solicitud de la Fiscalía.

Con aquella reclamación, el fiscal Greco pretendía avanzar en sus investigaciones, examinar los mensajes ofensivos que la mujer recibía; y averiguar tal vez por qué retiró ella la denuncia que había

31 No confundir con Fabio Cannavaro, balón de oro en 2006.

presentado cinco meses antes contra cuatro hombres a quienes en principio suponía difusores iniciales del vídeo.

El fiscal expresó una queja que se ha convertido en recurrente: "Cuando hay que eliminar algo, la gente se enfrenta a gigantes tecnológicos que tienen gabinetes de abogados y cuyas sedes ni siquiera están en Italia, por lo que todo es muy caro".

Curiosamente, Francesco Greco había estado al frente de la investigación de la Fiscalía de Milán que condujo en 2015, un año antes, a una sentencia que condenó a Apple a pagar 318 millones de euros por fraude tributario. La compañía presentaba como ventas en Irlanda (de régimen fiscal más favorable) las que conseguía en Italia.

La resolución final de la justicia sobre la muerte de Tiziana Cantone, hecha pública en noviembre de 2016, archivaba la causa sin declarar culpables; y los cuatro acusados quedaron libres.

Sin embargo, declaró que Facebook "debió parar de inmediato la difamación mediática" en vez de "lavarse las manos"; a la vez que acogía los argumentos de la empresa según los cuales no debe vigilar todos los contenidos de su plataforma.

Estas dos consideraciones, como veremos después, no son incompatibles: Facebook no *puede* supervisar todo lo que se escribe en esa red, cierto. Pero sí *debe* actuar tras tener "conocimiento efectivo" de algún contenido ilegítimo, como desarrollaremos más adelante. Y en este caso era palmario lo que estaba ocurriendo. Lo sabía toda Italia y lo sabía Facebook.

Maria Teresa Giglio, la madre de Tiziana Cantone, declaró a la prensa: "Si los colosos de internet hubieran tenido más temor a las leyes y las hubieran respetado, mi hija estaría viva. Ahora es necesario que intervenga Europa, no bastan las leyes particulares de un Estado".

Entre aquella sentencia y el momento de escribir estas líneas han transcurrido siete años. Sin embargo, las situaciones que vivieron Amanda Todd y Tiziana Cantone se siguen repitiendo cada día en todo el mundo.

Muchísimos suicidios de mujeres y varones por violencia digital se han contado en la prensa: Emma Jones (2010), de 24 años, británica residente en Emiratos, tras encontrar fotos de ella desnuda en Facebook; Tyler Clementi (2020), de 19 años, violinista norteamericano, después de que otro hombre llevara a Twitter las imágenes de un encuentro sexual entre ambos; Jessica Logan (2008), estadounidense de 18 años, después de que su exnovio difundiera fotos de ella sin ropa; Audrie Pott (2012), de 15 años, californiana grabada durante una agresión sexual cuyas imágenes se distribuyeron por las redes sociales; Mattheu Burdete (2013), de 14 años, estadounidense sorprendido mientras se masturbaba en los baños del colegio y cuyo vídeo se hizo viral; Rehtaeh Parwatch (2013), canadiense de 17 años, violada primero y acosada después a través de internet; Felicia García (2012), estadounidense de 15 años, quien aparecía en un vídeo manteniendo relaciones con cuatro chicos, alguno de los cuales la grabó y distribuyó las escenas por Facebook.

El suicidio de Verónica, de 32 años, trabajadora en una fábrica de camiones en San Fernando de Henares (Madrid), conmocionó a España en 2019. Tenía dos hijos, de nueve y cuatro años, y estaba casada. Sufrió la viralización de un vídeo sexual grabado por un exnovio que la extorsionaba, y posteriormente el acoso de una parte del personal de su empresa. Tras su muerte, el comité sindical difundió un comunicado de pésame donde decía: "El uso irresponsable de las redes sociales está produciendo trágicas consecuencias". Demasiado tarde ya.

Estos desenlaces no se produjeron de un día para otro, sino que se desarrollaron a la vista de todo el mundo durante semanas en el proceso de depresión y destrucción de las víctimas.

En los casos de Felicia García y Amanda Todd, se cometió incluso acoso *post mortem*, mediante comentarios que se burlaban de sus fallecimientos.

Muchos otros suicidios tras acoso en las redes no se han difundido en la prensa o se han publicado sin nombres, en ambos casos por voluntad de las familias; y otros sencillamente los desconocemos. De cualquier forma, la lista que acabamos de reseñar supone seguramente una muestra infinitesimal de los suicidios ocurridos en los últimos años.

Ni siquiera sabemos si existe una relación exhaustiva como la que anota en España las víctimas de la violencia machista.[32]

[32] Véase Soleto, Helena (dir.); Juan, Melina (ed.) (2019), *Aportaciones sobre Justicia en delitos de especial relevancia para las mujeres*, Madrid, Dykinson.

Las investigadoras argentinas María Florencia Zerdá y Marina Benítez Demtschenko, de la Universidad de Buenos Aires, han descrito con claridad lo que les sucede a las víctimas cuando se plantean acudir a la vía judicial: "La falta de denuncia de las damnificadas surge, según su relato, del desconocimiento del derecho y los trámites judiciales, de la falta de confianza en soluciones del sistema estatal para proteger a las víctimas y del miedo a la revictimización". A ello se suma, añaden, la necesidad de pagar la asistencia letrada y a especialistas en informática, entre otros gastos; todo lo cual forma "una barrera que impide el pleno acceso a la justicia de las agraviadas, por lo que la mayoría resuelve el tema sin intervención judicial o intentan olvidar lo sucedido".

Se demuestra, concluyen, que la falta de leyes, la ausencia de políticas públicas y la perspectiva discriminatoria contra la mujer en las fases policial y judicial son arduos caminos que la sociedad debe afrontar para combatir la violencia por internet y las redes.[33]

Las agresiones del anonimato hacen sufrir a cualquiera, pero afectan en mayor número y medida a las mujeres. La escritora feminista española Cristina Fallarás declaraba el 2 de abril de 2024: "No debería haber ninguna mujer en Twitter, deberían salir todas en bloque. No se puede, no se debe, compartir un espacio donde lo común es la violencia contra las mujeres".[34]

Algunos países han legislado al respecto: Australia, Japón, Nueva Zelanda, Filipinas, Reino Unido, Canadá, Alemania, la mayoría de los Estados de Estados Unidos… y también España muy recientemente (artículo 172 ter. 1. 2.ª del Código Penal, entre otros). Sin embargo, las normas se han demostrado insuficientes cuando

---

Esta obra analiza el caso de Tiziana Cantone y también el de Olvido Hormigos, una concejal de Los Yébenes (Toledo), muy conocido en España; pero en este último sí se sabía quién había sido el autor de la difusión inicial del vídeo sexual, que luego fue reenviado miles de veces por WhatsApp. Esta causa quedó archivada porque en el momento de cometerse la infidencia, en 2012, la legislación española solamente castigaba la difusión de vídeos no consentidos o robados. La reforma del Código Penal al respecto llegaría en 2015, gracias precisamente a ese detestable hecho.

33 Zerdá, María Florencia y Benítez Demtschenko, Marina (2018), "Violencia de género digital", en Maffía, Diana y Gómez, Patricia L (coords.), *Revista Jurídica de Buenos Aires*, n.º 97, Facultad de Derecho de la Universidad de Buenos Aires, págs. 134-161.

34 Entrevistada en *El País* por Tom C. Avendaño.

el anonimato ampara las agresiones, los acosos, la difamación, el machismo. Quizá podrán castigar al culpable en las escasísimas oportunidades en que se llega hasta el autor, pero sin duda no están siendo capaces de prevenir ni de impedir. Tampoco lo hacen las multas que de cuando en cuando les caen a los gigantes de la tecnología y las redes, que obtienen escalofriantes beneficios cada trimestre. Les sale rentable pagarlas y seguir su camino.

Zerdá y Benítez denuncian en el citado trabajo académico que Facebook es una de las redes sociales más indolentes a la hora de dar de baja comentarios y cuentas de claro tinte misógino o machista. Las empresas en cuestión "tienen la posibilidad de hacerlo de forma inmediata", pero no lo ejecutan porque ello redundaría en gastos de valor, dado que "el contenido misógino, la explotación de la imagen de las mujeres, la violencia de género en todo aspecto y, por sobre todo, la viralización de contenido íntimo les repercuten en las ganancias".

El ciberacoso no solamente deriva en muerte, sino también en fracasos académicos, en falta de concentración, en merma del rendimiento estudiantil, en depresiones, pérdida de autoestima y otras desgracias. Ni siquiera se pueden contabilizar los efectos.

También han sufrido esas prácticas personajes conocidos, como Emma Watson, Natalie Portman o la cantante española Rosalía, cuyos agresores han salido indemnes pese a que ellas sí cuentan con medios para conseguir que alguien los encuentre.

En marzo de 2022, el presidente de Ucrania, Volodímir Zelenski, apareció en un vídeo en el que anunciaba que su país se rendía ante la invasión rusa; a Nancy Pelosi, expresidenta de la Cámara de Representantes de Estados Unidos, se la veía borracha en otro. Donald Trump fue grabado mientras lo detenía la policía entre forcejeos. El hiperrealismo de las imágenes no dejaría duda sobre su veracidad si no supiéramos por otros medios que han sido falsificadas. Las posibilidades técnicas aumentan a cada rato. Es posible hacer que hable inglés, con su propia voz, alguien que únicamente sabe expresarse en castellano; y poner en sus labios y con su tesitura vocal palabras que nunca haya dicho. Una persona secuestrada y tal vez asesinada por sus captores puede hablar a su familia desde un vídeo manipulado para pedir el rescate.

Nada de todo esto, ninguna de estas horribles agresiones cuyo relato nos conmueve, ni uno solo de los miles de sucesos similares que se publican en los periódicos cada jornada sería posible sin el anonimato.

Aydin Coban, el acosador de Amanda Todd, se benefició de muchas facilidades, como tantos otros, para esconder su identidad, a pesar de lo que expresan las normas de Facebook sobre el nombre de los usuarios: "Si bien queremos que las personas puedan expresar su identidad de todas las formas que les permite nuestra comunidad global, también queremos evitar que suplanten a otras personas o que engañen a terceros sobre su identidad. Por eso exigimos que creen una cuenta de Facebook con el nombre que usan normalmente".

¿Y cómo lo exigen? ¿Y cómo puede averiguar Facebook cuál es el nombre que alguien emplea normalmente? No parece poner mucho interés en ello. Al tramposo le bastará con crear una cuenta de correo mediante un nombre falso y a partir de ella continuar su camino. Ese recorrido para actuar anónimamente se publica incluso en los medios de comunicación a fin de facilitar la tarea a quien lo pretenda.[35] Además de una nueva cuenta de correo que no se asocie con la identidad personal, estas informaciones de servicio explicitan la posibilidad de instalar en el teléfono una VPN (o red privada virtual, sistema que abordaremos con detalle más adelante), la conveniencia de deshabilitar la localización a partir de "Configuración / Ubicación" o de "Ajustes / Aplicaciones / Facebook" para crear ya un perfil en esa red social en el que se puede incluso falsificar la fecha de nacimiento. Después se aconseja elegir la opción "Registrarme sin subir contactos" para no dar pistas y bloquear los permisos ocultos de Facebook de forma íntegra. Este

[35] Véase por ejemplo *La Vanguardia* del 28 de noviembre de 2023, con firma de Beatriz Alcántara, "Cómo crear un perfil de Facebook totalmente anónimo para proteger tu privacidad: guía paso a paso". Ese artículo se puede encontrar fácilmente por internet. Se llega también a otros similares con la simple búsqueda de "crear una cuenta anónima en Facebook". Recojo parte de uno de ellos (los errores gramaticales y ortográficos son del original): "Si quieres tu cuenta de Facebook permanecer verdaderamente anónimo, el primer paso es créer una nueva dirección de correo electrónico. Esto asegura que su información de inicio de sesión en Facebook no se vinculará a ninguna de su información personal".

último paso es el más tedioso y desincentivante, porque la empresa de Mark Zuckerberg tiene mucho interés en manejar la valiosísima información personal del usuario. (No su nombre, que no les importa tanto como dicen, sino sus hábitos: lo que se puede ofrecer a los anunciantes en la segmentación del público-objetivo).

Muchos de los ataques sin apellidos que sufren en las redes personas de cierta fama se basan en la inversión de la relevancia. Los beneficiarios de esta época de la posverdad no siempre disponen de hechos importantes por los cuales deban criticar a sus adversarios. Las personas a quienes acosan no han incurrido en corrupciones, ilegalidades, excesos que perjudiquen a nadie. Por eso los agresores acuden con frecuencia a aspectos muy secundarios, que ellos convierten en cruciales. Las costumbres personales, la vestimenta, el peinado, el carácter de una persona en su entorno particular, un detalle menor de un libro o de un artículo o de una obra adquieren un valor decisivo en la comunicación pública, en detrimento del conjunto y de las actividades de verdadero interés general o social. De ese modo, lo opinable o subjetivo sobre los aspectos secundarios se presenta entonces como noticioso y objetivo. Y, por tanto, relevante.

La turba posterior seguirá ese mismo camino. El enjambre dirigido contra su objetivo inocente. Es la inquisición popular.

Moderadores desesperados

Una joven con ciertas habilidades para moverse en los terrenos informáticos se levanta por la mañana de la cama y se dirige a una oficina situada en un gran edificio acristalado del centro de la ciudad. Ha encontrado un trabajo fijo, que le sirve para ganar tiempo mientras decide si continuará o no con sus estudios de Psicología. Se dedica a supervisar contenidos en una red social. Toma un coche eléctrico de color blanco para el que cuenta con tarjeta de abonada y lo deja en un pequeño espacio bastante cercano a la puerta del inmueble. No ha cubierto el trayecto con mucho entusiasmo, porque le espera un trabajo horrible. En su jornada laboral, que siempre se le hace tremendamente larga, deberá poner ante sus ojos unas atrocidades que ni siquiera llegan a aparecer en las películas de terror, y que si aparecieran serían interpretadas por actores profesionales. Aquí no hay actuaciones, se trata de la sobrecogedora realidad. Decapitaciones, violaciones, asesinatos y suicidios grabados por sus propios autores. A veces habla con el compañero que se sienta a su lado y busca algún consuelo en su mirada, pero el muchacho se encuentra tan abatido como ella. Los dos se secan las lágrimas.

Al salir del trabajo intentará distraerse, tal vez ir al cine con unos amigos, pero le regresarán a la mente cada pocos minutos las monstruosidades a las que se ha enfrentado. Cualquier escena normal de la vida le sugerirá a ella las acciones tremendas que ha visto en los vídeos. Cuando se acueste le costará mucho dormir.

No es difícil recrear esa situación si se han leído las noticias al respecto. Instagram y Facebook (ambas del mismo grupo empresarial propiedad de Mark Zuckerberg) cuentan con equipos que denominan de "moderación", dedicados a atajar las imágenes y los comentarios más horrendos que la crueldad humana puede concebir y difundir; pero no disponemos de datos creíbles y rigurosos sobre su eficacia ni sobre el número actual de integrantes de ese equipo,[36] ni sobre cuántos vídeos o mensajes eliminan en relación con algún referente total (es decir, qué porcentaje de contenido horrendo consiguen suprimir). Además, quienes publican esas barbaridades sufrirán como mucho la retirada de vídeos y mensajes, pero saldrán indemnes.

Facebook admite que sólo en el segundo trimestre de 2023 retiró 7,2 millones de contenidos con abuso sexual contra niños, 6,4 millones por suicidio o autolesiones, y 17,5 millones por discursos de odio; y en Instagram, 6,2 millones de vídeos violentos.[37]

¿Y eso qué porcentaje supone? ¿Y cuánto tiempo estuvieron expuestos esos vídeos hasta que los retiraron? ¿Cuál es la cantidad

[36] Según datos facilitados por una portavoz de Facebook el 21 de marzo de 2024, cuentan con 40.000 moderadores (para más de 3.000 millones de usuarios, añadimos aquí, 21,5 millones de ellos en España, 308 millones en Europa). Según esa empresa, la inteligencia artificial elimina prácticamente todo el contenido relacionado con los discursos del odio, violencia y otras prácticas que no están consentidas según los términos y condiciones de las plataformas. Pero, si eso es así, añadimos nosotros, no se explica para qué hacen falta 40.000 moderadores. Las cifras de la compañía indican igualmente que cuentan en todo el mundo con casi 4.000 millones de personas conectadas, y que cada día están activas 3.100 millones de ellas.

[37] *La Vanguardia*, 6 de octubre de 2023.

de contenidos terroríficos que los moderadores no llegan a atajar? ¿En cuántos casos se conoció al autor de alguna de esas difusiones? Los datos sin contexto y sin referencia de proporción no sirven de nada. Y esos son los que facilitan normalmente las grandes plataformas: datos llenos de silencio.

El término "moderación" lo acabamos de escribir entre comillas porque nos parece un eufemismo: designa simplemente sistemas humanos (poco sistemáticos como sistemas; y, como humanos, muy inhumanos) destinados a retirar contenidos ilegales o ilegítimos. Pero aquí no se modera nada, sino que acaso se extirpa un mal. Un mal que, pese a ser extirpado, continúa donde estaba, porque se reproduce sin cesar y nunca se erradica.

La Unión Europea comunicó el 10 de octubre de 2023 a Elon Musk, propietario de Twitter/X, que debía cumplir la ley comunitaria de derechos digitales y establecer servicios de "moderación" de los contenidos. Musk, nuevo dueño de la plataforma, había desmantelado los equipos de "moderadores" que funcionaban antes de su irrupción en el negocio.

A partir de ese aviso, Musk estableció un sistema de *notas de la comunidad* para insertar denuncias. Así le sale gratis la *moderación*, pero todo queda de nuevo al albur de voluntades anónimas, aunque parezcan ser de signo contrario.

El problema, no obstante, no se centra solamente en si el número de "moderadores" de una red social tiene capacidad para interceptar o no tantos miles de atrocidades, sino también en cómo impedir que quienes las graban disfruten de una cómoda impunidad si las muestran anónimamente, sin la cual no habría necesidad de crear los equipos de vigilancia o al menos no en un número tan importante.

El 25 de febrero de 2017, el periodista estadounidense Casey Newton, editor del portal *Platformer*, especializado en el mundo digital, publicó un reportaje titulado *The trauma floor* (la planta de traumas) para el que entrevistó a decenas de "moderadores" empleados en una subcontrata de Facebook. Ahí narraba las penosas condiciones que sufrían 15.000 revisores de contenido en 50 lenguas de todo el mundo, quienes cobraban 28.800 dólares al año, según su testimonio, por soportar las imágenes más terroríficas que la bajeza humana pueda producir. Pero el documentado reportaje de Newton no cambió nada en Facebook. Pese a las denuncias del periodista norteamericano, estas prácticas continúan, como vino a demostrar seis años después, el 6 de octubre de 2023, una investigación publicada en España por *La Vanguardia* y que abundaba en situaciones similares.

Gracias al reportaje del diario barcelonés, supimos que los moderadores seguían existiendo —desconocemos con qué efectividad—, y que de esa tarea se encargan trabajadores ajenos a la plantilla (o "planta", en América);[38] es decir, empleados de subcontratas; y que se desempeñan en unas condiciones lamentables; entre otras razones, porque, además de discursos de odio y ofertas de drogas ilegales, están obligados a revisar vídeos de asesinatos, torturas, desmembraciones de cadáveres, violaciones, violencia contra animales, suicidios grabados por quienes se quitan la vida... Y también inocuos desnudos, tarea en la que parecen emplearse con mucha eficacia.

La Vanguardia sacó a la luz también que sólo en la capital de Cataluña trabajan unos 2.000 empleados de la subcontrata CCC Barcelona Digital Services, empresa actualmente de propiedad canadiense. Se dedican a eliminar atrocidades para que no permanezcan mucho tiempo en la plataforma. Todos ellos alojados en las oficinas de la emblemática Torre Glòries, ese supositorio gigante en colores.

Los moderadores llegan a la oficina, abren su ordenador, buscan contenidos denunciados y ven durante horas las peores barbaridades de las que pueda ser capaz un ser humano. Así un día tras otro. Observan cómo una joven es llevada a un portal por cuatro hombres y violada, cómo se suicida un estudiante tras dejar una nota, como se maltrata a un perro. Después, terminado su horario, salen de nuevo a la vida real y se relacionan con el resto de la gente.

Uno de los "moderadores" relató que no logra olvidar la escena que vio un día. La reflejaré sucintamente, y previo aviso a quien lea estas líneas de que puede saltarse los dos siguientes párrafos si no desea toparse con un horror.

[38] Meta (Facebook) despidió a 11.000 trabajadores en 2022 (el 13% de la plantilla), tras haber decrecido su beneficio un 41% (de 39.370 millones a *sólo* 23.200 millones).

(Segunda oportunidad: no lea el siguiente párrafo si no necesita más detalles, y pase al posterior).

En esa escena, un hombre borracho asesinaba a su bebé delante de la cámara clavándole un cuchillo en el pecho. El relato de *La Vanguardia* es aún más crudo, porque abunda en detalles que aquí omitimos.

Hay que pasar todo el día con esas imágenes en la memoria y meterse en la cama sin desprenderse de ellas. Y al día siguiente lo mismo.

Es lo que tiene el anonimato: favorece el lado más salvaje de algunas personas porque la difusión de los vídeos horribles les sale gratis. Nadie va a condenarlos.

¿Cómo se pueden controlar los contenidos que emiten más de 3.000 millones de usuarios? Y, además, ¿cómo se puede superar con buena salud mental esa prueba inhumana de supervisión? No hay respuestas eficaces si aceptamos la selva del anonimato.

Los contenidos alarmantes llegan previamente denunciados a los "moderadores" por los usuarios como violentos o inadecuados, o por los programas propios de la plataforma. Eso significa que alguien ya los ha visto, y que cuando ellos actúan siempre es tarde. El efecto se ha producido. Incluyendo el efecto en los propios moderadores.

De los dos millares de supervisores con sede en Barcelona, cerca de 400 se hallaban de baja por traumas psicológicos cuando *La Vanguardia* publicó los datos.[39]

Su jornada habitual consiste en revisar unos 450 vídeos cada uno, de contenido extremo. Según el diario barcelonés, los revisores deben lograr una "tasa de acierto alta": el 98%. Es decir, que sus decisiones han de coincidir tanto con las de otros moderadores como con la de un auditor superior. Si la tasa de acierto desciende, pueden incluso ser despedidos. Parece, pues, que el objetivo de la empresa consiste en proteger los contenidos dudosos, los que admiten algún tipo de vacilación porque provocan opiniones discrepantes; no vaya a ser que se moleste algún usuario que no haya sido lo suficientemente cruel.

[39] Información firmada por Ignacio Orovio y Gemma Saura. 6 de octubre de 2023.

Ese periódico barcelonés entrevistó a 10 de los trabajadores, que mostraron sus informes médicos: estrés postraumático, ansiedad, insomnio, depresión, incluso intentos de suicidio. Las bajas son continuas entre los contratados, pero la empresa niega que se deban a la labor que desempeñan.

Cuatro meses más tarde de la publicación en *La Vanguardia*, en enero de 2024, el Juzgado de lo Social número 28 de Barcelona avaló la demanda de un trabajador de CCC Barcelona Digital Services, S.L. —la referida subcontrata de Meta (Facebook)— que padecía problemas de salud mental como consecuencia de la continua observación de vídeos de asesinatos, automutilaciones o suicidios que ciertos usuarios y grupos terroristas llevaban a esa red para su contemplación general y sin que se pueda seguir la pista de su autoría. El empleado intentaba que se le reconociera la enfermedad laboral que padecía desde hacía cinco años, derivada de tan truculento trabajo; a lo que la empresa se negaba. CCC Barcelona la consideraba una enfermedad común que a cualquiera le puede sobrevenir. Sin embargo, el juez dictó que "el estrés laboral es el desencadenante único, exclusivo e indubitado" de los trastornos.

De hecho, la Inspección de Trabajo había emprendido una investigación al respecto en 2021, que concluyó en 2022 con una multa de 40.000 euros por deficiencias en la evaluación y prevención de los riesgos psicosociales que afectaban a los contratados. Ese informe no le pasó inadvertido al juez, quien lo incluye en su sentencia, pionera en lo que respecta a los moderadores de Facebook en España. Entonces aún seguían pendientes de juicio una docena de denuncias similares.

A raíz de las informaciones sobre CCC Barcelona, la periodista Marta Peirano, especialista en el mundo de las nuevas tecnologías y sus contenidos, comentó en Radio Nacional de España el 8 de octubre de 2023: "La empresa, cuando abrió esta oficina, dijo que tendrían entre 20 y 30 psicólogos; pero lo que se vislumbra de las declaraciones es que esos psicólogos no están para evaluar el nivel de estrés de la persona, tratarla o gestionarla, o mitigar los efectos de los contenidos, sino básicamente para mandarlos de vuelta a la mesa cuanto antes". Estos empleados, añadió, cobran entre 12 y 14 euros a la hora en España (unos 2.000 euros brutos al mes), tienen dos descansos de 15 minutos cada jornada (incluidas las salidas al baño) y media hora para comer; mientras que un empleado medio de Facebook recibe 200.000 euros anuales (16.000 euros brutos al mes). Peor les va a quienes cumplen ese mismo papel desde Kenia, por ejemplo, donde se les paga menos de dos dólares por cada hora. Es la ley de los gigantes de la selva.

Los criterios de Facebook para "moderar" contenidos, que se conocieron en mayo de 2017 cuando el diario británico *The Guardian* los publicó, permitían apreciar que la orden de "apuñala y conviértete en el terror del sionista" se debe retirar, pero en cambio sí es admisible "vamos a dar palizas a niños gordos" o "peguemos a un pelirrojo". El argumento al respecto sostenía que "el lenguaje violento casi nunca es creíble, a menos que sea específico como para que dé pie a pensar que no es una expresión más, sino que la persona puede actuar". La decisión queda en manos de "moderadores" a los que no se exige ninguna preparación en concreto.

La pregunta sigue siempre latente: de no ampararse en las redes sociales el anonimato o el seudonimato opaco, ¿haría falta someter a estas personas a semejante tortura laboral? ¿Serían precisos tantos miles de "moderadores" sujetos a tormento psicológico si todos los usuarios se mostraran con su nombre real, sin esconderse en siglas ni seudónimos, si su rastro fuera fácilmente identificable?

Y surge así una cuestión añadida. Existen equipos de "moderación" que vigilan los más oscuros fondos del ser humano, que atajan de vez en cuando los mensajes de odio y quizás interceptan una calumnia notoria contra un personaje público. Pero aún falta saber qué pasa con los contenidos ofensivos no ya para la sensibilidad general, sino para personas en concreto, como las falsedades que les son atribuidas o las invasiones en su intimidad. La experiencia demuestra que los "moderadores", centrados en los vídeos más inhumanos, y aun así de manera insuficiente y *a posteriori*, nunca podrán llegar hasta ahí.

Hoy por hoy, la retirada de un mensaje ofensivo para una persona del común —supresión que, de llegar, llega siempre tarde— solamente se consigue, con paciencia y esfuerzo, si se trata de un contenido claramente ilegal, merced a las insuficientes normas de la Ley de Decencia de las Comunicaciones de 1996 (Communications Decency Act) en EE UU; o, en la Unión Europea, de la directiva de comercio electrónico del año 2000 y el Reglamento de Servicios Digitales (DSA) de 2022, que se aplica directamente a todos los Estados miembros desde el 17 de febrero de 2024; o, ya en España, de la Ley de Servicios de la Sociedad de la Información de 2002, si bien "en EE UU tienen más manga ancha con otros contenidos objetables", como ha escrito Borja Adsuara.[40]

Se eliminarán muchas crueldades en vídeo, sí; aunque insistimos en que no sabemos qué porcentaje de ellas se queda a disposición del público. Pero nadie impidió en agosto de 2022 la difusión anónima de unas imágenes que mostraban a la primera ministra de Finlandia, la socialdemócrata Sanna Marin, de 36 años, bailando y bebiendo en una fiesta privada —privada, recalcamos—, en la casa de unos amigos suyos, un sábado por la noche. Eso nunca lo habrían interceptado los moderadores, y sin embargo constituyó un atentado a su intimidad.

La semana de Sanna Marin había sido intensa, con jornadas de 12 horas, rodeada de asesores, parlamentarios, ministros, reuniones donde todo el mundo esperaba una palabra suya, que no podía errar ni confundir, obligada a la lectura de informes sesudos y a menudo incomprensibles, intentando ser puntual en cada convocatoria de su agenda a pesar de que quienes entraban en su despacho procuraban demorar la salida de él. Qué agradable y liberador panorama esa luz al final del túnel que significaba la fiesta con unos amigos de confianza. ¿De confianza? No todos la merecieron.

Tras la difusión anónima del vídeo, enseguida se activaron las afirmaciones, igualmente de autor desconocido, según las cuales la primera ministra había tomado estupefacientes. La consiguiente presión mediática y de la oposición derechista la obligó a someterse a una prueba para demostrar, como así ocurrió, que no había consumido drogas. Además, una comisión parlamentaria decidió que no había incumplido ninguna de sus obligaciones. Ella se defendió, con voz temblorosa, al borde de las lágrimas y tras una semana de críticas insoportables: "Soy un ser humano. A veces también anhelo la alegría, la luz y el placer en medio de estas nubes oscuras". Y pidió algo tan obvio como que se la juzgase por su actuación al frente del Gobierno y no por lo que hace en su vida privada.

40 Adsuara Borja (2021), "Cinco argumentos sobre la censura en las redes", *El País*, 13 de enero de 2021.

Durante aquellos días, Finlandia había anunciado la decisión, apoyada por Sanna Marin, de pedir el ingreso en la OTAN, actitud que enfureció al Kremlin. No parece descabellada la conjetura de que Rusia, gran dominadora de las manipulaciones mediante bots, tuviera algo que ver en todo ello. No podemos saberlo: todo se producía bajo el amparo de anonimato, el rey de los daños en las redes.

Respuestas insuficientes

Aun con dificultades, los delitos del mundo analógico —no diremos el mundo real, porque el virtual es tan real como el otro— se van resolviendo en altos porcentajes. Se detiene a la mayoría de los asesinos, de los ladrones, de los estafadores, de los violadores... Algunos se libran, sin duda, pero las sociedades modernas y avanzadas no han desarrollado ninguna sensación de impunidad ante el mal, y los ciudadanos suelen pensar que tarde o temprano los perpetradores caerán en las manos de la justicia. No así en lo que se refiere al mundo de internet, donde ni siquiera se puede distinguir entre naciones prósperas y pobres, democráticas o totalitarias. Los ciudadanos de unas y otras sufren las mismas zozobras respecto a los acosos. Si un acosador de la vida física se siente más inseguro que un acosador en las redes, entonces tenemos un problema en las redes. Y hasta ahora solamente se han aportado respuestas insuficientes.

La Relatoría Especial de las Naciones Unidas para la Libertad de Opinión y de Expresión aprobó en 2011 una *Declaración conjunta sobre la libertad de expresión en Internet*, en la cual afirmaba que ese derecho se aplica a la Red del mismo modo que a todos los medios de comunicación. Pero se le escapaba una diferencia fundamental: en los medios convencionales, los artículos de opinión llevan firma, y también la mayoría de las informaciones; y cuando no ocurre eso, el editor, el director o el propietario (depende de las legislaciones) se hacen responsables legalmente frente a cualquier perjuicio. Entre otros motivos, porque así suele figurar en las leyes.[41]

[41] Por ejemplo, el artículo 20 de la ley de comunicación de Ecuador, que nos parece muy pertinente:

"Habrá lugar a responsabilidad ulterior de los medios de comunicación cuando los contenidos difundidos sean asumidos expresamente por el medio o no se hallen atribuidos explícitamente a una persona. Los comentarios

Pero ante un texto anónimo en internet o en una red, nadie se responsabiliza del mal causado. No hay autor conocido, y quienes se benefician del negocio (los dueños de soportes y de ciberespacios) se escudan en el manido argumento de que funcionan como una compañía telefónica que no se hace responsable de lo que digan quienes se comunican por sus antenas. Bueno, a eso se podría oponer que las compañías telefónicas sí identifican fidedignamente a sus abonados y les piden sus datos personales y hasta la cuenta a la que se pasarán los recibos.

La situación se define con facilidad: alguien delinque pero nadie es responsable del delito. Existe un perjudicado pero no hay perjudicador.

La abogada Paloma Llaneza, especialista en derecho digital y protección de datos, y autora de libros y artículos sobre el tema, ha analizado ese papel de las grandes plataformas como supuestos observadores pasivos y acríticos de lo que sucede en ellas; y argumenta: si se hiciese responsables a Meta, Google o Twitter sobre el contenido de lo que sus usuarios publican, como lo sería cualquier editor de un medio informativo, tendrían serios problemas para seguir operando. Pero sí son responsables de ello, afirma, "porque moderan y deciden lo que se publica y lo que no". Si rechazamos eso, "seguiremos enlodados en las verdades y hechos alternativos, las campañas de bandera de desestabilización, y el acoso y derribo a base de comportamientos abusivos que no permiti-

---

formulados al pie de las publicaciones electrónicas en las páginas web de los medios de comunicación legalmente constituidos serán responsabilidad personal de quienes los efectúen, salvo que los medios omitan cumplir con una de las siguientes acciones:

1. Informar de manera clara al usuario sobre su responsabilidad personal respecto de los comentarios emitidos, 2. Generar mecanismos de registro de los datos personales que permitan su identificación, como nombre, dirección electrónica, cédula de ciudadanía o identidad, o, 3. Diseñar e implementar mecanismos de autorregulación que eviten la publicación, y permitan la denuncia y eliminación de contenidos que lesionen los derechos consagrados en la Constitución y la ley.

Los medios de comunicación solo podrán reproducir mensajes de las redes sociales cuando el emisor de tales mensajes esté debidamente identificado; si los medios de comunicación no cumplen con esta obligación, tendrán la misma responsabilidad establecida para los contenidos publicados en su página web que no se hallen atribuidos explícitamente a otra persona".

ríamos, en aras de la libertad de expresión, ni en el siempre mencionado bar de la esquina".[42]

Por su parte, Evgeny Morozov escribe respecto a la idea de que los grandes soportes informáticos se han de comportar con neutralidad en relación con lo que se publica en ellos: "No existe idea falsa más banal, ubicua y engañosa que la que afirma la neutralidad de la tecnología".[43]

Las acusaciones que se profieren contra una persona en su desdoro, demérito o desprestigio pueden producir, cuando se entrometen en la esfera privada, graves problemas familiares. Por ejemplo, si se pone en cuestión la fidelidad conyugal o de pareja, si se revelan inclinaciones sexuales legítimas, cuando se informa sobre problemas como la ludopatía o la cleptomanía, el alcoholismo y otras enfermedades. También daños psicológicos si los anónimos ejercen un acoso sexual, o escolar, o amenazas de daño físico contra una persona o su familia, como hemos repasado en páginas precedentes.

La Fundación Mapfre y la Universidad de Deusto publicaron en 2022 un estudio sobre los comentarios negativos en las redes sociales,[44] basado en una muestra de 2.500 encuestas a mayores de edad de todas las comunidades autónomas españolas. Según recogen sus conclusiones, el 10% de las mujeres que reciben comentarios negativos desarrolla un trastorno alimenticio y dismorfia corporal (la falsa percepción del propio cuerpo como defectuoso), frente al 2% de los hombres. También presentan ellas mayores niveles de depresión, ansiedad y estrés; especialmente las menores de 35 años, que son las más sensibles emocionalmente a estos ataques. Eso no se debe a una especial sensibilidad femenina, sino a la distinta intensidad en la crudeza de las agresiones.

Según ese estudio, en España la red social con más comentarios, insultos y ataques es Facebook, seguida de Twitter, Instagram y

[42] Llaneza, Paloma (2022), "*Midterms* y redes sociales", *El País*, 7 de noviembre de 2022.

[43] Morozov, Evgeny (2011), *El desengaño de internet*, Barcelona, Destino, pág. 373.

[44] Fundación Mapfre, *Comentarios negativos en las redes sociales*. Textos de Ana Estévez, Milena López Montón, Janire Momeñe, Iker Pastor López, Asier González Santocildes y Borja Sanz Urquijo. Edición, Míriam López. Universidad de Deusto, 2022.

YouTube. Y tanto en internet como en las redes, las mentiras nunca mueren.

El informe destaca que el 66,8% de las personas participantes señalaron que el comentario negativo que habían recibido procedía de alguien de nombre desconocido. Algo que concuerda con numerosos análisis según los cuales el anonimato de las redes alienta a dejar frases hirientes, por la falta de responsabilidad y la inexistencia de consecuencias penales *de facto*: la pantalla favorece la desconexión emocional; y también la alienta el hecho de que no se vea nunca la reacción de la persona receptora en el momento de sufrir el impacto. Por eso la mayor parte de quienes acosan por redes sociales no conocen a su víctima.

El 30% de los usuarios en España manejan segundas cuentas anónimas, siempre según el referido estudio. Y, como muestra de la eficacia del sesgo de conformidad, el estudio ratifica que "una cadena de comentarios negativos impulsa una retroalimentación por parte de otros usuarios".

Los motivos para actuar así, admitidos y explicados en la encuesta por los propios autores de ataques, se basan en el enfado, la percepción de una injusticia, la decepción o frustración personales y la envidia.

Esa conclusión relativa al anonimato como activador del impulso de injuriar ha sido avalada por varios estudios, como los de Fuentes, Malamuth y otros.[45]

El Tribunal Constitucional español ha declarado que no existe un derecho al insulto.[46] Y si tal derecho no se concede cuando quien zahiere a otro utiliza su propio nombre, con menos razón se puede

[45] Fuentes, C. (2009), "Descortesía y agresividad bajo el anonimato: internet", en C. Fuentes y E. Alcaide (eds.), *Manifestaciones textuales de la descortesía y agresividad verbal en diversos ámbitos comunicativos*, Universidad Internacional de Andalucía, págs. 188-210.

Malamuth *et al.* (2005) apoyan la teoría de que el anonimato sustenta este tipo de comportamientos incívicos. Citados por Susana Ridao Rodrigo (2021), "Actos de habla en redes sociales: perfiles privados *versus* perfiles públicos", en *Literatura y Lingüística* n.º 44.

Malamuth, N.; Linz, D., y Weber, R. (2005), "The Internet and aggression: Motivation, disinhibitory and opportunity aspects", en Y. Amichai-Hamburger (ed.), *The social net: Understanding human behavior in cyberspace*, Oxford University Press, págs. 163-190.

[46] Sentencias 42/1995, 204/2001 y 39/2005, entre otras.

amparar como libertad de expresión cuando el que incurre en esa falta esconde su identidad, pues la ocultación aumenta la angustia del atacado. Sentimos mayor inquietud y más indefensión frente a las amenazas de los desconocidos que frente a los peligros cuyo origen nos es familiar.

Además, la impunidad del anonimato no se limita a causar un daño moral, que no es poco, sino que a menudo logra un daño económico o profesional que perjudica al desenvolvimiento laboral o de negocio y puede afectar por tanto a multitud de personas que dependan de una marca cuyo prestigio se cuestiona o se destruye.

Así sucede por ejemplo cuando la acusación falsa se lanza contra un periódico, un restaurante, un supermercado, un taller de reparación o una carnicería. En general, contra una empresa que se desenvuelve en el mercado abierto y vive de su prestigio.

Las suplantaciones más de andar por casa también quedan impunes. Si una persona simula ser otra, abre sin problema desde un cibercafé o un locutorio público una cuenta falsa en una red social o de correo electrónico y se dedica a calumniar a un tercero enviando decenas de mensajes, tal vez miles, habrá pocas posibilidades de encontrarla. Para ello harían falta toda una maquinaria y recursos económicos de los que la víctima carecerá.

Ese mismo proceso anónimo se utiliza con la intención de suplantar a una persona de confianza del remitente, para sorprenderlo en su buena fe; o incluso para hacerse pasar por una entidad financiera, a fin de obtener una supuesta renovación de claves y entrar en una cuenta bancaria ajena para saquear los ahorros.

Además, la proliferación de denuncias, aun siendo estas una mínima parte de los hechos delictivos, hace inútil la maquinaria judicial y contribuye a su colapso.

Las técnicas de ocultación benefician asimismo a quienes practican el *phishing*, neologismo de grafía transgresora formado mediante juego de sonidos a partir del inglés *fishing*, 'pesca'; la pesca de incautos. Son estafas bancarias difíciles de combatir, porque alguien actúa en la oscuridad para suplantar identidades (la del banco o la del ahorrador).

También se cometen amenazas por persona interpuesta: alguien desde Singapur lanza una extorsión por encargo de quien así se lo pide, a cambio generalmente de algún pago.

Sinéad McSweeney, directora de políticas públicas de Twitter/X en Europa, defiende que esta empresa recomienda usar sus propias herramientas para bloquear a usuarios molestos o reportar tuits que consideren violentos. "Ofrecemos las directrices para la aplicación de la ley en nuestro sitio web, que describen nuestras políticas; y emitimos un informe de transparencia cada seis meses con el número de solicitudes que recibimos por país y el porcentaje con el que cumplimos".[47]

A tenor de esas declaraciones, deducimos de nuevo que Twitter/X evade sus responsabilidades y deja todo en manos de sus propios usuarios. Una actitud parecida a la del fabricante de un producto defectuoso que remitiera a los compradores a que acudan a las oficinas de consumo para denunciarlo, en vez de fabricarlo bien desde el principio. Twitter ofrece a una mujer que bloquee a su acosador, pero eso no impide que este siga acosando a otras ni que quede sin castigo. Ni que cierre esa cuenta y abra otra.

Además, no sólo los cuentahabientes de una plataforma digital sufren ataques, sino también quienes no han abierto ninguna y sin embargo son insultados desde dentro. Pero, según se desprende de las declaraciones de McSweeney, una persona difamada y ajena a las redes se ve abocada a entrar por fin en ellas, tal vez contra su voluntad, para defenderse; y no necesariamente con éxito. Lo que vienen a decir esas empresas es: si quieres resolver los problemas que te causamos, vente con nosotros. Si sigues en tu mundo ajeno a las redes, allá tú. Pero ¿cómo puede alguien bloquear a un usuario de Twitter cuando previamente no está en Twitter? Y además, ¿de qué serviría? Una cuenta cerrada da paso a la apertura de la siguiente.

La actitud oficial de esa red evita considerar medidas preventivas. Se habla de paliar el daño una vez cometido, no de impedirlo. Tanto quienes se hallan fuera de las redes como quienes actúan en ellas deberán arreglárselas para denunciar y actuar en su defensa, sin que sus poderosos propietarios les presten ninguna ayuda, ni antes ni después de la ofensa.

47 Fernández, A.; Villanueva, N.; Fernández-Miranda, J. (2014), "Redes sociales: donde el anonimato es más rápido que la justicia", *Abc*, 28 de abril de 2014. Esta información señala que se lanzan 500 millones de tuits al día https://www.ucm.es/data/cont/media/www/pag-53122/c3.pdf

Las recomendaciones que una gran firma especializada en asesoría jurídica, Legalitas, especifica en su ciberpágina dan idea del esfuerzo que supone combatir la suplantación de personalidad tan habitual en internet y con la que se cometen estafas y otros delitos. Quien la sufra deberá comunicarlo al administrador de la página web o red social, para que elimine los contenidos publicados por el suplantador. De acuerdo, pero ¿quién es ese administrador?, ¿dónde está?, ¿cómo podemos localizarlo?, ¿cómo sabemos que realmente los eliminará? Además, antes de la denuncia hace falta reunir pruebas de cargo, como impresiones en papel o pruebas digitales que permitan demostrar la ocupación de la personalidad, localizar a testigos y prepararlos para su declaración; y acudir a una comisaría o al juzgado con objeto de presentar la denuncia penal. Obviamente, para eso hace falta contratar una asistencia letrada... como la de Legalitas. Y tampoco estamos muy seguros de que sirva de algo.

Por tanto, el esfuerzo y el gasto se ponen siempre en el lado del perjudicado, mientras las plataformas que mueven un negocio de miles de millones de euros evitan a toda costa emplear una pequeña parte de su presupuesto en impedir con eficacia daños a los inocentes.

Los "términos de servicio" de Twitter/X estipulan que la empresa se reserva el derecho a retirar contenidos que impliquen vulneraciones de propiedad intelectual, suplantaciones o conductas ilícitas. Pero reservarse el derecho no es lo mismo que ejercerlo. De hecho, o no lo ejercen o lo ejercen muy poco, como hemos venido relatando hasta aquí. Los responsables de esas redes, incapaces de crear un solo contenido, son perezosos también en todo lo demás.

Las grandes multinacionales del sector no han mostrado precisamente una enorme disposición para ayudar en la identificación de cuentas anónimas cuando se les ha requerido en causas de difamación, mentiras y similares. Ni en la prevención de delitos: si acaso, plantean salidas, más que soluciones, una vez consumados. Ello a pesar de que la Unión Europea aprobó un código de conducta para la lucha contra la incitación al odio en internet, firmado el 31 de mayo de 2016 por Microsoft, Twitter (que lo abandonó en 2022), YouTube, Facebook y, años después, Google, Snapchat, Instagram y Dailymotion. Papel mojado, evidentemente. A veces mojado en lágrimas, a veces en sangre.

La compra de Twitter por Elon Musk en 2022 supuso un salto atrás en la transparencia de la compañía, justo lo contrario de lo que él había prometido. Aparte de mantener, proteger y fomentar el anonimato de las cuentas, redujo los "equipos de moderación", relajó las verificaciones —que igualmente quedan externalizadas a los propios usuarios—, permitió que los expulsados por prácticas ilegales fueran readmitidos y él mismo se sumó a las campañas populistas con sus mensajes particulares, coincidentes con los intereses de Donald Trump y de la más rancia derecha norteamericana.

El anonimato en las críticas de servicios

Una clienta del hotel Nelva, de Murcia, baja de la habitación el 21 de agosto de 2011 acompañada por su pareja y sus hijos con la intención de desayunar todos juntos en el restaurante del establecimiento, pero hace 10 minutos que se ha cumplido el horario fijado para ello. El personal le explica que ya han recogido todo, los camareros se han ido y no pueden servirles. La mujer se dirige indignada al despacho del director, Carmelo Muñoz, quien la recibe muy amable y le explica la imposibilidad de atender a su reclamación. Ella le amenaza allí mismo con redactar una reseña negativa sobre los servicios del establecimiento si no les aplican un descuento. Como no consigue esa deferencia, decide escribir en TripAdvisor un mensaje titulado así: "Pésima atención". Que ahí seguirá durante meses.

Muñoz no logró, pese a sus explicaciones, que la plataforma especializada en acoger comentarios sobre hoteles lo borrara. Obviamente, en el texto de denuncia no consta el nombre de quien lo había escrito.

Es un caso real.[48] Pero no un caso aislado. Seguramente todos los hoteles han vivido experiencias similares. Los clientes disponen ahora de un gran poder porque se les ha abierto la oportunidad de quejarse, tengan razón o no.

Algunos lo utilizan honradamente para elogiar o censurar, y otros para obtener ventajas. Amenazar con un comentario crítico pro-

48 Estos hechos fueron narrados en un reportaje del *Telediario* de TVE firmado por Nadia Kolotúshkina.

voca que los establecimientos dispensen determinadas atenciones o descuentos por miedo al desprestigio.

La plataforma estadounidense TripAdvisor permite que cualquiera abra libremente un espacio donde se evaluarán las prestaciones de un negocio hostelero en concreto. Por tanto, cabe la posibilidad de que un restaurante o un hotel figuren allí sin que sus dueños hayan tenido ninguna iniciativa al respecto. Eso sí, la plataforma les otorgará la opción de apropiarse del sitio virtual —cesión de datos mediante— y retirárselo al usuario, para contestar a partir de ese momento a los comentarios, matizarlos o desmentirlos; pero no desactivarlos.

TripAdvisor acoge más de 11.000 hoteles en España, reúne a 490 millones de visitantes mensuales en todo el mundo y recibe en épocas veraniegas cerca de un centenar de comentarios al minuto. Pese a esos datos, explica que cuenta con filtros para evitar chantajes y, según su página web, dispone de un equipo de 300 personas dedicadas a ello, que eliminan opiniones sospechosas de fraude; si bien no aclara de cuántos supervisores dispone por cada uno de los 27 idiomas que admite.

Sí, tal vez ese equipo detecte algunos fraudes, pero cabe plantearse cómo con unos medios limitados atienden a una avalancha de reseñas ilimitada, y cómo adoptan una decisión final al respecto sin haber contrastado nada en ningún momento con la parte acusada y la parte acusadora, esta generalmente sin nombre. Y también nos preguntamos por qué no suprimieron el comentario injusto de una persona chantajista contra aquel hotel de Nelva.

La ciberpágina de TripAdvisor esculpe distintas afirmaciones solemnes en las que proclama su fiabilidad, parecidas a las que suelen emitir los responsables de Twitter o Facebook cuando alguien los acusa. También incluye tras la última línea de cada mensaje recibido esta afirmación: "TripAdvisor realiza comprobaciones de las opiniones". Bastarán dos comprobaciones al año para que la afirmación sea cierta.

A la hora de entender los argumentos de la compañía nos encontramos párrafos confusos como este:

"Tal vez te sorprenda que TripAdvisor simplemente no elimine del sitio el perfil de un negocio al que se descubre cometiendo fraude en las opiniones. De hecho, eso es exactamente lo que algunos de estos negocios quisieran que hagamos [*sic*], de manera que puedan evitar que los clientes investiguen o hagan comentarios sobre ellos. Sin embargo, creemos que los clientes tienen derecho a saber qué dicen otros usuarios de TripAdvisor". (Consultado por última vez el 27 de marzo de 2024). Por tanto, los negocios pueden cometer fraude, no hay problema: nadie los expulsará.

Y luego llega la declaración institucional:

"Con más de 760 millones de opiniones y comentarios en TripAdvisor [almacenados durante 15 años] y más de 490 millones de viajeros que usan nuestro sitio cada mes, estamos seguros de que estamos tomando las medidas correctas para que nuestro contenido continúe siendo útil y actual".

Además, TripAdvisor explica —es un decir— los criterios a los que acude para la detección de fraudes: la ubicación del dispositivo utilizado, detalles sobre sus especificaciones, incluso si el reseñista trata de ocultar información sobre esos datos, y "otros muchos elementos de información que podemos examinar". "Son como piezas de un puzle y nuestro sistema de seguimiento está diseñado para encajarlas, lo que permite tener una imagen completa de cada opinión".

La verdad es que no suena muy convincente todo eso, teniendo en cuenta que habría que verificar millones de comentarios en 27 lenguas.

Tres profesores universitarios españoles elaboraron en 2015 un estudio al respecto.[49] En él recogen, con datos de la propia compañía correspondientes a 2013, que su sistema detecta unas 13.000 opiniones sospechosas al día, del total de 137.000 que se reciben en cada fecha (50 millones en un año). Por tanto, el 10% de las opiniones les parecen sospechosas, pero la plataforma no aclara cuántas de ellas mantiene publicadas ni cómo podemos verificar esa información.

[49] Mellinas, Juan Pedro; Martínez, Soledad María y Bernal García, Juan Jesús, "El control de irregularidades y Tripadvisor", revista de investigación *Turydes (Turismo y desarrollo local)*, n.º 18, junio de 2015. Universidad Politécnica de Cartagena. Encontrable en internet. No hemos hallado datos más recientes.

TripAdvisor dice sospechar de los comentarios que incluyen palabras malsonantes, determinadas estructuras semánticas, puntuaciones muy bajas o muy altas, las que proceden de una misma IP, etcétera; a lo que aplican luego un control humano aleatorio. Pero no se sabe cuántos comentarios de hábiles profesionales (que incluso cobran por ello) superan ese filtro técnico, por otra parte muy fácil de sortear.

El resto de las reseñas, escriben los autores del estudio académico, "parecen ser publicadas de forma automática, aunque para mantener cierta estética de control se deje pasar casi un día".

Los tres profesores universitarios denuncian asimismo en su informe un mercado irregular de compraventa de opiniones sobre establecimientos hoteleros, reflejan la falta de capacidad o de voluntad de TripAdvisor para aplicar un mayor control y localizan al menos dos empresas que recomiendan públicamente a los establecimientos técnicas y servicios que implican infringir las normas de TripAdvisor para mejorar la valoración.

Pese a la colaboración inicial de la plataforma en el trabajo de los tres académicos, dejó sin respuesta su pregunta acerca de si existe una verificación humana de todas las opiniones, lo cual les hace sospechar que, de haberles enviado una contestación veraz, habría sido negativa. "Los incidentes detectados", añaden, "ponen en cuestión los sistemas de control de TripAdvisor en cuanto a su capacidad para detectar opiniones que infringen su normativa, algo similar a lo planteado por la autoridad de vigilancia de la competencia en Italia, que multó a TripAdvisor con 500.000 euros por la falta de medios suficientes para la detección y sanción del fraude".

Según los autores, establecer un sistema humano para verificar unos 50 millones de comentarios en un año acarrearía dedicar al menos dos minutos como media a cada uno, lo que sumaría 90 millones de minutos al año. Con 1.500 horas efectivas de trabajo en un ejercicio anual, eso se traduciría en 1.000 empleados adicionales (además de los 300 actuales); que, a 50.000 dólares de sueldo al año, costarían unos 50 millones. "Teniendo en cuenta que los beneficios brutos de la compañía en 2013 fueron de 205 millones de dólares, podría ser un coste totalmente asumible, aunque eso significaría una reducción del 25% del beneficio", argumentan los autores.

Sin embargo, estos mismos profesores precisan en un trabajo posterior[50] que las calificaciones de uno a cinco redondeles que resumen la media de las puntuaciones son fiables en establecimientos con gran cantidad de opiniones, no así en los que reciben pocas.

Pero eso nos enlaza con un fenómeno significativo: las reseñas de TripAdvisor se van reduciendo año a año, lo que distorsiona las relativas a negocios pequeños que hayan podido pasar de 50 comentarios en una semana a sólo 5. También han caído los beneficios (un 50% en 2023, hasta quedarse en solamente 10 millones de dólares). Además, su cotización en bolsa muestra una tendencia a la baja desde 2021. Con todo eso, la empresa ha anunciado que evaluará posibles ofertas de compra de la compañía.[51]

El profesor Juan Pedro Mellinas, uno de los tres autores del estudio citado sobre TripAdvisor, declaró el 23 de febrero de 2024 a *Hosteltur*, portal especializado en turismo, que, según sus investigaciones, el número de nuevas reseñas ya estaba bajando antes de la pandemia, tras tocar cima en 2015. El proceso se acentuó, como es lógico, en 2020 y 2021. "Pero los datos de 2022 y 2023 siguen mostrando una fuerte tendencia a la baja en el número de nuevas reseñas. Por ejemplo, hoteles, parques temáticos o museos que podían tener un millar de opiniones por año en 2016 ahora sólo están captando un centenar, o menos. Estamos viendo una bajada terrible. Y, en cambio, las nuevas reseñas en Google Reviews están aumentando mucho más. En la Semana Santa de 2023, por ejemplo, hubo atracciones turísticas, hoteles, etcétera, que registraron en Google Reviews un número de reseñas hasta 30 veces superior que en TripAdvisor".[52]

50 "El mito de las opiniones manipuladas en Tripadvisor", *Papers de turismo*, n.º 58, julio-diciembre de 2015. En este estudio afirman también: "Ni Tripadvisor tiene un sistema infalible de detección del fraude ni los estudios realizados al respecto son capaces de concluir qué opiniones concretas son fiables, ni tan siquiera aportar una cifra concreta del porcentaje de opiniones manipuladas existentes".

51 Canalís, Xavier, portal *Hosteltur*, 15 de febrero de 2024. "Tripadvisor gana 10 millones de dólares en 2023, un 50% menos".

52 Canalís, Xavier. Entrevista a Juan Pedro Mellinas en el portal *Hosteltur*, 23 de febrero de 2024. "Tripadvisor en la encrucijada. ¿Qué le ocurre a la web de viajes más famosa?".

Y lo preocupante es que el sistema de Google ofrece aún más problemas que el de TripAdvisor: "Los hoteleros", señalaba el profesor Mellinas, "se quejaban hace años de que las reseñas en TripAdvisor podían estar manipuladas y ser falsas. Sin embargo, quien al final se ha impuesto es Google, un sistema menos fiable. Tripadvisor te obliga a escribir un texto mínimo de 200 caracteres, eso ya obliga a un esfuerzo. En cambio, en Google puedes dar cinco estrellas a un restaurante, hotel, etcétera, sin escribir nada. Google ha sabido cómo imponerse".

El profesor de Cartagena (Murcia) revela también que la extensión de las reseñas es cada vez más corta. "Antes la gente se explayaba más y ahora lo resume todo: 'El hotel está muy bien, menos la piscina que ocurre tal cosa'. Punto final. Es cierto que Google te ofrece la opción de explayarte lo que quieras, pero es mucho más fácil darle a 1 o 5 estrellas, aceptar y listos, en lugar de que te obliguen a escribir un texto, aunque sea cortito, lo que lleva un trabajo adicional. Así que, al final, tanto las nuevas generaciones de usuarios como las personas que tienen más edad nos hemos vuelto más perezosos, salvo que tengas una motivación muy fuerte para escribir esa reseña".

La Organización de Consumidores y Usuarios española (OCU) señaló en 2020, entre otros datos derivados de sus estudios, que el 11,6% de los hoteles de París anunciados en TripAdvisor "tienen una valoración alterada por opiniones no naturales"; que 75 empresas mostradas en Amazon hacen regalos a cambio de opiniones positivas y que un 34% de los encuestados vieron cómo su reseña crítica fue rechazada. (Suponemos que en esta ocasión se trata de los comentarios que se escriben en los propios espacios electrónicos de los establecimientos o en sus cuentas de Facebook). Asimismo, un 83% de los consultados había identificado alguna vez opiniones que les parecían falsas, sobre hoteles y restaurantes. Por esas y otras razones, la OCU critica que tanto Amazon como TripAdvisor admitan opiniones de usuarios sin verificar, "es decir, de los que no se sabe si realmente han adquirido o disfrutado de ese producto u hotel".

El estudio comprendía 1,7 millones de reseñas sobre 8.239 hoteles, según afirmaba la organización de consumidores.

En un informe de 2019, esta entidad denunciaba también que es posible burlar el sistema de detección de fraude del que alardea la plataforma de la hostelería "si se tienen conocimientos avanzados, así que la compraventa de opiniones interesadas también existe".

Según los estudios de la OCU, un 6,2% de las reseñas de hoteles de TripAdvisor son opiniones interesadas. (Eso no impide la concentración de reseñas falsas en determinados negocios, sobre todo si son pequeños y responden a campañas organizadas por sus dueños). En Amazon suben a un 8,4%. Para ello, la organización analizó 11 comportamientos no naturales, como que una persona concentre muchas opiniones en un mismo día, que los comentarios se ciñan siempre a un mismo producto, que las reseñas muestren opiniones vagas y sin detalles... Cuando confluyen varios de esos rasgos en un mismo producto, lo consideran afectado por opiniones interesadas. Es decir, no basta una sola de esas características, que de por sí induciría a sospechar, sino que han de conjuntarse varias. Se trata por tanto de criterios muy prudentes y que reducen los resultados negativos. Y ya señalábamos que seguramente quienes se dedican al fraude atesoran algunas habilidades para no caer en errores tan burdos.

La OCU diferencia entre los comentarios expresados en Booking (donde se exige haber contratado el hotel a través de esa plataforma, lo que elimina a falsos turistas) y los de TripAdvisor (donde cualquiera puede opinar): "En el primer caso todas las opiniones están verificadas, y en TripAdvisor ninguna lo está". Esta última plataforma, a diferencia de Booking, "permite opinar sobre cualquier restaurante u hotel sin que exista constancia de que [quien escribe] lo haya visitado".

El terreno de las reseñas sobre negocios turísticos —en grandes plataformas o en simples páginas de Facebook dedicadas a un hotel o un restaurante— queda abierto, pues, para que los propios hosteleros fomenten las opiniones positivas mediante recursos que también incurren en la falsedad y logren situarlas en los primeros puestos. Porque cabe imaginar igualmente la situación contraria a la del hotel de Nelva: Una pareja de jóvenes ha decidido pasar las vacaciones de verano en Sorrento (Italia), ambos han calculado sus gastos y han elaborado un presupuesto para el alojamiento, a la espera de encontrar el lugar que se ajuste a él. Hallan por fin un hotelito alejado del casco urbano que les ofrece transporte diario al centro y a las playas aledañas. Antes de decidirse, leen en internet los comentarios que otros huéspedes han escrito en la propia ciberpágina del negocio, casi todos elogiosos. Cuando llegan allí, descubren la suciedad en los pasillos, la deficiente formación del personal, el escueto desayuno… y que el transporte prometido no existe. ¿Qué ha sucedido? Que los comentarios fueron redactados con distintos seudónimos en varios idiomas por encargo del dueño, en una cantidad tal que consiguieron remontar sobradamente las escasas opiniones reales.

Un tribunal de Lecce (Italia) condenó en septiembre de 2018 a nueve meses de prisión y 8.000 euros de multa a una persona que decía representar a la empresa PromoSalento y hacía negocio de vender a establecimientos hoteleros elogios falsos sobre sus servicios. Los insertaba luego en TripAdvisor, cuya publicitada diligencia quedó una vez más en entredicho. La plataforma estadounidense se sumó a la demanda como acusación particular, presentándose como perjudicada cuando en realidad había cumplido el papel de cómplice. Y luego tuvo el cuajo de celebrar el fallo, "histórico y sin precedentes". Pero la denuncia no había sido promovida por ese portal de comentarios, sino por varias empresas italianas que comunicaron los hechos de forma paralela tanto a la plataforma como a la policía. Curiosamente, las informaciones periodísticas sobre esta sentencia no ofrecieron el nombre del condenado, que sigue tan feliz en el anonimato. Eso sí: el comunicado de TripAdvisor al respecto aprovechaba para presumir nuevamente de sus controles, frente a toda evidencia.

La existencia de reseñas falsas ha provocado incluso el nacimiento de una empresa dedicada a descubrirlas. Se llama Fakespot. También ha surgido una ciberpágina que recoge quejas contra esa plataforma: TripAdvisor Warning (Advertencias sobre TripAdvisor).

Y además existen servicios que se afanan en mejorar la reputación. Por ejemplo, el portal *reviewsthatstick.com* ofrece al cliente "enterrar los resultados que muestren aspectos negativos de su empresa". Obviamente, con la intención —o la disculpa— de compensar las reseñas de personas a las que se ha pagado "para hablar mal de usted en línea". Su ciberpágina, en inglés, expresa sin tapujos: "Si necesita reseñas en su perfil de TripAdvisor, aquí en Reviews that Stick ["Reseñas que se quedan"] podemos ayudarlo con eso. Con nuestro servicio, podemos proporcionar opiniones de TripAdvisor que ayudarán a su hotel o restaurante a mejorar su reputación y aumentar su número de clientes. Así que ordene sus reseñas de TripAdvisor ahora".

Un correo electrónico a la dirección indicada en ese portal, y listo. Con pago, claro.

Así pues, el comentario falso puede proceder de un cliente chantajista, de un periódico imaginativo, de un hotelero tramposo... o de otro hotelero tramposo. El primero de estos dos hoteleros trucará observaciones favorables para su negocio, y el segundo las provocará desfavorables para su competencia.

En definitiva, demasiados sospechosos para fiarse al cien por cien de los comentarios anónimos. Sin embargo, cuando se va a decidir la contratación de hoteles o restaurantes más del 60% de los viajeros consulta esas opiniones de personas desconocidas, según el estudio *Ruta de compra* elaborado en 2018 por la consultora de mercados comScore.

Algunos hoteles le dicen al cliente, antes de cobrarle, que si escribe una buena evaluación le harán un descuento. Otros han intentado desenmascarar al portal de comentarios inventándose restaurantes inexistentes que recibían opiniones de sus inexistentes comensales, como sucedió en 2015 con un apócrifo negocio llamado La Scaletta y sito supuestamente junto al lago de Garda (Italia). La trampa fue promovida por el periódico digital *A tavola* (A la mesa), especializado en gastronomía.

Durante un mes se publicaron apenas 10 comentarios positivos sobre ese restaurante, con diferentes seudónimos, pero TripAdvisor lo declaró el mejor de entre los 30 competidores de la localidad donde teóricamente se hallaba: Monica del Garda. El fraude sólo se descubrió cuando el periódico quiso: el día en que publicó el resultado de la trampa.

Obtuvo gran repercusión en el Reino Unido el engaño urdido en 2017 por el periodista Oobah Butler, quien ya se dedicaba a cobrar a restaurantes por escribir reseñas falsas favorables a ellos, al precio de 10 libras por comentario (11,60 euros). Crear su establecimiento apócrifo solamente requirió inventarse un nombre (The Shed at Dulwich, el Cobertizo de Dulwich), gestionar una tarjeta de móvil prepago, crear una ciberpágina y abrir un perfil en Facebook. Bueno, y también mostrar fotografías de su propio jardín, con mesas y alimentos que componían, gracias a los ángulos escogidos, la imagen de un restaurante de lujo. Los platos no necesitaban grandes habilidades: por ejemplo, la nata se sustituía por crema de afeitar. Total, en la foto no se nota la diferencia. También Butler halló un buen lema: la carta de platos de The Shed "interpreta tus sentimientos". Magnífico. Eso en sí mismo ya alimenta.

Finalmente, Butler abrió su espacio en TripAdvisor. Empezó en el puesto 18.149 de Londres, el último en la lista de la plataforma para esa ciudad, pero en unas semanas llegó al 10.000. En un mes, 100 de las 104 opiniones anónimas reflejadas por él anotaban cinco estrellas, la calificación más alta. Las restantes fueron menos generosas: cuatro estrellas.

El restaurante no ofrecía la dirección, que solamente se les facilitaba a los clientes cuando telefoneaban para reservar. Pero ¿y qué les respondían entonces, si no existía? Muy fácil: "tenemos todo completo", lo cual iba aumentando la curiosidad del público.

Con razón cantaba Serrat "no hay nada más bello que lo que nunca he tenido".

Meses más tarde, The Shed alcanzó el número uno en la clasificación: el establecimiento mejor valorado de todo Londres. Entonces Butter decidió contar el engaño y escribir un reportaje en la revista digital *Vice*.[53]

Las propias ciberpáginas o cuentas en Facebook de los establecimientos turísticos, de compañías aéreas y otros servicios públicos acogen observaciones anónimas de las cuales, sorprendentemente, se fían los clientes que las consultan; aunque lo ignoren todo sobre los firmantes, a menudo incluso sus nombres reales; aunque desconozcan si los supuestos viajeros han usado los servicios que mencionan.

Las agencias de viajes se ven abocadas a un desafortunado futuro porque millones de turistas eligen destino y alojamiento tras gestionarlos ellos mismos. Lo hacen, generalmente, fiándose de reseñas sin firma o con seudónimo. Cuando algo falle, no tendrán a quién reclamar.

[53] También publicaron estos hechos diversos medios, entre ellos el *Washington Post* el 8 de diciembre de 2017, con la firma de Eli Rosenberg.

Esto se enmarca en el desprestigio general de intermediarios antes tomados por fiables, sustituidos ahora por anónimos, seudónimos y personas desconocidas; un fenómeno alentado por los intereses de quienes pueden favorecerse de ello: los grandes receptores de reseñas, como TripAdvisor. Y los tramposos de cada lugar.

En efecto, aquellos operadores turísticos que añadían valor a sus servicios y vivían de su renombre como prescriptores tienden a desaparecer o ser desacreditados gracias a la información ofrecida en internet que cada cual puede tomar para sí.

Muchos pacientes llegan a la consulta médica habiendo visto en internet qué enfermedad padecen y qué debe recetarles el doctor, lo que deriva en una menor confianza hacia los profesionales de la salud, sobre todo si les prescriben un medicamento distinto del que esperaban.

Las reticencias hacia los medios informativos tradicionales —algunas de ellas fundadas, desde luego— han beneficiado a la difusión de noticias por las redes, lo que ha redundado a su vez en un aumento exponencial de los bulos y de las manipulaciones incontrolables, de lo cual nadie se responsabiliza.

Ese desprestigio previo de los medios tradicionales lo han alentado principalmente los grupos populistas y ultraderechistas, que al mismo tiempo colonizaban las redes sociales como vías alternativas para comunicarse con los electores. Las patrañas circulan en ellas sin control y sin responsabilidad de nadie, en gran parte gracias al anonimato. Todo lo cual ha derivado en la paradójica situación de que la gente ya no se cree nada y a la vez es capaz de creerse cualquier cosa.

El hecho de que la agrupación Se Acabó la Fiesta, encabezada por el tuitero español llamado Alvise (Luis Pérez Fernández), obtuviera nada menos que 800.000 votos y tres escaños en las elecciones europeas de junio de 2024 sólo puede ocurrir ahora, en estos tiempos de desinformación espantosa. Hace apenas 15 años habríamos visto imposible que un mentiroso profesional llegara a obtener tal respaldo.

En la prensa tradicional, un partido de fútbol había terminado 1-0 por culpa del árbitro para unos medios; o del entrenador para otros; o del terreno embarrado para un tercero. Pero el resultado era 1-0 en todas las crónicas. Con la información en las redes no podemos estar seguros ni siquiera de que el marcador haya sido el que dice el mensaje que estamos leyendo.

Los bulos progresan sin control en nuestros días.

Muchos periódicos de Estados Unidos demostraron los centenares de falsedades difundidas por el presidente Trump, pero eso no las desactivó. Y la prensa británica, por su parte, desmenuzó los engaños de quienes propugnaban la salida de la UE en la votación del denominado Brexit, sin que ello desanimara a millones de votantes.

Por su parte, las agencias de viajes han sido vencidas por la tradicional comida y guiso de Juan Palomo y los consejos escritos por anónimos, lo cual produce luego inesperadas decepciones. Algunas personas no se fían de una agencia de noticias ni de un medio informativo, pero sí de los comentarios anónimos en TripAdvisor.

El dueño de un establecimiento hotelero u hostelero no puede dedicarse a perseguir a quienes, quizá contratados por la competencia o movidos por el parentesco con el dueño del local de enfrente, o simplemente personas que desean hacer daño gratuito, escriben falsedades anónimas en alguno de los sitios de internet habilitados para ello. Sobre todo si se trata de un humilde hotel familiar.

Solamente los límites al anonimato dificultarían la difamación que responde a razones espurias. La ocultación del nombre impide cualquier comprobación, y el propietario del local se verá indefenso para argumentar con datos. Nunca podrá responder "usted no se ha alojado aquí en las fechas que indica". Y si se expresara así no siendo cierto, el cliente identificado siempre podría aportar los recibos o extractos correspondientes para desmentirle. Y si los falsificara, al dueño le cabría a su vez la opción de denunciarle por ese delito.

El autor argentino Diego Miglorisi relata extensamente el disgusto vivido por el dueño de un restaurante de Buenos Aires en cuya puerta y otros lugares se explicitaba en carteles muy visibles que no se admitía el pago con tarjeta. Una pareja cenó tranquilamente allí y luego se negó a pagar con billetes. Ante la oposición tajante del camarero o mesero, y luego del gerente, la mujer acudió a su domicilio y horas después regresó con el dinero en efectivo. Al rato, los dueños del establecimiento descubrieron unos ataques anónimos y feroces contra ese negocio, perfectamente identificado, en redes sociales, grupos de WhatsApp, blogs, en las opiniones de los lectores en revistas de gastronomía y en los portales con quejas de consumidores: "Ofrecen comida en mal estado", "sus empleados escupen en las bebidas"... Uno de los 34 comentarios hallados en la Red se titulaba "El restaurante en el que orinan en tu plato".

El personal pasó semanas intentando desactivar el tremendo efecto que esa campaña promovida por una sola persona en apenas una hora ejerció sobre la clientela del local, cuyos ingresos disminuyeron abruptamente. Algunas de las plataformas retiraron las difamaciones tras las gestiones directas del propio dueño del negocio; cuando el daño estaba hecho. No consta que se pudiera establecer la conexión indubitable entre esa pareja de comensales y las maliciosas reseñas esparcidas inmediatamente después del incidente.[54]

El restaurante Kabo, de Pamplona (Navarra), con capacidad para 36 personas en la sala, recibió a través de su propia ciberpágina cientos de reservas para la semana de fiestas de San Fermín de 2023. Jaione Aizpurua y Aarón Ortiz, sus dueños, observaban la lista confiados, pues el éxito creciente de su negocio les hacía entender como verosímil ese fenómeno. La alegría se respiraba entre dueños y empleados, y así se hacía fácil sonreír a los comensales. El crecimiento de la clientela había ido en progresión desde que fundaron el establecimiento en febrero de 2019, y ya habían logrado superar el tremendo susto que les dio la pandemia un año después. Sin embargo; 60 de esas reservas para los siete días festivos resultaron ser ficticias (equivalentes a dos fechas sin consumidores), hecho que los propietarios fueron descubriendo poco a poco a medida que los supuestos clientes no aparecían, lo cual impedía que otros lo hicieran porque las mesas correspondientes habían quedado bloqueadas. Por supuesto, las reservas eran anónimas o seudónimas. ¿Quién se hallaba detrás de ellas? Se desconoce. La fe de los propietarios del establecimiento en que el público se comportaría con lealtad al reservar su mesa a través de internet fue vulnerada por un bromista que maldita la gracia o por alguien

54 Miglorisi, Diego Fernando (2014), *Crímenes en la web*, Buenos Aires, Del Nuevo Extremo, págs. 75 y ss.

que deseaba perjudicar al establecimiento; o tal vez por un competidor. Los dueños del negocio calcularon que habían dejado de ingresar 18.000 euros.

Si esas acciones se generalizasen, los restaurantes se verían obligados a promover en el futuro sobrerreservas, del mismo modo que las compañías aéreas gestionan la sobreventa de billetes al prever que una parte de quienes compran el pasaje acaban cancelando su uso. La pérdida de confianza en los clientes de la hostelería, por culpa de unos pocos, perjudicaría a todos.

Tanto esas prácticas como las reseñas anónimas dañan al sector sin beneficiar realmente a nadie. Si quienes reservan mesas o habitaciones, o censuran o alaban determinado servicio público en portales especializados o en las propias páginas de esos establecimientos no escondieran su verdadera identidad y aportaran documentación verificable, como el número de la factura recibida al pagar, por ejemplo, eso ayudaría a que todos diéramos crédito a sus testimonios. De otro modo, los espacios dedicados a comentarios sobre servicios acogen opiniones sobre las que conviene aplicar una escéptica distancia.

Ciertamente, nos hallamos ante un agujero legal en el que cada día se cometen injurias y falsedades, interesadas o no, y donde la libre expresión legítima de una protesta se confunde con viles negocios que se aprovechan de la ingenuidad de los viajeros que consultan páginas y cuentas llenas de mensajes de autor desconocido.

La directiva del Parlamento Europeo 2019/2161 (véase su considerando número 47) parece concebida para resolver esa laguna, mediante indicaciones que deberán desarrollar los Estados. Pero ha acometido el problema parcialmente. La legislación emanada de ella se dirige más a que los hosteleros no puedan inventarse reseñas autoelogiosas que a perseguir las injustamente dañinas escritas por clientes falsos. Y además, no afecta al gigante TripAdvisor, ni a Google.

El texto de la directiva establece que los propietarios de un establecimiento deben aclarar a los consumidores si los comentarios acogidos en su ciberpágina están verificados o no. España tardó dos años en seguir el camino, y lo hizo con el Real Decreto 24/2021, que reproduce más o menos esa idea y modifica la Ley de Competencia Desleal y la Ley General para la Defensa de los Consumidores.

Pero ¿cómo puede verificar nada el hostelero cuando las reseñas no llevan firma? Por otro lado, los más avispados aclararán que no han verificado la autenticidad de los comentarios negativos.[55]

A raíz de los datos desmenuzados más arriba, la OCU solicitó en 2019 a la Dirección General de Consumo que revise los mecanismos de opinión y valoración de las grandes plataformas de ventas y reservas. No consta respuesta.

Como se ve, el mundo de actuaciones anónimas abre un abismo lleno de incógnitas que el sector hostelero y las autoridades harían bien en resolver. Y mientras tanto, a los consumidores tal vez les convenga desconfiar un poquito de todo lo que leen en las reseñas de plataformas y ciberpáginas, no creerse opiniones extremas y, mejor aún, preguntar directamente a conocidos que hayan estado antes en el lugar por el que se interesan.

La suplantación y la usurpación

Alguien que se hacía pasar por el prestigiosísimo periodista español Iñaki Gabilondo reunió en unos minutos más de 25.000 seguidores.[56] También han sufrido esa ocupación el escritor Mario

55 Artículo 20.4 y siguientes de la Ley General de Defensa de los Consumidores:

"4. Las prácticas comerciales en las que un empresario facilite el acceso a las reseñas de los consumidores y usuarios sobre bienes y servicios deberán contener información sobre el hecho de que el empresario garantice o no que dichas reseñas publicadas han sido efectuadas por consumidores y usuarios que han utilizado o adquirido realmente el bien o servicio. A tales efectos, el empresario deberá facilitar información clara a los consumidores y usuarios sobre la manera en que se procesan las reseñas.

5. La carga de la prueba en relación con el cumplimiento de los requisitos de información establecidos en este artículo incumbirá al empresario.

6. El incumplimiento de lo dispuesto en los apartados anteriores será considerado una práctica desleal por engañosa en el sentido del artículo 7 de la Ley 3/1991, de 10 de enero, de Competencia Desleal.»

56 Incluso el modesto firmante de este libro ha sufrido suplantaciones, con foto también, lo que excluye la difícil casualidad de coincidencia con el nombre de otro usuario que se llamase igual (algo un tanto improbable por la rareza del apellido). En el caso de Facebook, el usurpador respondía dudas sobre gramática, ciertamente con buen criterio, quizá mejor del que yo habría aportado, lo cual constituye también una falsificación. Las gestiones ante

Vargas Llosa o el cantante Alejandro Sanz, además de una infinidad de personas de relevancia: Pablo Alborán, Dani Martín, Antonio Banderas, David Bustamante, Antonio Orozco, Risto Mejide, Leticia Dolera, Mario Vaquerizo, Antonio Resines, Silvia Abascal…; a menudo, con la intención de los timadores de engañar a unos cuantos incautos. Varios de los afectados declararon su impotencia al respecto. [57]

Hoy en día resulta muy sencillo abrir una cuenta de Twitter/X, de Facebook o de cualquier espacio en internet con el nombre de otro y su imagen, empleando además una dirección de correo anónima o seudónima. Incluso participar en juegos de azar a través de internet con los datos de otro individuo.

También abundan quienes intentan ligar por redes y espacios cibernéticos sirviéndose de las fotografías de otras personas o de ellas mismas más jóvenes. Esto último equivale a menudo a lo anterior, dada la diferencia de parecido.

El 18 de septiembre de 2023 el periódico deportivo *As* publicaba que cuatro peñas de seguidores de la Sociedad Deportiva Eibar, club de la Segunda División española, pedían dejar sin efecto el fichaje del futbolista checo Stefan Simic. Le reprochaban unas declaraciones homófobas en las redes sociales. El jugador negó que la cuenta fuera suya, y quedó eliminada poco después de saltar la polémica. ¿Cómo se puede saber si el defensa central escribió realmente aquellos comentarios? La existencia palpable de multitud de suplantaciones aporta un argumento claro para concederle el beneficio de la duda con todos los pronunciamientos favorables; pero eso no le libra del mal trago. En el momento de publicarse este libro, Simic continuaba en la plantilla del Eibar.

El youtubero español conocido como El Rubius (Rubén Doblas), que tiene cerca de 40 millones de suscriptores, sufrió en 2020 una

---

Facebook a cargo de una compañera del periódico relacionada en aquel momento (2014) con la información sobre redes dieron resultado negativo. Tras los mensajes directos de mis hermanas, Ana y María, y de mis amigos Pepe García Hernando y Javi Prada, quienes habían advertido el engaño, el falsario cambió "Álex Grijelmo" por "Axel Grijelmo", pero mantuvo la fotografía. Tiempo después la sustituiría por otra, ya sin relación conmigo. Esa cuenta continúa activa en el momento de escribir estas líneas, y ofrece enlaces sobre asuntos de lengua española.

57 *Abc*, 24 de abril de 2014. Sección de Tecnología.

suplantación en la plataforma Pornhub (nudo porno). Alguien usó un perfil verificado por la propia página erótica haciéndose pasar por él, y con ese nombre puso a disposición de los asociados un vídeo pornográfico, de 12 minutos, en el que aparecía un varón de similares características a las de Doblas. En esa red, la plataforma paga por las visualizaciones. Quizás alguien se hizo de oro a cuenta de la suplantación, de inmunidad favorecida una vez más por el anonimato.

Cayetano Martínez de Irujo, duque de Arjona, hijo de la duquesa de Alba, denunció públicamente en enero de 2022 que alguien llevaba meses suplantándole en Facebook y en Instagram, pedía dinero en su nombre y hacía ver que atravesaba dificultades económicas. También anunciaba la venta de algunas de sus propiedades.

Ni siquiera los recursos legales y financieros de los que dispone el hijo de la duquesa de Alba conseguían nada. Ni sus abogados, ni sus protestas, ni sus relaciones personales. Así que lo denunció ante la prensa. "En Facebook e Instagram no me hacen caso", declaró. "Es vergonzoso".

Cuando ya habían transcurrido dos meses sin soluciones, Martínez de Irujo relató a los periodistas: "Fuimos a las oficinas de Facebook de Madrid y solo nos atendió el vigilante". Este les dijo: "No tenemos atención al público".

"También hemos ido al juzgado de guardia, a la policía, hemos hablado con la sección especializada en los delitos de internet, pero nada", explicó el suplantado.

El duque de Arjona afirma que logró el teléfono personal de la persona responsable de Facebook en España, pero, según declaró, no le devolvió las llamadas ni respondió a los mensajes. "Parece mentira que en una red social se ejerza la delincuencia, se estafe a la gente, porque ha habido gente a la que han robado dinero, ha habido damnificados, y ni te atiendan…, pero como no hay una ley internacional…".

Ante esa situación, Martínez de Irujo contrató a una abogada especialista en estos problemas y a un perito informático, acudió a un notario, presentó hasta cuatro denuncias, incurrió en gastos… Y además lo contó extensamente en los medios de comunicación.

Después descubrieron otra suplantación a cargo del mismo autor, en este caso con el nombre de la duquesa de Alba, por lo cual la gestión hubo de doblar sus esfuerzos.

Un mes más tarde —es decir, transcurridos tres meses con la suplantación vigente— logró que el falsario cerrase la página por sí mismo. Su fechoría, no obstante, quedó sin castigo.

Si esto le había pasado a Cayetano Martínez de Irujo, qué podía esperar un ciudadano cualquiera sin la misma capacidad de defensa.

Otros suplantadores de famosos han enviado mensajes individualizados a empresas o personas para obtener de ellas regalos o beneficios. O han engañado a seres ingenuos en las páginas de citas.

Por su parte, los *estafadores del amor* malversan también las fotos de celebridades, y a menudo su identidad, para embaucar a mujeres desinformadas o indefensas emocionalmente. Una española llegó a creer en 2023 que el mismísimo Brad Pitt se interesaba por ella, y le pagó al actor el dinero que le pedía con distintas disculpas: 170.000 euros. Por increíble que parezca. La mujer quiso ayudar a su amoroso amigo con sucesivas aportaciones económicas, sin duda porque desconocía que Pitt cobra 27 millones de euros por película y acababa de vender una mansión en Los Ángeles al precio de 26 millones. (Seguramente una casa de película). Los estafadores saben bien cómo elegir a las víctimas.

También son comunes los timos por suplantación de empresas, especialmente bancos, y de asesores financieros. El diario parisino *Le Monde* publicaba el 26 de marzo de 2024 un ejemplo de tantos para alertar sobre estas prácticas, que en Francia han birlado unos 500 millones de euros a ciudadanos engañados, según datos de la empresa de seguridad Group IB. No disponemos de cifras sobre España, pero sabemos que el fenómeno existe también entre nosotros.

Louise D. y su marido, ambos franceses, cayeron en la trampa de una publicación en redes sociales que los invitaba a invertir en criptomonedas. Llamaron al teléfono indicado y les atendió un tal Jérôme Legrand. "Pagamos 250 euros para empezar, y todo iba bien: muy rápidamente vimos que el valor de la inversión iba aumentando. Jérôme nos preguntó entonces si teníamos posibilidades económicas; nos dijo que deberíamos invertir 10.000 euros y luego nos aconsejó que pusiéramos 15.000".

La pareja siguió su consejo y envió varias transferencias, por un total de 15.000 euros. Según los bonitos gráficos de la aplicación ICMarket Trading (los engaños funcionan mejor si hay algo escrito en inglés), consiguieron un buen rendimiento: "Terminamos con 52.284 euros y queríamos recuperar parte del dinero. Aquí es donde las cosas salieron mal". Pasar las criptomonedas a euros requería abonar un "impuesto único" del 30%... Y cuando hubieron entregado todos los pagos, el amable asistente que les inundaba con datos desapareció. Y el dinero también.[58]

La estafa comienza siempre en las redes sociales, mediante suplantación. "La organización criminal", ha escrito la periodista especializada Carmela Ríos, "lanza miles de publicaciones por las que pagan a Meta o Twitter para que las difundan más eficazmente y las coloquen en las cuentas de los aspirantes a incautos, previamente seleccionados". Y en esta selección participan con gran provecho los datos extraídos acerca de los usuarios.

Los estafadores suplantan también a famosos a quienes atribuyen declaraciones favorables al producto ofrecido. En España ha sucedido con David Broncano, Carlos Sobera, Cristina Pedroche y otros. Incluso el rey Felipe VI aparece sentado en uno de los salones del Palacio de la Zarzuela presentando una de estas inversiones como seguras y de garantías, en un montaje creado mediante inteligencia artificial. La misma cuenta de Facebook, escribe Ríos, distribuye también vídeos falsos de los presidentes de Mercadona, Juan Roig, y del Real Madrid, Florentino Pérez, quien aparentaba dedicarse a la publicidad entre fichaje y fichaje.

También se ha abierto una falsa página de Facebook a nombre del periodista Jordi Évole desde la que invita a invertir como él ya ha hecho: "Sigo trabajando por placer. Y lo mismo puede hacer cada uno de ustedes". Una legión de falsos seguidores de la falsa

[58] Llego a esta información de *Le Monde* —firmada por Damien Leloup y Florian Reynaud— gracias a la cita de un artículo de Carmela Ríos publicado en *El País* el 9 de abril de 2024. En ese mismo texto se contienen los entrecomillados de la autora que menciono en el párrafo siguiente.

cuenta responden entusiasmados con sus falsas experiencias, a las que sucumbirán estafados que ya no son falsos sino verídicos.

Habrá quien exprese un gesto facial de superioridad y conmiseración ante la ingenuidad de los timados. Pero se trata de personas que no han podido recibir una formación suficiente, que quizá se vean desesperadas, que pretenden resolver de una vez los problemas económicos de sus hijos; seres de carne y hueso nublados por una ilusión. Y contra los cuales el anonimato procede sin piedad.

A veces, ni siquiera se requiere la participación del estafado. Por ejemplo, en las suplantaciones de personalidad para jugar en los casinos que operan por internet. No podemos saber cuántas veces ocurre, pero sí que eso ha sucedido, lo cual demuestra que es posible. Así lo hace ver la denuncia contra Sportium presentada por un ciudadano cuya información personal había sido utilizada para darle de alta en ese sitio de apuestas sin su consentimiento.

La empresa de juego en línea desoyó los avisos del perjudicado, quien le había transmitido los hechos el 21 de julio de 2022 por correo electrónico primero y mediante burofax cuatro días después, documentos donde reclamaba que borrasen las cuentas a su nombre, que se le explicara cómo se habían utilizado y que le informasen sobre la dirección IP desde la que se generaron. El suplantado había presentado también, fechas antes, una denuncia ante la policía y otra ante la Dirección General de Ordenación del Juego.

Nunca mejor dicho: parecía claro que alguien había jugado con él.

Tres meses después aún no disponía de ninguna respuesta, por lo que reclamó ya ante la Agencia Española de Protección de Datos, el 14 de octubre de 2022. Este departamento pidió explicaciones al casino, que no se dignó responder hasta que ya hubieron pasado siete meses desde la primera información recibida. La casa de juegos indicaba en su escrito que habían bloqueado la cuenta fraudulenta el 9 de enero —transcurridos seis meses desde los hechos— tras recibir la reclamación a través de la Agencia (y, vaya por Dios, no se lo contaron a nadie). Por fin el 18 de enero le fueron entregados al reclamante los datos solicitados.

La suplantación venía de muy lejos: desde enero de 2016; y Sportium cree, según alegó, que el falsario se había apoderado del nombre y apellidos, fecha de nacimiento, número de DNI y correo electrónico del reclamante. Dadas las fugas de información que han sufrido distintas empresas españolas y extranjeras en los datos de los usuarios, eso es desdichadamente verosímil.

El proceso contra el casino virtual a cargo de la Agencia de Protección de Datos, con una propuesta de sanción de 40.000 euros, se emprendió el 27 de diciembre de 2023, 17 meses más tarde de ocurrir la suplantación.

La multa final se quedó en 24.000 euros porque la empresa reconoció lo ocurrido y pagó de inmediato. Eso lo hizo el 16 de enero de 2024. Es decir, año y medio después de empezar el proceso. Todo ese tiempo de inquietud y preocupación debió pasar el suplantado indefenso y sin recibir explicaciones.[59]

Pero el motivo de la multa no se centra en el fondo del asunto: la ocupación del nombre y los derechos de una persona; sino en que Sportium no había facilitado en su momento al reclamante el acceso a la información que poseía sobre él ni la había suprimido, lo que incumple los artículos 15 y 17 del Reglamento General de Protección de Datos. El acuerdo de la Agencia no menciona el hecho mismo de que nada hubiera impedido en Sportium la suplantación.

No consta tampoco, al menos en el momento de escribirse estas líneas, que el denunciante recibiera indemnización alguna en las distintas causas que abrió ante las referidas instancias, ni siquiera para pagar a sus abogados. Y tampoco que el causante verdadero de la suplantación fuera condenado a nada, pese a que se conocía su IP.

En esta ocasión, el perjudicado tuvo conocimiento —no sabemos cómo— de lo ocurrido. Pero ignoramos en cuántas ocasiones estará sucediendo eso sin que nos enteremos. Ya hemos visto que posible es.

Por su parte, el cómico español Juan Dávila contó en Antena 3 en enero de 2024 que su imagen y su nombre habían sido empleados en diferentes redes sociales y ciberpáginas a fin de enviar mensajes que daban a una persona como ganadora de dos entradas para sus funciones. Obtenerlas exigía conectarse con una página

[59] La farragosa resolución de la Agencia Española de Protección de Datos corresponde al expediente EXP202213326, y se puede hallar en la ciberpágina de ese organismo.

mediante un enlace y pagar los gastos de envío. Obviamente, el ganador habría de entregar además sus datos. Por supuesto, las entradas nunca llegaron.

Distintos personajes públicos han hecho constar en sus perfiles la palabra "oficial", a fin de diferenciarse de los suplantadores. Pero un suplantador también puede emplearla, y decirse oficial.

Y, sobre todo, no hemos de olvidar que las suplantaciones se dan también, y más a menudo, en ámbitos reducidos; y afectan a personas que no son famosas pero tal vez sí han adquirido cierta relevancia en su entorno, y que no disponen de recursos para combatir la usurpación con sus propios medios. O simplemente se trata de alguien desconocido a quien le fueron arrebatados los datos para jugar con ellos en un casino virtual.

La Ley 34/2002, de 11 de julio, de Servicios de la Sociedad de la Información y de Comercio Electrónico prohíbe en su artículo 20 el envío de comunicaciones comerciales "en las que se disimule o se oculte la identidad del remitente por cuenta de quien se efectúa la comunicación". Las comunicaciones comerciales por vía electrónica, ordena, "deberán ser claramente identificables como tales, y la persona física o jurídica en nombre de la cual se realizan también deberá ser claramente identificable". Pero eso que prohíbe la ley para el ámbito comercial se perpetra sin problema en cualquier otro terreno miles de veces al día mediante suplantaciones o cuentas encubiertas en las redes sociales donde se esconde o se disimula la identidad del remitente.

Además, el Código Penal español establece en su artículo 401: "El que usurpare el estado civil de otro será castigado con la pena de prisión de seis meses a tres años".

Ahora bien, usa el verbo "usurpar", no "suplantar". Enseguida veremos las diferencias jurídicas entre esos dos verbos.

La ley no castiga la simple y habitual asunción de una personalidad ficticia (la suplantación), sino solamente la ocupación y uso de otra personalidad real (la usurpación), y aun así con condiciones. Alguien que dijera tener un nombre y una actividad falsa saldría indemne de esa ilicitud, salvo que incurriese en otros delitos conectados con tal mentira, como la falsificación o la estafa. Y sería juzgado por ellos, no por la suplantación misma. Si acaso, la suplantación será considerada un agravante.

¿Sería posible condenar en España actualmente a alguien que suplanta una personalidad en una red social o en internet?

En la mayoría de los supuestos, no; porque en 1995 se derogó el artículo 322 del Código Penal de 1973, que sancionaba con penas de arresto mayor y multa al que públicamente usare un nombre supuesto o se atribuyere títulos de nobleza que no le pertenecieren.[60] Gobernaba el PSOE entonces, con Juan Alberto Belloch como ministro de Justicia. Hay que entender, sin embargo, que en aquella época no se había desatado aún el furor cibernauta por la suplantación, por el anonimato y por el seudonimato opaco.

Merced a la reforma de 1995, utilizar hoy en día un nombre ajeno en un entorno digital no constituye delito —salvo que el uso sea continuado y forme parte de un acoso—, lo que ha facilitado el crecimiento de la jungla en el ciberespacio que padecemos ahora. Buen panorama para los perjudicados.

Desde entonces, no se castigan las suplantaciones habituales u ocasionales (usar el nombre de otro sin más, o sus datos); pero sí las usurpaciones. Y para que se consideren como tales han de ocuparse los derechos de la otra persona, no meramente su nombre.

En la jurisprudencia española se hallan algunos casos llamativos en los cuales la apropiación de un nombre ajeno se ha librado de condena porque es un "no delito". Por ejemplo, la sentencia del Supremo número 635 del 15 de junio de 2009.

Un hombre que miente diciendo ser el entonces conocido periodista José Luis Gutiérrez,[61] ahora ya fallecido, entra en contacto en 2004 con una mujer a través de un foro de internet. Ambos se conocen luego físicamente —pese a lo cual mantiene él la personalidad ficticia—, entablan una relación sentimental y pasan una semana en un hotel de Sitges (Barcelona). Ella se registra con su nombre real; y él, con el falso. De allí se van sin pagar y dejan una deuda de 5.608 euros.

60 Ley Orgánica 10/1995, de 23 de noviembre.

61 La sentencia conservada en los archivos del Poder Judicial omite el nombre suplantado, en un absurdo cumplimiento de las normas sobre protección de datos, y lo sustituye por "Claudio". Pero la información adicional que contiene la propia resolución permite deducirlo con certeza, pues se refería a un exdirector de *Diario 16* y luego director de la revista *Leer*, circunstancias que solamente concurren en José Luis Gutiérrez.

El suplantador formaliza luego en una notaría y con documentación falsa su unión de pareja de hecho con la mujer que le acompañaba, así como un testamento en favor de ella, y hasta utiliza la inventada identidad con la intención de adquirir una vivienda en la localidad barcelonesa. Los primeros pagos de esta compra pretendía abonarlos con cheques bancarios (falsos), a lo que el vendedor se niega. Más tarde incurre en otras suplantaciones, entre ellas la destinada a comprar una librería (en este caso sí fueron aceptados los talones fraudulentos).

Cuando se descubrieron sus mentiras, y tras la pertinente denuncia, la Audiencia de Barcelona condenó al suplantador a nueve meses de cárcel, como autor de un delito de usurpación; a dos años por estafa continuada, y a nueve meses por falsedad en documento, así como a abonar las correspondientes indemnizaciones a los perjudicados. Y absolvía a su pareja.

Presentado recurso ante el Supremo, este tribunal aceptará que los hechos probados reflejan el uso falsario del nombre del periodista y que el autor "se aprovechó de él para hacerse pasar por una persona importante y solvente y así desenvolverse en sus relaciones sociales, llegando incluso a defraudar a otros en base a esa simulación de personalidad". Pero, añade la sentencia, "en ningún momento se dice nada sobre algo que tuviera que ver con la suplantación de la persona de dicho profesional del periodismo en el ejercicio de sus facultades, derechos u obligaciones, bien relacionadas con ese oficio, bien con cualquier otro aspecto de su vida que hubiera de realizar él mismo". (Es decir, no se dan las circunstancias de una usurpación: el falso José Luis Gutiérrez no ejerció el periodismo en su lugar).

En consecuencia, el Supremo determina que no hubo usurpación de la personalidad ("estado civil"). Y sí el uso público de nombre supuesto o suplantación de otra persona, "actividad que ahora ya no es delito". Por tanto, en el primer caso no existía la acción delictiva; y en el segundo no existió el tipo penal. Por eso absuelve al acusado respecto de esos cargos. Además, lo exonera de estafa, por no considerar aquel engaño como suficiente para las exigencias legales. Eso sí, lo condena a dos años de prisión por delito continuado de falsedad de documentos en sus pretendidas compras. Menos mal que por fin había algo por donde pillarle.

Según el *Diccionario panhispánico del español jurídico*, elaborado por las academias de la lengua y dirigido por el jurista Santiago Muñoz Machado, director a su vez de la Real Academia Española, la *suplantación* consiste en adoptar la identidad de otra persona para obtener un beneficio. Y la *usurpación* de estado civil (o usurpación de personalidad) consiste en arrogarse las prerrogativas derivadas del estado civil de un tercero, real y vivo, sin tener derecho a ello.

A este respecto, la *Memoria* de la Fiscalía de 2019 reseñaba también la diferencia entre ambos conceptos jurídicos y exponía las ventajas indeseadas que de ello se derivaban para los suplantadores.

Antes de 1995 sí eran posibles las condenas por suplantación, por ejemplo la dictada en la sentencia del Supremo del 26 de marzo de 1991 contra una persona que había simulado ser su propio hermano tras obtener la partida de nacimiento de este y hacerla suya. El objetivo del suplantador consistía en escapar de la justicia castrense después de haber desertado del servicio militar en 1980. Tal simulación no la produjo en perjuicio directo del hermano, sino solamente en beneficio propio. Y por eso no se le aplicó el tipo penal de la usurpación, para lo cual, señalaba la sentencia, habría sido necesario que el prófugo hubiera actuado con daño para el usurpado.[62]

El Supremo argumenta: "No es bastante para la existencia de tal delito arrogarse una personalidad ajena asumiendo el nombre de otro, ya que, como ha declarado la jurisprudencia, es condición precisa que la sustitución de persona se lleve a cabo para usar de sus derechos y acciones". Uno de los fundamentos recoge que "el verbo usurpar en su acepción gramatical[63] significa el quitar a uno lo suyo; y en su más amplia, arrogarse la dignidad, empleo u oficio de otro, esto es, fingir su personalidad para usar de los derechos que le pertenecen...".

Por tanto, reitera, "usurpar el estado civil de una persona es fingirse ella misma para usar de sus derechos, es suplantar su filiación,

62 Asunto aparte considera el Código Penal el supuesto de quienes suplantasen la personalidad de un funcionario público o usaren indebidamente un uniforme oficial.

63 Quizá quiere decir "en su acepción académica".

su paternidad, sus derechos conyugales, es la falsedad, aplicada a la persona y con el ánimo de sustituirse por otra real y verdadera. [...] No es bastante, para la existencia del delito, con arrogarse una personalidad ajena, asumiendo el nombre de otro para un acto concreto; es condición precisa que, la suplantación se lleve a cabo para usar de los derechos y acciones de la personalidad sustituida".

Pero aquel fraude del recluta desertor juzgado en 1991 —a diferencia de lo que le ocurrió a quien ocupó la identidad del periodista José Luis Gutiérrez, asunto resuelto en 2009— se topó con el entonces todavía vigente delito de suplantación, especificado en el artículo 322 del Código Penal (el uso de nombre supuesto), hoy derogado: "Absolvemos al procesado del delito de 'usurpación del estado civil' [...] y le condenamos, como responsable penalmente, en concepto de autor, de un 'delito de uso público de nombre supuesto', sin la concurrencia de circunstancias modificativas de la responsabilidad criminal, a las penas de cuatro meses de arresto mayor, con las accesorias de suspensión de todo cargo público y del derecho de sufragio durante el tiempo de la condena, y a multa de 30.000 pesetas".

Esta sentencia ya no sería posible.

En resumen, la mera ocupación de una identidad ajena en una red social no constituye en España delito de usurpación —ni antes ni ahora— si no se va más allá, si no se incurre en apropiación de derechos, como lo sería cobrar un dinero del suplantado, ocupar su lugar en una herencia, presentar una denuncia en su nombre o desempeñar fraudulentamente su profesión. Aplicar el delito de usurpación requiere unas condiciones de cierta gravedad, y su alternativa la suplantación normal y corriente está despenalizada.

Si esto se resolvió así en el mundo analógico, ¿qué sucederá entonces en internet con las suplantaciones?

Se ha producido un retroceso. El código de 1973 tipificaba como punibles el delito de usurpación de estado civil, o cualidades que corresponden a una persona y determinan su identificación (artículo 470), el delito de uso público de nombre supuesto (artículo 322), y la ocultación de nombre a la autoridad pública (artículo 571). El código de 1995 arrambló con los dos últimos y mantuvo solamente el primero, la usurpación (trasladado al artículo 401). La suplantación dejó de ser delito, sorprendentemente.

El *Diario de Sesiones del Congreso* no muestra discusión alguna al respecto durante los debates en el pleno.

Únicamente el diputado Luis Mardones Sevilla (Coalición Canaria) propuso sin éxito una enmienda destinada a que fuera castigado con la pena de prisión de seis meses a dos años "quien para perjudicar a un tercero o en perjuicio de la seguridad o del tráfico jurídico cometiere falsedad". En algo se parecía eso a la suplantación.

Así que, por increíble que parezca, el Parlamento español retiró entonces del Código Penal el castigo a los suplantadores (cuando aún nadie podía prever hasta qué punto esa acción se convertiría en habitual, es cierto) y casi 30 años después sigue sin reparar del todo semejante laguna, que deja una nebulosa favorable a quienes deseen utilizar fraudulentamente una identidad ajena en internet o en las redes, por lo general con la intención de dañar al suplantado o reírse de él. Ello a pesar de las insistentes recomendaciones de los informes de la Fiscalía, año tras año, sobre la necesidad de tapar el hueco legislativo.

Como consecuencia, se librará de que le caiga encima el citado artículo 401 del Código Penal quien no desee usurpar los derechos o privilegios de alguien —una herencia, un puesto de trabajo, la autoría de unos libros...— pero sí se haga pasar por esa persona con su nombre y su foto, tanto de manera continuada como ocasionalmente, en su ámbito de relaciones personales o profesionales, y con ánimo de perjudicarla socialmente (siempre que no incurra en el delito de acoso, de atentado contra la intimidad o de daños informáticos). La impunidad en el resto de los ámbitos se pone a su servicio.

En definitiva, la usurpación consiste en cumplir con el papel del falso soldado Sommersby que regresaba de la guerra: tomar sus tierras, recuperar el papel de esposo vacante, dar ese apellido a un hijo. Nada de medias tintas.

En consonancia con todo ello, las Audiencias provinciales españolas han sentenciado con esa nueva legislación y con su jurisprudencia derivada muchos casos de confiados ciudadanos (y especialmente ciudadanas) que habían acudido a ellas tras sufrir una suplantación en las redes sociales. Y que recibieron este jarro de agua fría: una suplantación no es una suplantación.[64]

Así sucedió por ejemplo con una mujer que denunció a quien ocupaba su identidad en Facebook con nombre y fotografía; pero la Sección Cuarta de la Audiencia Provincial de Sevilla, en su sentencia 1525/2017, de 20 de diciembre, le responde que no existió una auténtica suplantación de la personalidad global de la afectada mediante la sustitución en el ejercicio de todos sus derechos como exige el tipo penal.

Por ello, la *Memoria anual* de la Fiscalía General del Estado español menciona año tras año esos problemas, con una tenacidad merecedora de mayor atención. Esta institución es prácticamente la única que ha denunciado la anomalía legal que se causó con aquella reforma de 1995.

En 2012 el entonces titular de la Fiscalía, Eduardo Torres Dulce, nombrado por el Partido Popular, ya alertó acerca de esas prácticas en la Red, y propuso al Parlamento tipificar de nuevo en el Código Penal tal conducta ilegítima. Convendría hacerlo, concretaba, "en el Título XVIII, dedicado a las Falsedades, como capítulo independiente, al igual que ocurre con los delitos de usurpación de estado civil [de identidad] y de usurpación de funciones públicas e intrusismo". El capítulo podría encuadrarse, añade, bajo la

64 Algunos ejemplos: Audiencia Provincial de Córdoba: 146/2008, de 6 de junio; Audiencia Provincial de Cádiz, Sección Séptima, de 17 de abril de 2002. Audiencia de Madrid, Sección Cuarta, de 3 de abril de 2012; Audiencia Provincial de Valladolid, Sección Segunda, 6/2012 de 9 de enero de 2012. Audiencia Provincial de La Rioja, Sección Primera, 59/2018, de fecha 21 de marzo de 2018-3-2018. Audiencia Provincial de Cádiz, Sección Primera, 191/2017, de 1 de septiembre. Audiencia Provincial de Zaragoza, Sección Sexta, 232/2015, de 15 de julio de 2015. Audiencia Provincial de Madrid, Sección Cuarta, 711/2017, de 19 de septiembre de 2017. Audiencia Provincial de Madrid, Sección Sexta, 322/2010, de 20 de julio. Extraigo los datos de un artículo firmado sin fecha por Patricio González Sánchez en la ciberpágina *Abogados Penalistas en Madrid* (https://www.pgsabogadospenalistas.com/blog/delito-usurpacion-estado-civil/). En ese texto, este letrado afirma que "decir ser quien no se es sin que de ello se deriven consecuencias en la plena y total personalidad del sujeto (asociada a sus inherentes capacidades) no colma los presupuestos exigidos por la jurisprudencia para hallarnos ante un delito de usurpación de identidad, cuyos contornos se han visto reducidos significativamente tras la reforma operada en el Código Penal de 1995, dando a este tipo de delitos un enfoque sistemático distinto".

rúbrica *De la suplantación de identidad on-line* [*sic*]. Con este texto posible:

> El que, en perjuicio de otro, suplantare la identidad de una persona física realmente existente, utilizando sus datos identificativos a través de internet, medio electrónico o sistema informático en línea de tal modo que genere error sobre la intervención en esos medios de la persona suplantada, será castigado con la pena de seis meses a dos años de prisión o multa de seis a veinticuatro meses.
>
> A los efectos de este artículo se entenderá por datos identificativos tanto los correspondientes a la identidad personal oficial como cualesquiera otros que el afectado utilice habitualmente y por los que sea públicamente conocido.

La Fiscalía planteaba esa propuesta porque "se está detectando un incremento cada vez mayor de este tipo de conductas en foros, chats o redes sociales, y, en general, en los medios de comunicación electrónicos, con el evidente perjuicio que las mismas pueden generar en el normal desarrollo de la vida y actividad personal y profesional de quien es víctima de esa suplantación de identidad online. Estas situaciones, sin embargo, no tienen hoy por hoy una respuesta adecuada por parte de nuestro ordenamiento jurídico".

El propio Torres Dulce había sufrido una suplantación en Twitter, con nombre y foto, unos meses antes de ser nombrado fiscal general; hecho que denunció en septiembre de 2011 ante la Fiscalía de Criminalidad Informática. El Torres Dulce falsario emitía mensajes sobre asuntos legales y políticos. Y también cometía algunos excesos, como el publicado el día 27 de ese mes: "Si mi madre logra que me hagan fiscal general del Estado, dispararé contra Gallardón [ministro de Justicia] y diré que fue John Wayne desde el otro lado de la calle" (en alusión a las aficiones cinematográficas de Torres Dulce). La cuenta desapareció el 31 de diciembre de 2011, día de Nochevieja. Al menos, su dueño habrá empezado aquel año con borrón y cuenta nueva: seguramente abrió otra.

La *Memoria* reiteró esa posición en 2014, 2018, 2019, 2020, 2022 y 2023, con nuevos datos y argumentos en cada ocasión. Estas reclamaciones se plantearon durante los sucesivos periodos de gestión de los fiscales generales Eduardo Torres Dulce, ya citado, Julián Sánchez Melgar (ambos nombrados por Gobiernos del PP), Dolores Delgado y Álvaro García Ortiz (con Gobiernos del PSOE).

"El problema no ha hecho más que aumentar", señalaba el informe fiscal de 2014. En 2018 se añadiría la preocupación por el anonimato utilizado para producir situaciones de violencia contra la mujer. En 2019, la *Memoria* alertaba acerca de que las suplantaciones atribuyen a una persona "expresiones, pensamientos, opiniones o planteamientos que no le son propios y que la desprestigian o desmerecen en su consideración pública, o le provocan enfrentamientos con su círculo de amigos o familiares o con su ámbito de contactos de carácter profesional como compañeros de trabajo, clientes, proveedores, etcétera". En 2020,[65] y en no muy velada crítica a la legislación, el ministerio público reprochaba que la suplantación en foros y plataformas "es un comportamiento que se detecta con mucha frecuencia, especialmente en redes sociales, y para el que por el momento no existe una respuesta penal adecuada". En la *Memoria* correspondiente a 2022, la Fiscalía incluye un epígrafe esclarecedor y contundente: "Violencia digital". En esos párrafos menciona que el anonimato influye en delitos de descubrimiento y revelación de secretos, en el envío de vídeos con imágenes sexuales, amenazas de difusión de datos íntimos, coacciones, hostigamiento y acoso, injurias y vejaciones, y reprocha la escasa colaboración que prestan al respecto Instagram, Facebook, Google o Telegram, "que dilatan enormemente el procedimiento".

Todo son barreras para los perjudicados, que además han de construir el acervo probatorio a través de capturas de pantalla, presentación física en el juzgado del contenido de las comunica-

[65] Según la *Memoria* de la Fiscalía General del Estado de 2020, los ciberdelitos contra la libertad y seguridad personal dieron lugar en ese año a la incoación de 1.710 procedimientos judiciales, un 10,10% del conjunto de los registrados por ciberdelitos, de los que 1.247 lo fueron por amenazas o coacciones; y los restantes, un total de 463, por acoso permanente u hostigamiento. El *Estudio sobre Cibercriminalidad* de 2019 del Ministerio del Interior señala que en ese periodo se incoaron a su vez 218.302 investigaciones por ciberdelitos, la mayoría por estafas. *El País* informaba el 10 de marzo de 2024 (página 40) de que en 2022 se habían presentado 335.995 denuncias por estafas digitales, y, con datos del CIS, añadía que casi la mitad de los españoles admitió haber sufrido un intento de ciberestafa.

ciones, declaraciones de la víctima y de otros testigos. En esos procedimientos hace falta pedirle el dispositivo a la persona afectada, para las comprobaciones oportunas, lo cual redunda en una nueva invasión de su intimidad, esta vez por quienes pretenden defenderla. Para remate, tan dolorosos procesos abocan a sentencias absolutorias cuando no se ha conseguido una prueba pericial sobre la manipulación.

Y aún hay que añadir otros problemas jurídicos cuando se abordan delitos cometidos por internet: tras localizar al autor, se requiere establecer una jurisdicción territorial y determinar la responsabilidad del intermediario, plataforma o buscador (en el caso de que haya incumplido los leves requisitos legales establecidos para estos medios).

En los sucesivos informes al respecto, la Fiscalía añoraba la ley anterior a 1995, que sancionaba las suplantaciones aunque la identidad utilizada fuera imaginaria y aunque no correspondieran a personas con existencia real.

Como se ve, la posición del ministerio público ha mostrado una gran coherencia independientemente de que su máximo responsable hubiera sido designado por Gobiernos del PSOE o del PP. El único cambio apreciable en esas memorias a este respecto es la grafía del anglicismo *online* (antes *on-line*).

No obstante, hallamos una paradoja notable: Dolores Delgado reclamaba como fiscal general lo que ella misma habría podido promover como ministra de Justicia que fue en el Gobierno del socialista Pedro Sánchez. Y no lo hizo.

Sin embargo, y para sorpresa de los no iniciados, la propia jurisprudencia española, a partir del marco legal existente, viene a avalar esas prácticas en internet y en las redes mientras consistan en un juego y sin pasar a mayores; es decir, siempre que no se quiera ocupar el lecho conyugal del suplantado o se vacíen sus cuentas… corrientes (porque las cuentas en redes no reciben tanta protección).

La indefensión de las víctimas venía siendo, por tanto, escandalosa. Lo proclamaba a los cuatro vientos la Fiscalía, año tras año, y no ocurría nada.

Por fin, el legislador español respondió a este problema muy recientemente (reformas 10/2022 y 1/2023). Pero lo hizo a medias.

Incorporó al Código Penal, mediante la Ley Orgánica de Garantía Integral de la Libertad Sexual, el artículo 172 ter con un apartado 5 que prevé penas de entre tres meses y un año para quien utilice sin permiso la imagen de otra persona con objeto de abrir perfiles falsos en redes sociales, páginas de contacto o cualquier otro medio de difusión… si le ocasionan "acoso, hostigamiento o humillación";[66] pero no en los demás rasgos de apropiación de la identidad ajena: solamente, pues, en casos de extrema gravedad como los citados.

Es decir, se castiga la suplantación que acosa, hostiga o humilla, lo cual requiere continuidad en tales actos. Aún quedan, pues, muchos terrenos por cubrir, más cotidianos. Por ejemplo, la suplantación destinada simplemente a hacer daño o planificada para adjudicar a otro opiniones o afirmaciones que no ha expresado, lugares que nunca visitó, suscripciones que jamás gestionó, hechos de los que no es responsable.

En el contexto de la lucha contra el acoso, ese mismo artículo también recoge —sin mencionar las suplantaciones— otros supuestos delictivos, con penas de tres meses a dos años, aplicables a quienes cometan "de forma insistente y reiterada" algunas de las conductas que el texto legal detalla después, como la vigilancia o la persecución, el uso indebido de datos personales para comprar productos en nombre de otro o hacer que terceras personas se pongan en contacto con la víctima, y atentar contra su libertad o su patrimonio. Hechos alejados de las suplantaciones de cada día que hemos relatado más arriba.

Ante las nuevas y viejas normas que no disuelven la permanencia del problema de fondo, la *Memoria* de la Fiscalía difundida en septiembre de 2023 vuelve a la carga, inasequible al desaliento. Bajo la dirección de Álvaro García Ortiz, señala que, aun considerando positivas las reformas operadas en el Código Penal, estas constituyen "una respuesta meramente parcial ante la ausencia de una

[66] Ese apartado expresa textualmente: "5. El que, sin consentimiento de su titular, utilice la imagen de una persona para realizar anuncios o abrir perfiles falsos en redes sociales, páginas de contacto o cualquier medio de difusión pública, ocasionándole a la misma situación de acoso, hostigamiento o humillación, será castigado con pena de prisión de tres meses a un año o multa de seis a doce meses".

figura delictiva específica que sancione en términos generales la suplantación *online* y en su perjuicio de la identidad de otra persona realmente existente, cuya tipificación se viene reclamando por la Fiscalía española desde hace varios años".

Varios años, sí: exactamente 12.

"Cierto es", añade, "que algunos de los supuestos de usurpación de identidad ajena encuentran acogida en determinados tipos penales actualmente vigentes", como los que acabamos de mencionar; pero en otros muchos "en los que no concurren los requisitos exigidos por otras figuras delictivas, la usurpación *online* de la identidad de otro carece de respuesta en el ámbito penal y por tanto no puede ser objeto de persecución y sanción, aunque de ello se deriven consecuencias muy gravosas y lesivas para el honor o la intimidad de quien ha sido suplantado".

La *Memoria* insiste en que estos delitos aumentan año tras año y menciona denuncias "que en su mayoría hubieron de ser archivadas por falta de tipicidad".

Como consecuencia de todo lo expuesto, miles de internautas pueden, por ejemplo, enviar mensajes a un usuario falso (a un suplantador) y entender erróneamente que los ha recibido quien realmente se llama así y cuya foto aparece junto al nombre ficticio. Aunque no ejerza los derechos del sustituido, el engañoso usuario del nombre ya ocupa una presencia pasiva que puede mover a confusión. Para empezar, da a entender que la persona reemplazada ha abierto una cuenta en una red social, lo cual supone una falsedad en el supuesto de que la persona real haya decidido no hacerlo. Incluso puede provocar una contradicción que redunde en su desdoro, cuando se trate de alguien que se haya manifestado contrario a las redes sociales y sin embargo aparezca como titular de una cuenta en ellas. Eso sin entrar en los mensajes que la víctima nunca escribió y que sin embargo se le atribuyen, o los lugares de vacaciones adonde jamás viajó.

Las suplantaciones se dan en infinidad de ámbitos cibernéticos, y no necesariamente en contextos de acoso sexual (aunque también, por supuesto): la persona que escribe una falsa reseña sobre un restaurante o un hotel puede firmar su comentario con el nombre de otro, a quien imputará unas opiniones que en ningún momento expresó y a quien situará determinado día en determinado sitio donde no se encontraba; el uso de los datos ajenos para jugar en un casino virtual; el internauta que redacta un comentario anexo a determinado artículo y se lo atribuye falsamente a alguien que conozca el autor del texto periodístico, a fin de buscar un enfrentamiento entre ambos... No tiene por qué darse siquiera una difamación contra nadie. Un comentario de aspecto inocuo, pero descodificable como perverso por individuos concretos, especialmente por quien resultase perjudicado, causará un daño para el afectado, y sin embargo el hecho quedará ahora mismo libre de persecución judicial.

El 25 de julio de 2014, Juan Antonio Xiol, magistrado del Tribunal Constitucional español, había proclamado durante una conferencia en la Universidad Menéndez Pelayo, de Santander (España), que "la libertad de expresión puede ejercerse en las redes sociales, pero tiene que hacerse con respeto al derecho al honor y a la intimidad de los ciudadanos [...]. No es lícito ampararse en el anonimato de las redes sociales para agredir o vulnerar derechos". Para él, las reglas del mundo real y las del mundo virtual han de ser las mismas.

Y remató: "Es necesario que el legislador haga el esfuerzo de establecer y concretar reglas que permitan conocer con más seguridad cuál es el alcance de los derechos de expresión y comunicación en las redes sociales".

Una demanda más que se desoye. El anonimato doloso sigue triunfante.

Hemos descrito ejemplos sencillos. Sin embargo, la casuística alcanza en este terreno dimensiones interminables, con gran perjuicio para la vida pacífica de las personas atacadas.

Quien piense que su irrelevancia general le librará de eso puede llevarse una tremenda sorpresa. Todos cumplimos algún papel en nuestro entorno, y nadie está a salvo de la amenaza. Ni Amanda Todd ni Tiziana Cantone eran *alguien* en el ámbito público. La persona suplantada en un casino cibernético tampoco podía esperar que algún día le fuese a ocurrir eso.

A todo este mundo y a lo relacionado con la usurpación y la suplantación se enfrentan jueces y víctimas con las armas legales de la vida analógica, muy diferentes de los quebraderos de cabeza que proporciona internet a personas indefensas.

Llegados al final de este apartado, y vistos todos los indicios y antecedentes en nuestro poder, fallamos por nuestra parte que hace falta una regulación más amplia y más dura tanto de la suplantación como de la usurpación en las redes y en internet. Sobre todo cuando las técnicas de inteligencia artificial han avanzado a tal punto que se llega a imitar a la perfección la voz de personas relevantes a las que incluso se muestra difundiendo publicidad de productos comerciales o propaganda de ideas políticas que jamás produjeron en la realidad.

Paños calientes

Los poderes públicos de casi todos los países del mundo han opuesto apenas unos paños calientes ante la selva del anonimato de las redes y los perjuicios que se causan. En España, incluso, se ha aliviado el Código Penal no solamente en lo que concierne a la suplantación, como se ha contado, sino también para que —con voluntad o sin ella de buscar ese efecto— los insultos proliferen con mayor impunidad todavía.

Una de las dificultades en su persecución viene provocada por el hecho de haberse derogado también el delito de injurias leves entre extraños, que recogía hasta el año 2015 el artículo 620 del Código Penal. (Se salvan por tanto de la derogación los insultos a la propia pareja o al cónyuge —el varón a la mujer—, que ya no serían una injuria entre extraños y adquirirían otra gravedad; porque obviamente estos hechos entran en la legislación sobre violencia machista, debido a la más preocupante vejación que supone insultar a alguien con quien se convive).

La última derogación de 2015 parece inspirada por el mismo propósito que la retirada del delito de suplantación (manteniendo el de usurpación), la de 1995: desatascar los juzgados. Pero de ese modo se despenalizan actos que seguirán dañando a los ciudadanos. Para ese empeño habría resultado mejor camino limitar el anonimato: se insulta menos con nombre propio, y se suplanta menos si uno está obligado a identificarse con medios fiables. Y con ello también habrían descendido los delitos, pero no por vía de despenalización, sino de menos presencia de daño.

Sin embargo, siempre surgen voces contrarias a esta posibilidad. Carlos Sánchez Almeida, directivo de la Plataforma en Defensa de la Libertad de Información, abogado especialista en derechos digitales, con más de 33.000 seguidores en Twitter y dueño del Bufete Almeida, Abogados Asociados, escribió en esa red social en 2017 que "el ciudadano tiene derecho a ser anónimo". "El Estado", añadía, "a través del Poder Judicial, puede levantar ese anonimato en caso de delito".

En caso de delito, tal vez. Pero no para cada insulto, sobre todo después de la mencionada reforma del Código Penal que deja impunes, salvo en procedimientos por violencia machista o familiar, insultos como "guarra", "puta" o "drogadicta".

Cualquiera puede sufrir vejaciones verbales en internet; lo mismo el vecino que discrepa sobre la opción de modernizar los ascensores de su edificio que la mujer que intenta vender a través de Wallapop ropa usada, como le ocurrió a una joven que suele exponer parte de su vestuario en esa plataforma y que se viste con ella para mostrarla. La ofertante tuvo que leer comentarios de este tipo: "¿Por qué vendes ese vestido si te queda tan bien?". "Cómo me pone tu canalillo". "Qué buena estás". "Me pones muy cachondo". Esos comentarios supuestamente elogiosos se tornaban agresivos o menospreciativos en cuanto ella criticaba por machistas a quienes los proferían: "amargada", "acomplejada"...

En ese espacio de compraventa, algunos supuestos compradores quedan con las vendedoras a fin de recibir el producto mostrado, y aprovechan el momento para acosarlas. Las principales ciberpáginas dedicadas a esos intercambios son conscientes del problema, informaba *El País* en marzo de 2024.[67]

Sin embargo, semejantes acosos anónimos no suelen ameritar la apertura de un proceso tan prolijo como el que se deriva de la compleja maquinaria de la justicia, y además con nulas posibilidades de salir adelante. Así que los padecimientos de quienes sufren los ataques no dejarán ningún reflejo en las estadísticas.

Por otro lado, ante las prácticas de amenazas o de acoso, que sí se tramitarían, la actuación de la persona agraviada empieza por

67 Mendiola, José, "Vinted y Wallapop se convierten en pasto para los acosadores», *El País*, 28 de marzo de 2024.

interponer una denuncia, después hace falta que se emprenda el proceso, necesitará contratar a un abogado, ir a declarar, a menudo confiar en que se reclame la búsqueda de una identidad, esperar días y días, meses y meses... Y no vemos por qué tiene el ciudadano que soportar todo, como si no hubiera nada que pudiese hacer por sí misma la potente y multimillonaria propiedad de las plataformas.

Sí podemos pensar, en cambio, que las agresiones no existirían o se reducirían en una gran medida sin el anonimato.

Sánchez Almeida opone a este respecto que "una norma que prohibiese por ley el anonimato sería probablemente inconstitucional. Difundir pensamiento anónimo es un derecho".

Albergo dudas al respecto, a la vez que respeto la superior formación jurídica del abogado. Sin embargo, me atrevo a señalar, con mi formación de periodista, que difundir pensamiento anónimo no es lo mismo que injuriar o difamar; y que buscar lo primero no contradice la persecución de esto último. Como hemos señalado, la Constitución solamente ampara la difusión de informaciones veraces y las opiniones que no sean injuriosas.

En un hilo publicado el 30 de noviembre de 2017, Sánchez Almeida escribe: "Una norma administrativa que estableciese la obligatoriedad de identificación en redes sociales afectaría a la libertad de expresión". "Siempre hemos sostenido que el único poder que puede intervenir en materia de libertad de expresión en internet es el Poder Judicial". "Que el anonimato no impide perseguir delitos en Twitter lo estamos viendo a diario. Los difusores de odio y discriminación caen rápido".

No tan rápido, en lo que venimos observando; como les sucedió a la parlamentaria Ana Oramas y a otras muchas víctimas.

Esta diputada de Coalición Canaria desgranó en la tarde del 18 de septiembre de 2023 a las 16.30 en el canal Cuatro el calvario infructuoso que había recorrido para acabar con unas amenazas que sufría a través de Twitter; pese a contar con las posibilidades que le daba su situación política. Incluso tramitó con cierta agilidad la denuncia, que presentó en la comisaría del Congreso de los Diputados, establecida allí desde hace muchos años para atender las distintas necesidades de los parlamentarios, como la obtención de pasaportes y otros documentos, así como gestionar sus reclamaciones.

"El problema", relató, "es que las empresas que tienen origen americano exigen que el juez pida una rogatoria a Estados Unidos para que facilite la IP. Yo te puedo decir que con datos, con la comisaría del Congreso, con fotos, con todas las cosas, el juez lo archivó sin ni siquiera contestarme".

Los delincuentes, que en realidad no lo son oficialmente porque ni constarán en las estadísticas, reincidieron contra ella.

"Me volvió a pasar hace dos años", continuó. "He hablado con todos los ministros de Justicia de este país porque es una absoluta impunidad. El juez no hizo la rogatoria y lo archivó. Lo hice una vez en la comisaría del Congreso, otra vez en mi municipio y otra vez también en la comisaría del Congreso. Al final, la policía me dijo que una de las IP era de Venezuela".

Por tanto, Ana Oramas debía conseguir que el Estado español reclamara la IP al Estado de Venezuela, para después aguardar ambos a que este se dignara responder.

Y agregó la diputada tinerfeña: "Hay que cambiar las leyes penales para adaptarlas a los nuevos tiempos". "Hay materias que se pueden regular por ley, como la obligación de las empresas ante el requerimiento de la policía por un delito, o de un juez, de facilitar inmediatamente la IP".

(Ya hemos señalado que la dirección IP puede constituir un callejón sin más salida, en el que se acabe la hilera de guijarros que debería llevar hasta el autor: se puede conocer el ordenador donde se escribió algo; no siempre quién lo hizo en él).

En cualquier caso, todos esos procesos se vuelven extremadamente largos porque, como afirmó en el mismo programa de televisión el divulgador tecnológico Marc Vidal, "la justicia es garantista, pero esas garantías la convierten en enemigo de la solución".

Algunas empresas, también lo hemos indicado antes, se dedican a borrar las injurias y mejorar la imagen de los afectados por los mensajes anónimos, pero eso puede costar 30.000 dólares o más, según apostilló Vidal.[68]

[68] En páginas anteriores hemos recogido los datos de Néstor Romero según los cuales una intervención de ese tipo cuesta entre 1.300 y 9.000 euros mensuales, en procesos que suelen durar un año. Son cifras compatibles con las que aportó Marc Vidal.

El exministro socialista José Luis Ábalos, presente también en la emisión, relató una experiencia sufrida por él mismo en 2021: la imagen de su pareja fue sustituida en una foto por la de una prostituta. "Han pasado dos años, y no hay vista judicial para el caso. El problema no es la existencia de una ley, que de todas formas hay que actualizar. El problema es su aplicación. [...] Primero, porque siempre está la coartada de la libertad de expresión, que es amplísima. Y segundo, porque estos medios digitales actúan al margen de los demás. Notas no identificadas, cuentas que nadie sabe de quién son... Por lo tanto, hace falta una investigación que si no es por lo penal es difícil. Me han aplazado la vista dos veces por seis meses. Cuando quiera arreglarse ya da igual todo, el daño está hecho. Es verdad que tú puedes pedirle al juez, una vez ganas, que se borre lo que está en la cuenta denunciada, pero no se borra todo lo demás [retuits y otras reproducciones]. Todo queda. Así que el daño persiste. Todo ese trámite garantista, no sé hacia quién, es una revictimización porque tú vas sufriendo el daño persistentemente".

Es una lástima que Ábalos no hubiera promovido esa nueva legislación cuando fue ministro y secretario general del PSOE. Ahora ya no va a tener la oportunidad. A raíz de un caso de corrupción de un colaborador suyo en el ministerio, se quedó en diputado raso del Grupo Mixto.

En 2015, la sindicalista ecuatoriana Mery Zamora sufrió la difusión de unas fotos íntimas —un montaje, según precisó, pero eso da igual— lanzadas a la Red desde tres cuentas anónimas con pocos seguidores; es decir, seguramente creadas al efecto o bots manejados por personas que deseaban perjudicarla. La Fiscalía abrió una investigación, que no llegó a ningún lado. El Gobierno de su país insistió en su posición contra el anonimato en la Red, que no se ha concretado en medida alguna.

Cristina Cifuentes, entonces delegada del Gobierno en Madrid, afirmó en junio de 2012 que un ciberacosador amenazaba a su familia: "Que a mí me digan 'puta' me importa relativamente poco o nada, pero que digan que me van a pegar un tiro en la cabeza, que van a entrar en mi casa o que van a violar a mi hija, pues no", declaró en la emisora Punto Radio.

Únicamente a partir del anonimato se profieren esas amenazas que tanta angustia producen en sus víctimas y que a veces causan daños irreparables porque los temores desatados las acompañarán para siempre. La detención y posterior condena no sirven para compensar el daño, evitable.

En efecto, la policía averiguó que el acosador residía en Lleida, y lo llevó a comisaría dos meses después de la denuncia.

En este suceso concreto, el responsable de los mensajes fue condenado en 2014 a pagar 1.000 euros de indemnización, 300 euros de multa y las costas del proceso, además de publicar la sentencia en sus cuentas de Twitter y Facebook y luego cerrarlas (lo que no le impedía abrir otras con un nuevo seudónimo). La acusación había pedido cuatro años de cárcel.

El condenado, que se hacía llamar Ximicomix y tenía 26 años, concedió luego unas declaraciones al diario *publico.es* en las que retrocedía respecto a sus posiciones anteriores: "Ni de coña volvería a llamar 'puta' a Cifuentes". Y aclaraba que se llegó a la sentencia por acuerdo entre las partes, tras haberse disculpado en persona en la vista pública. "Ha sido extraño y un poco absurdo", añadía: "Dos años de esperar y de temer por esta tontería, como si no hubiera asuntos más importantes, pero la mujer estaba en su derecho".

En ese periodo comprendido entre sus insultos y la sentencia, muchas feministas lo atacaron en las redes: "Y con toda la razón del mundo", reconocía". "Eso es algo que me duele muchísimo".

Pues bien, después de que todas las partes coincidieran en lo ilegítimo y antisocial de aquellos mensajes, la condena pública no ha alcanzado a revelar la identidad del tuitero, que sigue en el anonimato. Algún periódico sí facilitó las iniciales.

En este caso, que afectaba a una autoridad del Estado, los expertos policiales en informática pudieron localizar el ordenador del culpable y, supongo, incorporar pruebas adicionales contra él (puesto que la dirección IP por sí sola no suele bastar). Pero es la excepción. Hay medios informáticos que seguramente no usó Ximicomix, como las VPN de las que trataremos luego, que habrían dificultado mucho perseguirle.

Como vemos, se produce un tremendo contraste entre las declaraciones de manga ancha y paños calientes ofrecidas por algunos juristas —y, sobre todo, por las propias plataformas— y, de otra parte, los innumerables casos de personas inocentes que ni siquiera en posiciones de poder político han logrado defenderse de los acosos, no digamos ya desincentivarlos antes de que se iniciaran. Se puede exceptuar el caso de Cristina Cifuentes en cuanto a su resolución, pero no en lo que se refiere al ataque que le causó sufrimientos en su vida familiar y que partió nuevamente de una cuenta anónima. Las sentencias compensan, pero no reparan. El daño siempre queda.

Impedimentos técnicos

Conforme hemos señalado, todos los ordenadores funcionan con una dirección IP que los identifica. Cualquier actuación emprendida con esos aparatos deja un rastro para quien posea los medios técnicos que permitan seguirlo. Pero no somos ni usted ni yo. Tampoco un juez.

Las grandes plataformas sí conocen cada detalle de los cibernautas, podrían radiografiar su cerebro incluso; sin embargo, no permitirán de buen grado compartir esa información con un fiscal. Alegan para ello que no constituye un dato relevante en la identificación de alguien, pues algunos proveedores de internet han venido asignando direcciones IP dinámicas, lo que permite a cuentas distintas utilizar una dirección compartida; y decenas de usuarios pueden estar unidos por una misma IP de empresa.

Tales pisadas en el camino son las que permiten precisamente el negocio de uso y venta de datos de los grandes operadores, que terminan conociendo los gustos y manías de cada usuario.

A efectos estadísticos de gran negocio, no resulta relevante para esas multinacionales conocer en qué horas no ha actuado ocasionalmente el propietario o usuario principal del ordenador, sino otra persona. Las tendencias que les interesan admiten un margen de error que carece de importancia, porque intentan conocer los hábitos generales de alguien, no necesariamente todas y cada una de sus actividades. Ahora bien, desde el punto de vista penal ese aspecto irrelevante se convierte en decisivo. Porque no se puede condenar a nadie por una tendencia a usar esa computadora, sino que hará falta demostrar que en un minuto concreto la estaba empleando esa persona exacta para delinquir. Algo casi imposible si el agresor ha escrito en un ordenador de empresa, de un cibercafé o de un locutorio, o de un familiar, o de un amigo; o si alega que alguien desconocido le quitó el móvil o se apoderó de su mesa de trabajo sin él darse cuenta.

Eso nos lleva a la paradoja que leemos a Ramón M. Orza: "Aunque pueda parecer que Internet es un ámbito donde reina la libertad, lo cierto es que puede ser fuertemente controlado".[69]

Tal vez sí, pero no pensarán lo mismo todas esas personas acosadas o difamadas o suplantadas que han desfilado por las páginas precedentes, ni las que lo harán por las que vendrán después. Ni los abogados que intentaron obtener información sobre los atacantes y vieron frustradas sus solicitudes.

Concluimos entonces que internet es un ámbito fuertemente controlado por unos pocos, y sobre el que carecen de poder alguno todos los demás.

En el conocido acoso a la periodista Lara Siscar, de TVE, perpetrado aparentemente por dos personas independientes entre sí y que comenzó en 2012, se reunieron indicios suficientes para detener a un sospechoso; pero finalmente no hubo manera de demostrar su autoría y la causa quedó archivada en marzo de 2018, ¡seis años después! El auto de archivo decía: "En definitiva, las sospechas de que tras esos nuevos perfiles pudiera haber actuado el acusado no se han podido comprobar, ningún indicio objetivo justifica la continuación del procedimiento, dado que se trataría de una mera sospecha".

La presentadora de informativos de la cadena estatal había recibido amenazas sucesivas, y también una foto de su padre con su nombre y sus apellidos junto a una acusación de pederastia, así como una imagen de su madre acompañada de insultos, además de invectivas contra su pareja... Todo ello porque el desalmado no conseguía la atención de la periodista.

Tras sus protestas y denuncias, las plataformas accedieron a cerrar las cuentas anónimas desde las cuales se la atacaba. "Pero eso no sirve", declaró Siscar. "Abren otras nuevas a un ritmo mayor de las clausuras que yo puedo lograr. La única solución es localizar al

[69] Orza, Ramón M. (2011), "El derecho al anonimato en internet", revista *Telos*, Fundación Telefónica, n.º 89, octubre-diciembre de 2011.

acosador y eso sólo es posible con la información técnica que está detrás de cada perfil".[70]

Las grandes compañías de redes sociales "no facilitan esos datos". "Se rigen", añadía la presentadora, "por sus propias normas de seguridad". Todo ello a pesar de que se presentó en 2014 (cuatro años antes de esas declaraciones) un requerimiento judicial, que no logró nada.

Lara Siscar comenzó su calvario cuando una persona que usaba Facebook le empezó a enviar mensajes directos para que la periodista accediera a convenir una cita. Ante su silencio, llegaron las amenazas y hasta la abordó en la calle, lo que permitía suponer que seguía sus movimientos. El acoso se diversificó más tarde en otras redes, y también mediante mensajes directos y con un segundo atacante. No terminó todo ahí, sino que la periodista hubo de padecer además una suplantación de su personalidad.

La compañía a la que se pidió información sobre los perfiles implicados, Orange, alegó que había transcurrido el periodo de conservación de los mensajes, que se borran en virtud de lo establecido en la Ley de Conservación de Datos, de 2007. El artículo 5 de esta norma señala: "La obligación de conservación de datos impuesta cesa a los doce meses computados desde la fecha en que se haya producido la comunicación", si bien añade que se podrá ampliar hasta dos años en caso de investigación de un "delito grave" y, eso sí, "previa consulta a los operadores".

Lara Siscar concluía la entrevista admitiendo que "la gente tiene derecho al seudónimo, pero si se comete un delito la identificación debería ser inmediata, y no lo es".

Poca discusión cabe al ponderar el derecho de la presentadora a vivir tranquila frente a la libertad de expresión que se invoca para el anonimato en las redes, utilizada tan a menudo para la injuria y el acoso.

La empatía hacia la víctima nos lleva a comprender la angustia con la que seguramente vivió los ataques, las alteraciones del sueño, su inseguridad al caminar por la calle, la dificultad para

70 Ramírez, Daniel (2018), "El infierno de la presentadora Lara Siscar: 'Mi acosador me persigue desde hace 7 años, quiere amargarme la vida'", en *Elespañol.com*, 6 de enero de 2018.

mantener la alegría como antes, los quebrantos personales y económicos al afrontar la contratación de abogados, la intrusión en su vida de un tema de conversación que desplaza a los que en otra época la ocupaban.

La persecución del autor anónimo se topa con dificultades extremas. Como los perfiles se pueden crear y borrar en cuestión de minutos, de modo que sirvan en su efímera existencia para el ataque concreto y nada más, la amenaza o el insulto llegan a la víctima sin que dé tiempo a emprender una investigación con garantías.

En el caso de Lara Siscar, los dos supuestos acosadores alcanzaron a crear 30 perfiles diferentes en distintas plataformas, que replicaban de inmediato con frases ofensivas cualquier comentario que la presentadora hubiera podido divulgar.

Ambos fueron detenidos, pero, como señalaba el auto, el juez no halló pruebas suficientes para encausarlos. La compañía Twitter respondió así a las peticiones de la periodista: "Hemos revisado el contenido y, aunque lo pueda encontrar ofensivo, no viola nuestras normas, así que no lo retiraremos".

Es fácil imaginar la decepción de Lara Siscar ante el funcionamiento de unas empresas multimillonarias que, por unas razones o por otras, la dejaron en el desamparo mientras sus agresores obtenían un permiso tácito para buscar nuevas víctimas.

Propuestas políticas frustradas

De cuando en vez han surgido intentos de poner límites a las agresiones digitales. Con escaso éxito.

El Partido Popular (entonces en el Gobierno) presentó a finales de 2017 en el Senado una proposición de ley destinada a endurecer esa legislación tan permisiva para con las suplantaciones y el anonimato. Lo hizo, casualmente, a raíz de unos tuits ofensivos contra su dirigente catalana Alicia Sánchez-Camacho, quien recibió desde una cuenta denominada @birostaenric1 un mensaje tremendamente ofensivo:[71] "A ti te tendría que haber encontrado

[71] El tuit fue escrito en un defectuoso catalán: "A tu et tindria que haber trobat la manada" (en vez de "a tu t'hauria d'haver trobat La Manada").

La Manada" (en referencia al grupo de jóvenes que cometió una violación colectiva en Pamplona en el verano de 2016 durante las fiestas de San Fermín).

El partido conservador defendía acabar con el anonimato en la Red y obligar a que los usuarios entreguen su documento de identidad para registrarse en plataformas digitales.

Su exposición de motivos recordaba que el ordenamiento español no cuenta con un procedimiento que regule específicamente las medidas de protección encaminadas a garantizar "la titularidad lícita de los perfiles" en las empresas de servicios digitales. Eso no debería suponer, según el PP, una supervisión de los contenidos, sino la "adopción de cautelas para la posible identificación de autores de delitos", de modo que se ajuste al derecho de la Unión Europea.

Entre otras estipulaciones, la proposición de ley planteaba un nuevo artículo 12 en la Ley Orgánica 3/2018 (sobre protección de datos personales), con esta redacción:

> Artículo 12. Deber de identificación. Los prestadores de servicios de intermediación consistentes en albergar datos [aquí venimos hablando de "plataformas"] proporcionados por el destinatario del servicio estarán obligados a la identificación de cada uno de los perfiles y sus cuentas de usuario, a través del Documento Nacional de Identidad, el Pasaporte o cualquier otro documento oficial acreditativo de la identidad.

Esos escuetos preceptos legales, que daban un plazo de seis meses a las empresas para cumplir lo establecido, habrían significado acabar con el anonimato en las comunicaciones telemáticas.

Pero la iniciativa obtuvo reacciones contrarias.

La ya mencionada Plataforma por la Libertad de Información (PLI)[72] expresó su total rechazo. Recordaba que la legislación

[72] Esa plataforma, creada en 2014, está constituida, según su página web, por medios de comunicación, organizaciones de periodistas y de abogados, organizaciones sociales y universidades. No consta su modo de financiación el día en que yo lo consulto en la pestaña correspondiente que figura en https://libertadinformacion.cc/que-somos/ (16 de septiembre de 2023). Su ciberpágina admite donaciones, para las cuales, paradójicamente, solicita nombre,

actual "es suficiente para proteger a las víctimas de delitos en redes sociales", invocaba "las decenas de detenciones que se producen por este motivo" y zanjaba que esa propuesta "solo puede verse como una campaña de desinformación orientada a acabar con la libertad de crítica en la red".

Además, considera esta estrategia "peligrosa e inaceptable" y advierte de que no es la primera vez que el PP quiere criminalizar la libertad de expresión en internet, "en contra de lo establecido en el derecho internacional".

Por su parte, la organización española de consumidores FACUA se despachó así en diciembre de 2017:

> El partido que ha utilizado desde el Gobierno a una policía política y a seudoperiodistas para propagar bulos difamatorios contra sus rivales políticos se dispone ahora a atemorizar a los usuarios para que no ejerzan su derecho a expresar sus opiniones libremente desde el anonimato en las redes sociales.
>
> La existencia de personas que se amparan en el anonimato en internet para amenazar, insultar, calumniar y propagar el odio en las redes es un mal menor que hay que asumir en una sociedad democrática que promueve derechos fundamentales como la libertad de opinión y expresión, y que puede ser combatido con otras vías legales sin necesidad de una reforma legislativa tan dura como la que pretende el PP.

Es una pena que estas organizaciones y otras voces similares vieran en la propuesta del PP el propósito de acabar con la libertad de crítica. El comunicado de esa entidad incurre además en un juicio de intenciones poco demostrable, como casi todos los juicios de intenciones; y elude establecer límites frente a tragedias como las sufridas por Amanda Todd o Tiziana Cantone, y que difícilmente se pueden considerar un "mal menor", desafortunada expresión que usa FACUA.

---

apellidos, DNI, correo electrónico y dirección postal, quizá por obligaciones legales. También acoge denuncias de atentados contra la libertad de expresión, apartado en el que solicita igualmente datos personales —esto ya es más extraño—, si bien admite que el nombre no aparezca luego. La PLI se ha manifestado también contra "el lobby de los derechos de autor".

La PLI sí había apoyado a Ana Pastor, del canal La Sexta, tras recibir la periodista graves amenazas en Twitter; pero lo hizo después de que la comunicadora se pronunciase contra la persecución del anonimato y dijese: "Algunos no queremos que persigan el anonimato, sino a quien amenaza" (30 de noviembre de 2017). Pero ¿cómo perseguir a quien amenaza si es anónimo?

El ya citado Javier de la Cueva, abogado especialista en el derecho de la tecnología de la información, también se ha venido mostrando contrario a las iniciativas encaminadas a acabar con el anonimato: "El anonimato hay que protegerlo siempre", declaró el 2 de diciembre de 2021 en la web española *maldita.es*, dedicada a la verificación de noticias y la detección de bulos. "Hay que perseguir el crimen", añadió, "pero lo que no se puede hacer para perseguir el crimen es perseguir el anonimato".

Según De la Cueva, el anonimato se justifica por la posibilidad de que algo que se hace en el presente no se juzgue con los mismos ojos en el futuro; y también porque la interpretación de nuestros actos en un lugar no tiene por qué coincidir con la que se adopta en otro; y además estamos constantemente expuestos a que se nos perfile a partir de los datos personales.

Sin embargo, De la Cueva aceptaba que cuando un delito se cometa "de forma embozada, bajo una capa, un disfraz", se le imponga al culpable un mayor castigo. (Es lo que, por otra parte, prevé el artículo 22 del Código Penal español).[73]

Llegamos así a otra paradoja: a las personas que defienden una ley contra el anonimato se les exige responder cómo salvaguardarían los derechos de quienes usen la ocultación para el bien (denunciar una corrupción, activismo en las dictaduras, etcétera); cosa que sí haremos nosotros. Pero, en la opción contraria, normalmente quienes defienden el anonimato no se molestan demasiado en ofrecer opciones que impidan los gravísimos perjuicios que causa el embozo. Si acaso, fían el contrapeso a improbables medidas punitivas de la lentísima maquinaria judicial una vez que el mal ya se hizo.

73 "Son circunstancias agravantes: [...] Ejecutar el hecho mediante disfraz, con abuso de superioridad o aprovechando las circunstancias de lugar, tiempo o auxilio de otras personas que debiliten la defensa del ofendido o faciliten la impunidad del delincuente".

La proposición del PP de 2017 debió de guardarse finalmente en algún cajón del Parlamento, con el cambio de Gobierno de 2018, y no se tramitó. Ese partido la recuperaría en septiembre de 2021 y en abril de 2023, ya en la oposición, con el mismo resultado en ambas oportunidades: fue rechazada por el PSOE y el Gobierno socialista, por lo que su camino quedaba zanjado.

El portavoz del grupo derechista, Rafael Hernando, había defendido al presentar la propuesta de 2023 la necesidad de "evitar que los cibercriminales falsifiquen o suplanten perfiles con el propósito de dejar rastros o huellas digitales falsas usados en la comisión de delitos, que no permitan su identificación y reproche penal".

Y se preguntó: "¿Por qué hay que seguir permitiendo que en las redes sociales, en muchas ocasiones, campen a sus anchas personas bajo perfiles falsos ocultando su identidad real?". Y continuó: "El acoso digital, la suplantación de identidades, la falsificación de perfiles digitales, el *bullying*, las amenazas, calumnias o coacciones en la red, la violencia de género, los delitos de odio, el *grooming*, la extorsión, la intrusión, la información falsa e incluso el ciberterrorismo han encontrado en las redes sociales el caldo de cultivo ideal para desarrollarse con absoluta impunidad, siendo difícilmente perseguibles por la legislación vigente".

Son argumentos respaldables. Lástima que no los respaldaran el propio parlamentario Hernando y el propio PP en los años en que disponían de mayoría absoluta y se lo planteaba año tras año la Fiscalía General del Estado.

Pero así como el soporte de las difamaciones y mentiras no es perseguido cuando las acoge una red social, sucede lo contrario si las calumnias y falsedades se incluyen en los comentarios, también anónimos, de un medio informativo. De ese modo se estableció en la llamada *sentencia Delfi*, de 76 folios, dictada en 2015 por el Tribunal Europeo de Derechos Humanos. El fallo determina la responsabilidad de ese portal estonio de noticias en unas afirmaciones de sus lectores, en 2006, contra una compañía de transporte marítimo y sus directivos. Sin embargo, el tribunal salva a las redes sociales. Para ello diferencia entre proveedores de servicios técnicos (considera a las redes como el teléfono o el correo, igual que la jurisprudencia estadounidense referida anteriormente) y los proveedores de contenidos (donde engloba a los ciberespacios de noticias y opiniones).

Delfi disponía de mecanismos de moderación de los comentarios, pero tardó seis meses en retirar algunos de tintes ofensivos, y en ese tiempo, señala la sentencia, se benefició de la polémica porque con ella atraía tráfico y lectores. Por ello, el Tribunal Europeo ratifica la sentencia recurrida en Estonia, que había sido favorable a la parte injuriada.[74]

Por el contrario, y en un hecho similar, el periódico colombiano que acogió una opinión injuriosa en uno de los foros abiertos bajo el texto de un artículo no fue encausado, pese a abrirse un proceso al respecto. Pero sí fue condenada la persona que escribió el mensaje. En julio de 2014 la Justicia colombiana condenó a 18 meses y 20 días de prisión al autor de unas calumnias escritas en 2008 contra Gloria Lucía Escalante, entonces gerente de Emcali (Empresas Municipales de Cali), en un foro del diario *El País* de esa ciudad. El seudónimo "Con Memoria" resultó corresponder al ciudadano Gonzalo López, cuyo comentario decía textualmente: "Y con semejante rata como es Escalante que hasta del Club Colombia y Comfenalco la han echado por malos manejos que se puede esperar... el ladrón descubriendo ladrones? bah!". (Las faltas de ortografía son del original).

El autor se amparó en el seudonimato y además en una cuenta de correo personal de nombre falso, pero la policía rastreó su dirección IP y halló además a testigos que declararon haberle oído reconocer como propio aquel comentario. Con todo, el camino no se recorrió tan fácilmente. El Juzgado Décimo Penal Municipal absolvió al autor en primera instancia; revocó ese fallo el Tribunal Superior de Cali, que lo sentenció por injuria; la Fiscalía apeló la decisión y finalmente la Corte Suprema de Justicia acabó condenándolo de nuevo. Ya se ve lo escurridizo del asunto, cuya resolución final llegó seis años después de los hechos. En la sentencia inicial favorable a Gonzalo López se consideraba que la autoría no se había verificado suficientemente, lo cual muestra una vez más la dificultad de establecer eso cuando alguien intenta ocultarse con cierta habilidad.[75]

74 Sentencia del Tribunal de Estrasburgo del 16 de junio de 2015 tras la demanda número 64569/09.

75 *Elpais.com.co (El País* de Cali), "Polémica por condena a autor de un comentario en internet", 22 de julio de 2014.

También queda claro que hay que gastarse un dinero en abogados.

En esta causa el periódico no fue ni siquiera procesado pese a haber consentido el comentario anónimo injurioso. Y no faltaron las opiniones contrarias a la apertura de las diligencias, como la del entonces director de la Fundación para la Libertad de Prensa, el abogado Pedro Vaca, en el momento de escribir estas líneas relator especial para la Libertad de Expresión de la Comisión Interamericana de Derechos Humanos. Vaca argumentó que los comentarios debieron tomarse como una opinión y que los funcionarios están expuestos a recibir ese tipo de consideraciones: "Ser funcionario público [*sic*][76] implica ser tolerante con este tipo de comentarios".

Expresaremos alguna discrepancia sobre las palabras de Vaca. Aquí, una vez más, convendría distinguir entre información y opinión. Si el ciudadano Gonzalo López (o su seudónimo opaco Con Memoria) se hubiera limitado a opinar sobre la gestión de Gloria Lucía Escalante y lo hubiera hecho sin insultar, no se podría objetar nada desde un punto de vista democrático. Sin embargo, escribió afirmaciones que implican hechos concretos cuya existencia estaba por demostrar: "La han echado por malos manejos", "el ladrón descubriendo ladrones". Solamente es protegible, insistimos, la información veraz (comprobada, contrastada) y de interés general. No se puede acusar a nadie públicamente sin pruebas.

Los tribunales se ahorrarían todo el gasto y el esfuerzo que vierten en este tipo de procesos, para dedicarse a otros de mayor transcendencia, si no se consintiera el anonimato. Difícilmente quien escribió esas injurias en la versión digital del diario de Cali lo habría hecho con su nombre propio. En ese remoto supuesto, la investigación que condujo hasta su identidad habría resultado menos onerosa para las arcas del Estado y la acusada se habría librado de los malos tragos que debió soportar a causa de esas afirmaciones infundadas.

El 7 de julio de 2021, el Defensor del Lector de *El País*, cargo desempeñado en aquel momento por Carlos Yárnoz, se quejó de la actitud del diario respecto a los comentarios recogidos al final

[76] Un pleonasmo. Todos los funcionarios son trabajadores públicos.

de los artículos: "El periódico hace la vista gorda pese al flagrante incumplimiento de sus normas, pero es obvio que esos anónimos no solo desvirtúan el debate, sino que molestan a muchos lectores, como Francisco Vida: 'Todos los artículos deben abrirse a comentarios; eso sí, firmados con nombres y apellidos reales, no escondidos tras la irresponsabilidad de seudónimos grotescos y pusilánimes'. Sin puertas al mar y sin seudónimos, otro debate es posible. Saldrán ganando los lectores", concluía.

Tres meses más tarde, el 10 de octubre de 2021, tras no conseguir ningún avance, Yárnoz volvía sobre la cuestión: "Igualmente lógica es la exigencia de que el periódico cumpla sus propias normas y obligue a identificarse con nombre y apellido (primera regla) a quien participa en la zona de comentarios en la web reservada a suscriptores [en aquel momento ya no podía escribir cualquier lector, sino solamente los abonados]. Esta vez lo exigen, entre otros, José Muñoz Pineda, Francisco Vida o Jesús Sarmiento, pero antes lo reclamaron muchos más porque el anonimato, argumentan, degrada el debate".

Se percibe a simple vista en esos foros que los comentarios más hirientes y descorteses —y a menudo erróneos además— han sido escritos bajo nombres inventados. El comentarista anónimo sale al debate con ventaja frente al firmante de un artículo: el lector conoce quién es el autor, probablemente su trayectoria y su currículo, dispone, por tanto, de muchos flancos para el ataque. Sin embargo, el firmante de la pieza periodística no podría cuestionarle nada en una hipotética respuesta —una deficiente capacitación para el tema del que se trate, la incongruencia con otras opiniones anteriores, etcétera—, porque el anónimo existe solamente en el presente, en el momento exacto en el que se expresa. Su autor no tiene un antes y un después. Actúa como un fantasma en el ataque, sin ser visto y por tanto invulnerable. Una lucha desigual, movida por la cobardía.

En el momento de publicarse este libro, el problema persiste tal como lo denunció el Defensor del Lector.

Una vez más, la clave radica en prevenir (dificultar, impedir) las agresiones que el anonimato propicia, más que en juzgarlas y condenarlas cuando ya han causado un daño. Porque el panorama judicial es desalentador, según hemos visto.

Millones de personas siguen cuentas de Twitter, en España y en el mundo, que lanzan información falsa cada día o que roban contenidos ajenos.

Por ejemplo, @AlertaNews24 (dos millones de seguidores) o @disclosetv (1,2 millones). Desde este emisor se afirmaba en marzo de 2024 que la esposa de Jeff Bezos (dueño de Amazon) subvenciona a grupos de extrema derecha, falsa noticia que obtuvo 740.000 reproducciones y que miles de usuarios reenviaron sin que en ningún momento fuera corregida o eliminada. Otros perfiles de esa red social se dedican a enlazar y difundir noticias inventadas, como las de *ElPuntual24H*, habitual esparcidor de bulos con 80.000 seguidores y cuyas informaciones navegan por los cibermares cada día, repetidas, repetidas y repetidas.

Según ese medio, por ejemplo, "en Francia casi el 60% de los musulmanes son muy permeables a las influencias yihadistas". A este portal se le han contabilizado 50 bulos parecidos, algunos de los cuales fueron asumidos luego por dirigentes derechistas en sus declaraciones públicas.[77]

Marta Peirano ofrece en su libro *El enemigo conoce el sistema* unos datos alarmantes sobre la repercusión exponencial de las mentiras. Sus datos de 2016 se habrán quedado pequeños hoy en día, y aun así sobrecogen: a partir de 3.841 cuentas comprobadamente falsas en Twitter/X se difunden más de 10,4 millones de tuits, que luego son reproducidos o recomendados unos 73 millones de veces. Un poder devastador.[78] Por eso cada cierto tiempo alguna personalidad relevante anuncia que deja sus cuentas en las redes sociales, al no soportar ya los ataques y la porquería circundante.

La socialista Anne Hidalgo, alcaldesa de París, se había unido a Twitter en 2009 y llegó a reunir 1,5 millones de seguidores en todo el mundo. Pero el 27 de noviembre de 2023 explicó su decisión en un artículo que publicó en varios medios (*El País* en España).

He aquí algunas de sus frases:

> Twitter, lejos de ser el revolucionario medio que inicialmente hizo que la información estuviera al alcance del mayor número posible de

[77] Carmela Ríos, "Paraperiodismo", *El País*, 26 de marzo de 2024.
[78] Peirano, Marta (2019), *El enemigo conoce el sistema*, Barcelona, Debate, p. 251.

personas, se ha convertido en los últimos años en una poderosa herramienta de destrucción de nuestras democracias.

Hoy, la polémica, el rumor y la grosera manipulación gobiernan el debate público, alimentados por el algoritmo de Twitter, donde lo único que cuenta es el número de *likes*. La verdad poco importa.

Esta plataforma y su propietario agudizan de forma intencionada las tensiones y los conflictos.

Podemos seguir negando, aclarando y explicando, pero el ruido que produce una noticia errónea tendrá mayor eco que una verdad demostrada.

No nos engañemos. Estamos ante un clarísimo proyecto político que pretende relegar la democracia y sus valores en beneficio de poderosos intereses privados.

Este medio se ha convertido en una gigantesca cloaca mundial, ¿y debemos seguir sumergiéndonos en ella?

Lo vemos todos los días: Twitter impide el debate, el afán de verdad y el diálogo sereno y constructivo que necesitan los seres humanos. Con sus miles de cuentas anónimas y sus granjas de *trolls*, la vida en Twitter va contra la vida democrática. Me niego a respaldar este perverso plan.

Nunca deberíamos aceptar el acoso fruto de ataques malintencionados. No debemos permitir que los ingenieros del caos se hagan con el control de nuestros destinos.

Para ser fiel a mis convicciones y a mi compromiso, hoy abandono Twitter. Permaneceré en otras redes sociales en las que todavía es posible mantener un diálogo respetuoso.

Muchos políticos han adoptado determinaciones similares. Lo que sorprende es que, dado el poder del que disponen, no hayan procurado regular antes esos espacios que ellos mismos consideran dañinos para la democracia.

Elena Valenciano, eurodiputada del PSOE, se despidió en marzo de 2013 de las redes sociales con un mensaje en el que contaba la persecución que habían sufrido sus hijos. "Y ese sí es el límite", escribió. "Contra mí, era normal. Contra mis hij@s es inmoral".

Pero regresó en noviembre de ese mismo año con un mensaje en contra de la reforma de la ley sobre el aborto que proponía entonces el PP. Su cuenta reúne ahora a casi 40.000 seguidores.

Una propuesta similar a la defendida por el Partido Popular español en 2017 y 2023 fue planteada por el Gobierno francés en octubre de 2020 (tres años antes de la decisión de Anne Hidalgo). También con el empujón de un suceso concreto, y esta vez trágico: el asesinato, por decapitación en plena calle, del profesor parisiense Samuel Paty, de 47 años, sobre quien se había difundido que mostró en clase unas caricaturas de Mahoma. El asesinato animó al ministro de Justicia, Gérald Darmanin, del partido Renacimiento (Emmanuel Macron), a plantear la eliminación del anonimato en las redes, si bien reconocía la dificultad de conseguirlo sin afectar a la libertad de expresión y precisó que hacía falta una actuación de ámbito europeo.

El objetivo planteado se dirigía a atajar los mensajes de odio que circulaban por las plataformas, que, en su opinión (fácilmente compartible), habían desempeñado un papel decisivo en el atentado contra el profesor. La policía abatió al atacante, pero una vez más había fallado la actuación preventiva sobre el caldo de cultivo que propició el asesinato. Ante este tipo de delitos no basta con argüir que los culpables suelen ser detenidos (lo que además no casa con los datos reales), sino evitar el daño mediante decisiones efectivas: hace falta atajar el proceso y limitar los subterfugios empleados, entre los cuales el anonimato desempeña un papel imprescindible.

Aquel impulso de octubre de 2020 en Francia se recondujo en abril de 2021 hacia una ley antiterrorista —también frustrada después— que permitiera aplicar algoritmos en la búsqueda de sospechosos; por ejemplo, para localizar a los que hayan consultado vídeos de decapitaciones, fabricación de bombas y otros hechos que activen las alarmas. En esas circunstancias, se podría retirar el anonimato del usuario y evaluar la amenaza. Todo ello, envuelto en "garantías muy reforzadas", en expresión del ministro Darmanin, para evitar abusos en la esfera de la intimidad.

VPN y TOR

La propuesta francesa pretendía una modificación legal que obligase a las redes sociales a detectar e impedir el uso de VPN (Virtual Private Net, o "red privada virtual"), aplicaciones fáciles de instalar que ocultan la IP o *matrícula* del dispositivo desde el que un usuario escribe mensajes. Como tantas otras herramientas inventadas por el ser humano, las VPN se pueden usar para el bien o para el mal.

Para el mal, porque al esconder la identidad del ordenador utilizado —también permiten simular que se está en un lugar diferente del verdadero— facilitan el pirateo y la descarga ilegal de películas, música, libros, fotografías y otros contenidos sujetos a derechos de propiedad intelectual o artística. Además, su capacidad de desgeolocalizar el dispositivo utilizado sirve para, por ejemplo, ver ilegalmente acontecimientos deportivos cuyos derechos se han comercializado en determinados países pero no en otros. Hay que advertir además de que algunas de estas aplicaciones, si son gratuitas, almacenan a su vez información de los usuarios para venderla luego a un buen comprador. Aquí nadie da nada porque sí.

En la parte positiva, las VPN que ofrecen los proveedores de antivirus (Norton, SecureLine VPN…) y las que se pueden comprar en el cibermercado (NordVPN, ExpressVPN…) permiten ocultar nuestros datos, evitan que entreguemos información sobre nuestras compras y protegen nuestras contraseñas. De las VPN también se benefician, pues, las gentes de buena voluntad.

Sin embargo, esta herramienta muestra una falsa sensación de seguridad, según el informe de la Agencia Española de Protección de Datos de 2019; porque las técnicas que se han desarrollado para obtener la huella digital de un usuario saben salvar esos obstáculos. Las VPN ocultan las direcciones IP al servidor de destino pero permiten conocer datos sobre las características del terminal.[79]

Además de las VPN, existe TOR (*The Onion Router*, el enrutador cebolla), un programa de origen estadounidense que se elaboró de forma altruista en 2010 y que se puede instalar en cualquier ordenador. No se llama así porque haga llorar, sino porque forma varias capas de cifrado de conexiones destinadas a ocultar la original, en semejanza con las capas de una cebolla. Sirve, por tanto, para circular en la Red de forma anónima. (Bueno, las cebollas favorecen la circulación). Se calcula que lo utilizan el 3% de quienes navegan

[79] Agencia Española de Protección de Datos, *Estudio sobre la huella digital*, septiembre de 2019. https://www.aepd.es/sites/default/files/2019-09/estudio-fingerprinting-huella-digital.pdf

por internet, y que una milésima parte (el 0,1%) de los internautas lo emplea como ruta para entrar en Facebook.[80]

Con eso y todo, esta vía de ocultación hace más lentas las operaciones en internet; y es incompatible con programas como Flash y Java (porque pueden facilitar la localización), lo que retira el acceso a muchos sitios que los utilizan. Pero también implica riesgos.

La propia página oficial de TOR advierte de que generalmente es imposible lograr el anonimato total, incluso con ese mecanismo: "No se deben abrir documentos descargados a través de TOR mientras se está en línea. [...] Debes ser muy cuidadoso al descargar documentos vía TOR [...], ya que estos documentos pueden contener recursos de internet que serán descargados fuera de TOR por la aplicación que los abre. Esto revelará tu dirección IP no enmascarada por TOR".

Entre sus efectos figura el de sortear las restricciones de los medios informativos que ofrecen un número limitado de entradas gratuitas en sus textos (para lo cual identifican la *matrícula* del ordenador). Pero también auxilia a los periodistas que informan sobre narcotraficantes y usan fuentes a las que deben proteger, algo crucial en países como México, Colombia o Perú.

Sin embargo, igual que las demás herramientas de anonimato, TOR y las VPN sirven para ocultar la identidad hasta que dejan de servir para ocultar la identidad. Son escudos con agujeros.

Imperfección de las herramientas

Como se ha señalado, el anonimato no es perfecto. Surgirán a cada rato nuevas argucias de ocultación, sí, a las que pronto responderán nuevas argucias de localización. Todas ellas esconderán al autor verdadero ante los usuarios sin más pretensiones ni medios, quienes estarán indefensos a su vez frente a los ataques que se sirvan de esta herramienta, pero unos servicios de espionaje profesionales acabarán llegando al ordenador de origen si se lo proponen de verdad. Les bastará con esperar un despiste del usuario, como el olvido de

80 Ringledine, Roger (2021), "Tor, la privacidad en internet en la era de la gran vigilancia", en Gunnar, Wolf (coord.), *Mecanismos de privacidad y anonimato en redes*, Universidad Nacional Autónoma de México.

activar la protección un buen día para entrar en Twitter/X o analizar los metadatos que transmite el ordenador sin que se dé cuenta quien lo utiliza, incluso por el nivel de batería y los lugares visitados con la misma carga. Los grandes servicios de observación y seguimiento juegan con esas técnicas y conocen las debilidades de TOR.

Todo esto provoca que algunos activistas que luchan por las libertades usen estos sistemas con una falsa sensación de anonimato, que quizá les haga caer más fácilmente en las garras de las dictaduras. El mayor peligro en regímenes totalitarios, por tanto, no reside en mostrar un nombre real, sino en las revelaciones que el activista produce sin darse cuenta. Ante los grandes expertos de los que dispone todo Estado autoritario, las comunes pretensiones de anonimato se quedan en nada.

Es cierto que la Primavera Árabe (las revueltas promovidas entre 2010 y 2012 en Túnez, Egipto, Libia o Yemen) se fraguó en las redes sociales, pero quizás ahora no sería posible ese mismo fenómeno, con la experiencia y los mecanismos que los Gobiernos de los países dictatoriales han adquirido o desarrollado a partir de aquellos hechos. Un autoritarismo que continúa 12 años después.

Sin resultados

También los propósitos políticos nacidos de la indignación francesa tras el asesinato del profesor Samuel Paty se quedaron en nada. El 19 de septiembre de 2023, la propuesta "liberticida" del partido gubernamental de levantar el anonimato se retiró tras las protestas que había suscitado. Quienes defendían el texto (principalmente los diputados del partido de Emmanuel Macron) señalaban que "si bien las redes sociales constituyen una verdadera herramienta al servicio de la libertad de expresión, de ninguna forma pueden ser una zona sin ley donde la libertad de expresión no tiene límites". La oposición, sin embargo, apreciaba un peligro para la democracia. Se sumaron a esta postura crítica incluso algunos diputados de la mayoría gubernamental, como Eric Bothorel, quien escribió con ironía en Twitter: "La mayoría [parlamentaria] está iniciando la batalla contra el anonimato en internet. Es un giro arriesgado, peligroso, en el que no me veo. Y nadie se sorprenderá. Aunque ya no uso sudadera con capucha".

Los críticos argumentaban que los delincuentes simplemente tienen que desplazarse a países donde esté permitido el anonimato que proporcionan las VPN; mientras que su prohibición perjudica a usuarios legítimos: por ejemplo, defensores de los derechos humanos o periodistas que investigan abusos en países no democráticos. Pero, obviamente, con el mismo argumento se podría señalar que también ellos podrían trasladarse virtualmente a países donde estuviera permitido el anonimato.

El diputado francés defensor de esas medidas tendentes a restringir la ocultación de la personalidad, Mounir Belhamiti, también del partido Renacimiento, explicó que había retirado finalmente la propuesta "para no perturbar un debate que requiere serenidad". "Fue sólo una enmienda de apelación, diseñada para generar una discusión, no para ser votada tal como está". Eran solamente paños calientes.

Frente a ello, Paul Midy, ponente general del proyecto de ley, insistió en *Le Parisien*: "El objetivo número uno es contrarrestar el sentimiento de anonimato que conduce a un sentimiento de impunidad".

A ello respondía en France 3 el especialista digital Baptiste Robert: "El anonimato no existe en las redes sociales. Durante muchos años, la policía ha podido encontrar personas y obtener numerosos detalles sobre ellas. Es incluso su vida diaria".

Una vez más, los argumentos contra la regulación del anonimato se basan en las medidas que se pueden adoptar después de cometido el delito para encontrar a la persona oculta —lo que además rara vez se logra con los medios judiciales, pese a las aseveraciones tan firmes que se suelen proferir a ese respecto—, y no en la desincentivación general del ánimo delictivo que se daría indefectiblemente entre quienes actuasen con el nombre propio si se dificultara o limitara el anonimato.

Mareo de la perdiz

La locución "marear la perdiz" procede del mundo de la caza y fue creada seguramente por alguien que pensó en que cansar a esa ave haría más fácil atinarle con la escopeta. El vuelo de la perdiz es rápido pero no alcanza mucha distancia, se agota pronto en su esfuerzo. "Perdiz cansada es perdiz asada", he oído alguna vez en los pueblos de Burgos. Ya al margen de ese ámbito cinegético, "marear la perdiz" significa hacerle perder el tiempo a alguien mediante rodeos o dilaciones, sin ir al grano del problema que le concierne. Eso es lo que viene sucediendo con las iniciativas y debates en torno al anonimato: que cansan a las víctimas a la espera de alguna solución, para que con frecuencia desistan. El vuelo de los injuriados es siempre corto también, porque la tensión agota.

La clase política no ha dejado de aturdir a la perdiz y a las víctimas en lo que se refiere a la regulación de los delitos de palabra en internet y las redes, como ya se ha reflejado en páginas anteriores.

Una de las pérdidas de tiempo más notables se produjo en el Congreso español cuando, en términos propios de Groucho Marx, la subcomisión de una comisión (la subcomisión de la Comisión de Interior) convocó y escuchó entre el 26 de junio de 2013 y el 3 de septiembre de 2014 a 48 expertos, a razón de entre tres y cinco por cada una de las 17 sesiones, con cuyas palabras iniciales y respuestas posteriores se elaboró un informe final. Todo había partido de una propuesta del PP presentada el 22 de noviembre de 2012. El informe final lleva fecha del 10 de marzo de 2015 (publicado en el boletín parlamentario el 24 de ese mismo mes); por tanto, casi tres años después de aquella iniciativa.[81]

En las sucesivas sesiones de esa subcomisión de la comisión, distintos informantes se quejaron de la impunidad del anonimato y de las facilidades para la suplantación, sin que el Parlamento haya aprobado desde entonces y hasta la edición de este libro un conjunto de normas que salgan al paso de las situaciones denunciadas en aquella sede.

Al tratarse de una subcomisión, el *Diario de Sesiones* del Congreso no publicó las palabras íntegras de cada compareciente ni los documentos manejados por los 16 diputados integrantes, sino solamente un resumen de cada una de las intervenciones. Una vez leídas, y tras desentrañar frases difíciles de entender por su redacción o transcripción deficiente, reseñaremos algunas críticas expresadas allí contra la situación legal relativa a las redes.

[81] El informe se puede consultar en la ciberpágina del Congreso: https://www.congreso.es/public_oficiales/L10/CONG/BOCG/D/BOCG-10-D-635.PDF

Francisco Fernández Marugán, adjunto primero al Defensor del Pueblo, fue tajante: "Debería prohibirse el anonimato y reflexionar sobre la conveniencia de algún sistema de alerta temprano, con una denuncia rápida y arbitrar un procedimiento de colaboración con las Fuerzas de Seguridad".

Iker Merodio, doctor en Periodismo y asesor en comunicación, aseveró: "El anonimato (no el pseudónimo) es una de las grandes perversiones de Internet y resulta fundamental para la comisión de delitos".

Francisco Martínez Vázquez, secretario de Estado de Seguridad, expuso que el año anterior se habían producido en España 9.064 delitos de amenazas y coacciones por internet, y reclamó "la intensificación de los instrumentos de investigación criminal". (No sabemos cómo se pueden intensificar los instrumentos, tal vez estaba pidiendo más dinero).

Alejandro Touriño Pena, del despacho de abogados Écija, focalizado en las nuevas tecnologías, lamentó que la legislación actual permita a las plataformas no identificar a un usuario salvo que se haya cometido un delito grave.

También se quejaron expresamente sobre las facilidades para la suplantación los expertos Elvira Tejada, fiscal de Criminalidad Informática, el citado Alejandro Touriño, Juan Carlos Ortiz, Alfonso Carrascosa y Jorge Campanillas, así como el también ya mencionado Martínez Vázquez.

En cuanto a las identificaciones de la dirección IP, varios comparecientes cuestionaron que solamente se facilite ese código cuando concierna a delitos graves. "Esto debería estudiarse", dijo también Jorge Campanillas.

Ramón Miralles López, coordinador de Auditorías y Seguridad de la Información en la Autoridad Catalana de Protección de Datos, se mostró partidario de hacer compatible la navegación anónima con la existencia de fondo de una "identidad digital". (Se denomina "identidad digital" al conjunto de los datos que conforman una descripción de un individuo en el plano digital, en definición del Ministerio de Industria español).

Borja Adsuara Varela, tal vez de entre todos los comparecientes el más conocido experto sobre derecho digital, entonces director general de Red.es —entidad pública enfocada a la convergencia digital de España con Europa—, propuso, entre otras medidas, tres modificaciones legales (en el derecho al honor, en las normas sobre comunicación audiovisual y en el Código Penal) y favorecer la autorregulación de las plataformas. Una de las conclusiones del informe final de la subcomisión insistirá en eso: "Fomento de la autorregulación: la existencia de códigos de conducta eficaces es preferible a la imposición de corsés legales o técnicos".

Todas esas exposiciones razonables y razonadas y esa pretensión de que las plataformas colaboren en la lucha por reducir los delitos cometidos bajo el anonimato se vienen abajo al leer en el resumen lo que expuso ante la subcomisión de la comisión Sinéad McSweeney.

La directora de Política Pública de Twitter, ya citada en páginas precedentes, echa por tierra toda esperanza al respecto. Ni mencionó en ningún momento el anonimato ni por supuesto planteó ninguna forma de prevenir los abusos que se cometen a su amparo. Al amparo del anonimato y al amparo de Twitter, ahora X.

McSweeney acudió al Congreso el 3 de septiembre de 2014 acompañada por su equipo especializado en seguridad, y concretamente por Patricia Cartes, directora de seguridad global en Twitter. La subordinada de McSweeney comenzó puntualizando que ella trabaja en el campo del *safety*, "más amplio que el concepto de 'seguridad'". Algo que ya empezaba a poner palos en las ruedas de la buena comunicación, porque *safety* en inglés significa exactamente "seguridad". Es como si alguien dijese "yo me dedico al campo de la seguridad, pero esto significa que me dedico a algo más amplio que la seguridad". En cualquier caso, parece ser que *safety* implica, según ella, diseñar equipos dedicados a "atender los problemas de los usuarios".

Twitter, precisó Cartes, se creó en 2006, daba trabajo entonces a 2.000 empleados y tiene el 23% de los usuarios en Estados Unidos y el 77% en el resto del mundo (sobre un total de 400 millones de usuarios cada mes), "lo que da idea de las diferencias culturales entre ellos". Así que aportó una contradicción curiosa: siendo abrumadora mayoría los usuarios extranjeros, se supone que todos han de remitirse en sus hipotéticas quejas a la justicia estadounidense. Su sede se halla en San Francisco pero, precisó, también tiene oficinas en Dublín. Claro: es allí donde paga los impuestos que deberían corresponder a los ingresos que obtiene en España. Los beneficios por publicidad en este país que es el mío se gestionan a través de una compañía establecida en Irlanda, donde la presión fiscal es menor. Pero habrán de llevar los litigios a Estados Unidos, donde la permisividad es mayor.

Eso se parece mucho a la ley del embudo.

McSweeney detalló por su parte que las personas que usan Twitter emiten 500 millones de mensajes al día en 35 idiomas. Y que, por increíble que parezca, la empresa cuenta con equipos dedicados a propiedad intelectual e identidad que se encargan de examinar suplantaciones, derechos de autor, usurpaciones de marcas y protección de menores, así como la relación de todo eso con las leyes de cada país. El dato de cuánta gente se dedica a ello quedó en el aire (o al menos no lo recogió el *Diario de Sesiones*). Parece que nadie preguntó al respecto.

En España, aseguró, la plataforma trabaja en estrecha conexión con la Guardia Civil, la Policía Nacional y las fuerzas de seguridad regionales. Hay equipos especializados en *spam* (correo basura) e incluso un equipo de seguridad del usuario que se encarga de mirar cualquier denuncia de abuso, acoso, amenazas, incitación al odio, suicidio, etcétera. Según recoge el informe de la subcomisión refiriéndose a la exposición de la citada directiva, "en España colaboran mucho con el Teléfono de la Esperanza". No da la impresión de que les cunda, a la vista de todos los casos conocidos de personas desesperadas por los acosos en Twitter/X.

En esa comparecencia se apreció de nuevo uno de los problemas que plantean las plataformas: endosan el trabajo defensivo a los propios usuarios, sin mostrar ninguna intención de impedir las agresiones verbales. Twitter/X sitúa las soluciones dentro de su propio entorno. Es decir, hace falta hallarse en la red social para resolver ahí los ataques. Si alguien no forma parte de la comunidad tuitera y resulta injuriado o suplantado, lo primero que ha de hacer es introducirse en ella; lo cual puede constituir un formidable ejemplo de coacción comercial.

Sobre la minoría de edad, McSweeney reconoció que la plataforma no pregunta el nombre real, ni el lugar de nacimiento, ni cuántos años de vida tiene un usuario. Se supone que no se puede acceder a Twitter/X con menos de 13 años, pero ni se verificaba entonces ni nadie lo ha venido comprobando hasta ahora, a la espera de cómo se aplique la nueva legislación al respecto. El resumen de su intervención no explica cómo se puede garantizar eso sin solicitar los referidos datos. Hasta ella misma reconoció: "No es fácil verificar la edad real de alguien". Bueno, tan difícil no parece. En los cines se suele conseguir sin problema cuando se proyecta una película no apta para menores.

McSweeney también subrayó que se puede bloquear a un usuario (bloquearlo respecto a uno mismo, pero no para la siguiente víctima, ni para la siguiente identidad digital de la misma persona real); o generar una denuncia sobre abusos y acosos por correo electrónico para el equipo de seguridad de usuarios, que mirará cuál es la intención de la cuenta. (Ante un acoso, la intención suele consistir en acosar; y ante un abuso, la de abusar; no hace falta mucho trabajo para eso). A continuación advertirá al usuario de que su comportamiento "no es el más acertado", un eufemismo digno de situarse a la altura de aquel que informaba de que el cura en su homilía no se había mostrado partidario del pecado.

Cuando se comprueba el acoso, agregó, se suspende de forma temporal la cuenta. (A lo cual suele responder el acosador abriendo otra). Tampoco se tolera la suplantación, "salvo con las cuentas parodia". Las representantes de Twitter recalcaron que tras suprimir una presencia de forma permanente (no así en las suspensiones temporales, parece ser) "no se permite la creación de cuentas nuevas". Pero ¿cómo se puede controlar eso, si un usuario puede acudir a otro ordenador o a un cibercafé, o cambiar su dirección de correo? Ya hemos repasado algunos casos de manejo de multitud de cuentas por una sola persona.

Algunos diputados le preguntaron sobre la legislación que aplican, y respondió que la de Estados Unidos, porque la información se almacena en servidores norteamericanos; si bien "en materia de privacidad" deben cumplir también "las leyes de la Unión Europea".[82] Y puso como ejemplo la supresión de contenidos antisemitas en Francia, pues son de carácter ilegal, mientras que no sucede igual en Estados Unidos.

[82] Las comparecencias y las conclusiones de la subcomisión de estudio son anteriores a la aprobación (2016) y la entrada en vigor (2018) del Reglamento General de Protección de Datos (RGPD).

En cuanto al archivo de datos, Twitter los guarda entre 12 o 15 meses, pero, según expuso McSweeney, no retienen las IP tanto tiempo, pues sería demasiado volumen de información.

En general, toda la comparecencia de Cartes y McSweeney presentaba un catálogo del país de Jauja que se corresponde poco con la realidad vivida por multitud de personas privadas y públicas a quienes el anonimato en las redes ha conducido a un enorme sufrimiento personal, como los referidos casos de Ana Oramas, Elena Valenciano, Cristina Cifuentes o Lara Siscar, entre otros muchísimos miles de ciudadanos que en algún momento han padecido ataques en Twitter/X y no han encontrado amparo alguno en la compañía; antes al contrario: se toparon con una falta absoluta de compasión. Entre otras razones, porque la solución oficial consiste en que cada cual ha de resolver su problema por su cuenta. La empresa no adopta medidas preventivas ni establece una vigilancia que abarque a tantos millones de usuarios: deja a su suerte a los damnificados.

Como se ha visto más arriba, entre los demás comparecientes abundaron las peticiones de que se regulase la suplantación, y algunos reclamaron la supresión del anonimato; pero el anonimato (referido solamente 12 veces entre los 48 participantes, según el resumen) se quedó incluso sin mención alguna en el informe final elaborado como síntesis de esas comparecencias.

Entre las propuestas finales de la subcomisión, casi todas pendientes de cumplimiento aún, figura la de estudiar la tipificación penal de las suplantaciones de la identidad en el entorno digital, "sin perjuicio de la responsabilidad por otros delitos conexos". Papel mojado.

Una de las sugerencias de la subcomisión de la comisión consistía en "recomendar mecanismos de verificación de la edad para restringir el acceso de los menores a sitios web que ofrezcan contenidos para adultos".

Ese consejo plasmado en 2015 fue recogido casi diez años después por el Gobierno de Pedro Sánchez. El presidente socialista anunció en enero de 2024 un proyecto de Ley Integral para la Protección de los Menores en Internet, ante la "auténtica epidemia" de niños y adolescentes jóvenes que "tienen acceso a contenidos pornográficos". Y ofrecía estos datos "demoledores": "Uno de cada cuatro jóvenes de menos de 12 años ha tenido o tiene acceso y consume porno. Casi la mitad de los jóvenes de menos de 15 años lo consumen". Tienen mucho material a su disposición: no por casualidad el porno supone el 30% de la navegación en internet.

Asimismo, Sánchez anunciaba "la aprobación de una estrategia multidisciplinar desde el ámbito de la educación, de las competencias digitales", y finalmente, "la creación de dispositivos que impidan el acceso a esos contenidos pornográficos a los menores de edad". A este respecto, se había informado en diciembre de 2023 sobre un proyecto en colaboración con la Agencia de Protección de Datos y con la Fábrica de Moneda y Timbre, acerca del cual no se han conocido más detalles en el momento de entregar esta obra a la editorial.

Sin embargo, España ya contaba con legislación al respecto, aunque esa "ley integral" se presentara en enero de 2024 como innovadora. Concretamente, la Ley General de Comunicación Audiovisual (LGCA), de 2022, y la ya mencionada DSA (Digital Services Act o Reglamento de Servicios Digitales de la Unión Europea) que entraría en vigor en febrero de 2024. Como escribió Borja Adsuara en enero de ese mismo año sobre ambas normas precedentes, "lo que hay que hacer, en todo caso, es desarrollar algunos aspectos (que ya se tenían que haber desarrollado), dotarlas de medios y aplicarlas".[83]

El cinismo que las grandes plataformas han venido mostrando durante años en este asunto alcanza una maldad de primera magnitud. Su desentendimiento del problema de la minoría de edad de millones de sus usuarios plantea problemas espeluznantes. Nadie comprueba el dato cuando un usuario se da de alta en alguna red o cibersitio y declara tener más de 18 años. Por eso, el niño que simplemente falsee su edad podrá entrar en todo tipo de contenidos extremos, tanto si lo pretende como si le salen al paso sin pretenderlo. Esto sucede cuando en España casi un 15% de los menores internautas entre 10 y 17 años recibe alguna propuesta sexual y el 34% de ellos se encuentra con material sexual que no ha buscado.[84]

[83] Adsuara, Borja (2024), "Protección del menor en internet: tareas urgentes", *Demócrata. Información parlamentaria*, 16 de enero de 2024.

[84] Datos facilitados por la Comisión Europea en 2012 y que tomo de un informe de la fundación Anar difundido en 2020.

Al pensar en sistemas de identificación surge a bote pronto la posibilidad de considerar las características biométricas como clave, lo que acarrea contraindicaciones. Entre ellas, el hecho de regalar a las plataformas ese tipo de datos, de cuyo uso seguramente no volveríamos a tener noticia. Y también la posible utilización de esos parámetros sin la voluntad de la persona. Introducir la clave o contraseña requiere de un acto volitivo, pero se puede usar la huella dactilar o la retina de alguien al que se ha anestesiado o incluso matado, o que simplemente se ha dormido y le podemos tomar la mano.

Eso no impide que hoy en día ya estemos usando la huella para distintos accesos.

En el primer capítulo de la serie de televisión *Embarcadero* (Movistar, 2020), la viuda (Verónica Sánchez) de un hombre que al parecer se ha suicidado (Álvaro Morte) se inclina sobre su cadáver en el tanatorio, fingiendo un abrazo, para llevarle disimuladamente la huella del dedo índice al punto del móvil que permite entrar en sus contenidos. Y a partir de ahí empiezan las averiguaciones en las que se basa la trama, tras invadir la intimidad del fallecido.

La toma de datos de iris también se puede ejecutar sin que concurra la voluntad del sujeto. Además, la captación de la retina puede revelar información sobre el individuo ajena al propósito pretendido, como el estado emocional, su raza[85] o su salud.

La Agencia de Protección de Datos ya advirtió sobre estos riesgos en un documento publicado el 26 de julio de 2022. Y se reiteró el 6 de marzo de 2024. El tratamiento de información biométrica, considerada en el Reglamento General de Protección de Datos (RGPD) como de especial protección, "conlleva elevados riesgos para los derechos de las personas".

Pero han de existir otras opciones, como veremos después.

Los propietarios y gestores de las grandes redes, según hemos venido reflejando, conocen cada rasgo de nuestra personalidad y nuestra vida: si tenemos coche o no, si pensamos adquirirlo o lo hemos descartado, si buscamos piso, dónde hacemos nuestras compras y qué productos escogemos, si formamos parte de un club de

[85] Utilizo la palabra "raza" en su sentido lingüístico común, ajeno a la polémica sobre si las razas existen o no.

baloncesto y usamos ropa deportiva, si entramos o no en contenidos pornográficos, si albergamos ideas violentas, si estamos o no inclinados al suicidio, quiénes forman parte de nuestro grupo de amigos, qué películas nos interesan, cuál es nuestra situación económica. Pero dicen ser incapaces de verificar la edad de un menor y añaden que además si lo hicieran invadirían su intimidad.

Todo hace pensar que los gigantes de internet no desean perder un público fiel, activo, cuyos gustos conocen muy bien y que es muy rentable para los anunciantes.

Mientras tanto, la perdiz sigue agotada.

La legalidad internacional

Un acuerdo que limitase el anonimato y los abusos en internet y las redes necesitaría el apoyo de los grandes organismos internacionales. Por lo que hemos visto hasta ahora, el camino se presenta largo.

La ONU difundió en 2015 y 2016 varios documentos sobre libertad de expresión y sobre anonimato que abordan las cuestiones aquí tratadas.[86] Especialmente el primero de ellos, que suele ser invocado en favor de la ocultación sin restricciones.

En efecto, su texto puede servir de apoyo a quienes defienden la protección a toda ultranza del anonimato para salvaguardar la libertad de expresión; pero también a quienes preferiríamos limitar las ocultaciones mediante una ponderación en el choque de ese derecho con los relativos a la propia imagen, a la información veraz, a la seguridad personal y financiera, a no ser estafado ni engañado, a no sufrir injurias, calumnias, insultos ni vejaciones, a no ser víctima de acoso sexual o profesional, a no soportar en las redes violencia y racismo, ni tampoco vídeos crueles.

Los partidarios de la defensa completa del anonimato pueden escoger estas frases de los informes de la ONU:

[86] Informes del Relator Especial sobre la Promoción y Protección del Derecho a la Libertad de Opinión y de Expresión, David Kaye, de 22 de mayo y 8 de septiembre de 2015 y de 11 de mayo y 6 de septiembre de 2016, entre otros. De 23, 28, 26 y 27 páginas, respectivamente.

— El cifrado y el anonimato ofrecen a las personas un medio para proteger su privacidad, al permitirles buscar, leer, elaborar y compartir opiniones e información sin injerencia y al permitir a periodistas, organizaciones de la sociedad civil, miembros de grupos étnicos o religiosos, personas perseguidas debido a su orientación sexual o su identidad de género, activistas, eruditos, artistas y otros ejercer los derechos a la libertad de opinión y de expresión.

— Se ha reconocido el importante papel que desempeña el anonimato para salvaguardar y promover la privacidad, la libertad de expresión, la rendición de cuentas política y la participación y el debate públicos.

— La Declaración Universal de Derechos Humanos y el Pacto Internacional de Derechos Civiles y Políticos no abordan el anonimato porque una cláusula de ese tipo podría impedir el uso de seudónimos.

— La Relatora Especial sobre la libertad de expresión de la Comisión Interamericana de Derechos Humanos concluyó que "tanto el derecho a la libertad de pensamiento y expresión como el derecho a la vida privada protegen al discurso anónimo frente a las restricciones estatales".

— Algunos Estados ejercen una presión significativa contra el anonimato, tanto en el mundo virtual como en el real. Con todo, como el anonimato facilita la opinión y expresión de manera significativa en la red, los Estados deberían protegerlo y no restringir por norma general las tecnologías que lo procuran.

— La prohibición del anonimato en la red interfiere en el derecho a la libertad de expresión.

— El discurso anónimo ha sido necesario para activistas y manifestantes, pero los Estados han tratado de prohibir o interceptar asiduamente las comunicaciones anónimas en épocas de protestas. Dichos intentos de interferir en la libertad de expresión tienen el objetivo ilegítimo de socavar el derecho a la manifestación pacífica, enunciado en la Declaración Universal y el Pacto Internacional de Derechos Civiles y Políticos.

— El cifrado y el anonimato, y los conceptos de seguridad subyacentes, proporcionan la privacidad y seguridad necesarias para el ejercicio del derecho a la libertad de opinión y de expresión en la era digital.

— Los Estados no deben restringir el cifrado y el anonimato, que facilitan y a menudo contribuyen al ejercicio del derecho a la libertad de opinión y de expresión. Las prohibiciones generalizadas no son necesarias ni proporcionales.

Por el contrario, quienes ven problemas en la ocultación del nombre y prefieren su limitación con excepciones se escudarán en estos párrafos:

— Al igual que el teléfono puede utilizarse tanto como para denunciar un delito a la policía como para conspirar para cometerlo, Internet también puede utilizarse de manera indebida para atentar contra los derechos de los demás, la seguridad nacional o el orden público.

— El lado "oscuro" del cifrado y el anonimato emana del hecho de que las infracciones del mundo real también tienen lugar en el mundo virtual. Los agentes del orden y de lucha contra el terrorismo expresan su preocupación por el hecho de que terroristas y delincuentes comunes utilicen el cifrado y el anonimato para esconder sus actividades, dificultando así a los Gobiernos la prevención y la realización de investigaciones del terrorismo, el tráfico ilícito de drogas, el crimen organizado y la utilización de niños en la pornografía, entre otros objetivos públicos.

— Con frecuencia, las fuerzas del orden y los servicios de inteligencia afirman que las comunicaciones anónimas o cifradas dificultan la investigación de los delitos financieros, los delitos relacionados con las drogas ilícitas, la utilización de niños en la pornografía y el terrorismo.

— Se han expresado preocupaciones legítimas por el hecho de que los acosadores y los delincuentes utilizan las nuevas tecnologías para atizar el acoso. Algunos Estados limitan o prohíben el cifrado y el anonimato por estos y otros motivos, y otros proponen o aplican medios para que las fuerzas del orden eludan estas medidas de protección y accedan a las comunicaciones personales.

— Los usuarios de Internet pueden adoptar seudónimos (o, por ejemplo, falsas cuentas de correo electrónico o de medios sociales) para esconder su identidad, su imagen, su voz y su ubicación, entre otros datos, pero la privacidad lograda mediante esos seudónimos es superficial y puede ser vulnerada fácilmente por los Gobiernos u otras personas con los conocimientos técnicos necesarios. [Lo cual debilita su valor como justificación para el anonimato general].
— Los autores de actos de acoso y ciberacoso pueden utilizar el anonimato para esconderse cobardemente con fines de discriminación, en especial hacia miembros de grupos vulnerables.

Y, finalmente, otras frases se pueden invocar por ambas partes, pues ofrecen interpretaciones opuestas, principalmente porque dan una de cal y otra de arena.

— El Tribunal Europeo de Derechos Humanos ha reconocido que el anonimato es importante para la libertad de expresión, pero contempla limitaciones en los casos en que sea necesario para lograr objetivos legítimos.
— Las restricciones al cifrado y el anonimato, como elementos facilitadores del derecho a la libertad de expresión, deben cumplir tres requisitos bien conocidos: cualquier limitación a la libertad de expresión debe estar fijada por la ley; únicamente puede imponerse por razones legítimas (descritas en el artículo 19, párrafo 3, del Pacto)[87] y debe ajustarse a estrictos criterios de necesidad y proporcionalidad.
— Atendiendo un deseo humano común de proteger su identidad ante el público, el anonimato puede liberar al usuario para que explore y divulgue ideas y opiniones más de lo que lo haría si utilizara su identidad real.

[87] El artículo 19 del Pacto Internacional de Derechos Civiles y Políticos apuntala el derecho a la libertad de expresión, pero matiza que su ejercicio "puede estar sujeto a ciertas restricciones, que deberán, sin embargo, estar expresamente fijadas por la ley y ser necesarias para asegurar el respeto a los derechos o a la reputación de los demás".

Los textos de las Naciones Unidas, por tanto, están llenos de matices y no se pueden interpretar de manera unidireccional.

Por otro lado, se dirigen bienintencionadamente en primer lugar a abordar el anonimato como refugio para la libertad de expresión en los países totalitarios. Vana esperanza, porque, como el propio informe reconoce, sus Gobiernos disponen de toda la potencia de un Estado, con sus refinados medios informáticos, para descubrir a un autor anónimo en el que realmente tengan interés.

En cualquier caso, siguen en pie algunas preguntas: ¿Qué sucede con la impunidad de los mensajes anónimos que no están sujetos a ninguna amenaza de ningún país antidemocrático y que sin embargo mienten, calumnian o difaman? ¿Cómo combatir los bulos lanzados desde perfiles anónimos en lugares donde reina la libertad de expresión y cuyas autoridades no disponen de medios para perseguir la infinitud de esos actos? ¿Cómo oponerse a la patraña irresponsable sobre cuestiones sanitarias, históricas o políticas lanzada por desconocidos? Incluso ¿cómo analizar en países de Gobiernos autoritarios los ataques anónimos a personas sin relación con la política, las venganzas, las amenazas graves por asuntos triviales?

Los informes de la ONU parecen enfocados a proteger el activismo y los derechos políticos a los que ayuda el anonimato. Sin embargo, en la otra cara de la moneda encontramos el hecho de que nadie, como venimos exponiendo, se halla a salvo de un ataque anónimo: los grupos vulnerables, como su propio adjetivo indica, sufrirán una mayor propensión a recibir agresiones, sí, pero también se encuentran muy expuestas todas las personas que trabajan ante el público o para el sector público, los profesores, los médicos, los periodistas, cualquier dirigente vecinal...; en general, quien destaque en un ámbito, por reducido que sea. Nadie habría esperado —temido— que el profesor francés Samuel Paty, asesinado por yihadistas, formase parte de un grupo de riesgo, atacado por el enjambre de los nombres ocultos.

Comprendemos las cautelas de la ONU, cuyos documentos se dirigen a todos los países que forman parte de esa organización, entre ellos muchos que no garantizan precisamente los derechos democráticos y donde cualquier vía de control de las libertades se puede utilizar para dificultarlas de forma indiscriminada. Y ahí aparece el gran reto: ponderar el derecho al honor, a la intimidad y a la propia imagen —inherente a todas las personas— con el derecho a expresarse de forma anónima en situaciones de riesgo —inherente a un grupo relativamente menor de individuos pero no por ello desatendible—.

Como decíamos, el problema del anonimato no se regula de manera expresa ni en la Declaración Universal de Derechos Humanos ni en el Pacto Internacional de Derechos Civiles y Políticos. En las negociaciones del Pacto sí se propuso incluir en el artículo 19, párrafo 1, la frase "el anonimato no está permitido". Pero la propuesta quedó rechazada, "entre otros motivos, porque el anonimato puede ser necesario en ocasiones para proteger al autor".[88] Evidentemente: por eso hablamos aquí de limitar el anonimato, no de prohibirlo de forma indiscriminada.

En definitiva, no hubo coincidencia de posturas en el seno de la ONU.

En efecto, el referido informe de Naciones Unidas de mayo de 2015 recuerda que algunos Estados ejercen una presión significativa contra la ocultación del nombre, tanto en el mundo virtual como en el real; mientras que otros lo han protegido. Entre estos últimos Canadá, cuyo Tribunal Supremo declaró nula la obtención de datos sin orden judicial de usuarios anónimos de una red. Del mismo modo, el Tribunal Constitucional de la República de Corea (la Corea democrática, la del sur) derogó leyes contra el anonimato por considerarlas inconstitucionales. Y la Corte Suprema de Estados Unidos ha protegido sistemáticamente el derecho de expresión anónima.

Frente a todas esas cautelas, la Constitución de Brasil (1988) lo proscribe tajantemente, en su Título II, Capítulo I, artículo 5: "Es libre la manifestación del pensamiento, quedando prohibido el anonimato".[89]

Y también la Constitución de la República Bolivariana de Venezuela (artículo 57): "Toda persona tiene derecho a expresar

[88] Informe del Relator Especial sobre la Promoción y Protección del Derecho a la Libertad de Opinión y de Expresión, David Kaye, 22 de mayo de 2015, pág. 18.

[89] En el original, "é livre a manifestação do pensamento, sendo vedado o anonimato".

libremente sus pensamientos [...] sin que pueda establecerse censura. Quien haga uso de este derecho asume plena responsabilidad por todo lo expresado. No se permite el anonimato, ni la propaganda de guerra, ni los mensajes discriminatorios, ni los que promuevan la intolerancia religiosa. Se prohíbe la censura a los funcionarios públicos o funcionarias públicas para dar cuenta de los asuntos bajo sus responsabilidades".

En el plano de la teoría, no nos parecen criticables estos dos últimos textos legales: porque en ambos se garantiza paralelamente la libertad de expresión; y con ella el anonimato carece de sentido si la realidad responde efectivamente a esa declaración. En el plano de la teoría, insistimos. Asunto aparte es que se apliquen en la práctica.

En esa misma línea, el presidente francés, Emmanuel Macron, argumentó en agosto de 2022 en la revista *Le Point*: "En una sociedad democrática no debería haber anonimato. No se puede andar encapuchado por la calle. En internet se permite que la gente vaya encapuchada tras un seudónimo, decir las peores abyecciones". Pero no anunció ninguna medida al respecto. Ya antes, en 2019, el mismo Macron había abogado por un "levantamiento gradual del anonimato" destinado a mejorar la democracia participativa. Un mareo más de la perdiz, porque de las palabras no se pasó a los hechos. Y en 2020 se emprendió la frustrada iniciativa del partido de Macron, ya reseñada.

Así como la libertad de cada uno termina donde empieza la libertad de los demás, sabemos que no existe ningún derecho ilimitado. Incluso el derecho a la vida se limita con la posibilidad de morir a manos de quien actúe en defensa propia; y el derecho a circular libremente se limita con los semáforos y las señales de prohibido el paso. Tampoco la libre expresión sin anonimato debe ser total, puesto que las legislaciones no amparan la mentira, la calumnia y otras agresiones de la palabra reguladas por los sistemas democráticos.

Además, el ejercicio de toda libertad individual implica una responsabilidad. Justamente porque tenemos libertad de expresión somos responsables de lo que decimos. No se puede pretender el ejercicio de una libertad sin que de esos actos se derive ninguna responsabilidad por los efectos que puedan acarrear.

No obstante, esa teoría que damos por buena en las referidas constituciones no se ha plasmado en la práctica en Venezuela con Hugo Chávez (1999-2013) y Nicolás Maduro (desde 2013 y en la actualidad); y Brasil ha pasado por vicisitudes intimidatorias durante el mandato de Jair Bolsonaro (2019-2022).

Vietnam, país comunista, también prohíbe la ocultación del nombre; pero eso no se combina, ni siquiera sobre el papel, con la libertad de expresión; sino todo lo contrario. Su intención no se dirige a proteger a sus ciudadanos frente a posibles ataques por personas embozadas, sino a proteger a su Gobierno. Por eso prohibió en 2013 los seudónimos, lo que obligó a muchos blogueros a expresar su verdadera identidad; y en mayo de 2023 anunció que los usuarios de redes sociales y plataformas en aquel país deberían aportar sus datos personales. Además ha venido obligando en los últimos años a las empresas tecnológicas extranjeras a establecer oficinas de representación en Vietnam, para sujetarse a sus leyes (de otro modo no obtendrían ingresos allí), lo que han aceptado.

El viceministro de Información, Nguyen Thanh Lam, declaró a los periodistas en mayo de 2023, según recogió la agencia Reuters, que una enmienda a la Ley de Telecomunicaciones permitirá desde 2024 a las fuerzas del orden rastrear a los delincuentes que utilizan las redes sociales para infringir la ley. "Se castigará", anunció el viceministro, "a las cuentas no verificadas, ya sea en plataformas locales o extranjeras como Facebook, TikTok, YouTube". La norma abarcará "tanto a los usuarios individuales como a las organizaciones".

Cuando el poder político se pone a ello, la territorialidad parece no constituir un factor decisivo.

El Gobierno vietnamita ha acusado a TikTok (más de 1.000 millones de usuarios en todo el mundo, más de 20.000 millones de beneficio operativo en 2022) de carecer de "medidas efectivas para impedir que se utilicen imágenes privadas y personales de otra persona para difundir noticias falsas o difamar e insultar a otros"; y también le culpa por no haber dispuesto impedimentos eficaces contra la venta de productos falsificados y drogas ilícitas. Precisamente, Vietnam es el sexto país del mundo con mayor número de usuarios de TikTok: cerca de 50 millones de personas.

Por su parte, Rusia obliga a los blogueros que cuenten con más de 3.000 lectores diarios a inscribirse en un registro.

El informe de mayo de 2015 de la ONU remacha con razón sobre todas las normas que acabamos de reseñar: "Estas políticas menoscaban directamente el anonimato, en particular para aquellas personas que acceden a internet únicamente a través de la tecnología móvil. El registro obligatorio de las tarjetas SIM puede proporcionar a los Gobiernos la capacidad de vigilar a personas y periodistas más allá de cualquier interés gubernamental legítimo".

En efecto, el documento defiende que todos los Estados se abstengan de prohibir el anonimato para que los activistas clandestinos se desenvuelvan mejor en los países totalitarios, pero también expresa el inconveniente, como acabamos de recoger y como habíamos expuesto antes, de que esos Gobiernos saben cómo encontrarlos y perseguirlos. Tienen a su alcance todos los recursos posibles, ya sean informáticos, humanos o económicos.

Los servicios secretos rusos no hallaron ningún problema para localizar y asesinar el 13 de febrero de 2024 en Villajoyosa (Alicante, España) al capitán Maxim Kuzmínov, de 28 años, que no solamente carecía de presencia en las redes —no cabe más anonimato en ellas—, sino que incluso se movía con una identidad analógica falsa facilitada por Ucrania, país al que se pasó con su helicóptero tras desertar del ejército de Vladímir Putin. Estaba oculto, refugiado y protegido en España, y sin cuentas en redes sociales. Pero fue asesinado.

Sin embargo la protección inútil del anonimato deja desprotegidas a su vez a las personas que viven en democracias y son atacadas o acosadas anónimamente en las redes.

En definitiva, el espíritu de la Relatoría se dirige a proteger la actividad de los usuarios de las redes que denuncian o critican, generalmente en regímenes autoritarios, pero hace a un lado a los acosados, insultados o víctimas de abuso, generalmente en regímenes democráticos. Se preocupa mucho de la libertad de expresión, lo cual apoyamos a cierraojos, pero poco de los derechos de quienes resultan ofendidos y perjudicados por sus excesos.

El informe de la ONU reclama, por otro lado, leyes transparentes que regulen el eventual descifrado de una cuenta anónima, siempre por orden judicial y con arreglo a la legislación nacional e internacional. Eso se habrá de aplicar a las personas en función de cada caso (es decir, no a un grupo de personas) y con las debidas garantías procesales.

En nuestro análisis, y más allá de los documentos de Naciones Unidas, entendemos que fiar a las órdenes judiciales la represión de los delitos cometidos por anonimato o seudonimato —algunos de ellos de gravísima repercusión para las personas atacadas— implica algunas contrariedades:

— La acusación no puede dirigirse contra un autor conocido (puesto que es anónimo); ahí se da la primera dificultad. Hay que pedir a la policía que solicite al juez la investigación, y el juez tiene la opción de sobreseer la denuncia si, practicadas las diligencias, no se encuentra un autor.
— Los tribunales actúan con lentitud; y, mientras no llega su sentencia, los ataques a las personas suelen seguir su curso o permanecer accesibles.
— Las actuaciones jurídicas se activan una vez cometido el delito, y no adquieren eficacia para impedirlo (ni siquiera por ejemplaridad, pues los ataques aumentan cada año).

En cambio, la regulación democrática del anonimato —para dificultar los actos ilícitos que se cometen bajo su amparo— proporcionaría en nuestra opinión mayores beneficios, por la virtualidad preventiva que supone saberse expuesto con nombre y apellidos una vez que se haya cometido cualquier acción ilegítima; todo ello siempre que se preservasen las debidas excepciones, especialmente en países dictatoriales para asuntos sindicales o políticos.

La prohibición de las ocultaciones ha sido invocada también por personas de posiciones democráticas en naciones donde se respetan las libertades. Por ejemplo, Juan Luis Cebrián escribió en *La red* (1998) que "en el debate sobre la libertad se olvida con demasiada frecuencia la carga de responsabilidad que aquella conlleva". Y añadía, con visión premonitoria: "Resulta absolutamente necesario prohibir el anonimato en los intercambios si no queremos que el mundo del futuro se debata entre la impunidad y la represión, incapaz de encontrarse a sí mismo en lo que debe y puede ser un equilibrio de derechos y deberes. [...] Por eso mismo, insistimos, es tan importante impedir, de todas las formas legales, el uso del anonimato, a fin de poder exigir responsabilidades concretas y personales a quienes vulneran la libertad ajena en el abuso de la propia".[90]

Ha transcurrido mucho tiempo y los contextos cambian, pero el sentido de fondo de las palabras de Cebrián nos parece muy apropiado para el momento en que se escribieron y aun para nuestros días, entendiendo los matices que el propio autor señala (se refiere al anonimato que vulnera la libertad ajena).

La distinta responsabilidad de buscadores y plataformas

A nuestro entender, conviene distinguir entre la responsabilidad de los motores de búsqueda, como Google o Baidu o Bing, y la que corresponde a las plataformas de mensajes sociales, como Facebook, Menéame, Instagram o Twitter/X. (Hablamos de responsabilidad, no de culpa).

Un buscador no es responsable de lo que pueda encontrar, y se limita a informar a un usuario de que determinado contenido existe, sin que haya tenido participación en lo que ese sitio muestra. Tanto el internauta como los documentos hallados son ajenos al buscador, externos a él. Por tanto, todo sucede en su exterior.

En sentido opuesto, una plataforma acoge en su seno a los participantes, ante quienes interpone previamente algún sistema de inscripción o de entrada. Una vez cumplimentado, los usuarios se manifiestan dentro de su perímetro. Por tanto, todo sucede en su interior.

Los contenidos delictivos que encuentra un buscador, así como las personas que los colocaron en la Red, escapan a su control previo. Pero no sucede igual con los usuarios de plataformas como Twitter, Facebook o Menéame, porque sus sistemas respectivos de ingreso brindan a los dueños de estos espacios la oportunidad de exigirles una identificación, primero, y de expulsarlos, después, si vulneran determinadas normas.

Nos encontramos, pues, ante situaciones muy distintas.

Ahora bien, un buscador no es responsable de un contenido delictivo que encuentra... hasta que sabe que lo ha encontrado. Es

[90] Cebrián, Juan Luis (1998), *La red*, Madrid, Taurus, pág. 103.

decir, y en los términos legales que ahora comentaremos, hasta que adquiere el "conocimiento efectivo"[91] de que un texto, una imagen, un vídeo o un audio atentan contra el honor de una persona o incumplen la ley. Porque en esa tesitura sí puede actuar. Y debe hacerlo. Veremos en qué situaciones.

La ley de Decencia de las Comunicaciones estadounidense de 1996 marca en su sección 230 que "ningún proveedor o usuario de un servicio interactivo será considerado como editor o comunicador de las informaciones proporcionadas por el proveedor de contenidos informativos". Por tanto, exime a buscadores como Google de la responsabilidad de cuanto hallen si ha sido elaborado por otros.

Por su parte, los artículos 12 al 14 de la Directiva 2000/31/CE del Parlamento Europeo y del Consejo, relativa a determinados aspectos de los servicios de la sociedad de la información, fijan también que los Estados de la Unión no podrán imponer a los buscadores la supervisión general de lo que transmiten o almacenan, ni que acometan búsquedas de actividades ilícitas. Es decir, va en el mismo sentido que la ley estadounidense.

Pero ese acto jurídico europeo incorpora en los artículos 13 y 14 el concepto del *conocimiento efectivo* de un ilícito (acuñado a partir de la locución *actual knowledge*[92] en inglés), necesario para que un buscador impida el acceso a través de él. Según su texto, el prestador del servicio deberá retirar con prontitud los datos de que se trate o impedir el acceso a ellos "en cuanto tenga conocimiento efectivo de actividades ilícitas", respetando los procedimientos establecidos a tal fin en cada país miembro.[93]

[91] La teoría del "conocimiento efectivo" se formuló respecto a las redes sociales a partir de la Ley de Decencia de las Comunicaciones de EE UU (1996) y la Directiva de Comercio Electrónico de la UE (2000), y se mantiene en el Reglamento de Servicios Digitales de la UE (de 2022).

[92] *Actual* no debe traducirse al español con el falso amigo "actual". En inglés puede significar "verdadero", "real" o "efectivo".

[93] El *conocimiento efectivo* aparecerá más tarde también en el informe *Libertad de Expresión e internet* (2013) de la Relatoría Especial para la Libertad de Expresión de la Comisión Interamericana de Derechos Humanos, de la OEA, cuyo texto menciona el acto legislativo europeo previo (en el párrafo 103 y la nota 150).

Algunos Estados han interpretado ese criterio de la directiva europea exigiendo a su vez que la notificación provenga de un juez o autoridad similar, salvo en caso de daño grave e inminente; y además el Tribunal de Justicia de la Unión Europea aclaró en 2011 que no basta cualquier tipo de denuncia o notificación privada para determinar que existe *conocimiento efectivo*.[94]

La directiva comunitaria, que no tiene validez por sí misma, sino que ha de interpretarse en cada Estado miembro, fue incorporada al ordenamiento jurídico español en 2002 mediante la Ley de Servicios de la Sociedad de la Información y Comercio Electrónico (LSSI). En ese marco del derecho europeo, y como recordó el jurista Santiago Muñoz Machado cuando fue consultado por el Congreso de los Diputados sobre estos asuntos,[95] la ley española prevé la posibilidad de que los órganos competentes interrumpan la prestación de servicios o retiren datos que atenten contra el orden público, la investigación penal, la seguridad pública y la defensa nacional, la protección de la salud pública, de los consumidores o usuarios, o no respeten la dignidad de la persona o el principio de no discriminación por motivos de raza, sexo, religión, opinión, nacionalidad, discapacidad o cualquier otra circunstancia personal o social. Asimismo, cabe la interrupción y la retirada de datos cuando ello sea preciso para la protección de la juventud y la infancia.

Por tanto, existen límites legales frente a la acción permisiva de las supuestas *compañías telefónicas* que son los buscadores y las plataformas de redes sociales.

En efecto, el artículo 17 de la norma nacional (la reiterada Ley 34/2002) estipula que los proveedores de servicios que faciliten enlaces para llegar a contenidos ajenos no serán responsables de la información a la que se dirijan "siempre que no tengan conocimiento efectivo de que la actividad o la información a la que

94 Ylarri, Juan Santiago (2022), "Internet y derechos fundamentales: la responsabilidad de los motores de búsqueda", *Cuadernos Manuel Giménez Abad*, n.º 24, diciembre de 2022, págs. 121-131.

95 Muñoz Machado, Santiago, *Internet y los derechos fundamentales*. Texto de su comparecencia en el Congreso español el 16 de abril de 2013. Se refiere al artículo 8 de esa ley. También de este mismo autor, y con igual sentido, obviamente, *Los itinerarios de la libertad de la palabra*, su discurso de ingreso en la Real Academia, leído el 26 de mayo de 2013.

remiten o recomiendan es ilícita o de que lesiona bienes o derechos de un tercero susceptibles de indemnización", y siempre que actúen en esa situación "con diligencia para suprimir o inutilizar el enlace correspondiente".

Pero la ley española no recoge expresamente la idea, presente en la directiva, de que el conocimiento efectivo puede obtenerse gracias a "hechos o circunstancias por los que la actividad o la información revele su carácter ilícito". Es decir, que la ilicitud esté a la vista.

Conocimiento efectivo se convertía así en una expresión resbaladiza en la norma española, pero se ha ido definiendo después en la jurisprudencia.[96] En efecto, los tribunales Constitucional y Supremo han suplido las carencias de la ley 34/2002 de Servicios de la Sociedad de la Información (LSSI), cuya ambigüedad alentó al principio un coladero para la impunidad de los malvados.

Ese texto legal indicaba en qué momento se considera realizado el concepto del *conocimiento efectivo*: "[...] cuando un órgano competente haya declarado la ilicitud de los datos, ordenado su retirada o que se imposibilite el acceso a los mismos, o se hubiera declarado la existencia de la lesión, y el prestador conociera la correspondiente resolución, sin perjuicio de los procedimientos de detección y retirada de contenidos que los prestadores apliquen en virtud de acuerdos voluntarios y de *otros medios* de conocimiento efectivo que pudieran establecerse". Resaltamos ese vago "otros medios" porque adquirirá gran importancia en las interpretaciones jurisprudenciales.

¿Cómo se adquiere entonces el *conocimiento efectivo*?

De tres maneras.

1. En primer lugar, por la ilicitud palmaria que el buscador apreciará cuando sea advertido al respecto por un perjudicado o por un ciudadano: pornografía infantil, mensajes de terroristas encaminados a la comisión de delitos, vídeos violentos, invasión en la intimidad de alguien, insultos, acosos,

96 Sentencias del Tribunal Supremo 773/2009, de 9 de diciembre, 1953/2008, de 10 de febrero, o 72/2011, de 9 de febrero. Y 83/2023 del Constitucional, de 4 de julio, entre otras.

etcétera. En tales casos debería bastar un simple aviso de parte o de cualquier usuario para que los responsables del buscador deban actuar al respecto. Porque ahí no caben las dudas.

El Tribunal Supremo español entendió que en los "otros medios" posibles para adquirir el "conocimiento efectivo", aludidos en la ley 34/2002 antes referida, se pueden incluir los que se obtienen "a partir de hechos o circunstancias aptos para posibilitar, aunque mediatamente o por inferencias lógicas al alcance de cualquiera, una efectiva aprehensión de la realidad de que se trate". Es decir, lo que se ve por sí mismo.

En su sentencia 72/2011, el Supremo hace suyo lo que había resuelto la Audiencia Provincial de Madrid tras una demanda del cantante Ramoncín, insultado en la ciberpágina *alasbarricadas.com*: "Remitir al perjudicado a la previa obtención de una declaración formal de ilicitud cuando la intromisión en el derecho fundamental al honor es tan notoria como en el caso que nos ocupa, en el que se emplean expresiones tales como 'gilipollas' [no es el insulto más grave que figuraba en el mensaje], multiplicaría los perjuicios que se le ocasionan hasta el extremo de que, cuando obtuviese respuesta a la tutela judicial pretendida, aquellos perjuicios pudieran ser ya irreparables".

El Constitucional reforzó ese criterio. Su resolución 144/2023 cita el artículo 14 de la mencionada directiva europea de 2000, que admite la existencia de *conocimiento efectivo* cuando se trate de "hechos o circunstancias por los que la actividad o la información revele su carácter ilícito". Repone así el vacío de la ley española respecto del acto jurídico europeo.

2. Cuando el *conocimiento efectivo* se derive de lo que establezcan acuerdos voluntarios al respecto. La directiva europea los plantea como pactos negociados entre todas las partes implicadas, fomentados por los Estados miembros y destinados a evitar o poner fin a las actividades ilegales, de modo que se pueda retirar información ilícita o hacer imposible acceder a ella. Es decir, el camino de la autorregulación, de efectos prácticos tan escasos.

3. Y en tercer lugar, el *conocimiento efectivo* se adquiere, en lo relativo a hechos de interpretación dudosa o inconsistente en su expresión por sí misma, cuando los responsables del buscador tienen conciencia del ilícito mediante la comunicación de un juez o de una autoridad competente en la materia.

Por esas tres vías se puede alcanzar, pues, el *conocimiento efectivo* (real y verdadero; indubitado): bien por la evidencia de la que alguien alerta, bien por autorregulación o bien por un aviso judicial o administrativo. Por tanto, en términos coloquiales podríamos decir que el conocimiento efectivo tiene que estar mascado.

Sin embargo, el último carril —el seguido cuando el delito no es evidente para el buscador— conduce a una exasperante lentitud y a importantes gastos en asistencia jurídica y técnica por parte de la persona perjudicada.

Con todo ello, los responsables de una herramienta como Google contribuyen a la perpetración continuada de un daño injusto, evidente y objetivo (por ejemplo, un llamamiento terrorista) cuando han adquirido un *conocimiento efectivo* de él y no hacen nada pudiendo evitarlo. Pero no se les puede pedir que dispongan de medios para la inabarcable tarea de localizar o interceptar cada injuria, ni del juicio y el criterio necesarios para discernir entre unos mensajes y otros, misión que corresponde como regla general a los jueces y en la cual podrían cometer errores graves de apreciación tanto a favor como en contra del denunciante. Eso sí, habrán de obrar con celeridad cuando reciban una orden judicial de ocultar a la búsqueda determinados contenidos.

Los buscadores asumen, pues, una responsabilidad relativa y acotada. Digamos que los buscadores no quieren buscarse problemas.

El hecho obvio de que ellos aporten enlaces externos y, por el contrario, las plataformas de redes sociales acojan los delitos en su propio seno nos evoca, a efectos de ejemplo explicativo, la diferencia que se da entre que un trapicheo de drogas se cometa cada día en la calle a la puerta de un bar y se vea desde dentro o que suceda en su interior todas las noches y con conocimiento de sus dueños, quienes además permiten a los clientes permanecer encapuchados; todo lo cual redunda en bien de su negocio porque así sirven muchas bebidas.

Los buscadores encuentran contenidos ilegítimos ajenos a ellos. Las redes los admiten en su interior. Los *alojan*.

Las redes sociales que promueven, facilitan o consienten el anonimato se convierten con ello en cómplices de lo que su permisividad desata, por cuanto forman un caldo de cultivo para la impunidad de acosadores, difamadores y demás familia, pues en algún momento se produce un registro, el alta de un usuario. Y en ese paso del proceso disponen de la posibilidad de exigir o no una identificación. En cambio, Google opera como un simple camino que conduce a un lugar, sin relación alguna con lo que ocurra en él.

No obstante, la regla del *conocimiento efectivo* debe afectar a ambos por igual cuando unos y otros llegan a él.

Toda la responsabilidad del motor de búsqueda es posterior al hallazgo de un delito, no anterior. En cambio, entendemos que una parte de la responsabilidad de las plataformas de redes es previa: permiten entrar y permanecer en ellas a personas sin nombre que cometen delitos; mientras que los buscadores las encuentran fuera y por casualidad.

Pero ¿establecen estas diferencias todos los tribunales?

El Supremo de Estados Unidos, no. Sus jueces se pusieron en mayo de 2023 del lado de las grandes compañías (Twitter/X, Google y Facebook, sin distinguir entre motores y redes) cuando fueron demandadas por la difusión de mensajes de organizaciones terroristas, y más concretamente del ISIS. En ese país aún rige para esta época actual, y sirve como referente, una sentencia del Supremo dictada en 1956, el caso *Smith contra California*, que eximía de responsabilidad a los libreros sobre los delitos que pudieran contener las obras que ofrecen en sus establecimientos. Conforme ha resumido la abogada española Paloma Llaneza, especializada en derecho digital, si un bibliotecario no puede saber lo que hay en todos los ejemplares de sus estanterías, "cómo un proveedor de servicios de comunicaciones, de *hosting*,[97] un *proxy*,[98] un buscador o una red de blogs iba a tener la más mínima noción de todo lo que

97 Equipo informático que intermedia en las conexiones entre un cliente y un servidor de destino.

98 "Hospedaje" de un cibersitio en un ordenador, que comparte con otros sitios.

volaba de byte en byte por su red. [...] No se le podía, por lo tanto, exigir que hiciese un filtrado de los contenidos, casi imposible técnicamente y costoso económicamente".[99]

Sin embargo, aquellos libreros de 1956 debían habilitar algún sistema de denuncias por si algún ejemplar infringía la propiedad intelectual de alguien. Y por eso, por la sentencia antes citada, hoy en día "es tan sencillo retirar un vídeo con una canción de Mariah Carey de YouTube y tan complicado si el que sale es tu hijo agredido por sus compañeros de colegio", explica Llaneza.

De ese modo, añade la jurista española, "las grandes tecnológicas se benefician de una doctrina de 67 años de antigüedad que se aplicaba a una tecnología y en unas condiciones radicalmente diferentes a las actuales". Los primeros operadores de internet carecían, en efecto, de la posibilidad de supervisar todo el contenido que alojaban o difundían, pero esto ha cambiado: "Facebook, Twitter, Google o Instagram tienen capacidad para *leer* los contenidos, y lo sabemos porque los seleccionan y nos los presentan como haría un editor", comenta Paloma Llaneza.

Aquel principio sobre el librero y el bibliotecario es el que rige en la actualidad para internet y las redes en Estados Unidos.

Los puntos clave de la sentencia estadounidense de 2023, sobre apología del terrorismo yihadista, que se basaba a su vez en la resolución de 1956 (*Smith contra California*), establecieron que transmitir esos mensajes a miles de millones de personas "es insuficiente para afirmar que los demandados prestaron asistencia sustancial a sabiendas y que, por tanto, ayudaron e instigaron los actos del ISIS". Y argumentaba que una conclusión contraria "haría responsable a cualquier proveedor de comunicaciones de cualquier tipo de delito por el mero hecho de saber que los delincuentes estaban utilizando sus servicios y no impedirlo [...]. Puede que malos actores como el ISIS", añadía el Supremo estadounidense, "sean capaces de utilizar plataformas como la de los demandados para fines ilegales —y a veces terribles—. Pero lo mismo podría decirse de los teléfonos móviles, el correo electrónico o internet en líneas generales. Sin embargo, en general no creemos que los proveedores

[99] Llaneza, Paloma (2023), "Las grandes tecnológicas ante el Supremo de EE.UU.: Échale la culpa a Smith", *elpais.com*, 23 de febrero de 2023.

de servicios de internet o de telefonía móvil incurran en culpabilidad por el mero hecho de prestar sus servicios al público".

Más tarde, los Estados de Texas y de Florida, ambos con mayoría republicana, extendieron a las redes sociales las normas favorables a los gigantes tecnológicos y con ello también la elusión de responsabilidades. Según sus leyes, estas plataformas no tienen por qué establecer ni obligaciones de moderación ni moderadores, porque ello significaría imponer la censura a sus usuarios. Por tanto, dieron así el espaldarazo a la difusión libre de bulos —generalmente emitidos por los conservadores— como los que defendían que a Donald Trump le robaron las elecciones de 2020 o los que proclamaban la ineficacia de las vacunas contra la covid; y también a calumnias y acosos.

Sin embargo, el propio Tribunal Supremo de Estados Unidos se reservó una última decisión sobre el fondo del asunto, que se esperaba inminente en el momento de escribir estas líneas. Entendemos que en ella habría de decidir básicamente acerca de esta dicotomía: defender en las redes la libertad total sin cortapisas de quienes informan y opinan en ellas, aunque eso vulnere otros derechos; o amparar solamente la información veraz, excluyendo además los mensajes de odio o de violencia. El anonimato no estaba cuestionado.

En la polémica estadounidense, de la que participaron juristas, políticos y comunicadores, abundó la metáfora de las redes como la plaza pública de nuestros tiempos, un recinto virtual donde la gente se congrega; sin que reparasen mucho en un asunto crucial: en la plaza pública se ven las caras de quienes hablan. Nadie debate enmascarado.

¿Establecen todos los tribunales una diferencia entre redes y buscadores?, repetimos la pregunta.

El Tribunal Constitucional español sí; en consonancia con las citadas normas europea y nacional, y a tenor de las diferencias entre los artículos 16 y 17 de la ley 34/2002. Sus magistrados entraron en el asunto el 4 de julio de 2023 con motivo de un recurso de amparo presentado por el portal Menéame, la comunidad de noticias más utilizada en castellano. Fue ponente de la sentencia el magistrado Juan Carlos Campo, exministro de Justicia en el Gobierno socialista de Pedro Sánchez.

Los hechos se desencadenan el 5 de noviembre de 2015, cuando Menéame alojó en su portal (meneame.net) el enlace titulado "El concejal de fiestas del Partido Popular de Marbella (Málaga) gastó 14.600 euros en teléfono en un mes". Esta plataforma añadía el nombre del acusado y conducía a una noticia externa publicada en un medio electrónico. Eso desató distintos comentarios de los visitantes del mencionado portal Menéame, uno de los cuales afirmaba: "Llamemos a las cosas por su nombre. Este es un hijo de puta que disfruta de gastarse el dinero de todos. Un ladrón de toda la puta vida".

Parece que las injurias eran palmarias…

Por supuesto, se trataba de un anónimo.

Diez meses después, tras comprobar que el comentario seguía ahí, el concejal perjudicado dirigió un correo a la dirección de contacto que el propio portal publica para que se le informe de abusos cometidos por los usuarios. El reclamante solicitaba, lógicamente, que los insultos fueran borrados; y también que se le comunicara la identidad de los autores, para proceder contra ellos.

Al no recibir respuesta alguna ni haberse suprimido las injurias, envió un burofax a la empresa dueña del portal. Y ante la nueva falta de respuesta, el 5 de octubre de 2016 interpuso una demanda. Para entonces, la ofensa llevaba un año a disposición del público.

El concejal marbellí reclamaba una indemnización de 30.000 euros y que la resolución judicial correspondiente fuera publicada por el medio social.

La respuesta de Menéame ante el juez siguió la senda que ya conocemos: no son un medio de comunicación, solamente publican comentarios de otros y carecen de responsabilidad al respecto. Y como el autor es anónimo… no hay a quién condenar. Se acogían a la ya citada Ley 34/2002 sobre Servicios de la Sociedad de la Información (LSSI), completada por la jurisprudencia según la cual el prestador intermediario no tiene responsabilidad mientras no haya adquirido el *conocimiento efectivo* de un delito. Y englobaban los hechos en la tercera opción que mencionábamos antes: los de la ilicitud no comprobada, pues no habían recibido comunicación alguna de un juez o una administración competente. Además, los responsables de Menéame señalaban que el demandante no había precisado bien cómo encontrar el comentario ofensivo entre "el volumen de visitas del sitio web". Por si fuera poco, los abogados del portal diluían los insultos en la agria política española de aquellos días (la misma que en los días de ahora, supongo).

Una vez más se manifestaba la falta de empatía y ayuda de estas plataformas hacia quien ha sufrido sus efectos.

El juzgado número 3 de Marbella no apreció ofensa ilegítima, por extraño que parezca, en que se llamara públicamente "hijo de puta" y "ladrón" a alguien identificado con claridad. Pero el recurso ante la Audiencia de Málaga cambió el resultado del partido. Este tribunal desautorizó a su inferior: las afirmaciones atentaban claramente contra el honor del concejal, fijó una indemnización de 1.200 euros y ordenó a Menéame mantener publicada la sentencia en su portal durante 15 días.

La resolución del recurso de la empresa ante el Supremo también le fue desfavorable: el portal sabía perfectamente que esas palabras incurrían en vejaciones (es decir, tuvo *conocimiento efectivo* de lo ocurrido), y sin embargo no hizo nada por retirarlas, sentenció el tribunal.

Llegado el caso al Constitucional, la Fiscalía se opuso igualmente a las pretensiones de Menéame y calificó las expresiones acogidas en su seno de "innecesarias y netamente vejatorias".

Por su parte, el tribunal recordó una vez más que la libertad de expresión no ampara el derecho al insulto, y dio importancia a la permanencia pública de las injurias durante tanto tiempo y al anonimato del autor.

Y aquí viene un razonamiento que nos complace, inserto en los fundamentos jurídicos de la sentencia: el anonimato "intensifica el elemento de pura vejación, pues el destinatario del insulto queda particularmente indefenso".

Además, el tribunal consideró idóneos los medios usados por el reclamante para informar a Menéame del contenido injurioso, frente a lo que sostenían los representantes del portal.

En resumen, esta resolución del Constitucional español refuerza un marco decisivo: a Menéame se le declaró responsable del delito cometido por un usuario anónimo, pues tuvo *conocimiento efectivo* de las injurias palmarias alojadas en la propia plataforma. Este contenido no había surgido al azar en una búsqueda sino que lo colocó *dentro* del portal un usuario concreto. Y no hizo nada, pese a ser informado.

De tal manera, al no haber facilitado el portal la identidad del autor verdadero de los insultos, la responsabilidad se transfería a los dueños del lugar cibernético que los había acogido.

La sentencia deja claro que esta plataforma no se limita a la mera agregación de enlaces, sino que los acoge, los destaca o no, añade etiquetas temáticas, los selecciona con una base algorítmica...: "El alojador o agregador participa en el proceso de comunicación y le es exigible, en todo caso, la responsabilidad que se deriva del artículo 16.2 de la LSSI".[100]

Tampoco se le puede aplicar a Menéame el criterio de buscador de contenidos externos, pues su papel coincide con lo que había marcado el Tribunal de Justicia de la Unión Europea en 2010: el prestador del servicio queda eximido de responsabilidad "cuando no desempeñe un papel activo que pueda darle conocimiento o control de los datos almacenados". Y Menéame, como otras plataformas, sí puede ejercer un control al respecto.

Sin embargo, el Supremo resolvió de manera opuesta cuando hubo de analizar una sentencia sobre Google, que había enlazado un contenido que se hallaba *fuera* del territorio de este buscador.

Esa resolución se refiere a hechos acaecidos en agosto de 2006. Una simple búsqueda con el nombre de determinada persona permitía llegar a informaciones que la presentaban como implicada en el *caso Malaya* (corrupción inmobiliaria en Marbella, Málaga).

La noticia había aparecido en los portales *Aquí hay tomate* (nombre de un programa rosa de la cadena Tele 5) y *PRNoticias* (conocido medio que difunde noticias sin comprobar y cuyo dueño fue condenado mediante sentencia firme en el Supremo, en 2014, por difamación; y en 2015, en la Audiencia de Madrid, por extorsión. En el Supremo se le impuso una indemnización de 10.000 euros por las difamaciones; y en la Audiencia, una condena de cuatro meses de prisión por las extorsiones). La noticia del portal *Aquí*

100 Este precepto de la Ley de Servicios de la Sociedad de la Información dice: "La exención de responsabilidad establecida en el apartado 1 no operará en el supuesto de que el destinatario del servicio [usuario] actúe bajo la dirección, autoridad o control de su prestador". A su vez, el apartado 1 exime de responsabilidad a las plataformas que carezcan del *conocimiento efectivo* de un delito (lo cual, obviamente, las incluye cuando lo tienen), definido por la jurisprudencia como hemos recogido.

hay tomate citaba precisamente a este sospechoso medio como fuente.

Al observar el efecto multiplicador de Google, el afectado por tal vinculación informativa con las corruptelas envió requerimientos a la empresa del buscador para comunicarle la falsedad de las imputaciones y pedir que estas se cegaran a las búsquedas en las que se pudiese escribir su nombre. La multinacional norteamericana respondió con el conocido argumento avalado hasta ahora por los tribunales estadounidenses: su servicio cumple el papel de un simple teléfono, o de biblioteca, por lo que no se le puede culpar de lo que se transmite a través de él ni por las obras que contiene. Google alegó la ya citada Ley de Telecomunicaciones de 1996 estadounidense, que exonera a los buscadores de responsabilidad en lo que encuentren.

La empresa se agarró también al artículo 15 de la Directiva 2000/31/CE del Parlamento Europeo y del Consejo en lo que coincide con la anterior: no se puede imponer a los buscadores que supervisen todo.

A diferencia de lo que ocurriría en el proceso mencionado más arriba contra Menéame (sentencia 83/2023 del Constitucional español), la resolución 144/2013 del Supremo sobre Google y sobre la persona involucrada en el caso Malaya le dará la razón al buscador en cuanto a su derecho a la inacción ante los miles de millones de búsquedas que pasan por sus servicios, entre ellas esa información. ¿Por qué? Porque en este caso consideró que Google no tuvo nunca *conocimiento efectivo* o fehaciencia de que las informaciones referidas eran ilícitas —a pesar de que la parte perjudicada le informó al respecto—, puesto que la noticia sobre la implicación del afectado no comunicaba una falsedad evidente, palmaria; y ningún órgano competente declaró la ilicitud ni ordenó la retirada; y tampoco se ha de pedir al buscador que decida por sí mismo cuando el delito no está claro —no podía discernir sobre la veracidad de la información según la cual el perjudicado estuviera implicado o no con el *caso Malaya*—; mientras que sí quedaba claro, en el caso de Menéame, que "hijo de puta" y "ladrón" son términos injuriosos.

Y si alguien alberga dudas al respecto, puede probar a dirigírselos a un juez, a ver qué pasa.

En resumen, los magistrados entendieron que en la causa contra el portal de información y comentarios existía *conocimiento efectivo* sobre la ilicitud del mensaje contra el concejal de Marbella, incluido *dentro* de la plataforma y comunicado por el demandante como un insulto evidente. Pero no en la dirigida contra Google, que había encontrado en sus resultados *externos* la acusación mostrada en un sospechoso portal de noticias y cuya falsedad no había sido declarada por ningún órgano competente ni adquiría un carácter de injuria indubitable.

Insistimos, en consecuencia, acerca de la distinción entre *buscadores* y *contenedores*. Los mensajes en Menéame se hallaban dentro de la plataforma; pero Google simplemente encontró desde fuera algo que estaba en otro sitio... ajeno a su responsabilidad.

En los textos de Menéame no constaba la identidad de los injuriantes, quienes sin embargo habían sido acogidos en el espacio del portal. En el caso de Google, se hallaban tras las acusaciones dos empresas en concreto, ajenas al buscador, contra las que el injuriado podía haber procedido.

Una sentencia de la Corte Suprema de Argentina acordada el 28 de octubre de 2014[101] viene a coincidir con los criterios europeos. Esta doctrina expone dos posibilidades para que un buscador adquiera realmente o no el *conocimiento efectivo* que le obligue a retirar un contenido ilícito: que el daño sea "manifiesto y grosero" y no "opinable, dudoso"; o que, por el contrario, "exija un esclarecimiento". Y para esta segunda posibilidad, el tribunal argentino cree necesaria la intervención de un juez o tribunal.

El daño manifiesto y grosero se da, aclaraba el tribunal, en casos como la pornografía infantil, la apología del genocidio o del

[101] El llamado caso Belén Rodríguez, modelo argentina que sufrió publicaciones que la vinculaban con sitios de contenido sexual. La víctima advirtió al buscador de la ilicitud de los contenidos que enlazaba, incluidas fotografías, pero en principio este no actuó al respecto. El tribunal argentino distingue entre contenidos palmariamente ilícitos y aquellos para los cuales haga falta una decisión judicial, y determina en que en el primer caso se pueden bloquear los contenidos tras una mera notificación extrajudicial que advierta sobre el delito, mientras que en el segundo se precisará una orden judicial competente. Más información en *La responsabilidad de los buscadores de internet después del caso Belén Rodríguez*, de Gonzalo Iglesias. 15.º Simposio Argentino de Informática y Derecho, 2015. Encontrable en internet.

racismo, o de otras discriminaciones manifiestas, los datos que conduzcan a cometer un delito, que pongan en peligro la vida de alguien, las incitaciones a la violencia, los avisos que desbaraten investigaciones judiciales, montajes fotográficos notoriamente falsos, lesiones, afrentas al honor, violaciones graves de la intimidad. Ante esos hechos, basta una comunicación fehaciente del damnificado para que los responsables del buscador tomen conciencia efectiva de lo que se muestra. En los demás supuestos, hará falta una notificación judicial o de una autoridad administrativa competente. Por tanto, no sirve en ellos la simple comunicación de la persona que se considere afectada.

Finalmente, hemos de señalar que la sentencia española sobre el *conocimiento efectivo* de Menéame contiene dos votos particulares que nos parecen muy interesantes. El emitido por los magistrados Ramón Sáez Valcárcel y Laura Díez Bueso defiende más contundentemente que esa plataforma, a diferencia de los buscadores, "realiza labores propias de edición", decide "qué se publica y qué se descarta", ordena los contenidos por secciones y establece prioridades "en función de algoritmos que responden a un código que se define en atención al interés mercantil". Y concluye con este argumento, sobre el anonimato en Menéame: "La plataforma no solo no pide a sus usuarios que se identifiquen antes de divulgar contenidos, sino que tampoco facilita su identidad, que negó al titular del derecho al honor cuando se los reclamó. De esta manera, garantiza la total impunidad de quienes vulneran la reputación u otros derechos de terceros en su plataforma o medio de comunicación".

Por su parte, María Luisa Balaguer se refiere, en el suyo, a la permisividad del anonimato en Menéame, que "garantiza la total impunidad de quienes vulneran la reputación u otros derechos de terceros en su plataforma o medio de comunicación".

La magistrada recuerda la sentencia 336/1993 contra el máximo responsable en aquel momento del diario *Alerta*, de Cantabria, que publicó una carta al director claramente injuriosa para el alcalde de Santander y firmada con un seudónimo opaco. Ante la ausencia de autor conocido, los jueces procedieron contra el director del periódico (en aquellas fechas, director en funciones) y sentenciaron que había incumplido "el deber de diligencia que le correspondía" para comprobar quién era el autor del texto. Fue condenado a dos meses de arresto mayor, multa de 30.000 pesetas (180 euros) y además una indemnización de 500.000 pesetas para el querellante (3.000 euros).

Estos planteamientos de los votos particulares, todavía minoritarios en la judicatura, según muestra la resolución de la causa contra Menéame, muestran que el camino aún es largo hasta alcanzar el sentir mayoritario en todos los ámbitos de que la limitación del anonimato en las redes y plataformas, en internet en general, reduciría exponencialmente los conflictos, independientemente de las consideraciones jurídicas y del dudoso conocimiento efectivo al que se pueda llegar en ocasiones.

Al margen de la línea de problemas trazada hasta aquí sobre las comunicaciones judiciales a buscadores y plataformas, un factor añadido que habrá de tenerse en cuenta allá donde se produzca el conflicto consiste en discernir si el juez peticionario de la retirada de un vídeo o un texto ejerce su función en un país democrático o no, pues en algunas situaciones estas solicitudes pueden afectar a la libre expresión con el pretexto de que un contenido es ilegal.

La territorialidad

Las investigaciones privadas o judiciales para levantar un anonimato lesivo se topan con una barrera a menudo insalvable: la extraterritorialidad. Abusadores, acosadores, pederastas y demás ciberagresores quedan amparados por leyes nacionales que persiguen a delincuentes internacionales.

Sin embargo, el Tribunal Supremo de España estableció en 2013 (sentencia 144/2013) la doctrina de que si la empresa extranjera propiedad de una red social dispone de sede en el territorio español (mediante la cual vende publicidad o productos, contrata personal, obtiene beneficios...), se le puede aplicar la legislación nacional vigente.

Se trata de la sentencia comentada en el apartado anterior y que resolvió a favor de Google en su eventual responsabilidad por las acusaciones sobre el *caso Malaya* con las que enlazaba, pero que se pronunció en contra de sus argumentos en lo que se refería a la jurisdicción aplicable.

El buscador defendía que, al ubicarse su sede fuera de España, no estaba sujeta a esta jurisdicción. Tal circunstancia no concierne al fallo, puesto que fue absolutorio por los motivos recogidos, pero sí a la doctrina. Según argumenta el Supremo, Google "opera mediante establecimiento permanente" en Madrid y además actúa a través de una entidad filial, Google Spain SL, con domicilio social en Barcelona. Luego le afecta la legislación española.[102]

El argumento del Supremo no pareció afectar a la compañía Meta (Facebook, WhatsApp, Instagram) cuando alegó en abril de 2024, en un proceso que también hemos mencionado páginas atrás, que los tribunales españoles carecían de competencia para juzgarla, pues tiene su sede en Dublín.

Pese a las alegaciones de Meta, el Juzgado de lo Mercantil número 14 de Madrid siguió adelante con la demanda contra el gigante tecnológico presentada en diciembre de 2023 por los 85 periódicos españoles integrados en la Asociación de Medios de Información (AMI), que acusaron a la plataforma de competencia desleal por la venta de publicidad digital mediante el uso de los datos personales de sus usuarios. Reclamaban una indemnización de 550 millones de euros. El Juzgado de lo Mercantil consideró que se puede demandar a una persona jurídica domiciliada en un Estado de la Unión en el lugar donde se haya producido el hecho dañoso, y mantuvo abierta la causa.

En consecuencia, los problemas de extraterritorialidad que tantas veces se presentan como desincentivadores de cualquier tipo de denuncia no se dan en términos absolutos.

Frente a todas estas trabas jurídicas y administrativas, entendemos que la forma ideal de superar los conflictos de territorialidad y de *conocimiento efectivo* pasa por la autorregulación de los colosos multinacionales del tráfico digital, o bien por la corregulación o "autorregulación regulada". Sus propias normas de limitación del anonimato y su propio sistema de sanciones, aplicadas por un órgano independiente con competencia para todos ellos, sí adquirirían

102 Este criterio ha sido reafirmado posteriormente en el Reglamento Europeo de Protección de Datos (2016), en la Directiva europea de Servicios de Comunicación Audiovisual (2018) y también en el Reglamento Europeo de Servicios Digitales (2022).

eficacia en todo el mundo. Como ha escrito Santiago Muñoz Machado, "el derecho de la Red tiene que estar organizado en red".[103]

A nuestro entender, si una eventual autorregulación de las plataformas incluyera la limitación del anonimato, se incrementarían extraordinariamente las medidas precautorias frente a los delitos que venimos mencionando y disminuirían los problemas causados por ellos.

La pésima imagen de los dueños de las plataformas

El espacio actual de la libre expresión, la supuesta plaza pública mundial del siglo XXI, se halla en manos de personas de nulo altruismo, gestión egocéntrica y dudosas convicciones.

Los grandes soportes de comunicación social están sirviendo como amplificador de mensajes xenófobos, racistas, machistas, voces todas ellas que hallaban antes un limitadísimo espacio en los medios analógicos. Seguramente porque en estos no se admiten los anónimos.

Esa permisividad —o más bien complicidad— llevó al comisario europeo de Mercado Interior y Servicios, Thierry Breton, a escribir una carta a Elon Musk, propietario de Twitter/X, tras los crueles ataques cometidos por Hamás el 7 de octubre de 2023, entre ellos los perpetrados contra jóvenes de Israel que asistían a un concierto, agresiones que causaron en total más de 1.400 muertes; porque a través de esa red se estaban cruzando mensajes de odio, apologías de la violencia, bulos, imágenes falsas. En los días posteriores se difundieron como si fueran verídicas y relativas a esos hechos, siempre desde cuentas falsas, imágenes realistas de videojuegos; y también crueles escenas, atribuidas a Hamás, que correspondían a otras guerras. Todo ello con intención de incrementar el odio y la reacción mutua, que ya de por sí se habían mostrado en un grado de primera magnitud. Elon Musk, pese a saber que su red estaba distribuyendo mentiras, recomendó seguir el conflicto a través de ella.

El comisario europeo le avisaba en su carta acerca de posibles sanciones. Pero no pareció importarle a Musk, pese a que la legis-

103 Muñoz Machado, Santiago (2000), *La regulación de la red. Poder y Derecho en Internet*, Madrid, Taurus, págs. 175 y ss.

lación comunitaria prevé multas de hasta el 6% de la facturación. Él mismo, con 160 millones de seguidores, aconsejó informarse mediante algunas cuentas que difunden habitualmente noticias falsas, pero que producen inmenso tráfico: "Para seguir la guerra al instante, @WarMonitors y @sentdefender son buenos".

Desde ambos seudónimos opacos se había comunicado en el mes de mayo anterior una explosión en la Casa Blanca que nunca ocurrió. El propietario de Twitter/X eliminó aquel mensaje cuando ya registraba 11 millones de visualizaciones. Y no rectificó.[104]

Los procedimientos de comprobación de esa red social, como se ve, son ridículos por su ineficacia, cuando no inexistentes; a pesar de los mensajes que sus directivos proclaman cuando se les apela al respecto. Cualquiera puede crearse una cuenta "verificada" por nueve euros; sale barato si lo que se pretende es difundir manipulaciones interesadas o rentabilizarlas económicamente por sus abundantes visualizaciones cuando el sistema así lo establezca.

Musk respondió al comisario Breton que ellos se basan en un código "transparente". Además, instó al comisario a detallar las vulneraciones de las reglas que hubiesen cometido; como si aquellas no se hubieran publicado en los medios que sí verifican lo que reciben.

Unos días antes de esa carta del comisario al magnate sudafricano, el 26 de septiembre de 2023, Bruselas había exigido también a las grandes plataformas digitales que pusieran manos a la obra contra la propaganda rusa en las elecciones europeas previstas para junio de 2024. Porque Rusia, especializada en este tipo de intervenciones mentirosas y manipuladoras, como se vio en las campañas estadounidenses, tiene interés en influir en los ciudadanos y en sus votos en lo que concierne a la invasión que cometió en Ucrania. Y lo hace mediante robots y cuentas de nombre falso.

Pero el éxito de público de las plataformas es tan enorme que pueden permitirse cualquier desprestigio sin merma del número de usuarios, en muchos casos abducidos por técnicas de adicción.

Por ejemplo, desde que Musk compró Twitter por 44.000 millones de dólares en 2022, se ha impedido a los investigadores

104 Clara Ángela Brascia (2023), "La guerra en Gaza expone cómo X suspende en desinformación desde que la compró Elon Musk", *El País*, 12 de octubre de 2023.

sociales el acceso a los metadatos que permitían hallar el origen de un bulo. Solamente podrán acometer ese empeño las empresas que paguen una cuota de 42.000 dólares al mes y los usuarios que abonen 100 dólares también mensuales. Algo desincentivador y que favorece, una vez más, a los poderosos; mientras que les quita herramientas posibles a las personas del montón que resulten injuriadas o acosadas, que además ya no podrán contar con especialistas y abogados que las conduzcan a averiguar el origen de las calumnias o las extorsiones.

Paradójicamente, el propio Musk había usado esos recursos en julio de 2022 para identificar cuentas falsas (es decir, cuentas manejadas por robots) en el juicio sobre la compra de Twitter. En aquel momento, la empresa reconoció 12 millones de *bots* sobre un total de 230 millones de cuentas. Unas cifras difíciles de contrastar. Ahora bien, si Twitter sabe cuáles son las cuentas falsas, puesto que puede contabilizarlas, ¿por qué no hace nada al respecto? Sólo se nos ocurre una respuesta: porque forman parte de su negocio; de ahí su decidida política de no revelar esos datos incluso ante comportamientos delictivos. El objetivo consiste en sumar usuarios para ofrecérselos a los anunciantes, sean aquellos reales o no.

Existen herramientas gratuitas que ayudan a verificar si una cuenta es falsa: Fake Follower Check, SocialBro, Untweeps, Followerwonk, Theblockbot, Twitteraudit, BotOrNot y otras, pero ninguna de ellas es fiable al cien por cien; y además también han aparecido programas que les hacen frente.[105]

Los antídotos que intentan detectar cuentas robóticas se basan realmente en indicios, como no haber tuiteado nada en mucho tiempo y *despertarse* de repente para mantener una actividad frenética a fin de conseguir de pronto un gran número de seguidores (seguramente otros *bots*). Se trata de actitudes sospechosas, pero eso no le parecería determinante a un juez.

A veces, descubrir una cuenta falsa no precisa de inteligencia artificial, sino de inteligencia natural, como la de Carmela Ríos, periodista, cuyas averiguaciones nos permitieron en marzo de 2023 ver cómo se manipula la realidad desde un perfil de Twitter/X.

[105] García González, Javier (2015), «Oportunidad criminal, Internet y redes sociales», *Revista para el análisis del derecho*, InDret, 4/2015, págs. 11 y 12.

El diario ultraderechista español *Libertad Digital* difundió el 20 de marzo de 2024 la información falsa de que dos periodistas encapuchados de *eldiario.es* habían intentado entrar en la casa donde residía la presidenta de la Comunidad de Madrid, Isabel Díaz Ayuso, del PP. Diez minutos más tarde, la cuenta de quien dice ser politóloga Irene Robles de Alda (@ireneRalda) replica por Twitter la supuesta noticia y añade comentarios. Después, el propio medio *Libertad Digital* los recoge en su información como procedentes de una académica independiente, igual que había hecho otras veces. Pero ¿quién era la tal Irene Robles de Alda, que de pronto se había colado entre las 20 cuentas más influyentes en España y había obtenido más de 90.000 entradas en su mensaje?

Se decía politóloga, esposa de médico y madre de dos hijos. Pero no era nadie. Carmela Ríos averiguó al día siguiente y sin levantarse de su silla que desde ese perfil se sigue a ¡7.000 cuentas!, que usa como foto propia una imagen de la periodista estadounidense Bridget Hubert, experta en salud, y que interacciona con políticos, medios de comunicación o periodistas, así como con usuarios falsos y de perfil también ultraderechista que se sirven asimismo de fotos ajenas, cuentas casi todas que difundían la información falsa lanzada por *Libertad Digital*. Los cientos de miles de visualizaciones de este hilo de Carmela Ríos provocaron que un día más tarde el perfil de Irene Robles de Alda fuera suprimido, obviamente por quien lo abrió.

Ya vendrá otra cuenta en su lugar.

Lo que en 2022 parecía una regeneración de Twitter se acabó convirtiendo en una red menos fiable todavía. El uso de nombres fraudulentos no le preocupaba a Musk en las reclamaciones previas a la compra. Su tira y afloja se dirigía a argumentar que no era tan alto el número real de personas físicas que se hallan vinculadas a esa plataforma y que por tanto pueden resultar eficaces para la publicidad. A menos personas, precio más bajo.

Además, Musk despidió a miles de "moderadores" y restableció cuentas que habían sido cerradas por sus contenidos.

La primera de las advertencias de la Unión Europea al dueño de la plataforma, la del 26 de septiembre de 2023, le había sido formulada por la checa Vera Jourová, vicepresidenta de la Comisión, al presentar el informe semestral que analiza el comportamiento y la actividad de las grandes multinacionales de internet y las redes: Meta (Instagram y Facebook), TikTok o Microsoft. Faltaba Twitter/X. La compañía de Elon Musk había abandonado en mayo de 2023 su compromiso con el código europeo de buenas prácticas, creado en 2018. Quizás ello guarde relación con el hecho de que esa sea la plataforma con más desinformación, seguida de Facebook y TikTok, según los estudios comunitarios.

Las agresiones armadas y asesinas entre Israel y Hamás multiplicaron la desinformación en Twitter/X a finales de 2023. A ello contribuyeron, como hemos señalado, los despidos de la mayoría de los verificadores durante los meses anteriores, el restablecimiento de cuentas que habían estado censuradas por incumplir las reglas de la compañía y la negativa a dar acceso gratuito a la herramienta que los investigadores y expertos en comprobación utilizaban para identificar usuarios dedicados a extender información falsa.

Con esas facilidades, ocurrieron hechos como la extraordinaria difusión de un vídeo donde se veía a un hombre identificado como militante de Hamás que disparaba contra un helicóptero mediante un arma apoyada en el hombro. En realidad, se trataba de la imagen del videojuego *Arma 3*.

En definitiva, una supuesta herramienta democrática como Twitter/X está en manos de un empresario que, por ejemplo, participó el 16 de diciembre de 2023 en un acto de apoyo a la ultraderechista Giorgia Meloni, jefa del Gobierno de Italia, en el que también intervino su correligionario español Santiago Abascal, de Vox. Musk aprovechó el lugar y la ocasión para criticar "la excesiva regulación europea" ("regulación" es aquí una ocultación de "leyes democráticas") y ya de paso la inmigración ilegal; también para pedir que no se demonicen los combustibles fósiles (principales causantes de la amenaza climática) y para condenar las políticas de integración social.

Días antes, había devuelto su presencia en Twitter/X a Alex Jones, líder mediático de la extrema derecha conspiranoica que había defendido la inexistencia de la matanza de la escuela Sandy Hook (Connecticut, EE UU), donde murieron 20 niños y 8 mujeres adultas el 14 de diciembre de 2012, tiroteados con un rifle por un aficionado a las armas.

Elon Musk se muestra contrario a lo que él considera censura, y cree que el mundo camina hacia el desastre por culpa de la ultraizquierda.

A él le atrae, por el contrario, el otro lado del arco ideológico. La ultraderecha política ejerce como imán para Musk, y así se apreció el abril de 2024 cuando se reunió durante una hora y media con el presidente Javier Milei, de visita en Estados Unidos, y acordaron verse de nuevo en Argentina para fomentar "las ideas de la libertad". El jefe del Estado latinoamericano ofreció al dueño de Tesla mediar en el conflicto que mantenía con los tribunales de Brasil por el bloqueo que han establecido allí contra varias cuentas de extrema derecha en Twitter y en referencia a las investigaciones emprendidas contra él por "posibles delitos de obstrucción a la justicia e incitación al crimen". Musk y Milei coinciden también en el apoyo a Israel en su acción genocida en Gaza, donde ha matado a más de 30.000 palestinos inocentes en respuesta a los asesinatos de Hamás que habían causado 1.400 víctimas mortales israelíes, inocentes también.

Por su parte, el grupo Meta (Facebook, Instagram, WhatsApp, Messenger), de Mark Zuckerberg, también tiene asuntos pendientes con las autoridades europeas y americanas. Fue denunciado el 24 de octubre de 2023 por 41 fiscales estadounidenses, tanto republicanos como demócratas, de 40 Estados, más el distrito de Columbia. Le reprochaban el desarrollo de productos especialmente diseñados a propósito para enganchar a los niños. En un informe de 200 páginas se detalla cómo esas plataformas manipulan a los menores de edad y los convierten en adictos de las redes, lo que pone en riesgo su salud mental.

La demanda de los 41 fiscales, presentada en California, acusa a Meta de engañar a los consumidores, crear un modelo de negocio destinado a que los jóvenes pasen más tiempo en sus espacios, también de imitar la técnica de favorecimiento de liberación de dopamina que usan los constructores de máquinas tragaperras y recopilar datos personales de los menores, lo que es ilegal. Igualmente, argumentan que la compañía de Zuckerberg ha desarrollado sus productos de tal manera que se convierten en adictivos para los menores de edad y los han dirigido especialmente a quienes aún no han cumplido 13 años, a pesar de que el uso de Instagram y Facebook se desaconseja para ese segmento de edad.

Además, los autores del informe denuncian que Meta no ha hecho lo suficiente por proteger a niños y adolescentes. El fiscal general de California, Rob Bonta, no se anduvo con tapujos: "Meta ha estado perjudicando a nuestros niños y adolescentes, cultivando sus adicciones para disparar los ingresos empresariales". La fiscal general de Nueva York, Letitia James, coincidió: "Los niños y adolescentes están sufriendo como nunca antes problemas de salud mental, y las compañías de redes sociales son las culpables".

En Estados Unidos han obtenido una gran repercusión los estudios del psicólogo social Jonathan Haidt, especialmente su ensayo *La generación ansiosa* (2024),[106] un éxito de ventas en el que defiende que los niños sufren en casi todos los países desarrollados un incremento de mala salud mental debido a su exposición a las redes sociales. Según los datos que recoge su libro, el grado de ansiedad en adolescentes varones ha aumentado un 161% desde 2010; y en las mujeres, un 145%. Haidt sostiene que las redes sociales son más adictivas que el tabaco y la heroína, porque son impuestas socialmente.

Este investigador social considera un punto clave la introducción de los "me gusta" (*likes*) en Twitter y Facebook en 2009, que "acaban premiando la belleza y la crueldad", lo que ha disparado la ansiedad y las depresiones.

También la Comisión Europea abrió una investigación a Meta (matriz de Instagram y Facebook) en mayo de 2024 por supuestas infracciones en las políticas relacionadas con publicidad engañosa y campañas políticas de desinformación en sus servicios, en el contexto de la permisividad que encontraba la propaganda rusa ante las elecciones europeas que se habrían de celebrar un mes después. El Gobierno europeo declaró oficialmente que "Meta no ha evaluado diligentemente ni mitigado adecuadamente los riesgos relacionados con los efectos de Facebook e Instagram en el discurso cívico y en los procesos electorales, ni otros riesgos sistémicos". Si el expediente derivaba en sanción, la multa a Meta podía llegar a un 6% de sus ingresos en la Unión Europea: unos 7.400 millones de euros (sobre un total de 124.000 millones).

En los últimos años se han sucedido las demandas y reclamaciones contra las grandes plataformas, ya sea por servir conscientemente para empeorar la percepción que los adolescentes tienen

[106] Publicado en España por Deusto.

de sí mismos, por no controlar los accesos de los menores o incluso por sus miserables políticas fiscales.

El anonimato de las redes contribuye a acentuar ese problema, empezando por el hecho de que un menor de edad puede hacerse pasar por un adulto y acceder a contenidos perjudiciales a su edad.

Las denuncias también han llegado desde dentro, como la que hizo pública Frances Haugen, ingeniera de Meta, quien reveló en 2021 a través del periódico *The Wall Street Journal* documentos internos sobrecogedores para cualquier persona de buena voluntad, pero que no alteraron ni un milímetro el rumbo de la empresa. Esas pruebas demostraban la responsabilidad de la plataforma en la inclusión de mensajes violentos y en la difusión de noticias falsas, así como en los daños que producen entre los jóvenes.

Haugen convivió con todo ello hasta que no pudo más, se llevó 21.000 documentos, afortunadamente para ella acopiados en soporte digital, y se despidió de la empresa con la intención de hacerlos públicos. La conmoción causada por sus posteriores declaraciones provocó que el Senado de Estados Unidos la convocara y que emprendiera una investigación. Paralelamente, algunos padres de adolescentes que habían sufrido trastornos alimenticios o mentales interpusieron una demanda colectiva contra Meta. Después llegó la referida actuación de los 41 fiscales.

En una entrevista con *El País*,[107] Haugen declaró: “Este caso no va de que Facebook daña a los niños, sino de que Facebook daña a los niños y además miente sobre ello. El encubrimiento es a menudo peor que el crimen. Hay quien dice que la Sección 230 [de la Communications Decency Act, de 1996] significa que estas empresas pueden hacer lo que quieran. No sé si eso es totalmente cierto. Pero lo que sí sé es que las leyes de protección al consumidor establecen que no puedes describir tu producto de una manera cuando sabes que es diferente. […] Dentro de diez años nos preguntaremos por qué no regulamos antes las redes sociales”.

Durante la citada investigación del Senado estadounidense, el parlamentario republicano Lindsey Graham le dijo a la cara al

[107] G. Pascual, Manuel, *El País*, 31 de octubre de 2023. Además, Frances Haugen ha escrito el libro *La verdad sobre Facebook*, publicado en España en 2023 por Deusto con traducción de Verónica Puertollano.

dueño de Facebook el 30 de enero de 2024, en presencia de los demás consejeros delegados (máximos ejecutivos) de las redes sociales: "Señor Zuckerberg: Usted y las compañías presentes, aunque sabemos que no era esa su intención, tienen las manos manchadas de sangre. Hacen un producto que está matando gente". El público se arrancó con un aplauso. Entre los asistentes se encontraban familiares de víctimas de las redes sociales por suicidio, abusos sexuales y otros delitos, o que sufrieron daños psicológicos, baja autoestima y autolesiones. El dueño de Facebook le aguantaba la mirada fríamente a Graham, pero no sin pestañear: lo hizo siete veces en los diez segundos que duró esa frase del senador.

El representante republicano continuó: "Cuando los cigarrillos mataban a la gente, hicimos algo al respecto. Tal vez no lo suficiente [...]. Aquí, nada. ¿No se puede hacer nada? ¿No pueden ser cuestionados?".

A la sesión parlamentaria acudieron también, convocados al efecto, los directivos Linda Yaccarino, de Twitter/X; Shou Zi Chew, de TikTok; Jason Citron, de Discord, y Evan Spiegel, de Snap.

Otros senadores se mostraron tan duros como Graham, y uno de ellos emplazó a Zuckerberg a pedir perdón a las víctimas, ya que hasta ese momento no lo había hecho. El dueño de Facebook se volvió hacia los familiares, sentados a su espalda, y estos alzaron los brazos para mostrarle las fotografías de sus allegados-víctimas, casi todos niños, elevándolas con los brazos extendidos hacia la cúpula del recinto. Se veían las caras de adolescentes que se suicidaron, o de menores que sufrieron abusos sexuales, o que arrastran aún daños psicológicos.

Zuckerberg les dijo, improvisando aparentemente una intervención que quizá no habría pronunciado si no le hubiera conminado a ello el senador: "Lamento todo lo que ustedes han pasado. Nadie tendría que sufrir las cosas que sus familias han padecido, y por eso invertimos tanto y seguimos emprendiendo esfuerzos en todo el sector para asegurarnos de que nadie tenga que pasar por las cosas que sus familias han tenido que sufrir". A continuación se hizo un silencio.

Pero la tensión continuó: Ted Cruz, senador republicano por Texas, le recordó que las alertas de Instagram sobre posible contenido sexual ilícito contienen un botón que permite "ver el contenido de todos modos". Y le espetó, con gran enfado. "Señor Zuckerberg, ¿en qué diablos estaba pensando?".

La senadora demócrata Amy Klobuchar, por su parte, contrastó la ausencia de normas en las redes sociales con las rígidas regulaciones que se aplican a otras industrias: "Cuando un avión Boeing perdió una puerta en pleno vuelo hace varias semanas, nadie puso en duda la decisión de dejar en tierra toda la flota de estos aviones. Entonces ¿por qué no tomamos con la misma determinación medidas parecidas contra el peligro que representan estas plataformas, cuando sabemos que están muriendo niños? Es hora de aprobar medidas".

De esa forma, Estados Unidos ponía ante sí el reto de no seguir también mareando la perdiz.

Los resultados están por ver.

En cualquier caso, poco a poco se van sucediendo las iniciativas contra los colosos digitales. La ciudad de Nueva York presentó en febrero de 2024 una denuncia contra TikTok, Meta, Snap y YouTube "por alimentar la crisis nacional de salud mental juvenil", según anunció el alcalde, Eric Adams (Partido Demócrata). La demanda alega también que esas compañías crean adicciones voluntariamente a niños y adolescentes, y les imputa negligencia grave. Adams describió a los jóvenes de su ciudad como personas adictas a las pantallas, desesperadas por la ansiedad, pegadas a sus teléfonos, víctimas de un deficiente rendimiento en la escuela, carentes de habilidades sociales.

Como siempre en casos similares, un portavoz de Meta, en esta ocasión alguien llamado Andy Stone, salió al paso con el argumentario habitual: "Queremos que los adolescentes tengan experiencias seguras y adecuadas a su edad en Internet, y tenemos más de 30 herramientas y funciones para ayudarlos a ellos y a sus padres. Llevamos una década trabajando en estos temas y contratando a personas que han dedicado sus carreras a mantener a los jóvenes seguros y amparados en Internet". Y añadió frente a toda evidencia: "En colaboración con expertos en juventud, salud mental y crianza, hemos creado servicios y políticas para ofrecer a los jóvenes experiencias apropiadas para su edad; y a los padres, controles sólidos".

Sin embargo, las continuas reclamaciones y demandas en muchos países apenas cambian nada en las grandes plataformas. No parecen temer ni su desprestigio de imagen ni las sanciones que saltan a la prensa cada cierto tiempo, lo cual da idea de que les afectan poco, porque incurren de nuevo en actos denunciables. La compañía estadounidense Apple, dirigida por Tim Cook, fue sancionada en 2023 por la Unión Europea a devolver 14.300 millones de euros a Irlanda en impuestos no pagados, y más tarde se la castigó, en marzo de 2024, con 1.840 millones por abuso de posición dominante dirigido contra su competidor sueco Spotify. Los motivos son similares a los de la multa de 4.238 millones impuesta en 2018 a Google, que había obligado a los fabricantes de dispositivos a preinstalar Chrome o Google Search. La Unión Europea también había impuesto a la empresa de ese gran buscador entre 2017 y 2023 tres multas por un valor total de 8.000 millones, todas ellas a causa de su posición de dominio. Son algunos ejemplos solamente. Pero en la mayoría de los procesos los poderosos gabinetes de abogados de estas compañías consiguen alargar las causas y dilatar el pago.

La ONG Fair Tax Mark, dedicada a luchar por la transparencia de las empresas, ha calificado a Amazon como "la más agresiva" en la evasión de impuestos, ligeramente por encima de gigantes tecnológicos como Google, Netflix y Apple, según publicó el diario británico *The Guardian* el 2 de diciembre de 2019: "Evitan impuestos trasladando los ingresos y los beneficios a paraísos fiscales o a países de baja tributación, y retrasando el pago de los impuestos que les corresponden". Se calcula que el 10% del Producto Interior Bruto mundial se halla escondido en esos países permisivos que se aprovechan de la riqueza producida en otros, y que los sistemas tributarios pierden entre 500.000 y 600.000 millones de dólares en ingresos correspondientes al impuesto de sociedades debido al traslado de beneficios.[108]

El Gobierno comunitario de Bruselas ha llegado a la conclusión de que sancionar no es suficiente, y cree que por tanto han de plantearse medidas encaminadas a trocear las compañías para

[108] Polman, Paul y Winston, Andrew (2022), *Net positive*, Barcelona, Profit, págs. 285 y 287.

dividir su poder, según declaró públicamente en mayo y en junio de 2023 la comisaria de Competencia, Margrethe Vestager.

Sobrecoge pensar que estos imperios, que se sienten por encima de los daños que causan, basan su negocio en el anonimato y en la extraterritorialidad.

Elon Musk, dueño de Twitter, también ha sufrido problemas en su actividad empresarial y directiva. En febrero de 2024, una jueza del Estado norteamericano de Delaware anuló el multimillonario plan de retribución sin precedentes mediante el cual su compañía automovilística Tesla le premió con hasta 55.000 millones de dólares. Él respondió anunciando que se llevaría el domicilio social de Delaware a Texas.

Son conocidos los proyectos cósmicos de Elon Musk a través de su empresa SpaceX. Quién sabe si con ellos está buscando instalar una sede en la Luna para cuando se le acaben los países donde refugiar a sus empresas de los tribunales terrestres.

El abuso en la acumulación de datos

Los datos personales se han considerado ya el gran negocio del siglo XXI. Incluso para comprar un conocido robot de cocina se le exige al cliente información relativa a su identidad y a su domicilio, so capa de la dizque obligatoria firma de un contrato, algo innecesario con otros aparatos domésticos.

Porque, vaya casualidad, el aparato no se ofrece en las tiendas. La persona que se encarga de la transacción solicitará por correo electrónico el nombre y apellidos del comprador, su dirección, el número de su documento de identidad... y hasta la fecha de nacimiento. Como cabía esperar, entre el montón de cláusulas absurdas del contrato, destinadas a embrollarlo y confundir, figura una que permite acopiar los datos del cliente y cedérselos a terceros. Si el comprador pide suprimir esa cláusula, es muy probable que le contesten con este mensaje: “La cesión no conlleva tratamientos de datos para ninguna finalidad distinta a la de posibilitar la relación que formalizamos con usted”. O sea, quieren que se les cedan los datos pero, total, para nada. El cliente, finalmente, cansado de una burocracia cuando menos incomprensible, responde: “Mi voluntad es no autorizar el uso posterior de mis datos para ningún fin. Solo necesito saber si eso es incompatible con la adquisición". A partir de ahí se hará el silencio. Tan valiosos son en estos tiempos los datos personales que se puede renunciar a la venta de un caro electrodoméstico si esa información no se integra en el pago.

Cualquier día se pedirán los datos personales para comprar el pan.

A ello se une que el comercio electrónico va acabando con el anonimato de numerosísimas transacciones que antes se ejecutaban mediante el pago en efectivo. Ahora, por el contrario, las compras de libros, discos, comida china, quesadillas mexicanas o pizza italiana, muebles, alfombras y cualquier otro producto que se pueda imaginar se completa a través de internet, lo que precisa generalmente de identificación mediante tarjeta bancaria, al menos, procedimiento que deja pistas obvias sobre la identidad del cliente. Y sobre sus gustos.

Los colosos de internet aducen los más variados argumentos para desentenderse de la posibilidad de gestionar la verificación de los nombres auténticos de sus usuarios. Algunos de esos pretextos se relacionan con imposibilidades operativas o técnicas, y sorprende mucho si se piensa en la ingente acumulación de datos personales que ellas mismas se procuran, gestionan y venden.

En marzo de 2024, la Cámara de Representantes de EE UU conminó a la red china TikTok (por 352 votos contra 65) a vender su sección estadounidense o sufrir el bloqueo en ese país, a causa del tratamiento de los datos de sus 170 millones de usuarios allí, más de la mitad de los habitantes, que a juicio de la mayoría parlamentaria se ponen al servicio del Gobierno de Pekín. El proceso para llegar a ese desenlace aún era largo (faltaba el apoyo del Senado, entre otros trámites), pero de cualquier manera nos presenta una paradoja: a Estados Unidos le preocupa el uso perverso de los datos obtenidos de sus usuarios por la china TikTok, pero no tanto el que puedan practicar las compañías nativas de allí, como Facebook, Instagram o Twitter/X.

Cinismo por cinismo, la respuesta de TikTok consistió en decir que la medida propuesta constituiría un ataque a la libertad de expresión. Y eso lo afirmaba una empresa controlada por el Gobierno chino.

Nuestros datos se hallan expuestos a multitud de entidades privadas que comercian con ellos, pero, ¡ay!, no a la acción de la justicia. De hecho, como ha señalado Juan Luis Cebrián, "las compañías de teléfonos no son compañías de telecomunicaciones, ahora son compañías de datos".[109]

Y esos datos que vamos dejando durante nuestra actividad en la Red son como el cerdo: nada de ellos se desperdicia.

La ponderación como factor clave

Con todo este recorrido tenemos ya planteados en detalle, pues, los dos derechos en colisión que se dan en torno al anonimato: el que protege la libertad de expresión de quienes no la tendrían si firmasen con su nombre y el de quienes se ven acosados, agredidos, injuriados, calumniados, ofendidos... por textos anónimos frente a los cuales no pueden defenderse.

Y cuando dos derechos chocan entre sí, la doctrina jurídica defiende la necesidad de ponderar la fuerza de uno y de otro en cada situación.

En el capítulo III hemos recogido el caso de McIntyre frente a la Comisión Electoral de Ohio, con la sentencia de 1995 que se basaba en algo que había ocurrido 200 años antes: los artículos publicados entre 1787 y 1788 bajo seudónimo colectivo Publius y con el epígrafe de *El Federalista* en varios periódicos estadounidenses.[110]

Los argumentos desarrollados en el siglo XVIII para defender aquellos artículos con seudónimo opaco vinieron al pelo para justificar la resolución que se requeriría en el siglo XX cuando la activista Margaret McIntyre fue condenada a pagar 100 dólares por haber distribuido propaganda anónima durante una campaña electoral. La resolución del Supremo favorable a McIntyre tras su recurso explicaba, después de recordar el conflicto de *El Federalista*, que "el anonimato brinda a aquellos autores que no gozan de aceptación la posibilidad de que los lectores no prejuzguen su mensaje simplemente porque les desagrada la persona que lo propone".

109 Cebrián, Juan Luis (2018), "El *software* protector", en Basilio Baltasar (ed.), *El linchamiento digital*, Madrid, JDB, pág. 107.

110 Véanse las páginas 137 y 138.

En un lado de la balanza, el Supremo de Estados Unidos empezaba por asumir que el poder legislativo de Ohio había intentado justificar su ley contra la distribución anónima de material de campaña en razón de que, entre otros argumentos, veía necesario conocer la identidad de los autores para prevenir la difamación y el fraude. En el otro platillo, el tribunal reconocía la importancia de la libertad de expresión.

En la inevitable ponderación de equilibrios, los jueces entendieron que el Estado contaba con medios suficientes para evitar de manera directa los actos de fraude y difamación que se produjeran en contextos relevantes. A la vez, aceptaban que el interés en prevenir el fraude y las difamaciones podría justificar que se impusieran unas limitaciones en ese derecho.

En ese juego de vasos comunicantes, el Supremo entendió que debía primar la libertad de Margaret McIntyre a distribuir sus panfletos, contrarios a la política fiscal del lugar, en un ejercicio de libertad de expresión que difícilmente podía derivar en difamación o fraude.

Entendemos, lógicamente, que si los panfletos hubieran insultado o calumniado a alguien la ponderación del tribunal se habría inclinado por defender ese vulnerado derecho al honor. Pero no hubo tal.

Cuando se produce una colisión de derechos (como el derecho a informar acerca de alguien y el derecho opuesto de esa persona a preservar su intimidad, su buena imagen o su honor), no queda más remedio que acudir a la balanza que tantas veces representa la idea de la justicia ciega, la que dictamina sobre los hechos sin mirar a quién beneficia o perjudica.

Ese criterio de la ponderación (esbozado más arriba —aunque sucintamente— al tratar sobre los testigos protegidos, el secreto de confesión o el derecho a la información) se basa en lo que el jurista y filósofo alemán Robert Alexy propuso para tales choques de derechos: "Cuanto mayor sea el grado de no satisfacción o restricción de un principio, tanto mayor tiene que ser la importancia de la satisfacción del otro". Porque el derecho a la propia imagen, a la intimidad o al honor no es absoluto: depende de qué otros derechos entren en juego.

En lo que se refiere a los testigos protegidos, por ejemplo, se ha de salvaguardar su derecho a la seguridad. Fijado eso, en la ponderación ante el perjuicio que ello pueda causar a los derechos del acusado se incluye que el testimonio no sirva como único elemento de prueba.

La dificultad radica en que otorgar más valor a uno de los derechos enfrentados no debe acarrear la anulación del otro. La resolución habrá de consistir en determinar en qué grado se aplican ambos, de forma que la proporcionalidad prevalezca sobre la exclusión jurídica.

Nace así la llamada precisamente *ley de la colisión* del citado Alexy, que marca las condiciones en las cuales un principio tiene precedencia sobre el otro, en función del distinto peso de ambos.[111]

Por ejemplo, el derecho al honor y a la propia imagen de quien se pone cada día al volante de un transporte de viajeros se verá reducido si su adicción al alcohol y las drogas pone en riesgo la vida de los ocupantes sin que la compañía tome medidas, porque en ese momento un periodista podrá ejercer el derecho a informar verazmente acerca de ello, en colisión con el derecho personal del conductor. Este derecho queda así reducido por el otro, pues el peso de aquel es muy superior. Dentro de esa ponderación, el redactor considerará si publica el nombre completo del profesional del volante, o solamente sus iniciales, o tal vez nada que pueda identificarlo, sin renunciar por ello a relatar los hechos. Al omitir la identidad estaría limitando su derecho y el de sus lectores a la información, para reconocer con ello el peso del derecho del acusado a mantener su buen nombre mientras no reciba una condena en firme.

En otros supuestos, el peso del derecho a la propia imagen y al honor se pondera más que el derecho a informar, por ejemplo si en vez de un conductor el afectado es un cantante. Conocer o no las adicciones de un artista no afecta a la seguridad de sus seguidores, y entonces el derecho a su vida privada sale ganando en el contrapeso. En cambio, sí puede subir en la balanza el derecho informativo a dañar la imagen del intérprete si en una actuación suya ante el público se han producido notables desafinaciones y además ha ofrecido un concierto de duración muy reducida respecto

111 Alexy, Robert (1993), *Teoría de los derechos fundamentales*, Madrid, Centro de Estudios Constitucionales, pág. 90.

de la anunciada. En ese caso el informador abordaría una crítica profesional, no personal. El periodista puede informar de esas deficiencias artísticas o del incumplimiento del contrato, igual que los asistentes en sus redes sociales, pero, en aras del equilibrio que reclama Robert Alexy, no podría entrometerse en los problemas personales del artista ni invadir su intimidad.

En definitiva, los intereses de la persona acusada por una información adquieren un peso esencial mayor o menor en función del bien que esa noticia pueda ofrecer. Ante un bien pequeño para la sociedad, se agranda el derecho de la persona. Ante un bien enorme para la comunidad, se empequeñece el del individuo. En una ponderación adecuada, una restricción grande de derechos no puede producir un efecto beneficioso reducido.

Por eso la jurisprudencia española del Tribunal Constitucional y del Supremo establece que un cargo público está menos protegido frente a la crítica y a la injuria que una persona privada. En el entendido, por supuesto, de que se debe diferenciar entre *interés público* e *interés del público*. No pesa lo mismo el bien común que la curiosidad general.

La ponderación entre beneficios y perjuicios en el ejercicio de derechos que chocan entre sí en cada situación sirve igualmente para evaluar el derecho de una mujer al aborto frente al derecho a la objeción de conciencia de un médico que se niega a practicarlo; para analizar el derecho al secreto de confesión respecto del derecho a la seguridad de los menores ante previsibles nuevos abusos; para considerar el secreto médico del psiquiatra en contraposición con el derecho de un paciente suyo a pilotar un avión; para evaluar la libertad individual de no vacunarse frente al derecho de los demás a no ser contagiados.

Llegados a este punto, un escrito anónimo en internet o en una red social que afecte a la intimidad o la propia imagen de alguien no puede ampararse siempre y en términos absolutos en que contribuye a que el público se forme una opinión sobre algo o sobre alguien para que los ciudadanos puedan así ejercer con información adecuada sus derechos democráticos. En cada caso, los tribunales deberán aplicar la ponderación necesaria frente a ese choque de derechos, pero siempre con esa diferencia entre lo que afecta al interés general y lo que solamente tiene privada repercusión.

Por todo ello, las grandes plataformas harían bien en afrontar una autorregulación que sirviese como cortafuegos ante lo que, aventuramos, va a sobrevenirles tarde o temprano: cuando el problema causado por el anonimato sea gigantesco y llegue a muchas más víctimas que aún no se imaginan como tales, la ponderación planteada por Alexy hará que veamos la prohibición o la limitación de los seudónimos opacos como un gran bien, en comparación con el relativo perjuicio que les puede producir a esas compañías privadas y a su negocio, y también en cotejo con los beneficios que la ocultación del nombre procura para la libertad de expresión. Como las redes sociales llevan camino de convertirse en maquinarias de falsedad y de injuria, previsiblemente cada día aumentará el número de perjudicados, y por tanto el beneficio causado por esa limitación del anonimato será mayor.

En cualquier caso, parece difícil hacerse cargo de que se puede formar una opinión pública sana cuando se desconoce la identidad de quienes emiten opiniones, aspecto que también se habrá de ponderar.

En los debates destinados a fomentar una sociedad bien informada que pueda expresarse libremente con arreglo a esos conocimientos, hace falta información sobre algunos rasgos de quienes los difunden. Probablemente, en una determinada materia no otorgaremos el mismo crédito a una catedrática de universidad que a un alumno de bachillerato; pero las redes los igualan si no podemos identificar a cada uno de ellos. Incluso un alumno puede hacerse pasar por catedrático, y viceversa.

Del mismo modo, cuando alguien lanza al ciberespacio una acusación anónima se desconocen su nombre y sus intereses, incluso se ignora si es una persona real o un robot. Este último supuesto conduciría a que la opinión pública estuviese manipulada por una ficción. Una ficción que intenta activar artificialmente los sesgos de conformidad y de espiral del silencio, explicados más arriba.

Como ocurre con los problemas jurídicos ya mencionados de los testigos protegidos, el acusado o zaherido o contradicho desde una cuenta anónima carecerá de herramientas para defenderse porque nunca podrá demostrar los intereses espurios del acusador, o su incompetencia en la materia de la que habla. Por su parte, el acusador podrá moverse en la impunidad del anonimato para lanzar unas calumnias que no asumiría si estuviese obligado a usar su nombre.

La profesora Carla Nunziato, defensora del derecho al anonimato, admite a este respecto que "habrá casos en que un demandante deberá conocer finalmente la identidad de un autor cuyo contenido se señala como ilícito o nocivo para el reclamante", pero siempre "en el marco de un procedimiento judicial que tenga en cuenta los intereses tanto del demandante que exige una reparación genuina como de los demandados que pretenden continuar resguardando sus derechos de libertad de expresión en la mayor medida posible".[112]

A la autora y docente de la Universidad George Washington le parece un equilibrio adecuado permitir que un juez determine si corresponde exigir a una plataforma digital que revele la identidad de un autor anónimo cuando lo reclame una parte agraviada.

Nunziato se apoya en la sentencia de un tribunal de Georgia (EE UU) según la cual "los pedidos que exigen la identificación de usuarios anónimos de Internet deben ser objeto de un cuidadoso escrutinio por parte de los tribunales". Una vez efectuado tal examen, se evaluará si la necesidad del denunciante de conocer esta información prevalece sobre el derecho del autor a expresarse en forma anónima. "Solamente cuando se supere esta prueba estricta, se considerará que el interés del demandante en tener acceso a dicha información para interponer una acción por calumnias supera el derecho del demandado a expresarse en forma anónima".

La resolución se basaba en el caso McIntyre, que se cita en ella. Siempre la ponderación como mejor método de decisión. Pero a menudo no se llega a un resultado pertinente.

El tribunal de Georgia mencionado por Nunziato cita en su argumentación la causa *Independent Newspapers Inc. frente a Brodie*. En ella los jueces formularon ciertos requisitos que se deben

[112] Nunziato, Dawn Carla (2012), "Preservar la libertad en Internet en las Américas", en Bertoni, Eduardo (compilador), *Hacia una Internet libre de censura. Propuestas para América Latina*, Argentina, Universidad de Palermo, pág. 26.

respetar a la hora de establecer si corresponde exigir la divulgación de la identidad de quien publica contenidos anónimos en internet:

> Cuando un tribunal de primera instancia debe resolver una acción por calumnias en la cual intervienen autores anónimos o con seudónimos, debería:
>
> 1. Exigir al demandante que adopte medidas para notificar a quienes publican contenidos anónimos que han sido objeto de un requerimiento. [Es decir, que el ofendido proteste formalmente y por escrito al dueño del espacio o medio utilizado].
> 2. Abstenerse de dictar medidas, a fin de conceder al autor anónimo una posibilidad razonable de presentar y notificar su contestación a la solicitud. [Por tanto, confiar en una rectificación voluntaria del ofensor].
> 3. Exigir al demandante que identifique e indique las manifestaciones exactas. [Debe asegurarse de captarlas y fijarlas por si fueran borradas más tarde].
> 4. Determinar si la demanda establece una acción por difamación *prima facie* [a primera vista] contra los autores anónimos.
> 5. Si se cumplen todas las demás condiciones, ponderar el derecho de libertad de expresión del autor anónimo consagrado en la primera enmienda con el valor persuasivo del argumento *prima facie* de difamación presentado por el demandante y la necesidad de dar a conocer la identidad del autor anónimo antes de ordenar que se revelen estos datos.

Al repasar con calma los cinco criterios señalados para determinar si corresponde revelar la identidad de quien publica contenidos en forma anónima, nos daremos cuenta una vez más de que se desplaza sobre la víctima no sólo la lógica activación de la causa, sino todo el peso en la búsqueda de justicia. Ella es quien debe abrir un requerimiento, lo cual supone esfuerzo, abogado y seguramente dinero; y habrá de notificárselo a quien sea el dueño del espacio donde se produjo la ofensa, dato que resultará difícil de averiguar para un ciudadano sin demasiados recursos; tendrá que aportar las manifestaciones exactas, y eso precisará tal vez de medios de prueba suficientes, incluso peritos informáticos, en el supuesto de que el mensaje o la cuenta no hayan desaparecido como puede ocurrir en internet; y finalmente habrá de esperar a que el autor anónimo responda a las acusaciones. Todo eso mientras la ofensa sigue vigente y pública en las redes.

Según se puede observar, de los cinco puntos planteados en esa sentencia, dos comienzan con el sintagma "exigir al demandante" (es decir, al perjudicado). Y otro, con "abstenerse de dictar medidas".

En todo caso, una vez más, la forma de resolver el asunto parte de que la ofensa se haya producido. Nada de soluciones preventivas o limitadoras.

Nunziato concluye a partir de esa resolución que "el enfoque de los Estados Unidos debería servir como modelo para que otros países de América [está escribiendo en una obra destinada a ese continente] extiendan la protección al derecho de las personas a expresarse en forma anónima o con seudónimos en Internet". (Ya hemos dicho que esta autora era defensora del anonimato).

La primera experiencia judicial estadounidense sobre libertad de prensa se sustanció en 1735 (52 años antes de la causa sobre Publio y *El Federalista*) durante el juicio por unas informaciones relativas al representante del rey Jorge III de Inglaterra y gobernador de Nueva York, William Cosby, a quien se mostraba en un periódico como un corrupto incompetente. Las había publicado el semanario *New York Weekly Journal*, muy crítico con el gobernador y con la situación que mantenía la Inglaterra colonial.

El impresor y editor era John Peter Zenger, ciudadano estadounidense de origen alemán que había arribado a la ciudad con 13 años. El hecho de que algunos de los textos críticos no estuvieran firmados —otros fueron suscritos por el redactor jefe, James Alexander— ha llevado a menudo a la errónea interpretación de que se trató de un juicio sobre el anonimato. No ocurrió así exactamente. Se juzgó a Zenger como responsable máximo del periódico.

El fiscal general, Richard Bradley, acusó al impresor por difamación, delito en el que hasta entonces se había considerado irrelevante que se contara la verdad o no: bastaba con poner en cuestión al poder. Es decir, no existía la *exceptio veritatis*. El ministerio público señalaba al impresor como responsable de publicar "varios libelos sediciosos que tienden a levantar facciones entre el pueblo, inflamando sus mentes con desprecio por el gobierno de Su Majestad y perturbando enormemente la paz".

Zenger llegó a permanecer 10 meses en la cárcel a la espera de juicio.

El alegato de su abogado, Andrew Hamilton, ha pasado a la historia como una elocuente defensa de la libertad de expresión. "No es la causa de un pobre impresor, ni únicamente de Nueva York, la que ahora juzgáis. ¡No!", expuso el letrado en su discurso final. "Por sus consecuencias, tal vez afecte a todos los hombres libres".[113]

Continuó Hamilton: "Es natural, es un privilegio; iré más lejos, es un derecho que todos los hombres libres reclaman, que tienen derecho a quejarse cuando se les hiere. Tienen derecho a protestar públicamente contra los abusos de poder en los términos más enérgicos, a poner a sus vecinos en guardia contra el oficio o la violencia abierta de los hombres con autoridad, y afirmar con valentía el sentido que tienen de las bendiciones de la libertad, el valor que le otorgan y su resolución ante cualquier peligro para preservarla como una de las mayores bendiciones que el cielo puede otorgar".

Y logró la absolución.

Zenger publicaría luego el libro titulado *The Trial* (el juicio), donde cuenta todos los pormenores del caso, que en 1953 se llevó a la televisión en una película protagonizada por Eddie Albert, con Frederick Worlock en el papel de Andrew Hamilton y con guion de Irve Tunick, bajo la dirección de Paul Nickell.[114]

El abogado Hamilton apoyó sus argumentos —y de ahí quizá venga el erróneo cruce de ideas sobre anónimos y seudónimos—[115]

113 Baqueiro López, Oswaldo (1986), *La prensa y el Estado*, Buenos Aires, Nuestra América, pág. 35.

114 Se puede ver la filmación en este enlace, con la opción de seguir los diálogos en inglés subtitulados en esa lengua: https://www.youtube.com/watch?v=PdqPkM_EJ4Y. El famoso alegato de Hamilton comienza en el minuto 49.

115 Un factor adicional para el error lo aporta el hecho de que el seudónimo Cato se usara años después en otros artículos, sin nada que ver con Trenchard y Gordon. Por ejemplo, en unas cartas al director publicadas 50 años más tarde en el diario *New York Journal* y contrarias a la Constitución estadounidense. Algunas fueron respondidas con la firma Brutus, y otras con la de Caesar. Se trataba de seudónimos opacos, y todavía hoy se discute sobre quiénes se hallaban detrás. Estas referencias latinas fueron costumbre de la

en unos textos firmados en el *London Journal*, primero, y en el *British Journal*, después, entre 1920 y 1923 con nombre falso: Cato. Los colaboradores John Trenchard y Thomas Gordon tomaron este alónimo transparente[116] del romano Marcus Portius Cato, o Catón —fiero opositor de Julio César, en el siglo I antes de Cristo—. A Trenchard y Gordon los llamaríamos ahora "analistas políticos"; entonces unos dignos ciudadanos cultos y de posición acomodada, y muy unidos entre sí: hasta el punto de que Gordon se casó con la viuda de Trenchard cuando este falleció.

Uno de los razonamientos en los que Andrew Hamilton apoyó su defensa se basaba en el artículo de Cato (Trenchard y Gordon) titulado *Of Freedom of Speech: That the Same is Inseparable from Public Liberty* (Acerca de la libertad de expresión, que es inseparable y equivalente de la libertad pública). En él consideran la libertad de pensamiento y de expresión un derecho tan imprescindible como la seguridad y la propiedad: "La seguridad, la propiedad y la libertad de palabra siempre van juntas". Y se habrá de alabar a los Gobiernos siempre y cuando lo merezcan, pero no si se desvían del camino adecuado o si incurren en la tiranía.

Las cartas de Catón distinguían también entre las críticas referidas a personas privadas y aquellas que apuntan contra la gestión pública, de modo que estas últimas sí deben quedar expuestas a la denuncia general cuando se expresan verazmente, y nunca considerarse un libelo.

Estas columnas, reunidas luego en un solo volumen, se acabarían convirtiendo en pilares argumentales a favor de la libertad de información, y se citaron durante décadas ante los tribunales como fuente de autoridad.[117]

época, como muestran también los seudónimos Publius, usado en *El Federalista*, y Junius (también en el siglo XVIII), todos ellos referidos en esta obra.

116 Sobre la palabra "alónimo", véase la página 79 (en el capítulo III, punto 1), de este libro.

117 Una selección de los 138 artículos de Cato está publicada en España por la editorial Boletín Oficial del Estado (2018), con edición y traducción del profesor Ricardo Cueva Fernández. Para mayor ampliación, véanse por ejemplo dos estudios de María Nieves Saldaña Díaz, de la Universidad de Huelva: "A legacy of suppression (II): Del control de la información y opinión en la América colonial y prerrevolucionaria. La emergencia de la libertad de prensa", *Derecho y conocimiento: anuario jurídico sobre la sociedad de la información y del conocimiento*, n.º 3, 2005, págs. 131-140; y "Libertad de prensa

Aquel proceso, pues, no se planteó sobre el anonimato, sino sobre la legalidad de hacer afirmaciones críticas contra alguien basadas en datos ciertos. El anonimato no se consideró porque existía un acusado concreto: el impresor. Él asumió la *autoría* desde un punto de vista penal.

Y tal *opción B* sigue vigente hoy en día cuando un periódico publica algún artículo ofensivo sin firma, pues la responsabilidad pasa al director del medio y a la empresa editora. Ya sabemos que en el derecho estadounidense eso no se va a aplicar contra las plataformas digitales; y que en el derecho español dependerá de si los jueces consideran que los buscadores o gestores de las redes han tenido "conocimiento efectivo" de la ilicitud.

La derivación de la responsabilidad hacia el impresor, una vez que no existe autor conocido, no encuentra paralelismo en lo que ocurriría con el propietario de la red social que recoge todo tipo de anónimos.

La abogada Selva Orejón, directora ejecutiva de onBranding (consultora sobre reputación digital) y experta en identidad electrónica, declaraba en diciembre de 2021[118] que las plataformas sociales deberían estar obligadas a comunicar la identidad técnica (IP) de un usuario cuando les llegase una orden judicial al respecto, para que luego la operadora (la compañía telefónica) dijera que a ese día y a esa hora estaba contratada por tal persona. "Pero la realidad", añadía, "es que incluso en casos de homicidio, y lo digo con total conocimiento de causa, muchas veces no contestan, ni en tiempo ni en forma. Sin ir más lejos, aquí, en Cataluña, por un caso de parricidio se le solicita a una plataforma en el mes de agosto [es decir, hacía cuatro meses] y todavía estamos esperando".

---

y energía política en la 'Aeropagítica' de John Milton", *Revista Internacional de Pensamiento Político*, vol. 3, 2007. He tomado distintos datos de todos estos trabajos.

De los 138 artículos firmados por Cato, 76 los escribió Gordon, 56 Trenchard y 6 entre los dos, según se pudo averiguar por las iniciales que figuran en los originales entregados a la imprenta. Zanardi, Paola (1996), *Hume e Trenchard. I Castelli di Yale*, I (1), pp. 75-88.

118 Selva Orejón, entrevistada en *maldita.es*. *Un debate que no se cierra*: *hablamos en Twitch sobre el anonimato en Internet*, 2 diciembre de 2021. https://maldita.es/malditatecnologia/20211206/anonimato-internet-twitch/

La abogada Orejón propone la búsqueda de algoritmos que de forma preventiva y cuantitativa identifiquen comportamientos sospechosos. Con los temas de suicidio, añadió, Facebook los aplica ya y están funcionando.

Por sarcástico que resulte, no deja de llamar la atención que estas grandes plataformas se desentiendan de afectar lo más mínimo a difamadores y acosadores, y que en cambio busquen fórmulas para no perder usuarios.

Y para los casos en que esa pérdida se produce, Homero Gil de Zúñiga, director del laboratorio Media Innovation de la Universidad de Viena, investigador asociado de la Universidad de Princeton, aporta una explicación contundente: "Es más rentable perder a un acosado que a 10.000 acosadores".[119]

Por supuesto, si los mecanismos para localizar a los malvados funcionasen, no haría falta disparar contra el anonimato de todos los usuarios. Pero la realidad dista mucho de eso.

En definitiva, la ponderación de derechos se presenta, pues, como la mejor herramienta a la hora de resolver estos conflictos.

¿Qué analogías podemos encontrar para este necesario balance en otros órdenes de la vida, similares a la que se da con el anonimato? Tal vez la regulación de las matrículas en los automóviles, que guarda cierta relación a la vez con los seudónimos a los que se obliga en ciertos concursos literarios: el jurado los ve, pero ignora con qué autor concreto se vincula cada uno.

En las naciones civilizadas no puede circular ningún auto sin matrícula. Lo cual se parecería bastante a que en las redes no pudiese operar nadie sin una clave que se correspondiera con una identificación. Además, en muchos países están prohibidos los cristales polarizados que impidan ver desde fuera al conductor.

Los coches o carros no lucen en la parte delantera y en la trasera el nombre de su propietario, sino un código alfanumérico que indefectiblemente llevará hasta él cuando surja un conflicto. No hará falta para eso que medie un juez, sino simplemente una Administración sujeta al derecho y un procedimiento sancionador ágil y garantista, regulado por ley. Los guarismos y las letras de una

[119] *elindependiente.com*, 26 de noviembre de 2016.

matrícula pueden llevar no solamente a una pequeña multa, sino también una pena de cárcel por homicidio.

Ninguna resolución ni relatoría internacional ha establecido que la identidad del dueño de un automóvil solamente se conocerá mediante la decisión de un juez. Sin embargo, la analogía nos parece posible: tanto el auto como el anonimato pueden convertirse en máquinas que destruyen la vida de otras personas.

Si se hubiera decidido que en toda infracción mediara un juez para autorizar que se revelase el propietario correspondiente a cada matrícula, la resolución de cualquier incidente de tráfico se eternizaría en los tribunales, como sucede ahora con las denuncias por los acosos en las redes. Un factor que desalienta a la víctima y protege a quien delinque. Y que aumentaría los accidentes.

Por otra parte, la matrícula no delata la presencia de nadie en un lugar, de modo que cualquiera pueda saber dónde se encuentra en cada momento determinada persona (algo que se alcanza también, más simplemente, con reconocer su rostro). Eso sucederá solamente entre quienes se hayan aprendido el código de las placas; pero en la práctica apenas nadie memoriza, si acaso, más de seis o siete matrículas. Sí cabrá la posibilidad de que lo haga un detective privado, pero a este quizás hasta le sobre el dato de la matrícula en el rastro de los movimientos de su vigilado, para cuyo seguimiento le bastará con observar sus pasos desde que sale de casa. Porque también se puede vigilar a quien no tiene coche.

Ahora bien, en las infracciones, al menos en España, la Dirección General de Tráfico pregunta al propietario del vehículo denunciado por un agente quién llevaba en ese momento el automóvil. Caso de no haber estado su dueño al volante, debe decir qué persona lo guiaba. Obviamente, la gente suele saber a quién le presta el auto. Lo mismo pasaría con un arma: se ha disparado con tu pistola, y tú tenías la obligación de custodiarla; si no has sido tú quien lo hizo, quizá sepas qué persona la usó. Salvo que denunciaras antes su hurto o lo demuestres *a posteriori*, si alguien ha matado con tu pistola tienes un problema como sospechoso de un crimen.

Por tanto, el sistema de identificación de conductores parece bastante razonable; o al menos no ha sido cuestionado tan firmemente en ningún lugar como para que se modifique o se suprima. Nadie sabe cómo se llama quien conduce un automóvil (salvo que se le conozca previamente), pero si causa un accidente o se salta una señal de prohibido, la matrícula lo delatará.

La supresión de las placas en los automóviles no mejoraría el tráfico. A muchos les fascinaría saltarse los semáforos y estacionar en las esquinas, claro. Sin embargo, la civilización ha venido consistiendo precisamente en controlar los instintos primarios en aras de una libertad más reducida pero de mejor calidad, porque eso nos permite defendernos de la libertad de los otros.

Con las normas de circulación comprendemos que los derechos irrenunciables necesitan precisamente ciertas renuncias. Si no existieran estas, muchos preferirían ahorrarse el riesgo de conducir un coche. Y, por tanto, no serviría de nada el derecho ilimitado de conducir si al final no condujéramos.

Pese al avance de la civilización humana que consiste en que cada automóvil esté identificado —y ¡hay millones de vehículos en cada país!—, en las nuevas formas de comunicación en las redes una parte de los artefactos peligrosos circula sin matrícula, otra porción lleva placas falsas y, por si fuera poco, no faltan los coches robotizados de los que nadie se hace responsable. Además, casi todos estos se dedican a chocar contra los que van identificados y con gente pacífica dentro.

El mundo virtual, que no por virtual deja de producir efectos, se ha convertido en imitación de aquellas ciudades sin ley en cuyas calles abundaban los pistoleros y se escondían los comerciantes.

La propuesta del *seudonimato reforzado*

Borja Adsuara, abogado especialista en delitos cibernéticos y en protección de datos, doctor en Filosofía del Derecho y a quien hemos citado anteriormente, ha propuesto un sistema, que nos parece similar al de las matrículas, para combatir el anonimato sin que ello merme la libertad de expresión de quienes pueden temer verosímilmente represalias. Lo ha denominado *seudonimato reforzado*, y enseguida lo describiremos.

Señala Adsuara que a toda persona que usa un seudónimo se la puede terminar identificando bajo una orden judicial. Pero el delincuente, matizamos nosotros, sabe que puede abrir y cerrar cuentas a su antojo, y que muchas de sus fechorías no van a ser denunciadas, simplemente por el engorro que supone para los demás averiguar el nombre oculto. En España, sólo se condena al 0,4% de los ciberdelincuentes (de entre los delitos denunciados; se cometen muchos más), según argumenta el propio Adsuara citando datos de la Fiscalía de 2020.[120]

Además, la orden judicial que se dirige a una red social o un espacio en internet tendría efecto si la entidad denunciada se hallase en España,[121] y siempre que el juez recibiera una cierta base probatoria. De otro modo, la denuncia irá camino directo del archivo. El procedimiento queda vedado para personas que carecen de recursos, de una asistencia muy experta y de medios económicos para encargar informes periciales.

Las cifras que aportó este abogado en un artículo publicado en 2021 nos parecen escandalosas: Los datos oficiales de 2019 del Ministerio del Interior son los siguientes: en España se produjeron ese año 218.302 ciberdelitos conocidos, de los que se esclarecieron 30.841 (el 14%). Las detenciones fueron solamente 8.914 (el 4% de los delitos conocidos). Según los datos de la Fiscalía General, finalmente se llegó a 1.721 sentencias condenatorias (el 0,8% de los ciberdelitos conocidos). En lo relativo a las estafas informáticas, Interior menciona 192.375 denunciadas (el 88% de los ciberdelitos). Y de ellas solamente se abrieron 8.611 procedimientos, con 738 sentencias condenatorias (el 0,4% de las ciberestafas conocidas).[122]

Por tanto, las medidas punitivas actuales, si realmente existen, logran escasa eficacia. En primer lugar, porque no desincentivan

120 Adsuara Borja. Entrevistado el 2 de diciembre de 2021 en *maldita.es*. Vídeo accesible.

121 El RGPD, desde 2018, y la DSA, desde 2022, obligan actualmente a establecerse en la UE a todas las empresas que dirijan sus servicios a ciudadanos europeos. Eso no evita el problema y los engorros de que la entidad denunciada se halle en otro Estado, aunque sea también europeo.

122 Adsuara, Borja (2020), "¡Me han estafado por internet!", *Lainformación.es*, 14 de octubre de 2020. En este artículo, el experto en delitos y derecho en la Red confiesa haber sido víctima de un timo al comprar un regalo para sus hijos que jamás le llegó. Véanse también, de este mismo autor, "Los ciberdelitos aumentaron un 32% durante la pandemia", *Lainformación.es*, 19 de noviembre de 2021. Y "El reverso perverso del metaverso: ciberdelitos e identificabilidad", *Lainformación.com*, 11 de febrero de 2022.

la comisión de nuevas acciones ilegales (puesto que aumentan). En segundo término, porque las penas se dictan años después de ejecutarse el acoso o la difamación, y mientras dura el trámite de las tediosas averiguaciones sigue a la vista el ataque, libre el culpable y desprotegida la víctima, como sucedió en la denuncia de Amanda Todd, entre otras. Finalmente, porque las condenas no alcanzan a todos los autores, sino a una mínima parte.

No hay que olvidar que entre esos miles de delitos se insertan algunos gravísimos. Como escribió en agosto de 2009 Iván Ruiz, periodista de investigación y datos en el diario *La Nación*, de Argentina, "pese al esfuerzo de los organismos internacionales y a las investigaciones realizadas por los Estados, parece imposible desarticular el vínculo entre pedofilia [pederastia] e internet. Es justamente ese anonimato, condición fundacional de la web, uno de los principales obstáculos para combatirla".

Se trata entonces de establecer medidas preventivas. La limitación del anonimato sí lo sería, en el sentido en que lo desarrollaremos más adelante. Porque si los usuarios operasen en las redes y en internet con la identidad real de cada persona y los datos inherentes a ella, no podría darse el engaño que sufren miles y miles de niños en todo el mundo, ante los cuales se presenta un adulto simulando tener su edad, para ganarse su confianza y preguntarles dónde viven, a qué colegio van, a fin de amenazarlos luego y reclamarles que accedan a sus deseos. Y serían más difíciles las injurias y los acosos.

Conforme a la descripción de Adsuara, se da una primera capa de anonimato: la esfera ante el público, en la que solemos toparnos con seudónimos opacos; y luego existe una segunda esfera en la que sí se pude entrar para averiguar quién se oculta tras él, merced a la dirección IP, el registro de ordenador, etcétera. Pero es en la primera esfera donde se ejecutan y se perciben los delitos.

En definitiva, se ejerce como anónimo parcialmente; no para todo el mundo, no para quien dispone de los medios de identificación. Quienes defienden que solamente se revele la identidad mediante orden judicial no manejan quizás algunos de los datos accesibles que hemos recogido, como el hecho de que el 99,6% de las estafas cibernéticas queden impunes. Por tanto, no podemos fiar a la intervención judicial la solución de los problemas que causa el anonimato. Por eso defiende Adsuara que se creen organismos sectoriales de autorregulación, mientras que los tribunales quedarían para los casos más graves.

Revelar la identidad sólo después de un procedimiento en los tribunales alcanza a una infinitesimal parte de los daños que causan los anónimos y los seudónimos opacos, y además únicamente quedaría al alcance de quienes pudieran permitirse la contratación de abogados. Por añadidura, comprobamos a cada rato que incluso cuando un juez pide datos a una multinacional recibe una respuesta negativa.

El anonimato no solamente se vuelve perverso en delitos como abusos, pederastia o acosos: también en asuntos penalmente leves pero que pueden estropear la vida a muchas personas honradas, como sería el caso de los restaurantes o los hoteles atacados con acusaciones falsas.

En todo este panorama se puede abrir paso la interesante propuesta de Adsuara sobre el *seudonimato reforzado*. A nuestro entender, quizá no cubra todas las posibilidades de perversidad en el uso de seudónimos (como los comentarios perjudiciales que acabamos de referir; en los que raramente se pedirá la intervención de un juez), pero sí los supuestos graves y más graves.

El *seudonimato reforzado* que explica Adsuara consiste en crear unas bolsas de datos manejadas por un tercero de confianza y ajeno a las multinacionales (y también a los Gobiernos), de modo que se puedan almacenar en ellas, mediante una custodia bien garantizada, las referencias identitarias reales que corresponden a cada seudónimo usado en internet y en las redes. De ese modo, alguien puede delinquir con un nombre falso, pero la investigación no implicará ya averiguar con dificultades la dirección IP o matrícula del ordenador, ni verificar que lo usó una persona en concreto y no otra. El problema se resolvería ya con celeridad mediante la simple reclamación judicial a ese banco de datos de la información personal con la que se corresponde un seudónimo cuando este se ha utilizado abusivamente.

Las plataformas y las multinacionales del mercado electrónico deberían limitarse entonces a admitir tan sólo inscripciones de cuentas seudónimas que demuestren tener su espejo en ese repositorio, sin recibir más información sobre la identidad del usuario; y a evitar repeticiones en los nombres supuestos (igual que se evitan repeticiones en las direcciones de correo electrónico). Por tanto, ellas solamente conocerán el nombre falso, y no su correspondencia con el real. Así, se podrá certificar también por el mismo procedimiento si el internauta es mayor de edad (para compras cibernéticas de determinados servicios y productos, como el alcohol; para el juego en línea, para el consumo de pornografía, etcétera) sin necesidad de ofrecer más información que la necesaria. Quien accede a una página de contenidos eróticos, o de contactos sexuales, no querrá seguramente facilitar sus datos verdaderos, y entonces le bastará el certificado, expedido por ese intermediario fiable, de que es una persona mayor de edad. Si después en ese contacto sexual, ya físico, mostrara una actitud violenta o abusiva hacia la persona con la que mantenía relaciones, la policía —denuncia mediante— podrá reclamar razonadamente su identidad al banco de datos. (Adsuara reserva esa potestad únicamente a los jueces).

De ese modo, una persona no regalaría todos sus rasgos personales a una multinacional; ni tampoco los expondría en la primera esfera de conocimiento público. El mundo en general conocería tan sólo su *matrícula*, pero no quién se halla en verdad detrás de esos códigos.

Se podrán oponer dificultades tecnológicas, sin duda. No disponemos de las competencias técnicas para explicar cómo se llevarían a la práctica estas propuestas, pero informáticos tiene la santa madre internet. Aun con todo, existen desde hace muchos años otros sistemas de identificación mediante claves que alguien custodia (la Administración, la policía, la banca, Hacienda) y que solamente se revelan con garantías. Por ejemplo, las placas que llevan cosidas en su uniforme los agentes de la autoridad, el número de licencia que los taxistas españoles y los de otros países han de mostrar en su salpicadero ("tablero" en América), las contraseñas de cajeros y aplicaciones, los datos fiscales... y las matrículas de los automóviles.

Así, un policía puede declarar en un juicio sin que en ningún momento se exprese su nombre, sino sólo el número de su placa. Ahora bien, la autoridad competente sabrá casar esa clave y su nombre real.

El Gobierno español aprobó en julio de 2015 un Real Decreto (el 668/2015) sobre acceso digital de los ciudadanos a los servicios públicos. En él introducía el uso de certificado electrónico de los funcionarios con seudónimo. No necesariamente un nombre gracioso, sino a menudo códigos alfanuméricos. Esta medida buscaba garantizar su anonimato y proteger su identidad en aquellas actuaciones que se sustancien por medios electrónicos, o que afecten a información clasificada, o que guarden relación con la seguridad pública o la defensa nacional, así como otras “en las que esté legalmente justificado el anonimato para su realización”.

¿Se podría extender eso a todos los ciudadanos? Técnicamente, ya todo es posible. Sólo hace falta la voluntad. Y el dinero.

Además, eso es lo que pretende la modificación del reglamento europeo de identificación digital, que entró en vigor en mayo de 2024 y se conoce como elDAS2:[123] dotar a todos los ciudadanos de una cartera europea de identidad digital y favorecer los servicios de terceros de confianza como el que plantea Adsuara.

A esos mecanismos podemos añadir los sistemas para el voto electrónico, vigente en algunos países[124] y utilizado ya en empresas españolas (votaciones sindicales o profesionales), así como en todo tipo de foros públicos (elección del mejor jugador del encuentro, participación en el Festival de Eurovisión...). En los casos de trascendencia política o laboral, esos sistemas permiten garantizar el secreto del voto no solamente en la actualidad, sino eternamente. A la vez manejan, si lo desean, los datos auténticos de la persona capacitada, y controlan que voten una sola vez.

Este último procedimiento, no obstante, ofrece debilidades ante la posibilidad de comprar sufragios. Así como ante la urna se dispone de la libérrima opción de depositar una papeleta sin que nadie más conozca qué candidatura se elige, en el voto electrónico quien compra la voluntad del elector puede verificar si este cumple con su parte del trato, simplemente por hallarse junto a él cuando lo emite. Y también en el voto por correo.

123 elDAS2: Electronic IDentification, Authentication and trust Services 2: Identificación Electrónica, Autenticación y Servicios de Confianza.

124 India, Venezuela y Brasil, en todo su territorio. Parcialmente, Estados Unidos, Francia, Argentina, Perú, México y Canadá, entre otros.

Por tanto, existen precedentes que, aunque no exactos en su similitud, sirven como referencia y experiencia para ese banco de datos que propone Adsuara.

A nuestro entender, tal registro de acceso duramente restringido debería ser supervisado por unos responsables concretos: un reducido grupo de funcionarios, con un directivo por encima de ellos, también empleado público, que se encargaran de su custodia y protección; y que estén sometidos a penas de cárcel si vulnerasen el propósito con el que se configura. Para dificultar la intromisión ilegal se puede, además, establecer un sistema cibernético que deje rastro (ahora se suele llamar "trazabilidad") de todas las entradas en esa base de datos y de las operaciones ejecutadas.

Este mecanismo, en cuyo funcionamiento tendrán más ideas que aportar los especialistas en leyes y en informática, se acerca mucho a las exigencias de ponderación que hemos reseñado más arriba para cuando dos tipos de derechos entran en conflicto.

Los artículos y las declaraciones de Adsuara cuidan siempre de expresar la necesidad de que se mantenga el derecho al anonimato y al seudonimato como condición para que cualquier persona se exprese libremente sin dar a conocer su nombre verdadero. Pero al mismo tiempo buscan soluciones que impidan o dificulten el delito y garanticen la seguridad jurídica y comercial: "Mucha gente piensa que, si se obligara a todos los usuarios de las redes sociales a identificarse, habría menos insultos y mensajes de odio [y menos suicidios causados por ataques salvajes contra la intimidad o a la propia imagen, añadimos nosotros]. Pero también habría menos libertad de expresión, porque el pseudónimo permite expresar libremente nuestras opiniones sobre temas polémicos sin temor a ser víctimas de represalias, personales o profesionales". (Venganza que sí está al alcance de los poderosos que disponen de los medios necesarios).

Por todo ello, y según escribió Adsuara en un artículo de prensa,[125] "sería muy importante impulsar uno o varios registros de *avatares* en los que conste la verdadera identidad de la persona titular, pero que tan sólo conozca el tercero de confianza que custodie dicho registro y a la que sólo pueda acceder un juez en la

[125] Adsuara (2022).

investigación de un delito. Esos avatares les permitirían a sus titulares moverse en distintos metaversos [metauniversos] sin tener que revelar su identidad".

A partir de ahí, se puede caminar hacia un modelo de *seudonimato reforzado* mediante registros de avatares, certificados con NFT [Token No Fungible, o archivo encriptado irrepetible y único que sirve como certificado], que custodien la verdadera identidad de los titulares. En definitiva, una "tabla de equivalencias" entre seudónimos e identidades reales.[126]

Por ello, según resume Adsuara, el *seudonimato reforzado* funcionaría en la práctica como un anonimato, en lo que se refiere a la protección de la identidad de los usuarios.

Eso, como indicábamos, permitiría gestionar con mayor eficacia el requisito de la mayoría de edad para las actividades informáticas que lo exigen. Los distintos países obligan a tener 18 años cumplidos antes de acceder a casinos virtuales o a servicios pornográficos o sexuales, pero las empresas prestadoras incumplen las normas[127] y permiten la entrada a usuarios menores de edad; y cuando sí las respetan, lo hacen solicitando y almacenando todos los datos del usuario adulto (foto, DNI, número y entidad de la tarjeta de crédito, domicilio…), excesivos para lo que se pretende.

Las empresas que se benefician de estas lagunas legales y técnicas no pueden argumentar mucho al respecto, porque a nadie le entra en la cabeza que un niño navegue sin restricciones por páginas porno y algunos inframundos de la Red. Por eso cuando los colosos de internet se vean asediados buscarán refugio en sistemas de registro sin fricción: cómodos para el usuario y que a las plataformas no les supongan altas tasas de abandono. En este sentido,

[126] Adsuara, Borja (2021), "El derecho al pseudonimato en literatura y en las redes sociales", diario *Lainformación.com*, 22 de octubre de 2021. En ese artículo aparece la expresión "tabla de equivalencias".

[127] La Agencia Española de Protección de Datos (AEPD) sancionó a finales de 2023 a dos empresas españolas de distribución de pornografía en internet con multas de 525.000 y 75.000 euros respectivamente por "la falta de exactitud en la verificación de la edad y de privacidad desde el diseño" de sus ciberpáginas. La nota informativa difundida por la Agencia añade: "Si bien había presentes mecanismos para declarar la edad, no existía ninguno para comprobarla ulteriormente, ni ninguno para verificarla". Hasta el momento de publicarse este libro, son los únicos precedentes de sanción que conocemos por incumplimiento de verificación de edad en España.

hacen falta medidas legales que, con la mayor eficacia territorial posible, doblegen la laxitud de las plataformas.

En junio de 2023, más de año y medio después de los textos de Adsuara citados en las líneas precedentes, este abogado amplió su propuesta con un texto publicado en la revista *Registradores* (editada por el Colegio de Registradores de la Propiedad de España y distribuida entre todos sus miembros). Ahí habla ya de que el banco con los avatares, o *tabla de equivalencias*, lo gestionen precisamente los registradores de la propiedad, que disponen de acreditada experiencia sobre la certificación y el almacenamiento de datos: "Para los celosos de su identidad y su intimidad, cabe un pseudonimato reforzado, por el que ni siquiera el prestador del servicio de internet conozca los datos personales de quien está detrás de dicho pseudónimo", de modo que "la *tabla de equivalencias* entre el pseudónimo y la identidad real no la tenga él, sino que la custodie un *tercero de confianza* como son los registradores".[128]

También se han aportado propuestas encaminadas a que ese banco de datos quede bajo el manto de los notarios, como la que escribió precisamente el fedatario Fernando Gomá.[129]

Al abordar este asunto, Gomá está pensando en el problema que se plantea con las claves informáticas de alguien que fallece súbitamente. En esas situaciones, ¿cómo pueden sus herederos o albaceas justificar sin género de dudas y ante las empresas que gestionan las redes sociales la legitimación que tienen para entrar en las cuentas del interfecto? Alguien deberá administrar el legado digital, y borrarlo o desarrollarlo o mantenerlo tal cual quedó, o cumplir las instrucciones que el fallecido hubiera podido dejar. Imaginemos, dentro de una galaxia de casos posibles, que la cuenta fuera seguida por millones de personas y que constituyese incluso un gran negocio, con acuerdos publicitarios vigentes. La rentabilidad de un espacio así, incluso sin añadirle nuevos vídeos,

[128] Adsuara, Borja (2023), "¿Y por qué no un Registro de atributos de la identidad de personas físicas?", revista *Registradores*, n.º 102, junio de 2023. Este autor escribe "pseudónimo" y "pseudonimato", con *ps* inicial, opciones consideradas válidas.

[129] Gomá Lanzón, Fernando (2018), "Actas y escrituras notariales: ámbito y aplicaciones en el mundo digital", *Revista del Colegio Notarial*, 22 de febrero de 2018, pág. 369.

enlaces o recomendaciones, puede continuar después de la muerte de su titular (siempre que no se cometa usurpación o suplantación).

Como en la vida del usuario las claves solamente las conoce él, por lo general, Fernando Gomá propone la creación de un banco de contraseñas cuyos propietarios pudieran depositarlas bajo custodia notarial, de modo que, llegado el caso, el fedatario se las facilitara a los herederos siempre que no hubiera mediado voluntad contraria del fallecido.

Ese fondo documental de contraseñas podría alcanzar otras utilidades, razona Gomá, como "custodiar las claves privadas de los propietarios de criptomonedas como el bitcoin o ethereum, y de otras utilidades de *blockchain*: el usuario deposita sus claves de manera privada en este servicio y ya nunca las perderá".

Eso proporcionaría una gran utilidad ante el riesgo de olvidar o extraviar las *llaves*, sobre todo con los bancos de criptomonedas, que no admiten la opción "recuperar mi contraseña" después de 10 intentos fallidos. Como se ha sabido, con esos olvidos existe el riesgo de perder el dinero virtual para siempre. Se ha venido publicando la situación del suizo Stefan Thomas, quien no conseguía acceder a sus bitcoin almacenados, cuya equivalencia había subido en 2023 a 256 millones de dólares (7.000 dólares cuando invirtió, en 2011). No le venía a la cabeza la contraseña, agotó ocho de los diez intentos y ahí se quedó.

Seguramente muchas personas preferirían no poseer ningún capital en criptomonedas que disponer de los bitcoin de Stefan Thomas y perderlos cuando introduzca los dos intentos que le quedan.

La empresa de rastreo de criptomonedas Chainalysis calculó en 2021 que la suma total bloqueada por contraseñas en el olvido equivalía a 140.000 millones de dólares.

Sin embargo, con la propuesta de Gomá el titular podrá recuperar las claves "cuando quiera, acudiendo a un notario e identificándose". Si falleciese, tal posibilidad quedaría al alcance de los herederos de forma segura y muy sencilla, a través del notario.

Y burla burlando, ese mismo sistema (pero ya no a iniciativa del usuario, sino de las autoridades o de las leyes) puede servir para custodiar las claves de acceso a las redes sociales; mediante algún tipo de remuneración por esa labor para los fedatarios, imagino.

Las propuestas de Adsuara y de Gomá encajarían tal vez, de forma complementaria, con el *Estudio y análisis de un protocolo criptográfico de anonimato y seguridad*, abordado en 2018 por Omar Molinero Gil[130] en un trabajo académico de 40 páginas de exposición y 51 de anexos, donde desarrolla, con abundantes especificaciones técnicas, un protocolo criptográfico que garantice el anonimato salvo que se cometa una acción ilegal.

Para ello, Molinero distingue cuatro *actores*:

1. El cliente del servicio.
2. El encargado de recibir el nombre real del cliente y registrar el seudónimo que haya elegido (que entendemos no podrá estar repetido). Guardará la información real del usuario junto con su identificador para poder así revocar su anonimato si fuera necesario.
3. El encargado de proporcionar al cliente claves únicas y personales que se identifiquen con el seudónimo elegido. Guardará la información del seudónimo y de la clave de acceso, pero no el nombre real.
4. El encargado de dar paso al servicio a los clientes que hayan cumplido los requisitos anteriores y posean las claves correctas. En el caso de incumplir alguna norma, este último preguntará a los *actores* tercero y segundo acerca de la identidad real del usuario.

Añadimos nosotros que el sistema propuesto por Molinero habrá de completarse con unas medidas de seguridad de primera magnitud y con un proceso de registro amable, que no eche para atrás a los usuarios.

Obviamente, los cuatro *actores* que describe Molinero deben ser independientes entre sí, y ninguno de los tres últimos conocerá la información de los otros, salvo que medie la comisión de un acto ilícito.

[130] Molinero Gil, Omar (2018), *Estudio y análisis de un protocolo criptográfico de anonimato y seguridad*, Grupo de Neurocomputación Biológica (GBN), Departamento de Ingeniería Informática de la Escuela Politécnica Superior de la Universidad Autónoma de Madrid.

Se trata de un sistema por capas, como si fuera una cebolla; idea similar a la aplicada en el programa de navegación TOR.

Por tanto, deducimos de lo expuesto por Molinero que el segundo actor conoce el nombre real del usuario y su vinculación con un seudónimo, mediante un identificador que los conecta; que el tercero conoce el seudónimo y su vinculación con una clave, pero ya no el nombre real del usuario; y que el cuarto admite esa clave para dar paso al servicio, pero no conoce la información precedente; es decir, no sabe tampoco quién es la persona física ni qué seudónimo corresponde a esa clave.

Los datos de cada actor, suponemos, quedarían custodiados por organismos públicos que, con la misma fiabilidad con que se guarda la información fiscal o la sanitaria, los mantendrían a salvo de cualquier intrusión. Pero se facilitaría cuando se hubiera denunciado formalmente un delito cometido desde alguna de las cuentas así registradas. Por eso se trata de un sistema "de anonimato justo", en la propia denominación de su artífice.

Tanto la idea de Adsuara como la de Molinero, también compatibles entre sí, establecen una diferencia respecto a la situación actual: en algún momento el usuario debe ofrecer sus datos reales y verificables si quiere acceder a una red social, algo que ahora no sucede. Para ello se le pueden solicitar el DNI o el pasaporte, con expresión de sus *chips* difíciles de falsificar, como los que, al menos en España, figuran en su anverso y su reverso. También cabe reclamar otros datos que se crucen con esas identificaciones para detectar un eventual número falso; por ejemplo, códigos biométricos o de la huella digitalizada,[131] mediante la cual ya se está accediendo a las operaciones bancarias y otros servicios; o una tarjeta de crédito, o diversas solicitudes aleatorias.[132]

De ese modo, en caso de delito no hará falta rastrear la dirección IP para conjeturar una autoría (insistimos en que la IP identifica el dispositivo, no a quien lo use en un momento dado), sino que se

[131] El uso de la biometría ofrece contraindicaciones, como hemos señalado antes, pero aquí serviría únicamente como elemento de refuerzo; no de acceso único.

[132] Incluso se han hecho propuestas de que en la identificación el usuario deba grabarse un vídeo con movimientos de su rostro en distintos ángulos, rasgos que luego serían descodificables mediante inteligencia artificial.

puede llegar al culpable razonablemente y en poco tiempo cuando la policía o los jueces lo requieran.

Para ello se precisaría una ley de primer rango (una ley orgánica en España) que regulase estos sistemas de acceso y estableciera en qué supuestos se puede activar el proceso de identificación.

Todo ello no dejará en cero los fraudes, pero reducirá exponencialmente el anonimato perverso.

Ahora bien, aquí también procedería una ponderación entre dos hechos: por un lado, el peligro de que alguien piratee alguna vez el banco de claves y vulnere así la confidencialidad de millones de usuarios, riesgo que debería ser tan bajo como el de la entrada ilegal en los datos fiscales o sanitarios de los ciudadanos; y por otro, en el segundo platillo de la balanza, la esperable disminución de los delitos en el ciberespacio al limitarse el anonimato. Nunca hay que olvidar que algunos de esos ataques y acosos han conducido a suicidios y han provocado en miles de jóvenes unos daños psicológicos irreparables.

En nuestra opinión, valdría la pena ponderar este segundo derecho por encima del primero, lo que no significa que este desaparezca ni que quede expuesto a una simple intrusión.

Si los más poderosos han sufrido ataques informáticos, también puede recibirlos ese banco de correspondencias entre seudónimos y nombres reales. De acuerdo. Pero hemos de situar tal riesgo frente a los extraordinarios beneficios que procuraría su uso pacífico. Para ello sirven como aval la experiencia y la seguridad de los ordenadores de Hacienda o de la Seguridad Social en España y otros países, incluso, a otro nivel, la custodia de datos que aplique Movistar TV a los abonados a su Canal Playboy, igual que la debida confidencialidad de los canales de cine para adultos para con sus abonados.

Siguiendo el camino señalado por Adsuara, los datos de ese *banco de datos*, *registro de atributos* o *tabla de equivalencias* (aquí usaremos en adelante esta última denominación) no serían descodificables por empresas, Gobiernos o administraciones en casos que conciernen a la libertad de expresión, sino solamente en lo referido a difamaciones personales, estafas o delitos de odio. De ese modo, un juez no habría de solicitar a las plataformas la identidad del usuario (lo que viene implicando la dilación de la respuesta y a menudo su inutilidad por el tiempo transcurrido), sino que podría tomarla directamente de la *tabla de equivalencias*.

También se podrían incorporar normas, añadimos por nuestra parte, según las cuales la propiedad de un seudónimo se haría pública cuando el comité ético de un colegio profesional (de periodistas, de médicos, de abogados) hubiera condenado al menos dos veces los mensajes emitidos por determinada cuenta, por ejemplo. Eso permitiría acotar el ámbito de acción a los difusores de bulos informativos o científicos, siempre que se prohíba a esa persona abrir nuevos perfiles.

Asimismo, la argucia de que alguien cambie de nombre en las redes cuando lo desee se puede atajar si en los mecanismos descritos más arriba (los cuatro actores, la *tabla de equivalencias*) se impide que un usuario altere caprichosamente su seudónimo.

Con todo ello, a un habitual de Tinder —aplicación dedicada a los contactos entre adultos— le amparará el derecho al anonimato más protegido, incluso ante las personas con las que se verá físicamente en sus encuentros sexuales. Pero si un día se propasa o se muestra violento en una de las citas, la víctima deberá disponer de las mayores facilidades para denunciarlo y entonces necesitará, con las debidas cautelas procesales, que las autoridades conozcan el nombre de la persona agresora a fin de someterla a juicio. Lo cual no implica que sus apellidos se publiquen mientras no medie sentencia firme. Eso sí, la sola existencia del sistema de identificación ya ejercerá un importante efecto desincentivador. Es decir, entraríamos en el terreno de las medidas preventivas, hasta ahora casi inexistentes.

Asimismo, el uso para esas relaciones de un anonimato reforzado permitirá conocer que la persona con quien se contacta es mayor de edad, sin necesidad de más información sobre sus datos.

El riesgo cero no existirá con ninguna opción, desde luego. Pero tampoco se da ahora, cuando las multinacionales informáticas disponen en realidad de una bolsa gigantesca con nuestras identidades. Acumulación que han ido formando por su propia iniciativa y sin pedir permiso: pueden cruzar las cuentas sociales de un usuario con sus costumbres, con el domicilio donde se halla el ordenador y con el número de los pasos que da cada día y por qué recorrido, con las aplicaciones que descarga…

Las grandes operadoras digitales y de comunicación ¡lo tienen todo sobre nosotros!; pero se cuidan mucho de contarnos qué datos almacenan exactamente de cada uno (porque no sólo atesoran los que ofrecemos de forma voluntaria). Los emplean además en su propio beneficio para vendérselos a terceros, que los aprovechan en sus operaciones comerciales y quién sabe si en otras menos decorosas (como los datos sobre hábitos de vida y de salud en la contratación de seguros).

Por si fuera poco, ni siquiera esas grandes empresas privadas poseedoras de información reservada son capaces de custodiarlos con eficacia, como nos recuerdan los masivos robos en 30 millones de cuentas de Facebook en 2018; o de LinkedIn en 2021, con 160 millones de usuarios en problemas; o la distribuidora española Promofarma en 2019, con cientos de miles de personas afectadas; o la británica Phone House en 2021, también con millones de usuarios concernidos... O Air Europa el 10 de octubre de 2023, empresa española de aviación a la que unos extorsionadores informáticos le robaron 100.000 números de tarjetas de crédito asociadas a esa compañía, con los datos de su caducidad y los códigos correspondientes. (La entidad pidió a sus clientes que las desactivasen de inmediato). Además, esta compañía aérea sufrió un segundo ataque en marzo de 2024, que ahora afectaba a estos datos de sus clientes: nombre y apellidos; DNI o pasaporte; código de viajero frecuente del programa Suma; dirección postal; fecha de nacimiento; teléfono; correo electrónico y nacionalidad. La buena noticia fue que en esta segunda ocasión no se filtraron datos bancarios ni de tarjetas de crédito.

Esta empresa había recibido una multa de 600.000 euros en 2018 por haber tardado 41 días en notificar a la Agencia Española de Protección de Datos un ataque anterior. ¿Cuándo será el siguiente?

Como se ve, muchas grandes empresas no sólo guardan demasiados datos sobre nosotros, sino que además no los custodian con sistemas seguros.

En marzo de 2024, Twitter/X permitió sin previo aviso que las IP de los usuarios se pudieran rastrear si no modificaban un ajuste que se activó de pronto por defecto en las llamadas de audio o de vídeo a través de esa plataforma. El cambio se produjo en todos los dispositivos a la vez, lo que puso irresponsablemente en peligro a los activistas o personas perseguidas por sus opiniones, tan defendidas teóricamente por esa plataforma.

Incluso los más poderosos Estados sufren invasiones en sus depósitos informáticos. En el caso Wikileaks, el soldado norteamericano Bradley Manning (más tarde Chelsea Manning, tras su cambio de sexo) llegó a filtrar en 2010 a ese portal propiedad de Julian Assange más de 700.000 documentos secretos, entre ellos algunos que recogían los oscuros entresijos y manejos de la diplomacia estadounidense en relación con las guerras de Irak y Afganistán, y también concernientes a sus aliados, como hemos relatado. Pero Manning no logró permanecer en el anonimato.

La descubrió el expirata informático Adran Lamo, quien informó a las autoridades sobre la persona que se escondía tras el seudónimo bradass87, quien bajo ese nombre le había dicho en sus comunicaciones informáticas privadas que alguien próximo a él estaba filtrando documentos secretos. A partir de ahí, los servicios de seguridad estadounidenses tuvieron muy fácil identificar el ordenador de Manning y luego acceder a él en el propio domicilio del soldado y registrar el de su tía, donde guardaba algunas pertenencias, para encontrar muchas pruebas irrefutables. Entre ellas, la caja que contenía una tarjeta de memoria con 400.000 informes sobre Irak y 91.000 sobre Afganistán, que añadían descripciones detalladas de operaciones estadounidenses.

Manning fue condenada en 2013 a 35 años de cárcel por haber puesto en peligro a informadores y colaboradores de los servicios secretos; pero el presidente Obama la indultó en 2017. Al fin y al cabo, ella solamente había facilitado el material a Assange y fue este quien lo difundió.

Tampoco consiguió permanecer oculto Edward Snowden, analista de la Agencia Nacional de Seguridad norteamericana, que pasó en 2013 a Wikileaks documentos sobre el espionaje que la Administración de su país practicaba contra algunos de sus ciudadanos. Pero Snowden huyó a Rusia y no fue juzgado, razón por la cual Obama declinó perdonarle. (Como hemos señalado anteriormente, Assange, a su vez, se hallaba detenido entonces en el Reino Unido y pendiente de la extradición solicitada por Washington).

Otra opción alternativa a las anteriores o complementaria con ellas consistiría en exigir a quien se da de alta en una red un número de móvil o celular al que se habría de solicitar periódicamente una clave de acceso (para prevenir el posible cambio de número o el robo del teléfono). De ese modo, algún rastro del autor quedará como pista para encontrarlo en caso de que cometa un delito, pues las compañías telefónicas sí reclaman esos apuntes, además de la cuenta bancaria donde habrán de cobrar los servicios.

Porque en la vida cotidiana ya entregamos a menudo nuestros datos a terceros de confianza..., aunque no los conozcamos. Y confiamos en que los gestionen bien. Por ejemplo, nos piden el DNI para el registro en un hotel, pero si ordenamos que no nos pasen llamadas a la habitación o que no informen sobre nuestra presencia allí, esperaremos que el personal del establecimiento lo cumpla.

Un primer paso

El empeño de formar esa *tabla de equivalencias* entre nombres y seudónimos no se presenta fácil; pero nos parece ineludible considerarlo al menos como primer paso en el camino hacia la transparencia casi total de los autores de comentarios en las redes y otros soportes, a fin de alcanzar algún lejano día ese punto de llegada ideal para este largo proceso.

Lograr su funcionamiento eficaz requerirá la colaboración de muchos Gobiernos, la intervención de las Naciones Unidas, de la Unión Europea, de los organismos internacionales. Y para que eso suceda se precisará antes una concienciación mundial sobre la perversidad del anonimato, un sentir general que a la vez respete su uso cuando concierna a verdaderos casos en los que estén amenazadas la libertad de expresión o la seguridad y la intimidad del usuario. En otros supuestos, y siempre que el usuario se halle en países de calidad democrática, el anonimato será casi prescindible, y habrá que asumir entre todos la responsabilidad que ya ejerció individualmente Kushim con aquellas anotaciones sobre la entrada de grano.

Ausencia de regulación

En la actualidad, la ausencia de una regulación que desincentive realmente o limite la comisión de delitos en las redes constituye el principal problema en muchos países donde se cometen estafas, abusos y ataques. Hace falta que los principios generales del derecho aplicados en el ámbito analógico se adapten legislativamente a este nuevo entorno.

La tesis doctoral defendida en 2022 por la eurodiputada Beatriz Becerra, entonces vicepresidenta de la subcomisión de Derechos Humanos del Parlamento Europeo, denuncia esa "ausencia de regulación de los medios sociales digitales y plataformas en línea que distribuyen y amplifican los contenidos desinformativos".

La jurista española expone que merecería la pena considerar la elaboración obligatoria de un fichero de "agresores digitales" en el territorio europeo comunitario. Además, se muestra partidaria de obligar a las plataformas a identificar en qué jurisdicción actúan los malhechores, a fin de garantizar la atención al cliente y el derecho de rectificación según la normativa vigente para un espacio jurisdiccional (en este caso, la Unión Europea). Tal medida, zanja Becerra, serviría para paliar la extraordinaria vulnerabilidad de quienes se ven perjudicados por acciones desinformativas, que no saben a quién reclamar y de quién y cómo obtener una respuesta, compensación o rectificación.[133]

Becerra añade en sus conclusiones: "Todavía hay tiempo para que los Gobiernos democráticos adopten medidas inteligentes y adecuadas para proteger los derechos de los usuarios en línea, que pasan por impulsar una mayor transparencia y responsabilidad con respecto a las prácticas de moderación de contenido de las plataformas".

En esa línea se sitúan la Ley Europea de Mercados Digitales, que entró en aplicación el 2 de mayo de 2023, y el Reglamento Europeo de Servicios Digitales, que lo haría el 17 de febrero de 2024. La primera de esas normas establece el concepto de "guardianes de acceso", que aplica a las grandes empresas tecnológicas. Pero las

133 Becerra, Beatriz (2022), *El papel disruptivo de la desinformación en la agenda de la Unión Europea. Un análisis de actores, intereses y decisiones*, Madrid, Facultad de Derecho, Universidad Autónoma, pág. 201.

obligaciones que les impone no se dirigen tanto a defender a los usuarios frente a los ataques anónimos como a garantizar la neutralidad de esos grandes proveedores ante el mercado.

Por su parte, la citada norma de Servicios Digitales (DSA) pretende mejorar significativamente los mecanismos de eliminación de contenidos ilícitos y de protección efectiva de los derechos fundamentales de los usuarios en línea, incluida la libertad de expresión, además de introducir una mayor supervisión pública de las plataformas, en particular las que llegan a más del 10% de la población de la UE.

Esta norma también establece mecanismos destinados a comprobar la edad en los accesos a contenidos para adultos. Su artículo 35 regula la adopción de medidas específicas para proteger los derechos de los menores.

Además, según la explicación oficial, la ley crea un sistema destinado a que los usuarios denuncien los mensajes ilícitos y para que las plataformas cooperen con "alertadores fiables".

Sin embargo, en esa norma no hallamos nada sobre bulos, descrédito, injurias y calumnias.[134] Eso sí, las "plataformas guardianas de acceso" —señala la DMA o Ley Europea de Mercados Digitales— ya no podrán clasificar ventajosamente sus propios servicios y productos en relación con otros similares ofrecidos por terceros; ni impedir que los usuarios desinstalen programas o aplicaciones preinstaladas. Los aspectos comerciales quedan claros.

La eurodiputada danesa Christel Schaldemose, ponente de la Ley de Servicios Digitales, había declarado: "Durante demasiado tiempo los gigantes tecnológicos se han beneficiado de la ausencia de reglas. El mundo digital se ha convertido en un salvaje oeste, en el que los más grandes y fuertes establecen las reglas. Pero hay un nuevo *sheriff* en la ciudad: la Ley Europea de Servicios Digitales. Ahora se reforzarán las normas y los derechos".

Con amparo en esas leyes europeas, a principios de 2024 se dieron a conocer algunos expedientes contra los gigantes de internet y unas propuestas de multas millonarias. Pero ya hemos venido comprobando cómo estas plataformas pagan las sanciones y

134 Sí existen referencias en los artículos 34 y 35 de la DSA de la UE sobre evaluación de riesgos y reducción de esos riesgos, pero son muy genéricas.

siguen a lo suyo. La eficacia de estas normas, si llega, se irá apreciando en los años siguientes.

A su vez, en España entró en vigor en septiembre de 2022 una reforma del artículo 13 de la Ley de Enjuiciamiento Criminal de 1882 (modificación incluida en la disposición adicional primera de la Ley Orgánica de Garantía de la Integridad de la Libertad Sexual de 2022), que autoriza expresamente al juez a retirar o bloquear provisionalmente contenidos ilícitos a los que se llega a través de la Red.[135]

Por tanto, el juez "podrá acordar" esas medidas (no queda obligado), y necesitará a su vez que los colosos de internet se avengan a ello. Aún hará falta tiempo para comprobar cómo inciden estas normas en la deplorable realidad que el anonimato causa.

Sin duda un buen abogado aún invocará muchos más preceptos con interpretaciones favorables a la persona dañada, pero insistimos en que el enfoque más pertinente, a nuestro parecer, ha de dirigirse a la prevención de los delitos mediante la limitación del anonimato, más que al lento y proceloso camino que alguna vez conduce a la condena contra los autores.

La Carta de Derechos Digitales

Una de las propuestas más juiciosas que han nacido desde el ámbito político español lleva por título *Carta de Derechos Digitales* y se elaboró en 2021 a partir del trabajo de un grupo de expertos[136] constituido por la Secretaría de Estado de Digitalización del Ministerio de Asuntos Económicos y Transformación Digital y pre-

[135] Ese artículo señala textualmente: "En la instrucción de delitos cometidos a través de internet, del teléfono o de cualquier otra tecnología de la información o de la comunicación, el juzgado podrá acordar, como primeras diligencias, de oficio o a instancia de parte, las medidas cautelares consistentes en la retirada provisional de contenidos ilícitos, en la interrupción provisional de los servicios que ofrezcan dichos contenidos o en el bloqueo provisional de unos y otros cuando radiquen en el extranjero".

[136] La comisión estuvo formada por Tomás de la Quadra-Salcedo, como coordinador, por los ponentes Susana de la Sierra, Ricard Martínez, Manuela Battaglini, Borja Adsuara y Moisés Barrio y por los expertos Argelia Queralt, Celia Fernández Aller, José Luis Piñar, Rodolfo Tesone, Carissa Veliz, Paloma Llaneza, Ofelia Tejerina, Simona Levi, Emilia Saiz, Enrique Goñi, Miguel Pérez Subías y Javier Ruiz Díaz.

sentada por el jefe del Gobierno, Pedro Sánchez, en julio de ese año.

El documento de 24 páginas que salió de este grupo de trabajo fue asumido por el Gobierno socialista. Cabía esperar por tanto que durante la legislatura emprendida en 2023 (que se supone habrá de llegar a 2027) se fueran desarrollando sus recomendaciones, y no quedaran en papel mojado como tantas otras propuestas oficiales.

Entre sus planteamientos figuran los siguientes puntos, que exponemos muy resumidos y que sintetizamos para hacer más inteligibles las expresiones propias del lenguaje jurídico:

— No se podrá controlar, manipular ni suplantar la identidad contra la voluntad de la persona.
— El Estado deberá garantizar la posibilidad de acreditar la identidad legal en el entorno digital.
— Se permitirá el seudonimato siempre y cuando no sea necesaria la identificación personal. El diseño sobre el uso del seudónimo asegurará la posibilidad de reidentificar a las personas previa resolución judicial en los casos y con las garantías previstas por el ordenamiento jurídico. [Esto acogería el *banco de seudónimos*].
— En lo referente a los accesos de menores, se implantarán procedimientos para verificar la edad.
— A quienes ejerzan la libertad de expresión e información a través de las plataformas les corresponden las eventuales responsabilidades como autores por los contenidos ilícitos o que lesionen bienes o derechos de un tercero susceptibles de indemnización.
— Las plataformas podrán establecer restricciones: políticas y herramientas de moderación de contenidos, o códigos de conducta y autorregulación, o sistemas para comunicación y reclamación, o mecanismos y herramientas de alerta y detección, así como sistemas voluntarios de mediación o arbitraje para resolver discrepancias.
— Se promoverá que las plataformas adopten protocolos adecuados que garanticen a los usuarios su derecho a recibir información veraz.

— Se dará a conocer si una información ha sido elaborada sin intervención humana mediante procesos automatizados; si ha sido clasificada o priorizada mediante técnicas de perfilado o equivalentes, y si tiene carácter publicitario o hubiera sido patrocinada por un tercero.
— Se promoverá que las plataformas ofrezcan procedimientos para rectificar contenidos que atenten contra el derecho al honor, la intimidad personal y familiar en internet.
— Las plataformas harán posible el derecho a comunicar o recibir libremente información veraz, así como el derecho a actualizar las noticias que no reflejen la situación actual de alguien como consecuencia de circunstancias que hubieran tenido lugar después de la primera publicación, causándole un perjuicio.
— Se promoverán mecanismos de autorregulación y procedimientos de resolución alternativa de conflictos, con la previsión de incentivos adecuados. (Esto es, el ya mencionado "derecho al olvido").

Suscribimos estas propuestas, aunque con un criterio más estricto en la permisividad hacia el seudonimato, mediante planteamientos complementarios que explicaremos más adelante. Esta *Carta de Derechos Digitales* inspira y se une a la Declaración Europea sobre los Derechos y Principios Digitales para la Década Digital, de enero de 2023, y a la Carta Iberoamericana de Principios y Derechos en los Entornos Digitales, de marzo de 2023, a fin de conformar entre todos esos documentos un marco teórico adecuado que —ahí está el reto— deberá llevarse alguna vez a la práctica, a tierra firme, a los comportamientos del día a día, a la realidad; para lo cual hace falta una capacidad de liderazgo político sobre este particular, que de momento no se ve por ninguna parte.

Sin duda será necesaria una combinación de medidas y de cooperaciones internacionales, pero la inteligencia humana y la existencia de acreditados expertos con buena voluntad ofrecen las condiciones precisas para conseguirlo.

Los administradores públicos democráticos y las Naciones Unidas deben ejercer el poder que los ciudadanos han depositado en ellos y situarse por encima de los gigantes tecnológicos; es decir, sin plegarse ni a sus presiones ni a sus mentiras.

Contra la perversión del anonimato

A lo largo de este libro hemos repasado los usos perversos del anonimato en colisión con las ventajas que se obtienen de él cuando sirve para eludir las represalias tras un ejercicio legítimo de libertad.

Una vez analizados todos sus ángulos (o la mayoría, quizá se nos haya escapado alguno), defenderemos la idea de que la posibilidad de conocer la identidad de cada uno impediría, limitaría o dificultaría los fraudes y timos mediante suplantación, las usurpaciones de personalidad, las estafas amorosas, las extorsiones sexuales, las llamadas *pornovenganzas* (palabra inadecuada, porque la "venganza" presupone una provocación o acto dañino previo de la víctima), los discursos de odio, los ciberacosos escolar y sexual, los envíos de fotos desagradables o íntimas, los vídeos con decapitaciones y otros actos de violencia, los insultos, las calumnias, la captación de yihadistas o terroristas en general, las faltas de respeto, la difusión de bulos peligrosos para la correcta formación de una opinión pública y para la salud de todos... Vulneraciones de la paz social que en gran parte de esos epígrafes perjudican sobre todo a las mujeres.

Todos los miles de delitos informáticos repetidos un día tras otro, memoria tras memoria, estadística tras estadística, informe tras informe, se quedarían en apenas nada si se limitase el anonimato o si al menos hubiera facilidades para descubrir con rapidez a la persona escondida que incurre en un comportamiento antisocial.

No se puede acusar sin pruebas, y eso vale tanto para quien lo hace con su nombre como para quien se ampara en la ocultación al lanzar injurias y calumnias por las redes. Por ello la obligación de actuar con la identidad real no merma la libertad de expresión: en ambos supuestos está vedado mentir.

Con todo y con eso, hemos venido señalando en esta obra que del anonimato se pueden derivar tanto efectos beneficiosos como efectos perversos. Y también que la literatura jurídica se ha enfrentado a esa idea desarrollando la teoría de la ponderación, explicitada más arriba.

El anonimato funciona, pues, como un cuchillo. Morozov[137] parte de esa conocida metáfora (los cuchillos sirven para matar y

[137] Morozov, Evgeny (2011), *El desengaño de internet*, Barcelona, Editorial Destino, págs. 375-377.

también para cortar el pan) y desarrolla este argumento: en los colegios se prohíbe que los escolares lleven cuchillos, como medida de seguridad. Aunque pudieran utilizarlos para prepararse el bocadillo, eso no es un motivo lo bastante sólido como para permitirlos. Sin embargo, aunque las probabilidades de usarlos para agredir a un profesor o a un compañero nos parezcan mínimas, sí son suficientes para diseñar una política restrictiva en ciertos contextos. (En ese caso, el derecho a la vida pesa mucho en la ponderación frente al derecho de prepararse la merienda, que se puede llevar aviada de casa). La misma restricción sobre armas blancas se ha establecido en los estadios, en los aeropuertos o en los actos electorales. De igual modo, el anonimato se puede emplear para la libre expresión cuando esta se halla comprometida por causas objetivas; pero esa protección que todo demócrata defiende no puede servir a su vez para justificar la excesiva tolerancia hacia el anonimato que produce daños a veces irreparables y que se emplea para ofender a los demás, difundir bulos o esparcir el racismo.

Así sucede también con las bebidas alcohólicas, que no se pueden vender a menores de edad, quienes sin embargo podrían haber acudido al supermercado por encargo de sus padres; o con las botellas de cristal que no se permite introducir entre el público de un partido de fútbol por el riesgo de que le sean arrojadas a algún jugador, aunque únicamente tuvieran como destino beber agua.

Con todo ello, se da una paradoja entre las distintas medidas de seguridad que aceptamos cada día y la protección del anonimato o el seudonimato opaco con el que también convivimos. Miles de personas soportan registros desesperantes en el acceso a conciertos de rock o partidos de fútbol, por la posibilidad de que alguno intente entrar con algún arma o incluso con los palos de una pancarta. Nadie puede pasar los controles de los aeropuertos ni siquiera con un frasco de jabón para el aseo personal. Los vigilantes detectan esos recipientes en el escáner y conminan a los pasajeros a entrar en las zonas de embarque sin ellos. Esta medida se adopta contra miles y miles de personas cada día a fin de impedir la maldad a la que estarían dispuestas tres o cuatro de ellas. Pagan muchísimos buenos para evitar el daño de unos pocos malvados, frente al uso inocente que pensaba ejercer la inmensa mayoría. Por el contrario, el anonimato en las redes permite la maldad de millones de usuarios anónimos a partir de la protección de los derechos de un reducidísimo porcentaje de inocentes: activistas o personas dispuestas a denunciar injusticias cuando carecen de vías democráticas para hacerlo. Así pues, aquí la protección de unos pocos buenos permite la acción de muchísimos malos. Por eso hacen falta soluciones imaginativas, innovadoras, como las señaladas unas páginas atrás, que limiten la acción maligna sin recortar la libre expresión de los bienintencionados.

Frente a ese problema, lo que no se debe hacer, señala Morozov, es "negarse a pensar en términos de potencialidades": en qué puede suceder con una herramienta aparentemente neutral. "Postular la *neutralidad de las herramientas* [como la neutralidad de los cuchillos, del alcohol, de las botellas de vidrio] no es una manera muy eficaz de refrenar los excesos de la tecnología". Por ello propugna "una deliberación democrática" al respecto. Un debate en el que no se pueden omitir los efectos perversos del anonimato ni eludir el peso que tendrían en una ponderación.

Escribió Cicerón: "Nada hay que vuele tan rápido como la calumnia, nada más fácil de lanzar, nada más fácil de aceptar, nada más fácil de propagarse".[138] Lo afirmó hace más de 2.000 años, cuando los medios para desacreditar a alguien se limitaban prácticamente a la palabra pronunciada.

El filósofo italiano Francesco Petrarca sostenía que "quien habla mal de otros, a sí mismo se condena". Pero ¿cómo puede condenarse a sí mismo quien esparce sus maledicencias sin que esa acción pueda volverse contra su propio nombre?

España vivió en el siglo XVIII un episodio histórico del que podemos extraer alguna enseñanza. El italiano marqués de Esquilache (ministro de Carlos III) prohibió esconder el rostro bajo el embozo y disimular un arma so capa larga, pues ello facilitaba la violencia. Su decisión de imponer la capa corta halló resistencias feroces, como ahora toda mención a la posibilidad de prohibir o limitar el anonimato; y favoreció una revuelta nacionalista española cuyos promotores, viejos enemigos del italiano y sus reformas,

[138] Cicerón, Marco Tulio, *Pro Plancio*, capítulo 57. En el original en latín: "Nihil est autem tam volucre quam maledictum, nihil facilius emittitur, nihil citius excipitur, latius dissipatur".

usaron como disculpa la defensa del embozo y de la capa, cuando en realidad los movían intereses económicos, xenófobos y retrógrados.

Del mismo modo, en nuestros días podemos considerar la importancia de que el anonimato y las cuentas falsas en las redes hayan favorecido a la ultraderecha, al racismo, al machismo y al matonismo, vicios sociales que aumentan de semana en semana y cuyos promotores se muestran firmemente en contra de esa limitación a la que atacarán, siempre y cuando ellos no ocupen el poder. Los asaltantes de los caminos y otros malhechores de aquella época se ocultaban en el embozo. Los ciberdelincuentes de hoy se amparan en el anonimato.

Los Esquilaches de nuestro tiempo —los herederos de Kushim, los partidarios de la responsabilidad ligada al nombre propio, los bien pertrechados con la filosofía del derecho y los muy comprometidos con la preservación de los valores democráticos— luchan con las mismas ideas de su ilustrado antecesor italiano; y se topan con los mismos enemigos.

CAPÍTULO VI

1. CONCLUSIONES

Como consecuencia de todo lo dicho hasta aquí, obtenemos las siguientes conclusiones:

Historia

— El nombre de una persona se escribió por vez primera hace unos 50 siglos como un acto de responsabilidad. El nombre porta el prestigio o el oprobio, desde antaño, no solamente personal, sino también familiar. Los animales domésticos más cercanos al hogar tienen su nombre, y ello los acerca al ser humano, mientras que carecer de él los desindividualiza, lo cual convierte a un ser vivo en un objeto. Dar nombre a algo es hacerlo propio, y la mayor condena respecto a algún hecho se expresa con el dicho "eso no tiene nombre". Una enfermedad empieza a tratarse en el momento en que recibe un nombre.

— Esconderse para injuriar contraviene toda la civilización del nombre propio, que comenzó hace más de 5.000 años.

— La identificación mediante el nombre es el resultado de una larguísima construcción cultural, que ha derivado en que las administraciones modernas distingan a cada uno de sus ciudadanos de una manera inconfundible: el nombre y los apellidos, la fecha de nacimiento, el número del documento de identidad o el del pasaporte, la huella dactilar, la fotografía, además del lugar donde el individuo nació y los datos de su filiación (la madre y el padre).

— La civilización habría sido imposible sin la existencia de los nombres propios —de personas, de empresas, de países...—, garantía y residencia legal de todos los derechos.
— La invención de la escritura constituyó la más importante tecnología de los seres humanos, al calor de la cual se empezaron a registrar los nombres propios como símbolo de responsabilidad y coherencia. Por el contrario, los últimos avances tecnológicos de la humanidad están sirviendo para ocultarlos.

Legitimidad

— Apropiarse del nombre de otra persona es una sustracción, cualesquiera que sean las intenciones.
— Los seudónimos transparentes forman parte de una tradición literaria universal, y no ofrecen ningún problema a la sociedad.
— Los seudónimos opacos son legítimos cuando no producen ningún daño y simplemente preservan la intimidad de quienes no desean exponerse a la vida pública (Banksy, Elena Ferrante o B. Traven, entre otros). Ahora bien, eso no debe librarles de sus deberes fiscales (y legales en general).
— Sí fue legítimo el uso de seudónimos opacos masculinos por autoras que de otro modo no habrían podido llegar al gran público (Fernán Caballero, Víctor Català, Rafael Luna, etcétera). Pero no la apropiación indebida de Gregorio Martínez Sierra cometida con el trabajo de su esposa, María Lejárraga.
— Nos parecen una intromisión en el derecho a la intimidad y la propia imagen los intentos periodísticos de desentrañar la verdadera identidad tanto de B. Traven (conseguida por Luis Spota en 1948) como de Elena Ferrante (intentada por distintos medios informativos en la actualidad). Y también las revelaciones sobre las mujeres que se ocultaban voluntariamente detrás de seudónimos masculinos.
— Un anonimato se ha de elogiar cuando la persona que se halla tras él produce acciones encomiables; y censurarse, en cambio, cuando se utiliza para actuaciones rastreras. A su

vez, el seudonimato forma parte de algunos usos sociales consentidos; mientras que en otros, por el contrario, adquiere exactamente el mismo valor que la ocultación delictiva.

— El seudonimato es defendible, y a menudo innegociable, en los exámenes, pruebas y oposiciones donde sea necesario evitar los sesgos por sexo, edad o raza (que se producen a menudo de forma inconsciente), o enchufes y amiguismos. También en las asociaciones de alcohólicos o en los trasplantes de órganos, pero se han de aplicar limitaciones en lo que respecta a la figura del testigo protegido y con el secreto de confesión (en evitación de nuevos delitos). La ponderación entre derechos es clave cuando chocan entre sí. La restricción grande de un derecho debe procurar la satisfacción mayor de otro.

— Toda pugna que se produzca entre una persona anónima y otra que muestra su nombre es ventajista para quien esconde la identidad, del mismo modo que en una emboscada o en la guerra de guerrillas obtienen una mejor situación los soldados camuflados que pueden observar la escena con paciencia y saltar al acecho cuando ven la oportunidad: "Yo sé quién eres, pero tú no sabes quién soy yo. Soy inatacable entonces porque no me ves". Uno combate con coraza y el otro a cuerpo descubierto.

— Quienes defienden la libertad absoluta del anonimato suelen coincidir con quienes no tienen nada que perder en las batallas que se libran en la Red: o porque no son nadie en términos de gran repercusión pública o social o porque no se les puede atacar al ampararse en nombres falsos. En ambos supuestos, carecen de una fama o un prestigio que proteger. No sentirán miedo. Reciben contragolpes sin problema, porque los ven inocuos. Sin embargo, los que ellos asestan pueden ser letales.

— Quien se da un nombre falso en las redes ya empieza su aparición ante los demás con una mentira. Se otorga a sí mismo una identidad adulterada. A partir de ahí, carece de fuerza moral para exigir al resto un comportamiento ético o unas conductas que respeten las reglas sociales establecidas. Si la primera acción de ese sujeto de nombre alterado consiste en decir "yo no soy quien soy, pero te oculto quién soy", nada que cuelgue de ahí puede tomarse como argumento honrado, sino tal vez como pura expresión de la hipocresía. Algo parecido sucede en el plagio. Cuando alguien se apropia de una obra que no es suya, todo empieza por una mentira que se plasma ya con la firma. (Todo esto representa una convicción personal del autor de este libro, que no comparten especialistas como Borja Adsuara y otros).

— El anonimato no es un derecho fundamental. Sí lo son la libertad de expresión, la difusión de informaciones veraces y el deseo de vivir en paz.

— Todos los criminales presos desearían haber sido anónimos.

Ética del anonimato

— Romper el secreto de confesión —siempre como último recurso— se justifica cuando eso supone un bien para la víctima o para las hipotéticas víctimas posteriores, y también cuando sirve para impedir nuevos delitos; pero no si solamente acarrea un castigo para el culpable.

— Es antiético —y sin embargo legal— apropiarse de la autoría de canciones tradicionales, registrarlas y cobrar derechos por haber introducido simplemente leves modificaciones en sus melodías, arreglos o letras.

— Es legítimo esconder el nombre propio para la crítica política o social en los países de regímenes dictatoriales o totalitarios, a fin de salvaguardar la propia integridad si el ejercicio de actividades opositoras la pone en peligro. Aun así, el seudonimato en los países totalitarios tampoco garantiza nada, porque sus Gobiernos y sus poderosos servicios secretos pueden llegar hasta los autores por distintos medios, informáticos o no. Por tanto, cabe preguntarse si ese anonimato tan inseguro puede justificar la extensión indiferenciada de las ocultaciones.

— También puede encontrar respaldo ético la expresión mediante seudónimo de ideas que en sociedades democráticas son represaliadas socialmente por las presiones de lo políticamente correcto o la llamada “cultura de la cancelación” (censura encubierta de las obras creadas por artistas que han obrado ilegalmente o mantienen comportamientos repudiados por la sociedad), siempre que esa expresión respete las opiniones y el honor de los demás. De no ocurrir así, podría activarse la revelación de la identidad en la *tabla de equivalencias*.

— Si bien son legítimos el anonimato o el seudonimato en los autores de obras artísticas que no desean participar de la fama, sino solamente ofrecer sus creaciones al público, las autoridades podrán investigar su autoría en los casos de plagio, fraude o ataques al honor y a los derechos de terceros, y también si esa ocultación se extiende al fisco.

— No son legítimos el anonimato y el seudonimato opaco —a menudo equivalentes— cuando se dan en el entorno condiciones de libertad en la expresión de ideas o informaciones y si se emplean para desacreditar a empresas o personas, insultar, injuriar, acosar, calumniar, difundir datos falsos o noticias no comprobadas y mentir, entre otras prácticas perversas. Sólo es legítima la información veraz, en cualquier medio (incluidas las redes sociales); es decir, la información verificada, contrastada, en los términos que especifica la jurisprudencia española, extrapolables a cualquier otro país. Eso vale para mensajes de autoría opaca y también para quienes se expresan con su propio nombre. Las opiniones, por su parte, son libres, y pueden juzgar y criticar sin cortapisas las actividades humanas siempre que no incluyan insultos ni se basen en hechos inventados.

Efectos del anonimato

— En los sondeos de opinión, a mayor anonimato se obtiene una información de menor calidad. Es necesario que la muestra elegida mantenga los porcentajes de desempleados, pensionistas, universitarios, varones y mujeres, madrileños y albaceteños, inmigrantes o nativos que se dan en la sociedad real. Las actuales encuestas por internet o con llamadas a teléfonos móviles de forma aleatoria y anónima son menos fiables. Ahora bien, todos los datos personales extraídos por uno u otro sistema deben permanecer en el secreto, solamente utilizables para verificaciones ante denuncias o sospechas de irregularidades, y siempre preservando ante terceros la confidencialidad de las respuestas.

— El anonimato reduce la empatía entre seres humanos, porque tiende a separarlos, a no presentarlos como iguales. Dificulta el mutuo reconocimiento como personas que disponen de idénticos derechos. Uno de los interlocutores acude al debate y a la vida social con su identidad como traje, mientras que el otro se oculta tras una máscara. Así se hacen imposibles la conexión de las miradas y la empatía. Toda discusión sobre discrepancias necesita partir de puntos comunes de acuerdo, empezando por los significados de las palabras y la correspondencia de los nombres con la realidad.

— La inquisición popular construida a partir del anonimato contribuye a formar una espiral del silencio que acaba creando una apariencia de realidad y de mayoría que deriva en que las posiciones minoritarias o moderadas queden expulsadas del debate.

— El anonimato tal como se expresa ahora provoca dos clases sociales: la de quienes pueden averiguar quién se oculta tras un nombre falso porque disponen de medios (Estados, plataformas digitales, investigadores privados, empresas con recursos suficientes, expertos en informática...) y la de quienes nunca tendrán acceso a ello pero sufren sus consecuencias.

— Si una persona incurre en infidelidad con su pareja o con sus amigos, seguramente nadie se dará cuenta. Quizás ha dicho que estará en un lugar pero se encuentra en otro. Su anonimato no es total, y sin embargo el cálculo de probabilidades le dará la sensación de que difícilmente va a ser descubierto, pues ha elegido para su encuentro clandestino un lugar poco frecuentado, tal vez solitario. Ahora bien, las precauciones no le servirán de nada si la ha seguido un detective privado. Eso es lo que pasa en la Red con las cuentas anónimas. Lo son generalmente, salvo que alguien disponga de los medios adecuados para llegar a quien se oculta.

Aspectos legales del anonimato

— Recibir y usar un nombre propio es un derecho fundamental.
— Los hijos adoptados tienen derecho a saber quiénes fueron sus padres, sin que eso implique el derecho a conocerlos cuando estos no lo desean. Saber quiénes son se diferencia de entrar en contacto con ellos. Pero tal derecho se debilita en los hijos nacidos tras donaciones de semen o de óvulos, pues aquí no se ha producido nunca un vínculo real o vital entre ellos y sus progenitores. No obstante, apenas se han producido en España debates sobre estos asuntos, que deberían abordarse algún día en todos sus matices.
— Por un lado, los grandes criminales que usan las redes se evaden de cualquier identificación, aunque la investiguen a fondo la policía y los jueces; porque disponen de medios para cifrar documentaciones, cambiar de móviles, atacar desde distintos ámbitos geográficos y jurisdiccionales... Y, por otro, los pequeños delincuentes, los acosadores, los difamadores son más fácilmente localizables, pero finalmente conducen al archivo de la causa la escasez de recursos de la mayoría de las personas atacadas y los pobres medios del sistema judicial y de la policía, excepto los que se concentren en casos muy concretos. Así lo demuestran los magros datos de efectividad en la persecución de esos delitos. Por ello, suelen quedar impunes los delincuentes de menor cuantía, los agresores anónimos en foros, los autores de comentarios en medios periodísticos y redes sociales, los adulteradores de los debates, los suplantadores ocasionales, los acosadores de mujeres que no son denunciados o identificados fielmente, los difamadores de los servicios de hoteles y restaurantes... y los responsables de todos los lamentables episodios que hemos mencionado más arriba y que terminaron en tragedia (Amanda Todd y Tiziana Cantone, entre otras muchísimas víctimas). Ni la policía ni los jueces pueden dedicarles el tiempo que requieren, dada la cantidad inmensa de esos delitos (que además van en aumento). Por otro lado, sería discutible al menos el derecho a la libertad de expresión que

pudiera tener un robot dedicado a reproducir contenidos ilegales.

— En España, la fracasada propuesta del PP de obligar a identificarse debidamente antes de abrir una cuenta social no cercenaba derechos de nadie, pues una vez cumplido ese trámite se dispone de toda la libertad para opinar. Simplemente, hacía responsable a cada uno de todo aquello que dijera, lo que equipara la vida virtual con la vida real. Fue rechazada por el PSOE, entonces con mayoría. Pero a su vez el PP había dispuesto antes de los votos necesarios y no hizo lo que luego propondría hacer. Dicho y sostenido todo eso, la propuesta se habría enfrentado en la práctica a la ausencia de un espacio comunitario europeo para su desarrollo y aplicación, a una revuelta virtual de usuarios anónimos que el Gobierno correspondiente habría debido resistir de pie y con temple, algo improbable, y a la batalla legal de las grandes empresas tecnológicas, que habrían recurrido la nueva ley con poderosos equipos de abogados y con todos los medios económicos y de presión a su alcance.

— Quienes han expresado opiniones políticas favorables al control del anonimato (el propio PP, su diputado Rafael Hernando, los socialistas José Luis Ábalos y Dolores Delgado, entre otros) lo han hecho mientras no ocupaban el poder, y se han abstenido cuando se hallaban en él.

— La identificación personal (el DNI, el pasaporte) se precisa para opinar en un diario impreso, para inscribirse en un club deportivo, en un gimnasio, en una ONG, en el padrón municipal, en un colegio profesional, en el censo, para darse de alta en una compañía telefónica, en multitud de entidades en las que se opera con total libertad sin que suponga merma alguna haber registrado los datos personales.

— Los principales problemas para atajar los linchamientos en las redes a partir del anonimato y para impedir el fenómeno del "agresor motivado" se basan en la territorialidad del delito, así como en la dificultad (cuando no imposibilidad) de que los agredidos identifiquen al autor y en determinar las responsabilidades de los vehículos utilizados (plataformas digitales). Sin embargo, todo ello concurre en el ámbito de las empresas que acogen en sus plataformas, sin inmutarse, incontables acosos, abusos, insultos, injurias, descréditos, vídeos de violencia contra las personas y los animales, difamaciones, calumnias o vejaciones. La mejor manera de solventar el problema de la territorialidad consistiría en que los propios colosos multinacionales de la Red acordasen una autorregulación favorable a la limitación del anonimato, establecieran un sistema de sanciones aplicadas por agentes externos (jurados de profesionales independientes, como en Autocontrol de la Publicidad) y aceptaran con rapidez las angustiosas reclamaciones de usuarios y Gobiernos. De otro modo, tarde o temprano se harán imprescindibles las legislaciones que salgan al paso de estos problemas y, más que sanciones en dinero, determinen desmembramientos de las poderosas empresas tecnológicas.

— Es falaz el argumento según el cual no hay nada que hacer frente al anonimato porque no se puede perseguir a quienes emiten desde terceros países. Sí hay algo que hacer: perseguir a quienes no emiten desde terceros países. Al menos, eso reducirá los daños, las calumnias y las falsedades que usuarios normales y corrientes lanzan con impunidad simplemente porque se saben a salvo. También las multinacionales de internet pueden suspender o eliminar las cuentas que incumplen sus términos de uso, con independencia del país desde el que se emitan o publiquen sus mensajes.

Consecuencias de la limitación del anonimato

— La manifestación pública de la identidad de cada uno reduciría las estafas y fraudes, las usurpaciones, las extorsiones, los discursos de odio, los ciberacosos escolar y sexual que en ocasiones derivan en consecuencias trágicas, la difusión de vídeos que contienen escenas de violencia, el apoyo al yihadismo y a las organizaciones del terror, incluso las faltas de respeto. Miles de delitos se quedarían en apenas nada si no se permitiese el anonimato absoluto o al menos se determinaran facilidades para descubrir pronto a la persona escondida cuando ha incurrido en un comportamiento antisocial. Además, la actuación mediante el nombre real disminuiría extraordinariamente el trabajo de los llamados "moderadores" contratados por las redes sociales, que verían así reducida la cantidad de vídeos y mensajes atroces que se ven obligados a revisar o leer antes de retirarlos.

— Los mensajes anónimos en las redes y en internet contra las personas causan angustia, han llegado a provocar suicidios, caída de la autoestima, depresiones, aislamiento, bajo rendimiento escolar... Todos esos efectos habrían sido muy improbables si los autores se hubieran visto obligados a usar su propio nombre y asumir con ello la responsabilidad de sus actos. El anonimato facilita el delito, del mismo modo que la supresión de las matrículas en los autos propiciaría las infracciones de tráfico.

— La limitación del anonimato permitiría también suprimir las cuentas falsas (o movidas por robots), que se utilizan para alterar la realidad: simulación de seguidores y engaño para anunciantes, uso quirúrgico (es decir, muy preciso allá donde adquiera mayores efectos) destinado a crear sensaciones de apoyo o de crítica, influencia artificial en los resultados electorales.

— Si se limitara el anonimato, la sola reducción en la frecuencia de los delitos ya ayudaría a perseguir los que aún se cometieran.

Libertad de expresión

— Los partidarios del anonimato a toda costa lo defienden para que gracias a él se puedan emitir con libertad ideas o comentarios que desatan una censura social, en vez de apuntar contra la existencia misma de esa censura social. Lo que limita la libertad de expresión no es formular opiniones a cara descubierta, sino la coacción o las represalias contra quienes las sostienen.

— Los Estados dictatoriales no se andan con miramientos ante el anonimato o el seudonimato opaco. Disponen de recursos para deshacerlo cuando les interese. Cualquier descuido del activista, por mínimo que sea, puede resultar fatal para él. Por tanto, tal vez no tiene sentido defender el anonimato a cuenta de su validez en esos países, cuando tal eficacia es sumamente precaria. Antes al contrario, el anonimato y la falsa seguridad que otorga pueden favorecer la actuación de la policía o los servicios secretos para localizar a quien se vale de él en sus legítimas reivindicaciones. Volviendo a las tesis de Alexy, para aplicar legítimamente la fuerte restricción de un derecho (el derecho de millones de personas a la propia imagen, al honor, etcétera, puesto en cuestión por el anonimato) hace falta que ello produzca un gran ensanchamiento del derecho con el que choca (el derecho a la actividad política en los regímenes sin libertades). La pregunta surge entonces de inmediato con esa teoría de vasos comunicantes: ¿realmente el anonimato en las redes garantiza la seguridad de los activistas que luchan en los países totalitarios? ¿Los libra de riesgos? Nuestra respuesta es "no".

— Actuar con la identidad real no merma la libertad de expresión en los países que la reconocen y se aplican a respetarla, salvo en casos muy específicos comentados anteriormente. En los regímenes de alta calidad democrática, entre los que se halla España, las quejas con garantías de no sufrir represalias tienen sus debidos cauces en las denuncias ante los jueces, los fiscales, la policía, los canales internos de las empresas, las autoridades tributarias, los medios de comunicación, las oficinas de consumo, las organizaciones de consumidores, los departamentos de Igualdad, las asociaciones feministas, la inspección de trabajo, los sindicatos, las entidades de defensa de los derechos humanos, el Defensor del Pueblo y otras instituciones. La existencia de tantos sistemas para las denuncias confidenciales, formales y eficaces debilita el argumento de que sea necesario el anonimato a fin de expresarlas en público y que sean efectivas.

— No se nos escapa, como hemos expuesto más arriba, que en las naciones democráticas también pueden darse situaciones en las que una persona corra riesgos incluso físicos al expresar algo con su propio nombre. En esos casos sí estaría justificada la ocultación, pero también nos preguntamos si las escasísimas ocasiones en que eso ocurra —lo cual, obviamente, ha de impedirse o evitarse— justifican la permisividad irresponsable que se da hoy en día con el anonimato para otros fines. Insistimos: aunque los culpables de injurias o acosos fueran detenidos de inmediato, sería más eficaz en la lucha contra la delincuencia establecer medidas que impidieran o dificultasen tales delitos, porque así se evitaría o se reduciría también la existencia de víctimas, que no dejan de ser víctimas por mucho que se detenga a los delincuentes.

— Urge una revisión democrática del anonimato que no cercene la libertad de expresión ni ningún otro derecho individual, empezando por el derecho al honor, a la propia imagen y a recibir información veraz; se precisa una legislación que persiga a los difamadores y a quienes los amparan, y que a la vez proteja a las personas en situación de debilidad, así como los datos privados de los internautas. Todo ello, a ser posible, mediante un gran acuerdo internacional, establecido a partir de la ponderación entre derechos.

— Se puede aplicar a la polémica sobre el anonimato el viejo aserto escrito por Karl Popper en 1945: "Debemos reclamar, en nombre de la tolerancia, el derecho a no tolerar a los intolerantes".[1] Del mismo modo, en nombre de la tolerancia podemos retirar el anonimato a quienes lo prostituyen para ser intolerantes.

En las naciones de alta calidad democrática, como sucede en España y en Europa, el impulso principal debería dirigirse a la persecución de las represalias que se pudieran producir tras una acusación fundada, y no a la defensa indiscriminada del anonimato.

— Se ha argumentado también para defender el anonimato que las opiniones o denuncias de hoy en una ubicación concreta donde se disfruta de libertades pueden verse de manera distinta en otro momento o en otro lugar. En efecto. Pero eso ocurre con todos los actos humanos que se ejecutan a cara descubierta en un régimen democrático, como las expresiones en público, las manifestaciones, las demandas, las huelgas, la pertenencia a sindicatos o partidos… No tendría sentido desenvolverse en la clandestinidad cuando se vive

1 Popper, Karl (2010), *La sociedad abierta y sus enemigos*, Barcelona, Paidós.

en una democracia, por temor a que deje de serlo. Y, si tuviera sentido, eso ocurriría tanto en la realidad como en la virtualidad.

Actitudes ante el anonimato

— En ausencia de leyes que logren impedir los efectos perversos de la ocultación, hace falta una cultura de desdén hacia los comentarios capciosos, descorteses, insultantes, injuriosos…, consistente en no responder nunca a esas acusaciones, aislarlas del debate y no darles crédito ni redifundirlas. El odiador y el reventador deben comprobar así que sus actos no producen efectos.

— Es indispensable que los poderes públicos se involucren decididamente en defensa de los derechos de sus administrados a no ser amenazados, insultados, injuriados, calumniados…, en su derecho a vivir en paz. Para eso hace falta perseguir a los autores de los delitos que consisten en amenazar, insultar, injuriar o calumniar.

— La lucha por el anonimato debe transformarse en la lucha por la libertad de expresión para que así no sea precisa la lucha por el anonimato. No se precisaría el anonimato si se estuviera a salvo de castigo o represalia. Ahora bien, sí se pueden arbitrar soluciones de anonimato a quien cree útil para los demás contar sus problemas familiares, o de salud, o sexuales, y también garantizar el anonimato de quienes acceden a páginas pornográficas o de contactos, acceso permitido siempre que sean mayores de edad.

— Defendemos el derecho al cifrado y la confidencialidad de las conversaciones privadas.

— En definitiva, enfocamos la cuestión del anonimato de la siguiente manera: no se trata de analizar en primer lugar los derechos de quienes participan en las redes, sino de ponderar por encima de ellos los de quienes resultan perjudicados en su honor, en la información veraz, en su economía, en su vida personal o su imagen, en su estabilidad emocional o vital por las falsedades que les imputan o por los actos íntimos que se revelan. El primer impulso de toda persona de convicciones democráticas ante un problema como este se dirige casi siempre a defender la libertad de expresión. Pero hay que darle la vuelta, sin perder por ello el enfoque democrático y progresista. El derecho a llevar rifle no puede anteponerse al derecho a la vida. Primero establezcamos el derecho general a la vida; y después ponderemos en qué ocasiones excepcionales se puede disponer de un rifle en defensa de la vida. El derecho al anonimato no puede anteponerse al derecho a la paz personal y al prestigio profesional. Primero situemos por encima el derecho al honor, a la intimidad y a la propia imagen, y después veamos en qué circunstancias excepcionales se puede acudir al anonimato que lo pone en riesgo, para ejercerlo, en ese supuesto sí, con todas las garantías. En la ponderación correspondiente, el amparo del anonimato sólo se justifica cuando protege en una situación concreta (y no como principio general) un bien superior a los citados derechos.

2. PROPUESTAS

A tenor de todo lo recogido hasta aquí, nos aventuramos a plantear unas propuestas que sin duda ofrecen aspectos mejorables, pues entendemos que de todo debate limpio y bienintencionado nacen soluciones mejores que las aportadas cuando comenzó. Bienvenidas sean las correcciones a nuestros errores, a nuestros olvidos y a nuestras limitaciones que ponderen con mayor acierto la importancia de dos derechos que a menudo chocan entre sí.

Planteamos finalmente, pues, una serie de propuestas para su crítica y discusión por aquellas personas a quienes despierte interés este asunto o se sientan concernidas por él:

Tabla de equivalencias

Consideramos muy valiosas las ideas de Adsuara, Molinero y Gomá, porque buscan soluciones armónicas frente al choque de derechos, y pretenden ponderar la importancia de cada uno de ellos. Deseamos matizarlas sin embargo con algunas consideraciones y reservas añadidas. A su vez, seguramente nuestras ideas ofrecerán debilidades y falencias, visibles con claridad para quienes vengan después de nosotros a buscar soluciones por este camino; pero las hacemos constar por si contribuyeran al debate, aun a expensas de que sean criticadas, como deseamos, con argumentos razonables.

Países con democracia plena

La *tabla de equivalencias* es una magnífica propuesta como primera medida para enfrentarse al problema del anonimato. Tras su implantación inicial, en una segunda fase la respuesta ideal y quizá todavía utópica en los regímenes de democracia plena frente a los abusos y la perversión del anonimato sería no obstante la limitación casi total del ocultamiento. Es decir, no absoluta. Pero casi. Porque siempre quedarán resquicios para las obras literarias o artísticas y los escenarios posibles que hemos repasado en los capítulos III y IV, así como los casos de quienes deseen exponer en público, y para beneficio de los demás, sus problemas de salud, las experiencias personales traumáticas que hayan sufrido —siempre con la condición de veracidad—, y otros supuestos en los que se pudiera justificar la ocultación del nombre a fin de dejar a salvo la esfera íntima. También ha de protegerse el anonimato de quienes acceden a páginas de pornografía o de contactos. Y aquí puede entrar asimismo en juego, como elemento complementario, la *tabla de equivalencias* que garantice que el usuario es mayor de edad y a la vez su anonimato, pero que sirva para anularlo por orden del juez en caso de abuso una vez producido el encuentro sexual.

Sin embargo, los internautas y usuarios de redes sociales, los creadores de blogs, los autores de reseñas sobre establecimientos, etcétera, se harían responsables públicamente con su nombre de todos sus escritos, siguiendo la estela marcada por Kushim hace milenios y las normas que han regido siempre en el mundo analógico.

La solución inicial de la *tabla de equivalencias* habrá de sortear, no obstante, el desarrollo de aplicaciones de generación de usuarios aleatorios, entre otras dificultades técnicas.

En las naciones con democracia plena se debilitan las razones para el anonimato del activista, puesto que existen canales seguros a la hora de difundir denuncias públicas con nombre y apellidos, y también para la denuncia anónima a través de instituciones acreditadas, entre ellas la prensa y la policía. Uno de esos sistemas seguros lo crea en España la ley 2/2023 sobre denuncia de infracciones y delitos relativos a la corrupción.

Ahora bien, las denuncias anónimas mediante los cauces democráticos establecidos deberán verificarse siempre en el interior de cada uno de esos estamentos antes de hacerse públicas.

Países con restricción de libertades

En los lugares sin democracia plena, la ocultación del nombre real se ha de proteger si el anonimato sirve realmente para garantizar la seguridad de quienes se hallarían en peligro cuando expresasen sus ideas públicamente. Pero ello no justifica que el derecho a ese anonimato se extienda a millones de usuarios sobre los que no pesa ninguna amenaza, una pequeña parte de los cuales usa seudónimos para delinquir con impunidad.

En los países sin libertades, las plataformas de redes sociales pueden crear por tanto dos grupos de perfiles y de espacios: los anónimos y los verificados.

Los anónimos totales podrán ejercer el activismo político o sindical, pero esas cuentas no deberán usarse para acosos, insultos, abusos ni ataques personales o privados, y tampoco para servicios de contactos o pornografía (pues no se puede verificar la edad). Caso de incurrir en desvíos del sentido recto del anonimato, quedarían desprovistos de protección, mediante aviso previo al titular de la cuenta, o del correo, etcétera.

Los anónimos verificados (con el sistema de *banco de equivalencias*) servirán para el resto de la actividad y para la distinción entre menores y adultos. Todo ello, partiendo de que el país donde se halla el usuario se pueda identificar mediante su IP.

Cualquier tipo de país

Añadimos a lo anterior una tercera vía, en la que no se distinguiera a los usuarios por países. Mediante la autorregulación de las grandes plataformas de internet, tanto en unos como en otros lugares —democracias plenas o regímenes con restricción de libertades— sería compatible hipotéticamente a escala mundial una doble opción en las identificaciones para las redes sociales y otros espacios de internet:

— Por un lado, la identidad oculta admisible en cuentas que expresaran exclusivamente opiniones políticas o asuntos íntimos y de salud que pueden resultar útiles para otros sin perjudicar a terceros.
— Por otro, la identidad transparente de las demás, en este caso mediante *la tabla de equivalencias* como primer paso hacia la supresión casi total del anonimato.

Eso precisaría de un sistema de control del primer grupo de cuentas, a fin de que no se usasen fraudulentamente para fines ajenos a lo previsto o para la suplantación del activismo. Una de las medidas posibles consistiría en retirar la condición de anonimato o seudonimato en lo sucesivo a quienes, en el primer grupo como en el segundo, perviertan las condiciones iniciales o sean origen de bulos y engaños, en función de los dictámenes que pudiesen elaborar entidades independientes como los colegios profesionales o institucionales como los juzgados.

La identidad oculta serviría, por tanto, para el activismo político de riesgo y para la revelación reservada de asuntos individuales, mientras que la identidad real sería obligada en todas las demás facetas de libre interacción en las redes y en internet: las opiniones y las informaciones que se difunden como parte de una expresión responsable de las ideas. No es imposible establecer esos dos tipos de perfiles, de modo que se puedan cerrar las cuentas de supuestos activistas que las utilicen de forma inadecuada. Pero entendemos que esto necesita un desarrollo minucioso que no está en nuestra mano. (Véase más adelante el epígrafe "Autorregulación de las grandes plataformas" en este mismo apartado de "Propuestas").

Con todo, esto ha de enmarcarse en el hecho de que seguramente la ocultación del nombre real no garantiza la inmunidad de los activistas que luchan contra regímenes totalitarios. Antes al contrario, puede inducir en ellos una falsa sensación de libertad y de hallarse a salvo de la persecución. Los Gobiernos dictatoriales y sus servicios de espionaje cuentan con descomunales medios informáticos para desentrañar esas autorías si realmente se aplican a la tarea.

Finalmente, hay que señalar que el anonimato en aquello que se expresa o se comunica es una cosa, y los datos del internauta en el resto de las actuaciones son otra. Toda persona ha de asumir la responsabilidad de lo que difunde, pero tiene derecho a ocultar su identidad y sus datos cuando usa para sí los distintos servicios digitales, lo mismo si son páginas de contactos como páginas de pornografía legal, servicios de salud o incluso compras de alimentos o de libros.

Regímenes autoritarios o democráticos

Tanto para el caso de la autorregulación de las redes como en el de una legislación externa a ellas sería necesaria, según acabamos de indicar, una normativa global que diferenciase entre países con Gobiernos democráticos y países con regímenes autoritarios; tal vez a cargo de la ONU, los organismos internacionales o los Estados democráticos, y específicamente de la Unión Europea.

En ese marco, haría falta fijar en qué lugares no se justifican las cuentas anónimas y en cuáles sí, dejando siempre a salvo el anonimato en la comunicación de experiencias íntimas o de salud útiles para los demás.

En tal caso adquiriría gran importancia la clasificación de los países en función de su calidad democrática, para lo cual se pueden considerar los criterios de la revista *The Economist*, que los divide en "democracias plenas" (donde se encuadra España), "democracias defectuosas" o "imperfectas" (en ellas se respetan las libertades pero padecen una cultura política subdesarrollada), "regímenes híbridos" (se vota a sus dirigentes pero existen irregularidades electorales y gran corrupción, así como falta de independencia judicial, presiones a los periodistas, etcétera), y "regímenes autoritarios" (violaciones de las libertades, ausencia de pluralidad política, represión, invasión de la vida privada). Esos criterios nos parecen adecuados para ponderar en cada caso el ámbito del anonimato legítimo, si bien todos ellos se pueden reducir a dos como hemos hecho en el apartado anterior: países con democracia plena y el resto.

Según *The Economist*, más de la mitad de las 24 democracias plenas del mundo se hallan en Europa (datos de 2023). Los primeros puestos de la clasificación se adjudican a Noruega, Nueva Zelanda, Islandia, Suecia, Finlandia, Dinamarca, República de Irlanda, Suiza y Países Bajos.

Con una puntuación de entre 0 y 10, España obtiene una media de 8,07 (Noruega está en el 9,81), recibe un 9,58 de nota para el sistema electoral y el pluralismo democrático, y ocupa el puesto 23, empatada con Francia, mientras que el Reino Unido las aventaja ligeramente (puesto 19 y 8,28 puntos), superada a su vez por Alemania (12 y 8,80), a la que sigue Canadá (13 y 8,69), con Italia mucho más abajo (34 y 7,69), calificada esta última como "democracia imperfecta" al igual que Estados Unidos (puesto 29, nota de 7,85), país que descendió unas décimas en 2017, hasta situarse por debajo de 8 puntos tras la gestión de Donald Trump como presidente.

En América Latina, las únicas "democracias plenas" son Uruguay (14, 8,66) y Costa Rica (17, 8,29). Chile, ahora en el puesto 25, lo era el año anterior; mientras que se anotan como "democracias imperfectas" o "híbridas" las del resto de los países de esa región, excepto Venezuela, Cuba, Haití y Nicaragua ("regímenes autoritarios").

El último informe, con datos de 2023 y publicado el 15 de febrero de 2024, muestra que el 7,8% de la población mundial vive en las 24 democracias plenas; el 37,6% en las 50 democracias imperfectas; el 15,2% en los 34 regímenes híbridos —combinan rasgos de la democracia formal con rasgos autoritarios— y el 39,4% en los 59 países de regímenes completamente autoritarios (frente al 36,9% del año anterior).

Autorregulación de las grandes plataformas

Los proveedores multinacionales de espacios para el debate y la comunicación deben acordar conjuntamente un código de conducta que dedique a la verificación de usuarios una parte de sus ingentes beneficios, y que determine la exclusión de los discursos de odio y las campañas desinformativas. La autorregulación evitaría las diferencias entre legislaciones de distintos países. Con ella dispondríamos de una sola norma de Twitter, Facebook, TikTok o Instagram para todo el mundo. Y debería incorporar sistemas punitivos severos, a cargo de organismos independientes, en caso de que se vulnerasen las normas. Somos conscientes de la dificultad de este planteamiento, pero aún confiamos en el género humano.

En cualquier caso, la ausencia de autorregulación obligará a la regulación si no se produce aquella en un plazo razonable. En ese supuesto los países y los organismos internacionales deberían tomar cartas en el asunto mediante normas democráticas y a ser posible consensuadas (mediante corregulación).

Denuncias anónimas

Los Gobiernos y las empresas deben favorecer la creación y ampliación de canales destinados a verificar y tramitar denuncias anónimas, principalmente en las empresas. En las democracias donde tales vías funcionan, no es necesario, aunque quizá pueda darse alguna excepción, acudir al anonimato en las redes para denunciar una injusticia, porque, como ya hemos señalado, existen suficientes medios que permiten cursarla sin represalias, incluso preservando la ocultación del nombre: la prensa, los comités de empresa (cuyos integrantes están protegidos por ley) y los sindicatos en general, el Defensor del Pueblo, las organizaciones de consumidores, los juzgados, la policía, los canales internos de las empresas para la transparencia, las autoridades fiscales, la inspección de trabajo, las oficinas de consumo, los departamentos de Igualdad, Hacienda, las asociaciones feministas, las entidades de defensa de los derechos humanos y otras instituciones.

La actuación directa ante esas organizaciones alcanzará mejor el objetivo pretendido que una acusación pública que quizá nadie en concreto recoja. A su vez, las entidades receptoras de la denuncia pueden usar sus sistemas de comunicación para difundirla con mayores garantías, tras verificar los hechos y asumir el relato como propio.

España cuenta con la Ley Reguladora de la Protección de las Personas que Informen sobre Infracciones Normativas y de Lucha contra la Corrupción, la ley 2/2023, de 20 de febrero, cuya finalidad consiste en "proteger a las personas que en un contexto laboral o profesional detecten infracciones penales o administrativas graves o muy graves y las comuniquen mediante los mecanismos regulados en la misma", según explica su preámbulo.

Esta reciente norma permite la denuncia anónima de hechos, puesto que protege la confidencialidad sobre el informante en el inicio del procedimiento. Después, la veracidad del relato —una vez comprobada— hará que el organismo receptor lo defienda, en una práctica similar a la que hemos descrito para los testigos protegidos en la fase de investigación judicial o policial.

El articulado de esa ley establece como canal externo de información la Autoridad Independiente de Protección del Informante, tanto en el ámbito estatal como en el autonómico. Ante ella se podrán denunciar de forma anónima "cualesquiera acciones u omisiones" relativas a infracciones normativas, "ya sea directamente o previa comunicación a través del correspondiente canal interno".

También se han regulado otros mecanismos de denuncia con garantías de protección, como los establecidos en la ley 10/2010 en lo referente a prevención del blanqueo de capitales, financiación del terrorismo y los canales de denuncias internas para empleados, directivos o agentes. O la ley de Régimen Disciplinario de la Guardia Civil (12/2007).

A su vez, la Ley Orgánica de Protección de Datos Personales (3/2018) recoge en su artículo 24.1 la licitud de crear y mantener sistemas de información destinados a denunciar en las empresas, "incluso anónimamente", la comisión de actos o conductas que pudieran resultar contrarios a la normativa general o sectorial que le fuera aplicable.

Al margen de la regulación española, la Convención de las Naciones Unidas contra la Corrupción (2003) fija en su artículo 13.2 que cada Estado miembro de la ONU facilitará que el público conozca qué órganos son pertinentes en la lucha contra la corrupción y tenga acceso a ellos "para la denuncia, incluso anónima, de cualesquiera incidentes que puedan considerarse constitutivos de un delito tipificado con arreglo a la presente Convención".

Por su parte, la Unión Europea protege el anonimato en las investigaciones que emprenda la Oficina de Lucha contra el Fraude (artículo 5.1 del Reglamento 883/2013) y establece una herramienta de "denuncia anónima" de irregularidades.

Por tanto, existen bases y amparo legal para la adecuada canalización de las denuncias anónimas.

Todas estas normas nos parecen ejemplos de referencia para las naciones que no disponen de garantías similares.

Por tanto, las sociedades avanzadas pueden disponer de sistemas destinados a proteger a los denunciantes que correrían algún peligro si se conociese su identidad. Con esa legislación y con la variedad de vías en las democracias plenas, donde es posible presentar una denuncia confidencial eficaz, pierde fuerza el argumento de que sólo la expresión pública y anónima en las redes o en internet permitirá corregir las infracciones con garantía de protección para el denunciante.

Obligación de identificarse

Las autoridades de España y otros países democráticos obligan a sus conciudadanos a llevar consigo el documento nacional de identidad (DNI). Además, se les reclama en el banco, al entrar en un edificio público, al inscribirse en el censo o el padrón, cuando se matriculan una moto o un auto, para publicar una carta en un diario, al contratar una línea telefónica, cuando se alquila una vivienda. Y eso está bien, porque así se nos hace responsables de nuestros actos en cualquier terreno. Sabemos que algunos de estos ejemplos se refieren a contratos que requieren pago y en los cuales hace falta por tanto una cierta solidez en la identificación, y que sin embargo esta no se nos pide (al menos todavía) para entrar en un bar y opinar allí lo que uno quiera. Al mismo tiempo pensamos —pero siempre en alerta ante el peligro de los sistemas de invasión en la intimidad y del manejo abusivo de los datos— que solicitar la identificación personal para actuar en las redes sociales (sea directamente o mediante un certificado digital de identidad, por ejemplo en lo referido a la edad) no constituye en sí mismo una anomalía democrática, y que tendría como objetivo impedir el esparcimiento del odio y otros abusos. La identificación previa de los usuarios —siquiera fuese mediante la comunicación y comprobación de su teléfono celular, al que se enviaría periódicamente una clave de acceso— causaría que se enfrentaran a los mismos riesgos que acarrea la vida real cuando una persona ataca a otra. Mientras se arbitran soluciones de consenso, se debe obligar democrática y legalmente a los grandes operadores, aunque no sean responsables de lo transmitido, a colaborar con la justicia en la rápida localización e identificación de los delincuentes.

La humanidad se ha puesto de acuerdo globalmente para regular el tráfico aéreo y la seguridad de los aviones, para facilitar las comunicaciones telefónicas mundiales, garantizar el correo postal, otorgar dominios en internet, proporcionar sistemas de mensajería electrónica, adjudicar y organizar los Juegos Olímpicos, para reglar los deportes internacionales con sus trofeos y sus sanciones, para establecer las decisiones en la ONU, atender a las determinaciones de la Organización Mundial de la Salud... También podría hacerlo para salvaguardar los derechos de las personas frente al poder anónimo de las redes.

Suplantación

En tanto en cuanto no se llegue a una solución como las apuntadas en los párrafos anteriores, y conforme ha señalado con insistencia la Fiscalía General del Estado española, ha de regularse específicamente en España la suplantación en las redes y en internet, para proteger los derechos de los suplantados. También hace falta reforzar y cumplir los convenios internacionales a ese respecto, homogeneizar los tipos penales a fin de facilitar la cooperación y obligar a que se mantengan más tiempo vivos los datos almacenados, de modo que eso ayude en la persecución del delincuente. Asimismo, deben reducirse los plazos en estas investigaciones, con objeto de disminuir el daño y dificultar la desaparición del rastro.

Secreto médico

Es necesaria una mejor regulación del secreto médico en España, a la luz de las enseñanzas del accidente del avión de Germanwings en Francia, y también en prevención del uso ilegítimo de los datos personales a través de las aplicaciones de salud.

Sin retroactividad

Toda restricción o anulación del anonimato establecida en futuras leyes debe entrar en vigor con plazos de seguridad para los usuarios, sin posibilidad de acciones legales retroactivas. Así figura en la Constitución española (artículo 9) y así sería de desear en cualquier país.

Daños ponderados en función de los seguidores

En toda sentencia contra el autor de un daño producido en el ciberespacio habrá de ponderarse, a la hora de fijar la indemnización por el daño causado, el número de seguidores que acumulase el autor y el de los reenvíos producidos por ellos.

Castigos fiscales

Los países con democracia plena pueden aplicar castigos fiscales y sanciones a las plataformas que toleren o fomenten el anonimato ajeno a la regulación establecida por el propio sector o por las leyes vigentes.

Transparencia de las multinacionales

Las sociedades de hoy consideran un valor la transparencia de los datos empresariales, pero en las redes reina la opacidad en todos los terrenos. No conocemos sus algoritmos ni la intención que los alumbra, no hacen públicos datos fidedignos, verificables y actualizados sobre usuarios, número de mensajes, cuentas falsas sostenidas por robots, cantidad de denuncias recibidas y sus motivos o el porcentaje de usuarios a los que dan de baja cada año, seguramente exiguo, ni la eficacia de sus moderadores, ni cuántas personas forman esos equipos.[2] Los centenares de estudios elaborados sobre violencia, racismo o machismo en las redes

[2] Así lo atestigua una investigación del proyecto PRISM en la que de un total de 100 denuncias realizadas a Facebook, sólo 9 obtuvieron como resultado la eliminación de los comentarios. Jubany, Olga, y Roiha, Malin (2016), *Backgrounds, experiences and responses to online hate speech: a comparative cross-country analysis*. Online Report.

corresponden a universidades, entidades humanitarias o de derechos sociales, investigadores sociales... Brillan por su ausencia los análisis autocríticos, diáfanos y verificables de esas descomunales compañías. Por ejemplo, el instituto británico de análisis Demos, fundado en 1993, calculó que durante tres semanas de abril de 2016 los usuarios británicos de Twitter emitieron más de 200.000 mensajes con las palabras "zorra" o "puta", y que cada diez segundos alguien insulta con tales vocablos a una mujer en esa red. No hace falta decir que se trata de mensajes anónimos.[3]

Como ha expresado Juan Luis Cebrián, "para un mundo global necesitaremos reglas globales, sistemas globales y comprensión global. Nada de eso existe".[4]

Diferencia de penas

La amenaza anónima debe penarse más que la nominal. Así sucede por ejemplo en el código argentino, de 2019, pues se considera que los efectos del anonimato son más profundos. Su artículo 149 bis impone penas de seis meses a dos años "al que hiciere uso de amenazas para amedrentar a una o más personas"; y de uno a tres años "si se emplearen armas o si las amenazas fueren anónimas". La amenaza es menos perturbadora cuando implica el conocimiento de datos del amenazador: su dirección, su teléfono, su trabajo... Pero la amenaza anónima no identifica de dónde viene el peligro. Produce mayor desasosiego. La amenaza con nombre se puede prevenir mejor.

Por su parte, el artículo 22 del Código Penal español considera una agravante "ejecutar el hecho mediante disfraz" y con otras circunstancias "que debiliten la defensa del ofendido o faciliten la impunidad del delincuente". Se le suele llamar "agravante de disfraz". Así lo recoge por ejemplo la sentencia del Supremo 800/2022, de 5 de octubre. Esto es perfectamente extrapolable al embozo en internet.

3 Tomo estos datos de un informe del Ayuntamiento de Barcelona titulado *Contrólate en las redes*, de diciembre de 2017.

4 Cebrián, Juan Luis (2018), "El *software* protector", en Basilio Baltasar (ed.), *El linchamiento digital*, Madrid, JDB, pág. 109.

Reformas en los juzgados

Debe desarrollarse una mejor formación específica para los jueces acerca de los delitos cometidos en las redes, y habrá de lograrse una mayor agilidad en los procedimientos para salvaguardar en lo posible los derechos y la dignidad de los insultados, acosados o desacreditados. Sería deseable también una cierta especialización en los jueces que recorriera todo el camino de una causa (desde la primera instancia hasta el Supremo). Jueces y letrados de la Administración de Justicia deben flexibilizar sus posturas actuales para que se dote a los juzgados de secretarías comunes y de sistemas y listas actualizados de elección de peritos. Asimismo, el derecho a la justicia gratuita debería incluir los costes de las pruebas periciales y forenses encaminadas a demostrar un ataque digital, de modo que los abogados puedan presentar junto a su demanda un material probatorio que asegure la continuidad del proceso y evite su archivo inmediato.

Protección de datos

Es necesario desvincular los datos de navegación respecto de los nombres de los usuarios. Por supuesto, así se supone que ocurre con las visitas a páginas de contactos sexuales, pero un asesor financiero también estará interesado en ocultar, especialmente a sus competidores, las páginas que ha visitado con su ordenador acerca de empresas a las que se encuentra analizando para aconsejar o no que se efectúe una inversión en ellas. Solamente se aplicarán excepciones cuando la autoridad judicial investigue a sospechosos vinculados con páginas de organizaciones terroristas.

Medidas

Los delitos en las redes, la mayoría amparados en el anonimato, no se han reducido con las vigentes medidas punitivas. Se precisan soluciones de prevención. Entre ellas, la propia limitación de la posibilidad de ocultar el nombre. Hace falta invertir las proporciones: el anonimato ha de ser la excepción, justificada, y no la situación general. El uso de la identidad verdadera debe ser lo normal, y no la excepción.

Necesidades imperiosas

Se ha de congeniar el derecho a la expresión anónima o seudónima en situaciones de falta de libertad o de posibles represalias injustas con el derecho general a no soportar acosos, ofensas y calumnias amparados por el anonimato. Urge una ponderación al respecto.

Hace falta una ley democrática sobre el anonimato.

Hace falta un acuerdo internacional contra el anonimato agresor, difamador o difusor de bulos en las redes y en internet.

Resumen final

Nuestra postura se puede resumir así: "Quiero emitir mensajes con mi nombre, porque dispongo de libertad y responsabilidad para ello, pero no deseo que otras personas sepan qué páginas visito, cuánto gano, dónde vivo, dónde estoy en cada momento, con quién me relaciono en mi vida privada; y busco evitar que me acosen, me suplanten, me insulten o me calumnien desde cuentas opacas. En mi intimidad mando yo. Pero en mi actuación ante los demás, yo soy yo. En público soy yo para los demás, en privado no soy nadie para ellos".

3. COLOFÓN

El anonimato alienta la pederastia en internet, el reclutamiento de terroristas, las estafas a personas indefensas en las nuevas tecnologías; el anonimato favorece el insulto, la difamación, la calumnia, todas las injurias a las que alcanza la capacidad humana; el anonimato sirve para tirar una piedra y esconder el rostro, para los acosos machistas y también para que proliferen robots que se hacen pasar por personas a fin de favorecer intereses tenebrosos. La falta de un método seguro de identificación —uno de los mayores defectos que nos hace padecer internet desde su origen— propicia las suplantaciones y el uso en beneficio propio de la personalidad ajena.

El anonimato esconde las acciones más abyectas y repugnantes de los seres humanos. Se sirven del anonimato los malvados pero también las empresas que los acogen como parte de su negocio, las multinacionales que se benefician de millones de identidades falsas que cotizan ante el inversor y el anunciante, incluidas las que ni siquiera son manejadas por personas.

Llegar a desentrañar una autoría anónima es posible, pero requiere de medios que sólo se hallan al alcance de los poderosos, no de los ciudadanos que sufren esos delitos. La vía de la justicia como defensa ofrece lentitud y pobres resultados.

La propia *Memoria* de 2022 de la Fiscalía General del Estado española señala que las técnicas empleadas por los delincuentes aprovechando las posibilidades que ofrece la red para el anonimato son cada vez más complejas y difíciles de desentrañar, particularmente cuando la actividad ilícita, como es frecuente, tiene una dimensión internacional.

Las propuestas de limitación del anonimato no se deben encuadrar en ideologías contrarias a la libre expresión, sino considerarse propias de sociedades sensibles hacia el sufrimiento que el anonimato causa en las víctimas de acosos, abusos y estafas, entre otros delitos a veces más atroces aún.

Nos sumamos, pues, a lo que expresa Vicente C. Guzmán Fluja, profesor de la Universidad Pablo de Olavide, de Sevilla: "Se hacen necesarias medidas como la restricción del anonimato en las redes sociales, un mayor control sobre los *bots* o cuentas automatizadas que replican información y opinión de forma masiva, así como sobre los *trolls*, y un seguimiento más rígido de los usuarios con mayor capacidad de influencia y de creación de estados de opinión pública, dado que su responsabilidad a la hora de generar juicios paralelos y vulnerar derechos es mayor que la de otros usuarios. [...] Se requiere una mayor facilidad para averiguar quién está realmente tras una cuenta que funciona bajo anonimato o bajo seudónimo, algo que actualmente es difícil y requiere una tarea investigadora importante, sobre todo si el usuario actúa desde un dispositivo situado fuera de España o a través de una plataforma que da servicio desde el extranjero".[5]

5 Guzmán Fluja, Vicente C. (2018), "Juicios paralelos en las redes sociales y proceso penal", *Revista de internet, derecho y política*, n.º 27, Barcelona, Universitat Oberta de Catalunya.

Se hace imprescindible atajar estos efectos perversos del anonimato, ya se consiga con las propuestas aquí indicadas o con otras si estas no resultaran viables. No nos importa tanto que las opciones defendidas en este ensayo se apliquen como que, tal vez, sirvan de reflexión para hallar otras mejores.

No nos mueve la restricción de libertades, que no deseamos, sino el amparo a los indefensos.

Se necesita una convicción firme de toda la sociedad para ello, porque en el intento de hacer imposible ese objetivo las barreras se alzan muy altas y somos muy pequeños quienes aspiramos a superarlas.

La historia de la humanidad avala el empeño, no obstante: Las ansias de que la justicia llegue a los débiles se han impuesto en muchas oportunidades a los impedimentos que les oponían los poderosos en su pretensión de mantener sus privilegios.

La ponderación de derechos desarrollada en páginas anteriores permite revertir la situación actual y acercar el fiel de la balanza hacia el lado de quienes sufren injustamente esos ataques anónimos, para alejarlo de los que se benefician de la mentira y la falsedad.

Entendemos, en definitiva, que el anonimato o el seudonimato opaco debe ceñirse —como sucedió con B. Traven, como sucede con Banksy— a aquellos supuestos en los que, sin daño ni engaño, su uso proteja un bien superior, como el derecho a vivir en paz y a la confidencialidad pese a desarrollar una tarea de dimensión pública; y que urge limitarlo democráticamente, y con todas las garantías necesarias, a fin de impedir la comisión de miles y miles de delitos graves y menos graves que un Estado democrático no da abasto a perseguir, ni mucho menos prevenir.

Aunque hoy parezca utópico, vale la pena caminar hacia la idea de que actuar en internet y en las redes con el propio nombre contribuiría a mejorar el mundo.

De todo lo escrito hasta aquí —sin duda mejorable y debatible siempre que en la discusión se parta de la defensa de la democracia y de las personas agredidas o en situaciones de debilidad—, me responsabilizo con mi nombre, como hizo el contable sumerio Kushim hace más de 5.000 años al anotar la entrada de grano; y se me hará difícil entender que quienes discrepen de estos argumentos dispongan de algún motivo para esconder el suyo.

BIBLIOGRAFÍA

ADSUARA, Borja (2019), "¿Qué es la identidad? Cuento de Navidad", *La Información*, 25 de diciembre de 2019.

— (2018) "El Cambridge Analytica español", *La Información*, 15 de noviembre de 2018.

— (2020) "¡Me han estafado por internet!", *Lainformación.es*, 14 de octubre de 2020.

— (2020) "La autorregulación regulada o el VAR de las redes sociales", *El País*, 25 de noviembre de 2020.

— (2021) "Cinco argumentos sobre la censura en las redes", *El País*, 13 de enero de 2021.

— (2021) "El derecho al pseudonimato en literatura y en las redes sociales", *Lainformación.com*, 22 de octubre de 2021.

— (2021) "Los ciberdelitos aumentaron un 32% durante la pandemia", *Lainformación.es*, 19 de noviembre de 2021.

— (2022) "El reverso perverso del metaverso: ciberdelitos e identificabilidad", *Lainformación.com*, 11 de febrero de 2022.

— (2023) "¿Y por qué no un Registro de atributos de la identidad de personas físicas?", *Revista Registradores*, n.º 102, junio de 2023.

— (2024) "Protección del menor en internet: tareas urgentes", *Demócrata. Información Parlamentaria*, 16 de enero de 2024.

ALBAREDA, Joaquim (2014), *La guerra de Sucesión*, Madrid, Crítica.

ALBAIGÉS, Josep Maria (1995), *Enciclopedia de los nombres propios*, Barcelona, Enciclopedias Planeta, 1995.

ALCÁNTARA, Beatriz (2023) "Cómo crear un perfil de Facebook totalmente anónimo para proteger tu privacidad: guía paso a paso", *La Vanguardia*, 28 de noviembre de 2023.

ALEMANY DE LA BANDA, Inés (2020), *Entre el canon y la disidencia. La construcción sociocultural de la mujer de letras en España entre 1854 y 1868*, Madrid, Universidad Autónoma.

ALEMANY, Luis (2016), "Si lo llego a saber, no digo que soy Benjamin Black", *El Mundo*, 4 de octubre de 2016.

ALEXY, Robert (1993), *Teoría de los derechos fundamentales*, Madrid, Centro de Estudios Constitucionales.

ÁGUILA Juan José del (2001), *El TOP. La represión de la libertad (1963-1977)*, Barcelona, Ministerio de la Presidencia.

AGUILAR, Miguel Ángel (1997), "El himno nacional, propiedad privada", *El País*, 29 de abril de 1997.

— (1997), "Saludos al himno", *El País*, 11 de octubre de 1997.

ALTARES, Guillermo (2018), "La gran tomadura de pelo literaria de Romain Gary", *El País*, 19 de febrero de 2018.

ÁLVAREZ Cienfuegos, José María (1996), *El secreto y el nuevo Código Penal. II Congreso Nacional de Derecho Sanitario*. Octubre de 1996.

ÁLVAREZ, Jesús Timoteo (2006), *Gestión del poder diluido*, Madrid, Pearson.

ÁLVAREZ BARRIENTOS, Joaquín (2014), "Ser negro en la República Literaria española del siglo XVIII", en Maud Le Guellec (ed.), *El autor oculto en la literatura española: Siglos XIV a XVIII*, Madrid, Casa de Velázquez.

AMIGUET, Teresa (2020), "Romain Gary, un suicida en la corte del Goncourt", *La Vanguardia*, 2 de noviembre de 2020.

ARRESE, Ángel (2003), "Ego y anonimato", *Revista mediacción.doc* de la Universidad de Navarra. Documento 0404-03, 2003.

ARRIAGA JORDÁN, Carlos; CASTELLÁN ORTEGA, Octavio; VELÁZQUEZ BELTRÁN, León (2003), *Investigación en animales de trabajo para el desarrollo rural*, Ciudad de México, Universidad Autónoma del Estado de México.

AYUSO, Silvia (2021), "El secreto de confesión enfrenta a la Iglesia de Francia con el Estado por los casos de pederastia", *El País*, 8 de octubre de 2021.

— (2021) "El Estado francés le recuerda a la Iglesia que 'no hay ninguna ley superior a las leyes del país'", *El País*, 12 de octubre de 2021.

BALTASAR, Basilio (2018), "La década mutante", en Basilio Baltasar (ed.), *El linchamiento digital*, Madrid, JDB.

BAQUEIRO LÓPEZ, Oswaldo (1986), *La prensa y el Estado*, Buenos Aires, Nuestra América.

BARROS OCHOA, María (2000), *El nombre propio en la Antigüedad clásica*, Salamanca, Helmántica.

BARTRINA, Francesca (2012), *Caterina Albert / Víctor Català. La voluptuositat de l'escriptura*, Barcelona, Capsa de Pandora. Véase también Casacuberta, Margarida, *Víctor Català, l'escriptora enmascadada*.

BEAUREGARD, Pablo (2017), "El 2018 revive las novelas políticas de Luis Spota", *elpais.com*, 1 de diciembre de 2017.

BECERRA, Beatriz (2022), *El papel disruptivo de la desinformación en la agenda de la Unión Europea. Un análisis de actores, intereses y decisiones*, Madrid, Facultad de Derecho, Universidad Autónoma de Madrid.

BEJARANO, Pablo G. (2023), "El lado oscuro de las apps de salud mental: así maltratan la privacidad de sus usuarios", *El País*, 15 de agosto de 2023.

BENITO, Emilio de; ALANDETE, David (2010), "El anonimato en los trasplantes no es un dogma", *El País*, 15 de diciembre de 2010.

BERGUA Cavero, Jorge (2005), *Helenismos del español*, Madrid, Gredos.

BORDELEAU, Erik (2018), *Foucault anonimato*, Buenos Aires, Cactus.

BORGER, Rykle (2010), *Mesopotamisches Zeichenlexikon (Alter Orient Und Altes Testament)*, Münster, Ugarit-Verlag, 2010, n.º 808 (KU) y 362 (SHIM). Está digitalizado.

BORGES, Jorge Luis (2005), *Obras completas I*, Barcelona, RBA.

BRASCIA, Clara Ángela (2023), "La guerra en Gaza expone cómo X suspende en desinformación desde que la compró Elon Musk", *El País*, 12 de octubre de 2023.

CABEZAS LOGAN, Patricio; MOYA MUÑOZ, Fernando (2008), *El derecho al anonimato del usuario de internet*, Santiago, Universidad de Chile.

CANALÍS, Xavier (2024), Portal Hosteltur. "Tripadvisor gana 10 millones de dólares en 2023, un 50% menos", 15 de febrero de 2024.

— (2024), "Tripadvisor en la encrucijada, ¿Qué le ocurre a la web de viajes más famosa?", 23 de febrero de 2024.

CAMPBELL, Federico (1994), *Periodismo escrito*, México, Ariel, 1994.

CANAL, Jordi (2015), *Historia mínima de Cataluña*, Barcelona, Colegio de México.

CAPDEFERRO, Marcelo (2012), *Otra historia de Cataluña*, Barcelona, Libros Libres.

CAZORLA GONZÁLEZ SERRANO, María del Carmen (2021), *Reproducción humana asistida y anonimato. ¿Violación o excepción al principio de verdad biológica?*, Madrid, Aranzadi.

CEBRIÁN, Juan Luis (1998), *La red*, Madrid, Taurus.

— (2018), "El software protector", en Basilio Baltasar (ed.), *El linchamiento digital*, Madrid, JDB.

CERCAS, Javier (2023), "Azorín, revolucionario", *El País Semanal*, 10 de diciembre de 2023.

CERVANTES, Miguel de (2005), *Don Quijote de La Mancha. Segunda parte, capítulo VIII*, Edición de Francisco Rico. Junta de Comunidades de Castilla-La Mancha.

COMELLAS, Mercedes (2018), "El epistolario de Fernán Caballero", en María Martos y Julio Neira (coords.), *Identidad autorial femenina y comunicación epistolar*, Madrid, UNED.

— (2010), *Introducción y notas de Fernán Caballero, obras escogidas*, Sevilla, Fundación José Manuel Lara.

— (2019), "Fernán Caballero y el modelo autorial femenino", en *Mujeres, arte y poder. El papel de la mujer en la transformación de la literatura y las artes*, Sevilla, Ayuntamiento de Sevilla.

COTINO HUESO, Lorenzo (coord.) (2007), *Libertad en internet. La red y las libertades de expresión e información*, Valencia, Tirant lo Blanch.

DÍAZ, Joaquín (2023), *Glifos al azar*, Valladolid, Prokomun.

DÍAZ, Lorenzo (1992), *La radio en España (1923-1993)*, Madrid, Alianza.

DÍAZ VIANA, Luis (1984), *Rito y tradición oral en Castilla y León*, Valladolid, Ámbito.

DORIA, Sergi (2018), "Bullying colectivo y economía del clic", en Basilio Baltasar (ed.), *El linchamiento digital*, Madrid, JDB.

EGIDO, Aurora (2021), *El árbitro de las lenguas*, Madrid, Cátedra.

ESPITIA MUNGUÍA, Jorge (2008), "Una vuelta de tuerca sobre B. Traven", *Veredas. Revista del Pensamiento Sociológico*, n.º 6, págs. 41-50.

FERNÁNDEZ, A.; VILLANUEVA, N.; FERNÁNDEZ-MIRANDA, J. (2014), "Redes sociales: donde el anonimato es más rápido que la justicia", *Abc*, 28 de abril de 2014.

FERNÁNDEZ DOMINGO, Jesús Ignacio (2017), *El nombre de las personas*, Madrid, Reus.

FERNÁNDEZ, Pura (2008), *Mujer Pública, vida privada. Del arte eunuco a la novela lupanaria*, Madrid, Támesis.

FILALI, Shayma; VILLALBA, Israel; AMORRORTU, Peru (2022), *La vida secreta de las palabras*, Madrid, La Esfera de los Libros, pág. 341.

FLAUBERT, Gustave; SAND, George (2010), *Gustave Flaubert y George Sand. Correspondencia*, traducción de Albert Julibert, Buenos Aires, Marbot.

FONTENEAU, Françoise (1999), *L'ethique du silence. Wittgenstein et Lacan*, Guillermo Escolar (ed.), París, Seuil.

FOUCAULT, Michel (2006), *La arqueología del saber*, Buenos Aires, Siglo XXI.

— (1996), *Les mots et les choses*, París, Gallimard.

— (2010), *L'ordre du discourse*, París, Gallimard.

FRESNEDA, Carlos (2016), "La ciencia descubre a Banksy", *El Mundo*, 4 de marzo de 2016.

FREUD, Sigmund (2022), *Obras completas. Tomo XIII. Psicología de la vida erótica*, traducción del alemán de Luis López-Ballesteros y de Torres, México, Itzaccíhuatl.

FUENTES, C. (2009), "Descortesía y agresividad bajo el anonimato: internet", en C. Fuentes y E. Alcaide (eds.), *Manifestaciones textuales de la descortesía y agresividad verbal en diversos ámbitos comunicativos*, Sevilla, Universidad Internacional de Andalucía, págs. 188-210.

GARCÍA GONZÁLEZ, Javier (2015), "Oportunidad criminal, Internet y redes sociales", *Revista para el análisis del derecho. InDret*, 4/2015, págs. 11 y 12.

GARAY, Juan Manuel (2023), *Hacia un sistema de determinación que tome en serio la pena de multa*, Buenos Aires, Universidad Torcuato Di Tella.

GARCÍA-GALLARÍN, Consuelo (1999), *El nombre propio. Estudios de historia lingüística española*, Madrid, PatRom Centro de Madrid.

— (2018), *De Magnol a la Mangolia. Diccionario histórico de onomástica.*

— (2014), *Diccionario histórico de nombres de América y España*, Guillermo Escolar (ed.).

GARCÍA GONZÁLEZ, Javier (2015), "Oportunidad criminal, Internet y redes sociales", *Revista para el análisis del derecho. InDret*, 4/2015.

GARCÍA MÁRQUEZ, Gabriel (2002), *Vivir para contarla*, Barcelona, Mondadori.

GARCÍA MERCADAL, Fernando (2019), *Los símbolos políticos, el ceremonial y las distinciones oficiales del Reino*, Madrid, Hidalguía.

GOMÁ LANZÓN, Fernando (2018), "Actas y escrituras notariales: ámbito y aplicaciones en el mundo digital", *Revista del colegio notarial*, 22 de febrero de 2018.

GRIJELMO, Álex (2019), *El cazador de estilemas*, Madrid, Espasa.

GUNNAR, Wolf (coord.) (2021), *Mecanismos de privacidad y anonimato en redes*, Ciudad de México, Universidad Nacional Autónoma de México.

GUTHKE, Karls (2008), *B. Traven. Biografía de un misterio*, Madrid, Conaculta.

GUZMÁN FLUJA, Vicente C. (2018), "Juicios paralelos en las redes sociales y proceso penal", *Revista de internet, derecho y política*, n.º 27, Barcelona, Universitat Oberta de Catalunya.

HAN, Byung-Chul (2014), *En el enjambre*, Barcelona, Herder.

HARARI, Yuval Noah (2016), *Sapiens*, Barcelona, Debate.

HAUGEN, Frances (2023), *La verdad sobre Facebook*, traducción de Verónica Puertollano, Madrid, Deusto.

HAIDT, Jonathan (2024), *La generación ansiosa*, Madrid, Deusto.

HERRERO, Luis (2019), *Dejé de pronunciar tu nombre*, Madrid, La Esfera de los Libros.

IGAREDA, Noelia (2014), "El derecho a conocer los orígenes biológicos versus el anonimato en la donación de gametos", *Revista Derechos y libertades*, n.º 31, Barcelona, Universidad Autónoma de Barcelona, junio de 2014.

IGLESIAS, Gonzalo (2015), *La responsabilidad de los buscadores de internet después del caso Belén Rodríguez*, 15.º Simposio Argentino de Informática y Derecho.

JUBANY, Olga, y MALIN, Roiha (2016), *Backgrounds, experiences and responses to online hate speech: a comparative cross-country analysis*. Accesible en internet.

KRAMER, Samuel Noah (2010), *La historia empieza en Sumer*, Madrid, Alianza.

KRUGMAN, Paul (2023), "Elon Musk se equivoca al cambiar de nombre a Twitter", *El País Negocios*, 10 de septiembre de 2023.

LAPESA, Rafael (1997), *Historia de la lengua española*, Madrid, Gredos.

LAPORTA, Francisco J. (1999), "El derecho a informar y sus enemigos", revista *Claves*, n.º 72, mayo de 1999.

LE GUELLEC, Maud (ed.) (2014), *El autor oculto en la literatura española: Siglos XIV a XVIII*, Madrid, Casa de Velázquez.

LEÓN, Manuel de; RIVAS, Xavier (2019), *Matemáticas y sus fronteras. La ley de Zipf revisitada*, 10 de marzo de 2019. Accesible en internet.

LESSIG, Lawrence (2001), *El código y otras leyes del ciberespacio*, Madrid, Taurus Digital.

LEVINAS, Emmanuel (2000), *Sobre Maurice Blanchot*, Madrid, Trotta.

LIMÓN, Raúl (2023), "Todos podemos ser víctimas. Y los daños son irreparables", *El País*, 21 de septiembre de 2023.

— Entrevista a Néstor Romero. "Hundir la imagen y la reputación de una persona o de una marca es cuestión de horas o días", *El País*, 6 de septiembre de 2023.

LINACERO DE LA FUENTE, María (1992), *El nombre y los apellidos*, Madrid, Tecnos.

LÓPEZ ARGÜELLO, Alberto (1922), *Epistolario de Fernán Caballero: una colección de cartas inéditas de la novelista*, Barcelona, Sucesores de Juan Gil Editores.

LÓPEZ, Míriam (ed.) (2022), *Comentarios negativos en las redes sociales*, Textos de Ana Estévez, Milena López Montón, Janire Momeñe, Iker Pastor López, Asier González Santocildes y Borja Sanz Urquijo, Madrid, Fundación Mapfre, Universidad de Deusto.

LÓPEZ, Rafael (2019), *Gaceta UNAM* (Universidad Autónoma de México), 11 de diciembre de 2019.

LÓPEZ SÁNCHEZ, Javier (2015), *Insultos online, ¿soluciones offline?*, Madrid, Actualidad Jurídica Aranzadi, nº. 91.

LOZANO MARÍN, Laura (2018), "María Lejárraga, una escritora en la sombra, silenciada e inédita", en el libro de Yolanda Romano Marín y Sara Velázquez García (coords.) *Las inéditas: voces femeninas más allá del silencio,* Salamanca, Aquilafuente y Universidad de Salamanca.

LUGO VIÑAS, Ricardo (2007), "El enigma de B. Traven", *Revista Relatos e historias en México*, n.º 124.

LLANEZA, Paloma (2022), "Midterms y redes sociales", *El País*, 7 de noviembre de 2022.

— (2023), "Las grandes tecnológicas ante el Supremo de EEUU: échale la culpa a Smith", *elpais.com*, 23 de febrero de 2023.

MALAMUTH, N.; LINZ, D.; WEBER, R. (2005), "The Internet and aggression: Motivation, disinhibitory and opportunity aspects", en Y. Amichai-Hamburger (ed.), *The social net: Understanding human behavior in cyberspace*, Londres, Oxford University Press, págs. 163-190.

MARENGO, María del Carmen (2002), *La obra de Bustos Domecq y B. Suárez Lynch: problematización estética y campo cultural*, tesis doctoral presentada ante la Facultad de Filosofía de la Universidad de Maryland.

MARTÍ, Octavi (1995), "Un guardaespaldas de Jean Seberg asegura que la actriz fue asesinada por mafias de la droga", *El País, Babelia*, 28 de agosto de 1995.

MARTÍNEZ CACHERO, José María (1995), "Introducción a la edición de 'La Regenta'", en *La Regenta*, Oviedo, Nobel.

MARTÍNEZ, Jesús A. (2023), *Vietnamitas contra Franco*, Madrid, Cátedra.

MENDIOLA, José (2024), "¿Por qué vendes ese vestido si te queda tan bien? Vinted y Wallapop se convierten en pasto para los acosadores", *El País*, 28 de marzo de 2024.

MELLINAS, Juan Pedro; MARTÍNEZ, Soledad María; BERNAL, Juan Jesús (2015), "El control de irregularidades y Tripadvisor", *Revista semestral Turydes (Turismo y desarrollo local)*, junio de 2015. Publicada en internet.

MIGLORISI, Diego Fernando (2016), *Internet profunda. Anonimato / Libertad de expresión / Censura en Internet*, DFM, 2016.

— (2014), *Crímenes en la web*, Buenos Aires, Del Nuevo Extremo.

MILLER, James E. (1996), *La pasión de Michel Foucault*, Barcelona, Andrés Bello.

MOLINERO GIL, Omar (2018), *Estudio y análisis de un protocolo criptográfico de anonimato y seguridad*, Grupo de Neurocomputación Biológica (GBN), Departamento de Ingeniería Informática de la Escuela Politécnica Superior Universidad Autónoma de Madrid.

MOORHOUSE, Alfred Charles (2020), *Historia del Alfabeto*, Ciudad de México, Fondo de Cultura Económica.

MORALEJO Laso, Abelardo (1933), *Los nombres propios personales con referencia a los españoles principalmente*, Chile, Universidad de Santiago, citado por HERNÁNDEZ ALONSO, César (1979), en *Sintaxis española*, Valladolid, Edición del autor.

MOROZOV, Evgeny (2011), *El desengaño de internet*, Barcelona, Destino.

— (2011), "El anonimato en la Red", *El País*, 27 de noviembre de 2011.

MOSCOVICI, Serge (1985), *Psicología social, I*, Barcelona, Paidós.

MOSTERÍN, Jesús (2002), *Teoría de la escritura*, Barcelona, Icaria.

MROZ, Jacqueline (2021), "The Case of de Serial Sperm Donor", *The New York Times* (versión digital), 4 de febrero de 2021.

MUÑOZ MACHADO, Santiago (2000), *La regulación de la red. Poder y derecho en internet*, Madrid, Taurus.

— (2002), *Cervantes*, Barcelona, Crítica.

— (2013), *Internet y los derechos fundamentales*, Comparecencia en el Congreso español el 16 de abril de 2013.

— (2013), *Los itinerarios de la libertad de la palabra*, discurso de ingreso en la Real Academia leído el 26 de mayo de 2013. Editado por la RAE.

— (1976), "El secreto médico", Madrid, *Revista de administración pública.*

NISSEN, Hans J.; DAMEROW, Peter; ENGLUND, Robert (1993), *Archaic Book-*

keeping. Earle Writing and Techniques of Economic Administration in the Ancient Near Est, Chicago, The University of Chicago Press.

NOBLIA, María Valentina; RENATO, Alejandro Carlos; GERSHANIK, Tomás (2021), "Anonimato, pseudonimia y delitos en las redes sociales: una propuesta multidimensional de la lingüística forense para la identificación de autoría", revista *Raled*, volumen 22 (1), Buenos Aires, Universidad de Buenos Aires, págs. 123-142.

NOAH KRAMER, Samuel (2010), *La historia empieza en Sumer*, Madrid, Alianza.

NOELLE NEUMAN, Elisabeth (2010), *La espiral del silencio. Opinión pública: nuestra piel social*, Barcelona, Paidós Comunicación.

NUNZIATO, Dawn Carla (2012), "Preservar la libertad en Internet en las Américas", en Eduardo Bertoni (comp.), *Hacia una Internet libre de censura. Propuestas para América Latina*, Argentina, Universidad de Palermo.

OROVIO, Ignacio; SAURA, Gemma (2023), "Del shock a la locura: cómo trabajan los moderadores de Facebook", *La Vanguardia*, 6 de octubre de 2023.

ORZA, Ramón M. (2011), "El derecho al anonimato en internet", *Revista Telos*, Fundación Telefónica, n.º 89, octubre-diciembre de 2011.

PACHECO, José Emilio (2007), *Los trabajos del mar. Poemas 1979-1983*, México, ERA.

PALACIOS GAROZ, Miguel Ángel (1984), *Introducción a la música popular castellana y leonesa*, Burgos, Santiago Rodríguez.

PASCUAL, Manuel G. (2023), "Dentro de 10 años nos preguntaremos por qué no regulamos antes las redes sociales", *El País*, 31 de octubre de 2023.

PEIRANO, Marta (2019), *El enemigo conoce el sistema*, Barcelona, Debate.

POLMAN, Paul; WINSTON, Andrew (2022), *Net positive*, Barcelona, Profit.

POPPER, Karl (2010), *La sociedad abierta y sus enemigos*, Barcelona, Paidós.

RAMÍREZ, Daniel (2018), "El infierno de la presentadora Lara Siscar: 'Mi acosador me persigue desde hace 7 años, quiere amargarme la vida'", *Elespañol.com*, 6 de enero de 2018.

RANDOLPH, Allen Donald (1966), *Eugenio Ochoa y el romanticismo español*, Berkeley y Los Ángeles, University California Press.

REDONDO, Myriam (2016), *Política automatizada: Bots, trols y propaganda digital encubierta en la comunicación internacional*, ACOP Papers, 5, Asociación Comunicación Política.

RIDAO RODRIGO, Susana (2021), "Actos de habla en redes sociales: perfiles privados versus perfiles públicos", *Literatura y Lingüística,* n.°44, 2021.

RICO, Francisco (1988), *Problemas del Lazarillo*, Madrid, Cátedra.

RINGLEDINE, Roger (2021), "Tor, la privacidad en internet en la era de la gran vigilancia", en Wolf Gunnar (coord.), *Mecanismos de privacidad y anonimato en redes*, Ciudad de México, Universidad Nacional Autónoma de México. Libro electrónico.

RÍOS, Carmela (2024), "Paraperiodismo", *El País*, 26 de marzo de 2024.

RIVA PALACIO, Raimundo (1991), *Revista Este País*, julio de 1991.

RODRIGO, Antonina (1994), *María Lejárraga, una mujer en la sombra*, Madrid, Vosa.

RODRÍGUEZ ADRADOS, Francisco (2005), *De Esopo al Lazarillo*, Huelva, Universidad de Huelva.

RODRÍGUEZ SÁNCHEZ, María de los Ángeles (1998), *Matilde Cherner: una voz femenina y crítica ante la prostitución en la España de 1880*, actas del XIII Congreso de la Asociación Internacional de Hispanistas, Madrid, 6-11 de julio de 1998.

RODRÍGUEZ VALLS, Francisco (2011), "El Frankenstein de Mary Shelley (1797-1851)", *Thémata. Revista de Filosofía*, n.º 44, 2011.

ROMÁN PÉREZ, Raquel de (2006), "La ejecución de obras musicales en actos oficiales y religiosos", en *Los límites de los derechos de autor*, VV. AA., Carlos Rogel Vide (coord.), Madrid, Reus.

ROMERO, Ana (2002), *Historia de Carmen*, Madrid, Planeta Singular.

SALAZAR Y ACHA, Jaime de (1991), *Génesis y evolución histórica del apellido en España*, Madrid, Real Academia Matritense de Heráldica y Genealogía.

SÁNCHEZ SILVA, Carmen (2023), "Los fabricantes anónimos llenan la cesta de la compra", *El País Negocios*, 29 de octubre de 2023.

SANMARTÍN SÁEZ, Julia (2019), *Análisis contrastivo de la (des)cortesía en los comentarios digitales del periódico 20minutos.es y del Facebook de ViajaconTuMascota.com: anonimato y comunidad virtual*, Alicante, Estudios de Lingüística de la Universidad de Alicante.

SIMÓN PARRA, María (2008), *El nombre de persona en la documentación castellana medieval*, tesis doctoral, Madrid, Universidad de Alcalá de Henares.

SOLETO, Helena (dir.); Juan, Melina (ed.) (2019), *Aportaciones sobre Justicia en delitos de especial relevancia para las mujeres*, Madrid, Dykinson.

SORIA MESA, Enrique (2009), *Tomando nombres ajenos. La usurpación de apellidos como estrategia de ascenso social en el seno de la élite granadina durante la época moderna*, Córdoba, Universidad de Córdoba.

SOTO IVARS, Juan (2017), *Arden las redes*, Barcelona, Debate.

SUÁREZ, Gonzalo (2009), "El negocio del himno: la marcha real también pasa por la SGAE", *La Razón*, 7 de junio de 2009.

THÉRY, Irene (2009), "El anonimato en las donaciones de engendramiento: filiación e identidad narrativa infantil en tiempos de descasamiento", *Revista de Antropología Social*, vol. 18, Madrid, Universidad Complutense.

THOMAS, Hugh (1982), *Una historia del mundo*, Barcelona, Grijalbo.

Universidad de Pensilvania (1995), *Pennsylvania Sumerian Dictionary*, Pensilvania, Universidad de Pensilvania.

VILCHIS ESQUIVEL, Luz del Carmen (2018), *Grafiti, del anonimato a la pasarela*, Bloomington, Palibrio LLC.

VILLANUEVA, Darío (2023), *Poderes de la palabra*, Barcelona, Galaxia Gutenberg.

WOODWARD, Bob (2005), "Cómo Mark Felt llegó a ser Garganta Profunda", *El País*, 4 de junio de 2005.

YLARRI, Juan Santiago (2022), "Internet y derechos fundamentales: la responsabilidad de los motores de búsqueda", *Cuadernos Manuel Giménez Abad*, n.º 24, diciembre de 2022.

ZANARDI, Paola (1996), *Hume e Trenchard*, Castelli di Yale, págs. 75-88. Disponible online.

ZERDÁ, María Florencia, y BENÍTEZ DEMTSCHENKO, Marina (2018), "Violencia de género digital", en Diana Maffia y Patricia L. Gómez (coords), *Revista Jurídica de Buenos Aires*, n.º 97, Facultad de Derecho de la Universidad de Buenos Aires.

AGRADECIMIENTOS

A Pepa Fernández, quien me sugirió el título del libro.

Por los comentarios y aportaciones que han enriquecido estas páginas, mi gratitud muy especial a Borja Adsuara y también a Juan Carlos Campo, Álvaro Cancela, Paloma Llaneza, José Ramón Pardo, Sofía Puente, Fernando Puente y Emilio del Río.

Y a los correctores y editores cuya profesional supervisión de este texto y de mis desatinos me ha evitado algún que otro bochorno: Elena Martínez Bavière, Julio Fajardo, Mercedes Tabuyo, Miguel Ángel López Millán y Juan Ignacio García Ballesteros.

ÍNDICE ALFABÉTICO

«Para viajar lejos no hay mejor nave que un libro».

EMILY DICKINSON

Este libro
se terminó de imprimir en
Castellar del Vallès, Barcelona,
en el mes de octubre de 2024